SOUTHEAST LAW REVIEW

入选中文社会科学引文索引（CSSCI）　　总第24辑

东南法学 第八辑
——学术前沿与专题研究

主　编　欧阳本祺
副主编　汪进元　熊樟林

东南大学出版社
·南京·

图书在版编目(CIP)数据

东南法学：学术前沿与专题研究．第八辑 / 欧阳本祺主编．— 南京：东南大学出版社，2023.12
  ISBN 978-7-5766-1042-0

Ⅰ．①东… Ⅱ．①欧… Ⅲ．①法学 - 文集 Ⅳ．
①D90-53

中国国家版本馆CIP数据核字(2023)第253864号

东南法学（第八辑）：学术前沿与专题研究
Dongnan Faxue (Di-ba Ji): Xueshu Qianyan yu Zhuanti Yanjiu

主　　编	欧阳本祺
出版发行	东南大学出版社
地　　址	南京市四牌楼2号　邮编：210096　电话：025-83793330
网　　址	http://www.seupress.com
出 版 人	白云飞
经　　销	全国各地新华书店
印　　刷	广东虎彩云印刷有限公司
开　　本	787 mm×1092 mm　1/16
印　　张	20
字　　数	499千字
版　　次	2023年12月第1版
印　　次	2023年12月第1次印刷
书　　号	ISBN 978-7-5766-1042-0
定　　价	75.00元

本社图书若有印装质量问题，请直接与营销部联系。电话：025-83791830
责任编辑：刘庆楚　责任校对：子雪莲　责任印制：周荣虎　封面设计：毕　真

《东南法学》编辑委员会

学术顾问（以姓氏笔画为序）
  王利明 李步云 吴汉东 应松年
  张卫平 张文显 陈兴良 韩大元

编委会主任 刘艳红

委 员（以姓氏笔画为序）
  叶金强 李 浩 杨登峰 何海波
  沈 岿 陈柏峰 陈瑞华 赵 骏
  桑本谦 彭诚信

主 编 欧阳本祺

副主编 汪进元 熊樟林

目 录

· 数据法学专题 ·

1 再论：行政自动化所衍生之法律问题
　　　　……………………………………………/ 蔡志方

59 政府数据开放中个人数据信托制度的构建
　　　　……………………………………/ 尹少成　路禹臻

75 数据跨境流动中的主权壁垒：形成机理与法律规制
　　　　………………………………………………/ 高天书

· 理论前沿 ·

94 行政机关自我强制执行权的反思
　　　　………………………………………………/ 于立深

113 缺场空间下网络暴力的层级特征及其治理
　　　　……………………………………/ 石经海　王付宝

131 以物抵债协议的履行效力及其与原债的关系
　　　　——以《合同编通则司法解释》第27、28条为视角
　　　　………………………………………/ 张　翔　袁萍萍

147 扩大我国非监禁刑适用的理论基础及路径
　　　　……………………………………/ 谢佑平　柴婧峰

163	论行政权的信用规制 ……………………………………………… / 孟　融
180	涉固定金额法律规范的动态数额设定机制研究 ……………………………………………… / 张马林
198	宪法中"国家所有"的规范内涵及实现机制 ……………………………………………… / 纪林繁
214	民法典保障基本权利的内在机理、路径与限度 ……………………………………………… / 周　航
238	我国监狱执行刑罚行为的可诉性研究 ……………………………………………… / 宋久华
256	刑事诉讼制度如何生成：法治共性与个性的对话 ……………………………………………… / 宋灵珊

· 青年法苑 ·

276	人格利益本位立场下姓名决定自由限度的厘定 ……………………………………………… / 杨　柳
292	宪法解释技术规则的类型、功能与应用 ……………………………………………… / 刘振华

·数据法学专题·

再论：行政自动化所衍生之法律问题

蔡志方*

摘要：本文赓续个人于1998年8月发表之《行政自动化所衍生的法律问题》一文，配合当前相关科技之进步与运用，因E化政府实行行政自动化，特别是完全自动化，（可能）引发有关问题，参考最新之相关文献，与古为新，作更深入之探讨。本文除探讨行政自动化之概念与种类，对于何等公行政事务适宜采取自动化、行政自动化应具备何等前提要件、行政自动化之技术与法律要求进行探讨。另外，对于须经听证程序或提供当事人陈述意见始得作成之行政处分能否实行自动化，行政自动化下当事人之协力义务与公务人员之人力运用与调整，自动化行政处分意思之形成、表示与通知，自动化之会议出席人数，自动化设施故障与意思表示之错误如何处理，以及行政自动化衍生之行政救济与AI失控等问题，均配合最新法制与学说理论，重新进行思考与论述。

关键词：行政自动化　人工智能　自动作成之行政处分　风险管理　AI失控

楔子

罗马法谚有云："有社会,即有法律（Ubi societas, ibi jus）。"法律,作为社会规范之一种,常常后于社会问题之发生。法学,虽与法律常相左右,但于法学先进国家,法学理论常先于法律；而法学落后地区,法学则常常后于法律,甚至有法律而无法学。当然,法学理论既无

---

* 作者简介：蔡志方,台湾成功大学法律学系教授

法脱离社会现实,亦不能完全拘泥与迁就于现实,而应有所坚持——亦即择善固执①。法学之任务,在于阐发法律制度之所由存在的根本法理与体系,不仅阐释现行法(lex lata)之意义为何,而且倡议当为之法律(lex ferenda)应如何。

"行政自动化"之法律问题,在法学界已非新颖的议题。早在1959—1960年,德国学者卡尔·翟德勒(Karl Zeidler)②与佛郎兹·贝克(Franz Becker)③,即先后有初步之探讨,而尼可拉斯·卢曼(Niklas Luhmann)于1966年出版《法律与公行政之自动化》一书,则有更深入之分析④。但是,"完全行政自动化"之法律问题,于近30年来,始随着相关科技之进步,而成为法学者热门探讨之议题,广泛与深入的探讨文献,可谓汗牛充栋⑤。此外,"数字化"与"人工智能(智慧)"(AI)或知识智能于公行政领域之应用的法律问题,于最近更成为公

---

① 就如同德国行政法学鼻祖奥托·麦耶(Otto Mayer)对于当时任官之法律关系性质为何的探究,而于该国《公法学杂志》(Archiv des öffentlichen Rechts)第3册第1期发表一篇名为《论公法契约之理论》(Zur Lehre vom öffentlichrechtlichen Vertrage)(AöR Bd. 3, 1888, SS. 3-86),虽基于古典的罗马法契约理论,并执着于公法的命令性、国家权力行使地位的高权性、单方性(S. 53)、与当事人地位之不对等性(SS. 52, 56),反对采取当时法国的国家观,而根据国家职务关系理论,否定国家可能与其属民(公务员)缔结公法契约;充其量,仅是需相对人臣服(接受)之,授予公权地位的行政处分(Verwaltungsakt unter Unterwerfung des Adressaten)(S. 43)。同意(Einwilligung; Zustimmung)接受公职,不等于成立契约。反之,解职等,亦不等于解除契约行为(S. 79)。面对德国民法典之起草,奥托·麦耶仍认为,(公法)作为一个独立的法学分支所需要的材料,德国并不缺乏掌握与贯彻之统一的基础(Ich bin auch der Meinung, dass uns für die Beherrschung und Durchdringung dieses Stoffes die einheitliche Grundlage nicht fehlt, deren ein selbständiger Zweig der Rechtswissenschaft bedarf)(S. 86)。

② Dazu, vgl. ders., Über die Technisierung der Verwaltung: Eine Einführung in die juristische Beurteilung der modernen Verwaltung, Karlsruhe 1959; ders., Verwaltungsfabrikat und Gefährdungshaftung, Deutsches Verwaltungsblatt 74(1959), S. 681-687.
但是,卡尔·翟德勒从法规范之对象(Normadressaten)为人类,而非机器,且意志与意思表示必须来自人,因而否定得以机器作成自动化之行政行为(Dazu, vgl. auch Niklas Luhmann, Recht und Automation in der öffentlichen Verwaltung- Eine verwaltungswissenschaftliche Untersuchung, SS. 30-34, Schriftenreihe der detschen Universität für Verwaltungswissenschaften Speyer(HS), Bd. 29, 1997 unveränd. Auflage, Duncker & Humblot, Berlin 1966)。

③ Dazu, vgl. ders., Das allgemeine Verwaltungsverfahren in Theorie und Gesetzgebung, Kohlhammer & Librairie Encyclopédique, Stuttgart-Brüssel 1960.

④ Dazu, vgl. ders., Recht und Automation in der öffentlichen Verwaltung- Eine verwaltungswissenschaftliche Untersuchung, Zweite, unveränderte 1. Auflage 1966, Duncker & Humblot, Berlin 1997.
本书对于法学者与自动化数据处理,私人管理与公行政中之自动化,自动化在法学上之讨论,法律与自动化决定程序之条件性程序化,法律与自动化决定程序中的功能与分工,决定之瑕疵,针对公众的错误处理编程,行政组成员之责任,自动化信息处理之经济性、理性与法律等有深入之探讨,属于一本关于行政自动化基本哲理思维、值得参考的早期著作,由该系列书之主编、德国著名行政法学者卡尔·乌勒教授(Prof. Dr. Carl Hermann Ule)为文推介。

⑤ Dazu, vgl. Panagiotis Lazaratos, Rechtliche Auswirkungen der Verwaltungsautomation auf das Verwaltungsverfahren, SS. 452-506 m. w. Literaturen, Duncker & Humblot, Berlin 1990; Ralf-Michael Polomski, Der automatisierte Verwaltungsakt – Die Verwaltung an der Schwelle von der Automation zur Informations- und Kommunikationstechnik, SS. 292-308, m. w. Literaturen, Duncker & Humblot, Berlin 1993; Niklas Pulte, Vollautomatisierung von Verwaltungsverfahren. Einsatzmöglichkeit, rechtliche Anforderungen und Gestaltungsleitlinien, SS. III-VI, GRIN Verlag 2020.

法学界的"当红"议题①。关于此等议题,诚如德国政策理论家尼可拉斯·卢曼所关心的,乃在于"我们欲经由自动化实现者到底为何?"(Was wollen wir eigentlich mit der Automation erreichen?):只是欲借由机械化,以减轻劳力(Entlastung von physischer Arbeit)?抑或减轻劳心(Entlastung von geistiger Arbeit)?②究竟探讨此一议题时,最应关怀者为何?

  1998年8月,余发表《行政自动化所衍生的法律问题》一文③,在华人法学圈(Juristenkreise),似乎并未引发回响④。迨至2016年后,此一主题始陆续引起海峡两岸法学者广泛的注意⑤,相关论述,亦如雨后春笋。唯各家论述重点不一,益以相关科技勃兴、日新月异、运用日广,有关法制亦日趋复杂,且人民权利意识日炽,引发之法律问题亦日渐多元,而有进一步探讨之必要,爰与古为新、旧瓶新酒,此本文撰述之动机所在也。

---

  ① Dazu, vgl. vor allem, Hermann Hill/Mario Martini/Edgar Wagner, Die digitale Lebenswelt gestalten (Verwaltungsressourcen und Verwaltungsstruktuten, Bd. 29), m. w. H., Nomos Verlagsgesellschaft, Baden-Baden 2015; Hermann Hill/Dieter Kugelmann/Mario Martini, Perspektiven der digitalen Lebenswelt (Verwaltungsressourcen und Verwaltungsstruktuten, Bd. 32), m. w. H., Nomos Verlagsgesellschaft, Baden-Baden 2017.

  ② Siehe, Niklas Luhmann, Automation in der öffentlichen Verwaltung, in: V. Tacke/E. Luckas (eds.), Schriften zur Organisation 4, S. 5, Springer VS, Wiesbaden 2020.

  ③ 收入《宪法体制与法治行政,城大法官仲模教授六秩华诞祝寿论文集》第2册,三民,1998年版,第345-377页。嗣先后收入拙著《行政救济与行政法学(三)》第1版,学林,1998年版,第377-405页;拙著《行政救济与行政法学(三)》,修订第1版,正典,2004年版,第439-469页。

  ④ 其后我国大陆地区学者马荣辉于2003年9月1日发表《论我国行政管理自动化的几个法律问题》(Several Legal Issues about Administration Automation in China)一文(法学杂志,第24卷第5期,第55-56页);朱建忠于2005年1月5日发表《行政自动化中的法律问题》一文(广西政法管理干部学院学报,第20卷第1期,第64-67页),但在时间与内容上,似仍有落差。

  ⑤ 例如我国大陆地区学者胡敏洁在2019年4月10日于中国政法大学法治政府研究院网页,发表《自动化行政的法律控制》一文(http://fzzfyjy.cupl.edu.cn/info/1087/10427_1.htm);《自动化行政的法律控制》也载《行政法学研究》2019年第2期,第56-66页。2021年8月23日胡国任以《自动化行政的法律控制》为题发表之论文(https://m.fx361.com/news/2021/0823/8810813.html);《自动化行政的法律控制》,也载《克拉玛依学刊》2021年第2期,第52-59页,内容已较为充实。

  在我国台湾地区方面,学者谢硕骏于2016年12月以《论行政机关以电子方式作成行政处分:以作成程序之法律问题为中心》(On the Issue of Administrative Acts in Electronic Form by Authorities: Focusing on the Procedural Questions)(台湾大学法学论丛,第45卷第4期,第1773-1849页),做较深入之探讨。2019年8月19日詹镇荣教授则以《人工智能科技于公部门之应用及其法制框架:德国国情报告》为题进行演讲(https://ai.iias.sinica.edu.tw/ai-and-public-department-in-germany/),而谢硕骏副教授亦于2022年7月1日应某单位之邀,以《行政程序电子化之法律问题研析》为题进行演讲(https://www.moea.gov.tw/Mns/populace/videos/VideoRss.aspx?Kind=P&menu_id=3874&video_id=17279),广度与深度俱见。

一、问题之提出

（一）E 化政府

自 20 世纪 90 年代，各国政府开始广泛使用计算机、AI 技术①、机器人、电子设备与大数据于公共行政，而兴起所谓的"E 化政府"（E-Government；E-Regierung）运动②。数字化的"E 化政府"，在 2019 年 COVID-19 疫情暴发期间，尤其发挥了相当大功能，避免了政府政务的停顿③。"E 化政府"主要表现于下述三个领域：① 数字化通信或沟通（digitale Kommunikation），亦即政府机关为了与民众沟通，而利用网际网络（Internet）技术④；② 数字化提供服务（digitale Service-Leistungen）⑤；③ 数字化交易（数字交易）（digitale Transaktionen），亦即行政处分之自动化作成（automatisierter Erlass von Verwaltungsakten）⑥。此等工作之完成，主要是透过机器产生，且（或）基于软件，而不必假手于人⑦。基于法治国家

---

① 关于 AI 之定义与相关应用，请参见：Wilhelm Bauer/Oliver Riedel/Steffen Braun（Hrsg.），Jan Etscheid/Jörn von Lucke/Felix Stroh, Künstliche Intelligenz in der öffentlichen Verwaltung - Anwendungsfelder und Szenarien, S.7-16, Fraunhofer-Institut für Arbeitswissenschaft und Organisation IAO, Im Zusammen mit Universität Stuttgart Institut für Arbeitswissenschaft und Technologie-management IAT/Zeppelin Universität zwischen Wirtschaft Kultur Politik 2020.

② 另一称呼为"聪明的政府"（Smart Government）。Dazu, vgl. Hermann Hill/Dieter Kugelmann/Mario Martini, Perspektiven der digitalen Lebenswelt（Verwaltungsressourcen und Verwaltungsstrukturen, Bd. 32），S. 99, Nomos Verlagsgesellschaft, Baden-Baden 2017.
关于德国各邦使用人工智能（智慧）于公行政之先后与具体情况，请参见：Leonid Guggenberger, Einsatz künstlicher Intelligenz in der Verwaltung, NVwZ 2019, 844 ff.; Ariane Berger, Der automatisierte Verwaltungsakt – Zu den Anforderungen an eine automatisierte Verwaltungsentscheidung am Beispiel des § 35a VwVfG, NVwZ 2018, 1260; Mario Martini, Transformation der Verwaltung durch Digitalisierung, S. 2（file:///C:/Users/user/Downloads/2017_Transformationder Verwaltung_TyposkriptDOEV%20（1）.pdf）（Das Original ist abgedruckt in DÖV 2017, S. 443-455）.S. 1-3（Visiting date：2023.7.10.）; Christian Djeffal, Normative Leitlinien für künstliche Intelligenz in Regierung und öffentlicher Verwaltung, SS. 493-501（https://www.ssoar.info/ssoar/bitstream/handle/document/57618/ssoar-2018-djeffal-Normative_Leitlinien_fur_kunstliche_Intelligenz.pdf?sequence=1&isAllowed=y&lnkname=ssoar-2018-djeffal-Normative_Leitlinien_fur_kunstliche_Intelligenz.pdf）（Visiting date：2023.7.24）.

③ Vgl. Thorsten Siegel, Digitalisierung des Verwaltungsverfahrens in Berlin, LKV 2020, S. 529.

④ 学者因而有谓"数字化之转变"，属于国家之任务之一者。Siehe, Mario Martini, Transformation der Verwaltung durch Digitalisierung, S. 2（file:///C:/Users/user/Downloads/2017_Transformationder Verwaltung_TyposkriptDOEV%20（1）.pdf）（Das Original ist abgedruckt in DÖV 2017, S. 443-455）. S. 1（Visiting date：2023.7.10.）.

⑤ 民众因而得以享有设施地利之便，更为有效（effizient）、透明（transparent）与有利费用（kostengünstig）的服务，甚至享有年平均超过一周之额外余闲。Siehe, Mario Martini, Transformation der Verwaltung durch Digitalisierung, S. 2（file:///C:/Users/user/Downloads/2017_Transformationder Verwaltung_TyposkriptDOEV%20（1）.pdf）（Das Original ist abgedruckt in DÖV 2017, S. 443-455）.S. 5（Visiting date：2023.7.10.）; Kerstin Schwenn, Estland ist der Welt etliche klicks voraus, FAZ v. 4. 5. 2015, S. 19; Kathrin Kirstan, Vollautomatisierte Verwaltungsverfahren-Eine Systematik zur Einführung in Landkreisverwaltung, S. 2-3, Meißen, 2019. 10. 8.

⑥ Dazu, siehe, Bettina Spilker, E-Government - Anforderungen an das Verwaltungsverfahren, NVwZ 2022, S. 680.

⑦ Vgl. Ariane Berger, Der automatisierte Verwaltungsakt – Zu den Anforderungen an eine automatisierte Verwaltungsentscheidung am Beispiel des § 35a VwVfG, NVwZ 2018, S. 1260.

原则,"E化政府"自亦应有相关之法律依据,毋庸赘言①。

"E化政府",除必须拥有E化之硬设备外,同时亦必须有相应之软件(Software)与熟悉E化、足以操控E化软硬件之专业人员,尤其是广大公务人员必须具备基本的E化知识、技能与遵从相关伦理规范之修为与态度,才能充分适应与发挥E化时代的使命。试问:我们的公务机关与人员,是否均已经充分整备否?是否对于E化可能衍生之法律问题,均已有所意识与具备克服之能力?

(二)E化社会

虽"E化政府"(E-Government;E-Regierung)已然成为时髦名称,标示着"进步的、科技化的政府"。但是,相对于政府组织,虽然民间企业使用"E化设施"较早,但是更广泛的民间社会,并未普遍使用"E化"于日常生活当中②。因此,"E化社会"(E-Society;E-Gesellschaft)之称呼,似乎于近日始浮出台面③!然而,随着2019年COVID-19疫情之袭卷全球,基于防疫需求(如居家隔离),普通百姓亦普遍借用E化设施与工具,进行原本的工作(所谓的"Home-Office")与日常生活所需(例如:以E化工具购买物品、支付价金,以及诸如以FoodPanda、UberEat购买食物等),互联网与"物联网"一时蔚为风尚。最为明显者,乃一般大学甚至中小学改采"远距教学"、政府机关与私人机构会议改采"在线视频会议"……近4年来,"E化社会"似乎已经日渐成型,甚至有大幅取代"E化政府"之趋势④。

面对来势汹汹的"E化时代"(E-Era;E-Zeitalter),既然"E化政府"已经成为无法回避之趋势,则必须相应配合"E化社会"人民是否已准备完妥,应作何等之身心整备,以迎战"E化时代",已属重要课题⑤。

---

① 以德国为例,该国联邦与各邦均有"E政府法律"(eGovernment-Gesetze)之制颁,例如:联邦于2013年7月25日制颁《电子行政促进法》(Gesetz zur Förderung der elektronischen Verwaltung)、《在线访问法》(Onlinezugangsgesetz)、《共识法》(Konsensgesetz),并设置单一数位网闸门(Single Digital Gateway)等等。Dazu, vgl auch Ariane Berger, Der automatisierte Verwaltungsakt – Zu den Anforderungen an eine automatisierte Verwaltungsentscheidung am Beispiel des § 35a VwVfG, NVwZ 2018, S. 1260 ff.

② 关于中产阶级使用机器人程序自动化之实证分析,可参见 Kai-Uwe Marten/Valentin Reichelt/Sarah Lux, Robotic Process Automation im Finanz- und Rechnungswesen- Erste empirische Belege aus dem Mittelstand, IRZ 2022, S. 373 ff.

③ 参见《物联网时代——从E化社会到U化社会:无人车·行动办公·在线教育·智慧家居·智慧医疗·行动支付》(电子书)(https://www.books.com.tw/products/E050102965,最后访问日期:2023年7月8日)。

④ 关于聪明政府与聪明城市之特征,请参见 Wilhelm Bauer/Oliver Riedel/Steffen Braun(Hrsg.), Jan Etscheid/Jörn von Lucke/Felix Stroh, Künstliche Intelligenz in der öffentlichen Verwaltung - Anwendungsfelder und Szenarien, S.17-22, Fraunhofer-Institut für Arbeitswissenschaft und Organisation IAO, Im Zusammen mit Universität Stuttgart Institut für Arbeitswissenschaft und Technologiemanagement IAT/Zeppelin Universität zwischen Wirtschaft Kultur Politik 2020.

⑤ 关于E化时代,公民应具备之素养,可参见黛安娜·格雷伯:《数位公民素养课——在线交友·色情陷阱·保护个资,从孩子到大人必备的网民生活须知》,刘凡恩译,橡实文化(2020.9)。关于伦理规范方面,请参见永井正武:《e化社会职场伦理、专业发展、轻重问题?重构问题?》,何慧群译,《教评月刊》(http://www.ater.org.tw,最后访问日期:2023年7月10日);另见《台湾教育评论月刊》第5卷第6期,第21-27页,https://www.lawdata01.com.cn/anglekmc/ttswebx?@0:0:1:lawkm! ID%3D A08520506-021,最后访问日期:2023年7月10日。

二、行政自动化之概念、种类与目的

E化政府之核心（法律）问题，厥为"行政自动化"（Automation of administration; Automation od. Automatisierung der Verwaltung）。其概念之界定、范围之厘清与目的之确立，应属本论文议题的先着，兹简述如下。

（一）行政自动化之概念

"行政自动化"（Automation of administration; Automation od. Automatisierung der Verwaltung），顾名思义，就是据以作成"公行政"决定之信息的搜集、整理与清算，以及相关决定之作成与对外表示，均委由机器或电子化设施为之，而不假手于公务机关之人员亲力亲为（manuell）①。至于免除人力之比重为何，则属于"行政自动化"之程度问题（另详下述）。至于其可能性（Möglichkeit）与适合与否（Geeignetheit）的问题，则涉及政策之取舍②、正面与负面价值之评估、科技能力与民众之接受度等问题（另详下述）。

人工智能，并不等同于自动化。自动化过去意味着必须编写非常具体的规则，让机器或软件执行非常具体的任务。人工智能，在更抽象的层面上，实现自动化：它定义效率标准与各种行动框架，并根据情况执行更有效的行动。此种级别的复杂性与抽象性，属于一个巨大的里程碑，它允许将自动化嵌入任何存在流程的地方。所有可以在流程中映像的问题都可以（部分）自动化③。

（二）行政自动化之种类

行政自动化之分类，可从不同观点进行。以下仅从自动化之广度或程度，而为区分。

1. 部分自动化行政

本文之所以不称"半自动化行政"，而称"部分自动化行政"（Teilautomation der Verwaltung），其原因在于行政之自动化程度，甚难以数量上严格之半数判断，譬如"半自动步枪""半自动驾驶"然。因此，凡行政之"自动化"尚未达到后述的"全自动化"者，均得（应）以"部分自动化行政"（Teilautomation der Verwaltung）称之④。

---

① Vgl. etwa, Jan Etscheid, Automatisierungspotentiale in der Verwaltung, Social Science Open Access Repository（SSOAR）,S.150-153（https://www.ssoar.info/ssoar/handle/document/57538）（Visiting date: 2023.7.9.）.

② Vgl. Jan Etscheid, ebenda.

③ Siehe, Lorena Jaume-Palaski, KI und Algorithmen, Telemedicus（https://www.telemedicus.info/ki-und-algorithmen/）（Angerufen auf 2023.7.27）.

④ 关于部分自动化行政之概念,siehe,Jan Etscheid,Wilhelm Bauer/Oliver Riedel/Steffen Braun（Hrsg.）,Jan Etscheid/Jörn von Lucke/Felix Stroh, Künstliche Intelligenz in der öffentlichen Verwaltung - Anwendungsfelder und Szenarien, S.7-16, Fraunhofer-Institut für Arbeitswissenschaft und Organisation IAO, Im Zusammen mit Universität Stuttgart Institut für Arbeitswissenschaft und Technologie-management IAT/Zeppelin Universität zwischen Wirtschaft Kultur Politik 2020.; Thorsten Siegel, Digitalisierung des Verwaltungsverfahrens in Berlin, LKV 2020, S. 532-533.

当今之各国公行政，虽有部分采取所谓之"全自动化行政"（另详下述），但总体上言之，仅属于"部分自动化行政"，而尚未见有"空无一人"、唯独"机器人"当家之公务机关者①。在各国法制上，所称之"部分自动化行政"（Teilautomation der Verwaltung），应该是指特定种类之公行政决定，仅有部分不假借人工，而以机器或电子化设施独立完成者②。当前最盛行者，应系"助理系统"（Assistenzsysteme）③。德国学者布劳恩·宾德（Braun Binder）亦指出，如果谓"自动作成之行政处分，仅存在于其结果不受人的控制"，则该国行政程序法第35a条所称之"自动作成之行政处分"，其实不过是"部分自动作成之行政处分"而已！④因此，该国早有学者指出，完全自动化与部分自动化，其界限存在混淆，不宜使用⑤。

2. 完全自动化行政

当今各国所称之"完全自动化行政"（Vollautomation der Verwaltung），仅系指特定种类之公行政决定，"绝大部分"不假借人工，而以机器或电子化设施独立完成，而非谓从自动化设施之设置、程序软件之撰写、信息之数字化与相关决定之事实根据，均不必假手于自然人⑥。因此，在行政法学上之"完全自动化行政"（Vollautomation der Verwaltung），应指在

---

① 虽然各国有尝试以机器人提供服务者，但其应备之条件与引发之问题，则仍甚为复杂。Dazu, vgl. Kai-Uwe Marten/Valentin Reichelt/Sarah Lux, Robotic Process Automation im Finanz- und Rechnungswesen- Erste empirische Belege aus dem Mittelstand, IRZ 2022, 373 ff.; Leonid Guggenberger, Einsatz künstlicher Intelligenz in der Verwaltung, NVwZ 2019, 844 ff.
关于运用机器人协助行政程序之处理，可参见Oliver Gutermuth/Constantin Houy/Peter Fettke, Robotergestützte Prozessautomatisierung für die digitale Verwaltung, Deutsches Forschungszentrum für Künstliches Interlligenz GmbH, Nationale E-Government Kompetenzzentrum e. V. (NEGZ), Saarbrücken 2023.

② 学者通斯顿·吉格尔（Thorsten Siegel）亦指出，部分自动化的特点，系基本的程序步骤与实际决策为官员所保留，因此，其也是为自然人所保留。自动设置只系支持而已。Siehe, ders., Digitalisierung des Verwaltungsverfahrens in Berlin, LKV 2020, S.532; Michael Steinle, Assistenzsysteme in der öffentlichen Verwaltung, S.17-18, Johannes Kepler Universität Linz, 2023; Kathrin Kirstan, aaO., S. 8

③ Vgl. Michael Steinle, Assistenzsysteme in der öffentlichen Verwaltung, SS. 18-28.

④ Dazu vgl. etwa, Braun Binder, Vollautomatisierte Verwaltungsverfahren im allgemeinen Verwaltungsverfahrensrecht? NVwZ 2016, S. 960 ff.

⑤ Siehe, Panagiotis Lazaratos, Rechtliche Auswirkungen der Verwaltungsautomation auf das Verwaltungsverfahren, SS. 33-34, Duncker & Humblot, Berlin 1990.

⑥ 关于全自动化行政与全数字化行政之概念，参见：Vgl. Nadja Braun Binder, Vollautomatisierte Verwaltungsverfahren im allgemeinen Verwaltungsverfahrensrecht? NVwZ 2016, S. 960 ff.; Markus Ludwigs/Annika Velling, Vollautomatisierte Verwaltungsakte im deutschen Recht, in: Ludwigs/Muriel Ciceri/Velling (eds.), Digitalization as a challenge for justice and administration, Abhandlungen zum Öffentlichen Recht 1, Würzburg 2023, pp. 35-54; Wilhelm Bauer/Oliver Riedel/Steffen Braun (Hrsg.), Jan Etscheid/Jörn von Lucke/Felix Stroh, Künstliche Intelligenz in der öffentlichen Verwaltung - Anwendungsfelder und Szenarien, S.7-16, Fraunhofer-Institut für Arbeitswissenschaft und Organisation IAO, Im Zusammen mit Universität Stuttgart Institut für Arbeitswissenschaft und Technologie-management IAT/Zeppelin Universität zwischen Wirtschaft Kultur Politik 2020. S. 153-155 (Visiting date: 2023.7.9.); Mario Martini, Transformation der Verwaltung durch Digitalisierung, S. 2 (file:///C:/Users/user/Downloads/2017_Transformationder Verwaltung_TyposkriptDOEV%20(1).pdf) (Das Original ist abgedruckt in DÖV 2017, S. 443-455). S. 16-18 (Visiting date: 2023.7. 10.); U. Stelkens, VwVfG § 35a Vollständig automatisierter Erlass eines Verwaltungsaktes, in: Stelkens/Bonk/Sachs, Verwaltungs-verfahrensgesetz, 10. Aufl., 2023, Rn. 12-13.

自动化设施、程序软件、数字化信息与相关事实、法律构成要件与明确之法效果等"既有设备"(vollendete Vorgaben)下,由自动化机器自主完成整理、运算与产出者①。但于法律有特别规定时,关于"意思表示之确认",始由公务人员为之②。至于"公行政"如何"超自动化"(Hyperautomation),以因应特殊时期之需要,则系另一问题③。

根据学者分析与预测,自动化之进程有四:① 从流程模型到应用系统(Von Prozessmodell zum Anwendungssystem);② 流程挖掘(Process Mining);③ 运营绩效支持(Operational Performance Support);④ 机器人程序自动化(Robotic Process Automation, RPA)④。当前最具全自动行政特质与历史者,当指交通号志之自动变换与指挥交通⑤。唯当前各国交通号志之自动变换与指挥交通,因欠缺装设路况拥挤度之侦测,以得以弹性调整号志时间差,常常导致车辆拥挤之一方反而必须等待交通量稀少甚至空无一人之另一方,而有造成"人性尊严"受损之情形。

(三)行政自动化之目的

行政自动化之目的,不仅在于追求经济(Wirtschaftlichkeit)(减少人力与物力之成本)⑥、迅速(Beschleunigkeit)、让人员减少烦琐的例行性、耗体力之工作⑦、个人工作流程更有条理(einzelne Arbeitsablauf stärker durchorganisiert wird)⑧,以享有更多发挥智慧之机会,而且在于追求相关事务(特别是与金钱有关者)之安全(Sicherheit)与保密要求⑨,追求集中化

---

① 学者通斯顿·吉格尔亦指出,完全自动化的行政行为,根据该国联邦行政程序法(VwVfG)第35a条规定的特点,系其"完全"由自动化设备所发出。Siehe, ders., aaO., LKV 2020, S. 533; Ähnlich dazu siehe auch, Kathrin Kirstan, aaO., S. 6-7.

② Dazu, vgl. Michael Steinle, Assistenzsysteme in der öffentlichen Verwaltung, S. 16; Kathrin Kirstan, aaO., S. 8-10.

③ Dazu, vgl. Milad Safar, Hyperautomation in der öffentlichen Verwaltung- Gegen Prozesssilos und für einen schnelleren und besseren Bürger-Service (https: //weissenberg-group.de/hyperautomation-oeffentliche-verwaltung/)(Visiting date: 2023.7.23).

④ Dazu, vgl. August-Wilhelm Scheer, Performancesteigerung durch Automatisierung von Geschäftsprozessen, 2. Auflage, SS. 6-38, AWS-Institut für digitale Produkte und Processe gGmbH, Saarbrücken 2017.

⑤ Vgl. Mario Martini, Transformation der Verwaltung durch Digitalisierung, S. 2 (file:///C:/Users/user/Downloads/2017_Transformationder Verwaltung_TyposkriptDOEV%20(1).pdf)(Das Original ist abgedruckt in DÖV 2017, S. 443-455), S. 5 (Visiting date: 2023.7.10.).

⑥ Vgl. Niklas Luhmann, Recht und Automation in der öffentlichen Verwaltung- Eine verwaltungswissenschaftliche Untersuchung, SS. 20-21, Schriftenreihe der detschen Universität für Verwaltungswissenschaften Speyer (HS), Bd. 29, 1997 unveränd. Auflage, Duncker & Humblot, Berlin 1966).

⑦ Vgl. Niklas Luhmann, Recht und Automation in der öffentlichen Verwaltung- Eine verwaltungswissenschaftliche Untersuchung, SS. 22-23, Schriftenreihe der detschen Universität für Verwaltungswissenschaften Speyer (HS), Bd. 29, 1997 unveränd. Auflage, Duncker & Humblot, Berlin 1966).

⑧ Vgl. Niklas Luhmann, Recht und Automation in der öffentlichen Verwaltung- Eine verwaltungswissenschaftliche Untersuchung, S. 23, Schriftenreihe der detschen Universität für Verwaltungswissenschaften Speyer (HS), Bd. 29, 1997 unveränd. Auflage, Duncker & Humblot, Berlin 1966).

⑨ Vgl. Niklas Luhmann, Recht und Automation in der öffentlichen Verwaltung- Eine verwaltungswissenschaftliche Untersuchung, SS. 17-18, Schriftenreihe der detschen Universität für Verwaltungswissenschaften Speyer (HS), Bd. 29, 1997 unveränd. Auflage, Duncker & Humblot, Berlin 1966).

（Zentralisierung）①，方便文档（Dokumentation）之建立（避免重复）、运用与管理，尤其是跨区域传送与使用（如车籍数据、医疗记录等），犯罪预防与传染病防治，甚至是进行统计与分析等②，避免监督或监视（Aufsicht）系统的叠床架屋③。最后，于相关之决定，经由人类与机器的合作，将可摆脱一些纯人为或人情因素的羁绊与困扰④。

三、适宜自动化之行政事务

究竟公行政事项，何者适宜（geeignet）以自动化方法为之［如何识别公行政的决定是否适宜采取自动化，德国学者阿利安尼·贝尔格（Ariane Berger）分别从以下标准出发：① 自动化潜能分类（Klassifizierung nach Automationspontenzial），即复杂的行政决定（Verwaltungsentscheidungen mit komplexem Sachverhalt）、具有复杂决策标准之行政决定（Verwaltungsentscheidungen mit komplexem Entscheidungsmaßstäben）、具有较高实际成分（环境因素）之行政决定（Verwaltungsentscheidungen mit hohem Realanteil）或具有较少实际成分（具有明确数字或意义）之行政决定（Verwaltungsentscheidungen mit geringem Realanteil）；② 对人类监管机构之要求（Erfordernis einer menschlichen Kontrollinstanz）（特别是涉及利害关系人之权利、自由与利益之维护）。Dazu siehe dies., Der automatisierte Verwaltungsakt – Zu den Anforderungen an eine automatisierte Verwaltungsentscheidung am Beispiel des § 35a VwVfG, NVwZ 2018, S. 1260 ff.］⑤，并非单纯之价值性判断或政策性决定问题，而尚及于技术可能

---

① Vgl. Niklas Luhmann, Recht und Automation in der öffentlichen Verwaltung- Eine verwaltungswissenschaftliche Untersuchung, S. 18, Schriftenreihe der detschen Universität für Verwaltungswissenschaften Speyer（HS）, Bd. 29, 1997 unveränd. Auflage, Duncker & Humblot, Berlin 1966）.

② Vgl. Niklas Luhmann, Recht und Automation in der öffentlichen Verwaltung- Eine verwaltungswissenschaftliche Untersuchung, SS. 18-19, Schriftenreihe der detschen Universität für Verwaltungswissenschaften Speyer（HS）, Bd. 29, 1997 unveränd. Auflage, Duncker & Humblot, Berlin 1966）.

③ Vgl. Niklas Luhmann, Recht und Automation in der öffentlichen Verwaltung- Eine verwaltungswissenschaftliche Untersuchung, SS. 23-24, Schriftenreihe der detschen Universität für Verwaltungswissenschaften Speyer（HS）, Bd. 29, 1997 unveränd. Auflage, Duncker & Humblot, Berlin 1966）.

④ Vgl. Niklas Luhmann, Recht und Automation in der öffentlichen Verwaltung- Eine verwaltungswissenschaftliche Untersuchung, SS. 25-26, Schriftenreihe der detschen Universität für Verwaltungswissenschaften Speyer（HS）, Bd. 29, 1997 unveränd. Auflage, Duncker & Humblot, Berlin 1966）.

⑤ 关于行政自动化或数字化之"适合性"（Geeignet），另详见：Wilhelm Bauer/Oliver Riedel/Steffen Braun（Hrsg.）, Jan Etscheid/Jörn von Lucke/Felix Stroh, Künstliche Intelligenz in der öffentlichen Verwaltung - Anwendungsfelder und Szenarien, S.7-16, Fraunhofer-Institut für Arbeitswissenschaft und Organisation IAO, Im Zusammen mit Universität Stuttgart Institut für Arbeitswissenschaft und Technologie-management IAT/Zeppelin Universität zwischen Wirtschaft Kultur Politik 2020. S. 142-146（Visiting date：2023.7.9.）

性、经济性(成本与效益关系①)与法律容许性等要求②。[波普·维欧利诺(Bob Violino)则指陈使用机器人程序自动化(RPA)之不同利弊。在好处方面:RPA可以带来更好的业务成果,例如,使用RPA通常可以提高工作流程效率并降低劳动力成本。执行数据输入等一系列日常任务的软件机器人,可以减少公司员工数量,并简化任务完成。在许多情况下,使用RPA的公司正在对目前从事平凡和乏味任务的员工进行再培训,使其在更具活力和创新的领域工作。RPA可用于开发新产品或改善客户体验,可以给公司带来巨大的附加价值。RPA平台可减少或消除手动数据输入带来的人为错误风险,可节省时间和劳动力,不再需要纠正手动错误,并且可以避免由此产生的问题。减少或消除错误可以提高数据质量,是大数据分析、商业智能(BI)和人工智能(AI)等计划成功的关键因素。RPA还可以扩大可收集的数据量,提高数据质量。RPA可以提供更快的服务,提升客户满意度和支持等。机器人工作速度比人类快得多,并且不需要休息,而这是缩短处理时间、提高成功率的关键因素。RPA机器人接管人类工人以前执行的一些日常任务,可以减轻工人的工作量;反过来又可以提高员工满意度。在大多数情况下,技术人员能够减少数据输入或将信息从一个系统复制到另一个系统等烦琐任务上的时间,他们会在工作中感到更快乐、更有动力,而更快乐的员工队伍意味着更少的员工流失。人们对自己的工作感到满意时,更有可能留在自己的工作岗位上。积极的结果是:公司不必不断寻找、雇用和培训新员工。自动化减少工作量,可以减少公司的人员配置需求,降低人员成本。如公司需要雇用员工,对熟练专业人员的吸引力会增加,因为自动化的使用只需要人类来执行更艰巨的任务。RPA的其他潜在好处包括数据安全、隐私和监管合规性。当机器处理数据输入等流程时,医疗记录或信用卡信息等敏感数据不太可能公开,将降低公司面临合规问题的可能性。最后,RPA还使组织可以更轻松地运行详细的审计追踪,防止出现与欺诈或其他事件相关的问题。在缺点方面:RPA可能会导致失业。尽管公司将员工转移到更有趣、更有活力的工作空间,并让他们摆脱数据输入等无聊

---

① Vgl. Wilhelm Bauer/Oliver Riedel/Steffen Braun(Hrsg.),Jan Etscheid/Jörn von Lucke/Felix Stroh,Künstliche Intelligenz in der öffentlichen Verwaltung –Anwendungsfelder und Szenarien,S.7-16,Fraunhofer-Institut für Arbeitswissenschaft und Organisation IAO,Im Zusammen mit Universität Stuttgart Institut für Arbeitswissenschaft und Technologie-management IAT/ Zeppelin Universität zwischen Wirtschaft Kultur Politik 2020.S. 149-150(Visiting date:2023.7.9.)。关于采取行政自动化之优点,米夏尔·普拉杰(Michael Plazek)指出,德国今日之公行政部门普遍缺乏助理人员,如普遍采取自动化,将可补足人力缺口(Personallücke),改善执行之情况,促进业务之迅速化。Dazu, siehe, ders., Herausforderungen: Personallücke schließen und Vollzug verbessern, in: Institut für den öffentlichen Sektor (Hrsg.), Nicht beim Onlinezugang stehen bleiben – Potenziale der Automatisierung nutzen, S. 3. 又克里斯托弗·海钦格(Christoph Heichinger)为文指出,使用程序自动化机器人(RPA),可大幅提升效率。Siehe ders., Öffentliche Verwaltung:Mehr Effizienz durch RPA, S. 1-16, ACP 2023.

② Vgl. Wilhelm Bauer/Oliver Riedel/Steffen Braun(Hrsg.),Jan Etscheid/Jörn von Lucke/Felix Stroh,Künstliche Intelligenz in der öffentlichen Verwaltung - Anwendungsfelder und Szenarien,S.7-16,Fraunhofer-Institut für Arbeitswissenschaft und Organisation IAO,Im Zusammen mit Universität Stuttgart Institut für Arbeitswissenschaft und Technologie-management IAT/ Zeppelin Universität zwischen Wirtschaft Kultur Politik 2020. S. 150-153(Visiting date:2023.7.9)。

事务，但员工仍然有可能无法完成更具挑战性的任务，从而导致失业。当公司试图削减劳动力成本并解雇大量工人时，声誉可能会受损。另一个缺点是 RPA 实施可能会失败。该技术仍然相对较新，到目前为止仅在少数组织中进行了测试。每当公司使用自动化工具时，事情也可能会出错。手动流程可能是劳动密集型且缓慢的，但它们是最佳实践，有时需要多年。另一点是不能总是调控机器人的灵活性。应用程序和流程必须稳定，RPA 才能发挥最佳功能。事实上，如果接口、数据或其他输入发生变化，该技术可能无法发挥作用。该技术的另一个潜在缺点是经济结果不确定。虽然 RPA 可以节省成本、减少错误并提高效率，但不能保证一切都会按计划进行。①]

（一）大量行政程序与行政处分

基于"经济性"（Wirtschaftlichkeit）要求，适合以自动化处理之行政事务，通常应属于"大量行政程序"（Massenverwaltungsverfahren）与"大量行政处分"（Massenverwaltungsakt）②。再者，大量同类型之行政事务，由人为之，自容易疲乏、欠缺效率，且容易出错，故适宜采取自动化处理。当然，在时间与成本费用之节省方面，亦更具备优势③。因此，诸如社会年金给付行政事项，即相当适合采取全面自动化④，甚至有学者指出，当今就诸如年金或保险给付、各种税务与规费之计算与收取等大量事件，如未采取自动化，则人力根本无法负荷⑤。

我国台湾地区"行政程序法"第九十七条第三款规定："书面之行政处分有下列各款情形之一者，得不记明理由：三、大量作成之同种类行政处分或以自动机器作成之行政处分依其状况无须说明理由者。"虽然将得以自动化作成之处分，并不限于以大量作成之同种类行政处分，然而，在行政自动化之领域，基于"经济性"之要求，通常以自动机器作成之行政处分，亦属于大量作成之同种类行政处分。

---

① Dazu siehe, ders., Die Vor- und Nachteile von Robotic Process Automation, 2020.3.13. (https:// www.computerweekly.com/de/feature/Die-Vor-und-Nachteile-von-Robotic-Process-Automation-RPA) (Visiting date：2023.7.24). 基于此等利弊得失，乃有支持使用 RPA 与反对使用 RPA 两大对立之阵营。各自所持之理由，参见：Ramona Gehring, Einsatz von Robotic Process Automation (RPA) in der öffentlichen Verwaltung, SS. 19-45, ZHAW School of Management and Law, 2022.5.25. darüber, vgl. auch Resa Mohabbat-Kar/Peter Parycek, Berechnen, ermöglichen, verhindern: Algorithmen als Ordnungs- und Steuerungsinstrumente in der digitalen Gesellschaft, in: Resa Mohabbat-Kar/Basanta Thapa/Peter Parycek, (Un)berechenbar? Algorithmen und Automatisierung in Staat und Gesellschaft, Fraunhofer, Fokus 2018.

② 关于大量行政处分与大量行政程序之相关问题与文献，参见蔡志方：《论大量行政处分与大众程序》，载《成大法学》，2004 年第 7 期，第 1-30 页（https://nckur.lib.ncku.edu.tw/handle/987654321/ 131322）。

③ Dazu, vgl. Kai-Uwe Marten/Valentin Reichelt/Sarah Lux, Robotic Process Automation im Finanz- und Rechnungswesen- Erste empirische Belege aus dem Mittelstand, IRZ 2022, S. 373 ff; Niklas Pulte, Vollautomatisierung von Verwaltungsverfahren. Einsatzmöglichkeit, rechtliche Anforderungen und Gestaltungsleitlinien, S. 3, GRIN Verlag 2020.

④ Vgl. Fichte Knickrehm/Kreikebohm/Waltermann, Kommentar zum Sozialrecht, 7. Auflage, 2021, Rn. 14-15.

⑤ Siehe, Niklas Luhmann, Automation in der öffentlichen Verwaltung, in: V. Tacke/ E. Luckas (eds.), Schriften zur Organisation 4, SS. 16-17, Springer VS, Wiesbaden 2020.

(二)类型化与经常性行政程序

好的分类模型,系每一步均能够让下一步之"混杂度"或"模糊度"变得最小,而"清晰度"提升①,自然亦易于认定与处理。

在 AI 的机器学习上,虽然有符号学派、贝叶斯学派(概率说学派)②、类推学派(默知识学习学派)、链接学派(暗知识学习学派)与进化学派③,但其共通点,乃在于根据既有之信息,建立预测模型,反复调整参数,拟合既有数据,建立预测模型,以预测未来之新事件。其各自之先验世界有所不同,但寻找出路与结果,则属共同④。因此,适宜采取自动化之行政事项,必须是能够类型化(Categorization; Kategorisierung),且具经常性(Oftlichkeit)之行政程序。因为上述大量程序,必然具有经常性,因此同一类型的巨量化(海量化)、经常性行政程序,就最受自动化设施之青睐,需求度亦最高。

(三)与巨额数字或金额有关之行政决定

数字或与金钱有关之数额,属于数学语言,具有决定之明确性。因此,即使金额无比庞大或复杂,AI 也均能在极短时间内计算出,此非属于自然人之公务员所可比拟的⑤。因此,在各国与金钱有关之税务行政、社会福利给付等,在本质上,即甚为适合采取 AI 等电子计算器运算,并做出决定⑥。诸如税务决定,学者指出其属于非真正之大量程序(unechtes Massverfahren),即使存在裁量或不确定概念之法律规定,亦非不得采取自动化方式⑦,德国租税通则之规定,即为适例。不过,基于在奥地利相关实务上,仍存在约 17% 之错误率,而须以诸如联邦服务债务追讨系统(Centrelink debt recovery system)之风险管制平台控管之,

---

① 参见王维嘉:《AI 背后的暗知识》,大写出版社 2020 年版,第 54 页。
② 有关本理论之运算模型,请参见刘知远等:《大数据智能——数据驱动的自然语言处理技术》,电子工业出版社 2020 年版,第 85-86 页。
③ 参见王维嘉:《AI 背后的暗知识》,大写出版社 2020 年版,第 53-64 页。
④ 参见王维嘉:《AI 背后的暗知识》,大写出版社 2020 年版,第 63 页。
⑤ 根据媒体报导,以当前之超级计算机运算需时 47 年之数据,改以量子计算机运算,则仅需数秒钟。参见 Yahoo 新闻:最强超级计算机需花 47 年计算,Google 最新量子系统几秒就搞定(https://tw.news.yahoo.com/%E6%9C%80%E5%BC%B7%E8%B6%85%E7%B4%9A%E9%9B%BB%E8%85%A6%E9%9C%80%E8%8A%B1-47-%E5%B9%B4%E8%A8%88%E7%AE%97-google-%E6%9C%80%E6%96%B0%E9%87%8F%E5%AD%90%E7%B3%BB%E7%B5%B1%E5%B9%BE%E7%A7%92%E5%B0%B1%E6%90%9E%E5%AE%9A-020305312.html?guccounter=1&guce_referrer=aHR0cHM6Ly93d3cuZ29vZ2xlLmNvbS8&guce_referrer_sig=AQAAAEebjqS_v5atnFKTw9sSmJ9bJMGOCjM-AF1StiIxauht0KBsA0euhbgJLEqAqvmCIsSri9gqRZt-Nv_hl2gmBiaoZMmfnTzszDblddrcGUOaEUtapQaqh37Kb9pg3a19gx76XWo9Pfz9uFtxjB0_8H0OyVw1w9LUysv10N7pB2i)(最后浏览日期:2023.7.12)。
⑥ Vgl. Markus Ludwigs/Annika Velling, Vollautomatisierte Verwaltungsakte im deutschen Recht, in: Ludwigs/Muriel Ciceri/Velling(eds.), Digitalization as a challenge for justice and administration, Abhandlungen zum Öffentlichen Recht 1, Würzburg 2023, S. 40.2; Braun Binder, Vollautomatisierte Verwaltungsverfahren im allgemeinen Verwaltungsverfahrensrecht? NVwZ 2016, S. 960 ff.
⑦ Vgl. Niklas Pulte, Vollautomatisierung von Verwaltungsverfahren. Einsatzmöglichkeit, rechtliche Anforderungen und Gestaltungsleitlinien, S. 11, GRIN Verlag 2020.

则值得注意①。

我国台湾地区近年为因应此一要求与发展趋势,遂于"税捐稽征法"第十一条第二项规定:"1. 依本法或税法规定应办理之事项及应提出之文件,得以电磁纪录或电子传输方式办理或提出;其实施办法,由'财政部'订之……"台湾财政行政部门据此而于2000年7月20日制颁"电子税务实施办法"。

(四)无须个案裁量与判断之行政事件

通常无须逐案审查、判断于决定之行政事件,最适宜采取自动化②。唯如法律虽原本赋予行政机关裁量权,但于特殊情况下,当其收缩至零(Reduzierung od. Schrumpfung auf Null)时,是否又例外容许采取自动化方式,作成行政处分,则不无疑义③。德国有学者主张,裁量收缩至零,导致决定仅有一种属于合法。因此,从实体上观察,乃与羁束处分有关,而规范应从目的性限缩(teleologische Reduktion der Norm),于原则上应被肯定。然而,较为中肯之看法,乃完全之自动化,必须是基于行政规则(Verwaltungsvorschriften)或可一般化之原因(generalisierbare Gründen)而产生者。反之,因个案特殊特征所生的收缩,通过算法来评估和确定,似乎并不可能,至少在技术上也仅是暂时性的④,而不适宜采取自动化。

另一方面,在相反的方向上,被讨论的问题,乃排除在德国联邦行政程序法第35a条的措辞之外?尽管非于行使自由裁量权时所作出,但对不确定法律概念之解释与适用,此类决定是否也应排除在完全自动化之外。此种理解的支持者认为,排除官方自由裁量权的动机,并不是司法控制密度的降低,而是不确定法律概念的复杂性。再者,关键不在于具判断余地之规定,而在于众多规范之构成要件系由无判断余地之不确定法律概念塑造。较受该

---

① Vgl. Niklas Pulte, Vollautomatisierung von Verwaltungsverfahren. Einsatzmöglichkeit, rechtliche Anforderungen und Gestaltungsleitlinien, S. 11, GRIN Verlag 2020.

② 德国学者已正确指出,并非涉及裁量与有判断余地之行政事项,均不得立法实行全自动化,而仅系对立法者自身,基于法治国家要求所为之提醒而已。Vgl. dazu, Niklas Pulte, Vollautomatisierung von Verwaltungsverfahren. Einsatzmöglichkeit, rechtliche Anforderungen und Gestaltungsleitlinien, SS. 6, 10, GRIN Verlag 2020.

③ 持肯定见解者,例如Windoffer, in: Mann/Sennekamp/Uechtritz(Hrsg.), VwVfG 2. Aufl., 2019, § 35a Rn. 30;提出批判者,如Stegmüller, NVwZ 2018, 353(357)。持否定见解者,例如Braun Binder, DöV 2016, 891(894); Djaffal, DVBl. 2017, 808(814); Guckelberger, DöV 2021, 566(569 ff.); Hornung, in: Schoch/Schneider(Hrsg.), Verwaltungsrecht, Bd. II, 2. Aufl., 2012, § 35a Rn. 72 ff.; Siegel, DVBl. 2017, 24(26); Ziekow, VwVfG, 4. Aufl., 2020, § 35a Rn. 13。较令人信服的是,缺乏对有意裁量权案件的记录,转引至需要"对强制偏离规则序列的非典型特征进行个别审查"(unter Verweis auf die geforderte "individuelle Prüfung auf eine Atypik, die zur Abweichung von der Regelfolge zwingt"),请参见: Martini/Nink, NVwZ-Extra 10/2017, 1(2). Zitiert nach Markus Ludwigs/Annika Velling, Vollautomatisierte Verwaltungsakte im deutschen Recht, in: Ludwigs/Muriel Ciceri/Velling(eds.), Digitalization as a challenge for justice and administration, Abhandlungen zum Öffentlichen Recht 1, Würzburg 2023, S. 47, Fn. 84.

④ Dazu, siehe Markus Ludwigs/Annika Velling, Vollautomatisierte Verwaltungsakte im deutschen Recht, in: Ludwigs/Muriel Ciceri/Velling(eds.), Digitalization as a challenge for justice and administration, Abhandlungen zum Öffentlichen Recht 1, Würzburg 2023, S. 47.

国学者所肯定者,在于诸如该国租税通则(AO)第 155 条第 4 项①与社会法典第十编(SGB X)第 31a 条②之平行性规定所示,只要无动机让公务员处理个案,即容许全自动化(Dort werden Vollautomatisierungen zulassen, soweit kein Anlass dazu besteht, den Einzellfall durch Amtsträger zubearbeiten)③。

（五）排除人情压力与干涉之事件

以"冷冰冰"之自动化机器,取代充满情绪、情欲之自然人公务员(公务员或许有例外),是否即能如同传说中之"包青天"般铁面无私辨忠奸,而使法律规定之"回避制度"无所作用④,而成为"死法"(totes Recht),甚至真正臻于"依法行政",而非"依人意行政"?

AI 机器人能否感知"情绪"(Emotion),是否具有"感情"(Gefühl),向为学者所争论⑤。由罗宾·麦克劳林·威廉姆斯(Robin McLaurim Williams)主演的《变人》(*Bicentennial Man*)一片中之机器人"安德鲁",显然就拥有自己的"情绪"与对感情的追求⑥！如果将来

---

① Abgabenordnung (AO) § 155 Steuerfestsetzung: (4) Die Finanzbehörden können Steuerfestsetzungen sowie Anrechnungen von Steuerabzugsbeträgen und Vorauszahlungen auf der Grundlage der ihnen vorliegenden Informationen und der Angaben des Steuerpflichtigen ausschließlich automationsgestützt vornehmen, berichtigen, zurücknehmen, widerrufen, aufheben oder ändern, soweit kein Anlass dazu besteht, den Einzelfall durch Amtsträger zu bearbeiten. Das gilt auch 1. für den Erlass, die Berichtigung, die Rücknahme, den Widerruf, die Aufhebung und die Änderung von mit den Steuerfestsetzungen sowie Anrechnungen von Steuerabzugsbeträgen und Vorauszahlungen verbundenen Verwaltungsakten sowie, 2. wenn die Steuerfestsetzungen sowie Anrechnungen von Steuerabzugsbeträgen und Vorauszahlungen mit Nebenbestimmungen nach § 120 versehen oder verbunden werden, soweit dies durch eine Verwaltungsanweisung des Bundesministeriums der Finanzen oder der obersten Landesfinanzbehörden allgemein angeordnet ist. Ein Anlass zur Bearbeitung durch Amtsträger liegt insbesondere vor, soweit der Steuerpflichtige in einem dafür vorgesehenen Abschnitt oder Datenfeld der Steuererklärung Angaben im Sinne des § 150 Absatz 7 gemacht hat. Bei vollständig automationsgestütztem Erlass eines Verwaltungsakts gilt die Willensbildung über seinen Erlass und über seine Bekanntgabe im Zeitpunkt des Abschlusses der maschinellen Verarbeitung als abgeschlossen.

② Zehntes Buch Sozialgesetzbuch-Sozialverwaltungsverfahren und Sozialdatenschutz-(SGB X) § 31a (Vollständig automatisierter Erlass eines Verwaltungsaktes): "Ein Verwaltungsakt kann vollständig durch automatische Einrichtungen erlassen werden, sofern kein Anlass besteht, den Einzelfall durch Amtsträger zu bearbeiten. Setzt die Behörde automatische Einrichtungen zum Erlass von Verwaltungsakten ein, muss sie für den Einzelfall bedeutsame tatsächliche Angaben des Beteiligten berücksichtigen, die im automatischen Verfahren nicht ermittelt würden."

③ Siehe, Schröder, VerwArchiv 110(2019), 328(333), zitiert nach Markus Ludwigs/Annika Velling, Vollautomatisierte Verwaltungsakte im deutschen Recht, in: Ludwigs/Muriel Ciceri/Velling (eds.), Digitalization as a challenge for justice and administration, Abhandlungen zum Öffentlichen Recht 1, Würzburg 2023, S. 91, Fn. 91.

④ 关于行政程序上之回避规定,请参见我国台湾地区"行政程序法"第三十二条、第三十三条。关于得申请回避之主体与时机等,参见蔡志方:《谁可以声请"大法官"回避?》,载陈新民:《六秩晋五寿辰文集——法治国家之原理与实践(下册)》,新学林,2020年版,第455-505页;《谁可以声请"大法官"回避?》,法源法律网(https://www.lawbank.com.tw/treatise/dt_article.aspx?AID=D000023874);《论"大法官"之自行回避与声请回避》,铭传大学法学论丛,第33期(2020.8),第1-49页;《论行政程序中之申请回避》,辅仁法学,第26期(2003.12),第1-37页;《论行政程序中申请回避之期限(上)》,万国法律,第136期(2004.8),第82-91页;《论行政程序中申请回避之期限(下)》,万国法律,第137期(2004.10),第110-119页;等等。

⑤ 关于情感机器相关事项之探讨,请参见王文革:《人工智能关我什么事》,时代华文书局,2020年,第40页以下。

⑥ 关于罗宾·威廉斯主演的《变人》之情节,请参见维基百科:《变人》词条的详述(https://zh.wikipedia.org/zh-tw/%E6%9C%BA%E5%99%A8%E7%AE%A1%E5%AE%B6)(最后访问日期:2023年7月14日)。

AI机器人,也会拥有与人类一样的"情绪"与"感情",则于公务系统欲利用AI机器人,以排除人情压力与干涉,恐亦将希望落空!不过,截至当前为止,似乎尚无相关讯息揭发,但恐仍不应完全排除之!

四、行政自动化之前提要件

行政自动化之运用,必须具备软件与硬件设施,以及正确、有效操控该等设施之知识(智能),甚至具有高度使用与配合之意愿等等。以下逐项说明之。

(一)技术与知识及诱因问题

虽然AI技术日益加强,且具有"极高速"运算能力的"量子计算机"(Quanten-Computer),亦已经少量问世,自动化之前景似乎一片美好,然而,此等技术之提升与新设施产品之问世,无一不仰赖人类知识之高度提升。因此,有学者提出"超级思维"(Superminds)之概念,期待让人类与计算机一起思考,而创造出惊人之力量与成果[①]。甚至谷歌工程总监、著名未来学家和发明家雷·库兹韦尔(Ray Kurzweil)设想了一个让计算机与人脑更加合作的未来。他预言人脑很快就会与计算网络融合,形成混合的人工智能,"到2030年代,我们将直接从新皮质连接到云端"。

但是在每一个科技的时代,也总是由人类的知识决定技术;技术能否安全与有效地运用,以及技术能否进一步发展,都无一不取决于人类的知识与智能[②]。以法学为例,自然科学中的认知神经科学(Cognitive Neuroscience),因人类具备将跨领域之邻接学科整合,而得以进一步发现法学之新认识、新体验与新应用[③]。

新设施的有效利用,必须要有足够的诱因。立法机关应为在线服务优惠使用,制定有针对性的激励措施,例如:通过优先快速处理在线申请与相应的服务承诺,或通过虚拟批准在线申请,以降低收费成本。在线特权,类似于在"程序的渠道"引发了平等法下的紧张局势。因为更高的成本或更长的处理时间,主要体现在老年人与受过较少正规教育的人身上,他们处理在线服务的技能往往有限,或者因网络连接较差,而无法获得最佳访问在线服务的人。然而,此种"不平等待遇"在宪法上仍属合理:处理顺序与行政流程的成本,可能与其所付出的努力相关。因此,将较高的管理费用转嫁给申请人亦属合法。至于个别情况下出现的

---

① 请参见托马斯·W.马隆(Thomas W. Malone):《超级思维——人类和计算器一起思考的惊人力量》,中信出版集团,2019年,第29页以下、第63页以下。

② 关于AI之发展与技术间之关系,请参见:Normative Leitlinien für künstliche Intelligenz in Regierung und öffentlicher Verwaltung, SS. 506 (https://www.ssoar.info/ssoar/bitstream/handle/document/57618/ssoar-2018-djeffal-Normative_Leitlinien_fur_kunstliche_Intelligenz.pdf? sequence=1&isAllowed=y&lnkname= ssoar-2018-djeffal-Normative_Leitlinien_fur_kunstliche_Intelligenz.pdf)(Visiting date: 2023.7.24)。

③ 相关研究,请参见郭春镇、王凌皞:《认知神经科学在法学中的应用研究》,法律出版社,2018年。

不便,可以通过个别申请豁免与困难条款避免之。

(二)基础设施之投资

要有效达成(完全的)行政自动化,必须有良好、可靠的基础设施。不仅要建设(设置)、操作、维修与更新,且须与时俱进替换更先进之设施,而相关技术之配合亦属不可或缺之项目。凡此,均需要投入大量物力与人力,且属于必须赓续为之的大投资。当然,投资初期必须投入一笔可观之金钱,虽嗣后会减少一些人力成本,但投资额亦将甚为可观①。

在协调链的末端,亦应有一个跨级别的门户网络,让公众能够统一上网访问所有的行政服务。在德国,作为中央身份识别组件与新身份证的 eID 相关联的服务账户,对公民和公司开放将发挥重大作用。2016 年 10 月,作为各邦财政均衡妥协的一部分,德国联邦政府从各邦手中取得统一管理门户的关键,各邦亦承诺未来将通过中央公民门户网络,提供在线服务。基于此一共识,德国新的基本法第 91c 条第 5 项,将授予联邦政府专属立法权,只需联邦参议院同意,以统一规范联邦与各邦政府的行政服务。基于"全面资信技术化",即使非执行联邦法律之领域,联邦政府亦得在此基础上,制定对各邦具有约束力之规范,以规范信息技术进入各邦之行政流程②。基本法修正案希望在一定程度上克服数字联邦"碎片化"的问题,并保证各行政级别之间的无缝沟通,作为数字化的联邦门户网络统一授权号码 115 似乎已经铺好。通过联邦政府的技术基础设施,进入德国电子政务的中央入口(入口并不视为提供行政服务的平台,相反地,它仅限于提供对各个联邦级别的管理门户的查访③)。因此,每一服务门户,均应充当网络中的联络点,一如服务指令下的单一联络人,而将公民引导至负责法律实体上互相操作之平台。此并包括用户账户的统一身份管理,公民能在所有联邦级别门户网站上识别自己身份④,并且提供官方决策之电子邮箱。为确保链接管理门户网站内容之充足,《在线访问法草案》(Onlinezugangsgesetz-E)第 1 条第 1 项规定联邦政府与各邦有义务于五年内通过管理门户网站,以电子方式提供适当的管理服务。因此,修宪立法机关应要求联邦、各邦以电子方式提供自己的行政服务,并将市政服务纳入门户网站。

数字化要"寻找"进入国家与公民沟通的方式,不仅需要政府提供强有力的提议,而且首先需要接受它的公民,犹如无足够乘客,则"E 化政府号"邮轮就不启航。如公民不愿意"登船",则"登船证"与使用"登船证"的激励措施,就至关重要。进入数字管理世界(尤其

---

① 关于完全自动化设施之影响与相关费用之经济分析,参见:Anton Burghardt, Die Struktur der Herstellkosten bei Vollautomation und permanenter Erzeugung, Zeitschrift für Nationalökonomie/ Journal of Economics, Bd. 21, Heft 1 (1961), SS. 107-118.

② Vgl. Mario Martini, Transformation der Verwaltung durch Digitalisierung, S. 2 (file:///C:/Users/user/Downloads/2017_Transformationder Verwaltung_TyposkriptDOEV%20(1).pdf)(Das Original ist abgedruckt in DÖV 2017, S. 443-455). S. 10-11 (Visiting date: 2023.7.10.).

③ 参见《在线访问法草案(第 62 次参事会议版)》第 2 条第 1 项、第 2 项。

④ 参见《在线访问法草案(第 62 次参事会议版)》第 3 条第 2 项。

是公民账户)的门票,是电子身份识别,其具有鼓励公民使用E化政务服务的基本作用。德国自从推出新身份证(nPA)以来,就有了电子身份识别选项,其完全可替代仿真身份证。然而,几乎无公民使用。因为只有约4%的德国互联网用户使用具有所有功能的新身份证:一方面,激活电子身份证(eID)的功能;另一方面,同时使用所需的读取设备。事实上,越来越少的公民决定启用身份证的eID功能。因许多人发现购买读卡器与安装"身份证应用程序"软件所付出的努力与其所实现的附加价值,并不成比例。

如上所述,新设施的有效利用,必须有足够的诱因。在德国,有一种方法可以打破数字身份证使用率低与缺乏吸引力的恶性循环:立法机关可以强制激活电子身份证(eID)功能,以扭转原规则所产生的意外关系。合法激活eID功能,对于基本权利而言,并非不敏感,因为它干扰公民的一般人格权[1]。唯只要eID功能使用数据保存基本设置,并保证高水平的信息技术(IT)安全性,特别是确保加密数据传输与多因素身份验证,激活作为标准模式,以实现高效与全面的管理服务的良好目标(至少也有可能在合理的个别情况下关闭该功能),则属合理。公民通过eID功能使用之前,不稳定的行政服务事务,当然应先获得显著改善。为降低使用门坎,也建议免费赠送新身份证的读取器。更理想情况下,ID应用程序应该完全无需读取器。基于奥地利模型使用手机签名,智能手机足以使用数字身份,应属合适。如此,通向流动政府的道路就将一劳永逸地铺平。

(三)网络联机之问题

首先,在机关与民众的关系方面,数字化国家不同目标彼此间难免存在紧张关系。特别是"用户友善性"(Nutzerfreundlichkeit)与"信息技术安全性"(IT-Sicherheit)概念,常常具有相互对立性。在实际运用上,用户身份之验证程序,常常很难既方便又安全。使用双因素身份验证,固然会提高系统安全性,但同时也伴随着复杂化:需要额外的读取(卡)器,用户常常会忘记密码,而通过电子邮件取得忘记的密码,此种方法固然方便,却又形成安全漏洞。对"用户友善性"与"信息技术安全性"之间的目标冲突,以复杂的注册过程、冗长的安全检查与分散的责任,破坏了用户友善性,从而损害电子申请处理的效率增值。

其次,表现为机关间之合作问题。德国学者马力欧·玛替尼(Mario Martini)即指出,在争夺最佳数字国家结构的竞赛中,德国因联邦制的摩擦,即其本质的一部分为权限分散,而非仅仅遵循效率之指导方针,而造成重大损失。联邦制的缺点包括孤立的解决方案、自主参与者与角色所形成的相关利己主义。详言之,联邦、邦与下级地方政府,在很大程度上依靠自己建立了数字结构,而缺乏集中与统一的力量,导致产生诸多虽具善意的重大异类结构,但并不协调的独特项目,而此等异类结构组件无法形成共同的推力。其表现为孤立的平台、

---

[1] Art. 2 Abs. 1 i. V. m. Art. 1 Abs. 1 GG.

不同的标准与不兼容的软件解决方案,此乃缺乏协调之结果①。即使是信息技术(IT)规划委员会也尚未完全成功发挥整合效应,永久克服联邦合作的低效率问题。联邦与邦层面的资信技术、中央协调机构系以与整个联邦制德国相同方式呈现,就像一场烹饪秀,17位星级厨师(德国有17个邦)试图提供包含17种不同食谱的通用菜单②。

联邦制之多样性、权力下放与系统间竞争理念,与资信技术系统之典型特征——标准化与统一化需求,并不兼容。基于耗时的协调与小规模结构化之功能体系,根本跟不上数字创新之速度,在由时间与空间界定之数字宇宙中,机关当局与必须执行之行政任务,在空间与物理上之接近性即失去其重要性。于此等结构框架条件下,联邦制无法充分发挥其优势。该国所需要者,乃一种跨联邦疆界的有效跨部门合作文化、一项明智的"德国电子政务协议",以启动通用之数字基础设施,包括放弃不兼容的背离公共信息技术(IT)系统一致标准化与互操作性,以及"无缝接轨"的决策与控制结构等善意,且追求实际可行的合作。

(四)数字化伦理规范问题

关于行政自动化之前提要件中数字化伦理规范问题,其至关重要。首先,AI技术之使用本身即涉及伦理与政策之问题。前者,涉及技术专家之好坏(gut/richtig)价值判断,纯属技术问题(Expertise)与发现或发明(Entdeckung)之问题。而后者,涉及政治家的资源配额(Kontigent)是否足够、是否正当(Legitimation)、在法律上能否正当化(Rechtsfertigung)等问题③。

其次,德国学者瓦特·耶林涅克(Walter Jellineck)曾谓:"法律,是最低度之道德。"在德国虽已经有《在线访查法》(Onlinezugangsgesetz)制颁④,但在线伦理问题,仍不可忽视。自2008年起担任布赖斯高—上黑森林(Breisgau-Hochschwarzwald)区行政长官,2011年起担任国家监管委员会(NKR)成员之多罗铁阿·史多尔—黎特(Dorothea Störr-Ritter),即语重心长地指出:"政府中的数字伦理"此一话题,尚未进入政府本身,亦未进入社会与中央控制之政治话语中。数字化、行政程序自动化的一个关键方面,是在行政和社会中建立相应的

---

① Vgl. Mario Martini, Transformation der Verwaltung durch Digitalisierung, S. 2 (file:///C:/Users/user/Downloads/2017_Transformationder Verwaltung_TyposkriptDOEV%20(1).pdf)(Das Original ist abgedruckt in DÖV 2017, S. 443-455), S. 9 (Das Original ist abgedruckt in DÖV 2017, S. 443-455)(Visiting date: 2023.7.10.).

② Vgl. Mario Martini, Transformation der Verwaltung durch Digitalisierung, S. 2 (file:///C:/Users/user/Downloads/2017_Transformationder Verwaltung_TyposkriptDOEV%20(1).pdf)(Das Original ist abgedruckt in DÖV 2017, S. 443-455). S. 10 (Visiting date: 2023.7.10.).

③ Vgl. Normative Leitlinien für künstliche Intelligenz in Regierung und öffentlicher Verwaltung, SS. 501-502 (https://www.ssoar.info/ssoar/bitstream/handle/document/57618/ssoar-2018-djeffal-Normative_Leitlinien_fur_kunstliche_Intelligenz.pdf?sequence=1&isAllowed=y&lnkname= ssoar-2018-djeffal-Normative_Leitlinien_fur_kunstliche_Intelligenz.pdf)(Visiting date: 2023.7.24.)..

④ "Onlinezugangsgesetz vom 14. August 2017 (BGBl. I S. 3122, 3138), das zuletzt durch Artikel 16 des Gesetzes vom 28. Juni 2021 (BGBl. I S. 2250) geändert worden ist" Stand: Zuletzt geändert durch Art. 16 G v. 28.6.2021 I 2250.

接受度。利益冲突和道德利益冲突,可以预见,不应该只在自动化流程上线时讨论与消除!作为联邦与邦一级发展的一部分,现在必须集中讨论并决定全自动行政程序的道德限制问题,而不能拖到明天。完全自动化行政程序通常被称为"公共管理中人工智能(AI)的初级阶段"。人工智能支持的系统,已经能够取代人类技能和工作方法。当一个系统执行直到最近我们认为是只能由具有适当知识、培训和技能的管理人员执行的工作时,数字道德主题就变得重要了。在人工智能支持下,目前终于可以使用"新冠热线助理"(CovBot)以缓解德国卫生当局所受之压力。它无需等待即可处理呼叫者的疑虑,并确定正确的信息与对话伙伴。另一个例子,乃是如无数字诊断与远程医疗,未来将不再可能为民众提供高质量的基本医疗服务,不仅只限于农村地区。在儿童保护程序中,在人工智能帮助下,危险与风险评估可能比以前更安全。例如:是否有可能并且可以想象,消防问题可以通过机器比人类更精确且更具成本效益地解决?但我们真的想要如此吗?我们能否在道德上对此负责?对隐私与基本权利之侵犯,属于"预先编程的",此必须及时讨论。①

关于人工智能(智慧)之使用可能引发之问题,除了法律问题外②,伦理问题根据瑞士学术团体研究,包括七项原则:

其一,避免伤害原则(Grundsatz der Schadensvermeidung)或"不造成伤害"原则。民用人工智能系统设计,不得伤害或欺骗人类,并且应以尽量减少负面结果之方式实施。避免损害与促进安全、可持续性及建立一般性技术,与制度保护措施有关,通常被称为"信任元素"或"可信技术"。避免损害尚包括预防与控制风险,通常需要确保系统可靠,且可预测。危害预防,尚包括确保广泛环境与社会可持续性。此外,还可以考虑基于可靠技术的社会技术系统之可持续性,包括确保网络安全,保护信息之机密性、完整性与可用性。

其二,正义与公平原则(Grundsatz der Gerechtigkeit und Fairness),即正义与公平之道德目标,包括维护道德价值观的六个维度。即:第一,防止不公平歧视与不合理偏见。适用于数据处理的不同要素,应使用公平公正的数据集(数据公平性);模型架构中应包含适当的功能、流程和分析结构(设计公平性);防止系统产生歧视性影响(结果公平性);系统应公正地实施(实施公平性)。任何生成算法的有效机器学习技术,通常都会学会识别代理。因此,所有基于从人类数据中进行统计学习的技术之算法推论,在偏见和间接歧视方面都可能

---

① Dazu, vgl. Dorothea Störr-Ritter, Digitale Ethik in der Verwaltung - Heute schon an morgen denken – Im Gastbeitrag nimmt Landratin Dorothea Störr-Ritter die Anforderungen einer digitalen Ethik bei der OZG-Umsetzung in den Blick, Bundesminiterium des Innen und für Heimat, iStock/Light Field Studios (https://www.onlinezugangsgesetz.de/SharedDocs/interviews/Webs/OZG/DE/2021/dorothea-stoerr-ritter-namensbeitrag.html)(Visiting date:2023.7.23.).

② 关于AI引发之法律问题,除本文后述者外,参见:Kanton Zürich Staatskanzlei, Einsatz Künstlicher Intelligenz in der Verwaltung:rechtliche und ethische Fragen - Schlussbericht vom 28. Februar 2021 zum Vorprojekt IP6.4, SS. 33-62, Universität Basel 2021.

存在道德问题。此外,当算法影响政治与商业竞争时,结果与应用的公平性维度,就显得尤为重要。第二,公平的要求超越伦理,包括合法性,以确保算法不违反包括法定权利在内的现有法律。第三,尊重所有权利,包括人权与人格权。第四,体现平等、包容与团结的价值观。第五,在可以证明侵权的情况下,包括赔偿与补救措施。第六,存在程序合规问题。人工智能系统根据新数据不断更新其模型,以更好地实现其编程目标。但持续更新模型之副作用为当模型更新之前或之后处理相同的输入时,可能会出现相同输入产生不同结果的情况。此意味着具有相同特征(输入)的两人,可能会收到不同的决策(输出),具体取决于算法处理个人数据之时间(模型更新之前或之后)。

其三,自治原则(Grundsatz der Autonomie),即促进自主权,意味着个人可以对自己的生活做出自己的决定,而非由他人强加或操纵。不充分之信息或欺骗之决定,不被视为自主的。人类自治之目标,主要与透明度的程序要求有关。透明度意味着提供足够的信息,并避免使人们受算法的交互欺骗,从而允许自主决策。在日常数字生活中,最著名的实施决策自主,涉及个人数据。自治之另一面向,是"挑战与改变不公平、偏见或歧视性制度的能力",公民只有在"收到有关影响其生活的技术、算法与人工智能系统的可理解和准确信息"时,才拥有这种能力。自我挑战本身可以作为人类自主的一个要素,也可以被视为算法控制的一种形式与促进课责制的一种方式。自治的又一面向,是选择要使用的数字服务或完全避免使用它们的可能性。自治亦具有集体层面,即是公民作为小区集体决定其集体命运的能力。集体自治维度,并未在人工智能政策中广泛使用,但对于智能城市等公共数字基础设施,似乎极为重要。尊重基本权利的道德义务,隐含地促进自治,因为通常尊重人权并在民主国家受到宪法保护之权利,保护了人类自治。例如,言论或宗教自由等消极权利,保护政治领域以及个人和集体表达意见的个人自主权;医疗保健和教育权等积极权利,通过确保个人拥有独立生活所需的资源来保护自主权。因此,社会可持续的人工智能,可以促进自主性。最后,AI伦理中的自治可以指AI系统"在用户控制之下"的思想。此意味着算法应该用来支持人类决策,而不是完全取代它。此最有可能被理解为"限制性原则"。自动化应增加而不是减少自主性。因"自动化"日常任务,有助于为人类释放更多时间和资源,以使其从事智力挑战、创造性或情感回报的任务。自主性问题源于人工智能系统,该系统旨在使认知要求更高的人类活动实现自动化,人类从机器那里接受命令,而不是向机器下达命令。因此,在所有人工智能系统旨在取代人类判断的自动化项目中,以及在彼等不清楚用户是否充分理解人工智能决策以支持其自主性,而不是用人工智能系统取代其"自动化"的情形中,自治作为一种道德价值可能仍会受到威胁。当公众依赖完全拥有且与第三方隔离的基础设施时,他们可能会失去控制权,从而失去对其流程与决策的自主权,此对于公共部门人工智能系统而言,似乎相当重要。

其四,慈善原则(Grundsatz der Benefizienz)。慈善可谓为人工智能政策中最不普遍的道德核心原则。对善行关注不够之另一可能原因,系大多数处理人工智能系统的参与者,均认为人工智能系统可以带来若干好处。效率经常被认为系使用人工智能的一个原因:可使用更少的资源,向相同数量的人提供相同的服务,或者可改进现有服务(例如,提供更准确的结果或添加额外的功能)。然而,使用人工智能系统行善的能力,在道德上至关重要!因对人工智能系统的道德使用之指导,可能过于关注预防危害,而甚少关注创造利益。于多数情况下,此种指导方针往往会公开反对引入人工智能系统,因创新本身就存在风险。忘记创新的潜在好处,就无理由去冒任何风险。极端规避风险总不如管理与创新相关的风险。人工智能系统用于自动化流程时,有提高人类自主性之潜力,从而释放人力资源,以便更好地用于其他地方。所幸一些针对公共部门的政策,指出了创新的好处,至少隐含地提到了仁慈。例如:"人工智能系统必须为人们带来超过成本的效益——产生净效益。"此指导方针含蓄地提到效益,将促进人类福祉作为此类创新的首要目标。下文之透明度原则,亦隐含地提到净效益概念。

其五,控制原理(Grundsatz der Kontrolle),即控制的程序性要求,来自行动类型,而不是行动目标政策的分析。控制涉及透明度与课责制所需的联合活动。人们不能对不知之过程或结果保持透明,而积极性、前瞻性意义上之责任,涉及控制过程,以使之产生预期结果控制,包括为所有与目标相关之活动带来稳健性所需的所有活动:从实现人工智能系统的用户预期目标,到确保其他道德目标(如无伤害、公平与自主)亦得到促进。控制在道德上属于中立地位,因其道德价值纯粹是工具性的与不确定的。没有控制的良好意图,可能无法实现所期望的好处,甚至可能无意中产生害处。控制是一种多功能工具,因此成为人工智能系统道德准则中最常见的程序要求。第一,控制包括过程与结果的记录,以及提供内容数据的记录、审计和监控。第二,控制涉及测量、收集、评估与定义所有人工智能相关流程与结果之标准及政策。它包括审查制定有意义的标准和措施所需的内容。理解人工智能系统,需要解释系统如何工作。评估人工智能系统,不仅需要证明开发决策的合理性,且还需在不可避免的错误、偏见以及与其他道德目标的权衡情况下为之。第三,审查包括确保对过程和结果的调查合理、完整,且不排除相关观点所需之社会活动,包括培训和提高内部专业知识、同行评审,甚至员工多样性等活动,以及用于提高组织对人工智能系统对社会影响的理解,公开辩论的透明度等活动。第四,控制包括风险缓解措施,例如创建备份和应急计划、遏制和断开链接、阻止和暂停流程、实现人为干预、预测和预防风险、禁止有害或有风险的做法、质疑流程和纠正错误。第五,与公共部门人工智能系统的部署特别相关,涉及对知道、拥有和有效控制关键基础设施之人的控制——例如数据资产和机器学习算法,对从数据中学习以及进一步开发、塑造和控制已部署的人工智能至关重要。撰写透明度报告,甚至主要不是为了外部控制和验证,最重要的是要求政府承担结构清晰、有针对性的记录、测量和评估任务。风险信号数量越多,控制人工智能系统所需之文件和透明度要求,以及管理工作就越长、越结构化。控制旨在作为风险应对清单,而不是风险评估。

其六,透明度原则(Grundsatz der Transparenz)。透明度被理解为面向设计或实施人工智能解决方案之机构外部各方,包括审计师、外部专家、记者、政治家、其他管理领域之负责人以及公众。为何从道德角度观察透明度具有重要价值,至少有四种主要理论。第一,"阳光是最好的消毒剂",透明度可以促进课责制,从而至少可以防止最严重之不道德行为发生。第二,透明度被认为有助于提高技术质量,因其允许专家意见和相关公民反馈,从而更好地审查技术,并使其更值得信赖[①]。第三,有人认为透明度使技术最终用户或可能受其影响之人,能就是否使用该技术做出明智的决定。第四,认为透明度允许对技术解决方案的民主合法性进行必要的公开辩论,当技术实施非价值中立时,此点尤其重要。透明度此四种作用,都反映在所审查的政策中,且通常有助于增强对技术的信任。课责理论可能并非在所有情况下都有效,只有在因某种原因引起公众关注的情况下才有效。透明度是人工智能道德准则中被引用最多的原则。

最后,课责制原则(Grundsatz der Rechenschaftspflicht)。课责制,包括旨在促进责任分配与识别的行动、决策、框架和组织结构。只有人类才能承担责任,而人工智能系统则不能。应负责任行为者,应对其行为负责并受到制裁。因此,促进课责即等于能够确定谁对何事负责,以及谁应该因不道德或非法结果而受到制裁——不仅在法律上,而且在组织上或通过声誉损害方面[②]。

五、行政自动化之技术与法律要求

行政欲实行自动化,必须同时具备技术的成熟性(technische Reifheit)与相关法律的容许性(rechtliche Zulässigkeit)要求。以下分别探讨之。

(一)行政自动化之技术要求

公行政欲以自动化为之,首先必须在技术上可行。如技术上不可行,则其他一切将流于纸上谈兵。以下简述行政自动化之基本技术要求。

1.行政信息之数字化与人工智能

(1)运算方法

[①] 学者亦指出,信息安全更为简易,乃信赖E化政府之根本。Dazu, vgl. Petra Wolf, Vertrauen in E-Government-Sicherheit muss einfach sein, in: Hill u. a. SS. 172-174(169-177).

[②] Dazu, vgl. Kanton Zürich Staatskanzlei, Künstlicher Intelligenz in der Verwaltung: rechtliche und ethische Fragen - Schlussbericht vom 28. Februar 2021 zum Vorprojekt IP6.4, SS. 65-90, Universität Basel 2021.

"算法"(Algorithmen),是自动化过程的基础。算法过程,不仅可以处理大量数据,还可以处理非结构化数据(包括电子邮件、Office 数据、所有可能格式化的 PDF 档中尚未以结构化形式存储之数据);此种复杂性与抽象性,允许将自动化嵌入任何存在流程之处。所有可以在流程中映像之问题,都可以(部分)自动化。在人工智能中,更复杂的自动化过程的设计程序特征,不仅为算法的设计,而且系过程之设计。首先,人工或模拟过程中要自动化部分,必须被形式化。然后,必须制定在上下文中作为解决方案或相关操作出现的数学规则,亦即算法,并且必须在软件中定义与实现应非正式控制此过程之数据类型。然后是机器训练阶段,该软件会生成统计评估,而非必须由人类解释并整合至整个决策过程中之结果。最后,必须考虑反馈过程的设计,对评估结果进行再评估,然后重新调整软件。此等步骤由不同专业人士负责,且每个步骤都需要人类解释或社会概念(效率、最优或平等之意义、过去行为是否为预测未来行为的良好依据? 推荐模型是否基于相似配置文件间之相似处或差异处?)[1]。

"万物皆数?"[2] 究竟宇宙万物是否均得以"数字"来计算、运算或描述[3]? 在国家与社会之事务上,是否一切亦均可以计算,而采取数字化并利用 AI 进行自动化计算[4]? 诚如罗伯特·卡哇斯基(Robert Kowalski)于 1979 年所提出之方程式:算法 = 逻辑 + 控制(Algorithm = Logic + Control)。亦即算法,可以被视为由逻辑组件与控制组件所组成,逻辑组件指定解决问题时使用之知识,控制组件确定使用该知识的问题解决策略。逻辑组件决定算法的含义,而控制组件仅影响算法的效率。算法的效率,通常可以通过改进控制组件,而不改变算法的逻辑来提高。如果计算器程序的逻辑与控制方面,在程序文本中被识别与分离,则

---

[1] Siehe, Lorena Jaume-Palaski, KI und Algorithmen, Telemedicus(https://www.telemedicus.info/ki-und-algorithmen/)(Anrufen auf 2023.7.27).

[2] 试想:我们日常生活中的所思所言,是否常常与数字无法分离。例如:今天是星期几? 几时上班与下班? 老爸生日是何日? 老婆今天买菜总共花多少钱? 我今日论文写了多少章节? 不一而足!

[3] 详参见法兰克·维尔泽克:《万物皆数——诺贝尔物理奖得主探索宇宙深层设计之美》,周念萦译,猫头鹰出版社 2017 年版。

[4] Eingehende und umfangreiche Untersuchung, vgl. Resa Mohabbat-Kar/Peter Parycek, Berechnen, ermöglichen, verhindern: Algorithmen als Ordnungs-und Steuerungsinstrumente in der digitalen Gesellschaft, in: Resa Mohabbat-Kar/Basanta Thapa/Peter Parycek,(Un)berechenbar? Algorithmen und Automatisierung in Staat und Gesellschaft, Fraunhofer, Fokus 2018, SS. 7-38.

它们通常会更正确,更容易改进和修改①。在行政自动化中,大数据之运算,具有关键性之地位②。在AI与数字的运用上,运算方法不仅决定其速度,亦决定其精确性③。随着量子计算机(Quanten-computer)的诞生,过去需要数十年的运算时间者,将来仅需数秒(弹指之间)!

AI所使用之"运算方法"或"算法"(Algorithmen)④,不仅影响其指令周期,也左右其正确性与合理性。AI的运算逻辑,与人类的运算思维不尽相同⑤,不管是透过人工的"加注"(Marking),还是让机器在众多数据中不断"尝试错误"(try errors)而获得"深度学习"(Deep-Learning)。

自动化依赖计算机的程序,而计算机程序又依靠"运算方法"。传统上,诉诸完全的、精确的与最终的行为指示,以达致逐步解决问题之方法⑥。在当前之公行政自动化上,仍局限于具备清晰、单一、明确规则之程序的运算,亦即当"……时,则……"关系(wenn Dann Beziehungen)之模式。随着人工智能(智慧)之进展,多元神经网络之建立、量子计算机之

---

① See, J. J. Horning (ed.). Programming Language, Communications of the ACM. Vol. 22, No.7, 1979, p.424, Robert Kowalski: Algorithm = Logic + Control (Imperial College, London) "An algorithm can be regarded as consisting of a logic component, which specifies the knowledge to be used in solving problems, and a control component, which determines the problem-solving strategies by means of which that knowledge is used. The logic component determines the meaning of the algorithm whereas the control component only affects its effkiency. The effkiency of an algorithm can often be improved by improving the control component without changing the logic of the algorithm. We argue that computer programs would be more often correct and more easily improved and modified if their logic and control aspects were identified and separated in the program text." (https://www.doc.ic.ac.uk/~rak/papers/algorithm%20=%20logic%20+%20control.pdf)(Visiting date: 2023.7.26).

② 详参见徐恪、李沁:《算法统治世界——智能经济的隐形秩序》,清华大学出版社2017年版,特别是第87页以下、第124页以下、第156页以下。

③ 关于大数据下AI之运算与信息处理技术,详参见刘知远等:《大数据智能——数据驱动的自然语言处理技术》,电子工业出版社2020年版。Darüber, siehe auch, Wilhelm Bauer/Oliver Riedel/Steffen Braun(Hrsg.), Jan Etscheid/Jörn von Lucke/Felix Stroh, Künstliche Intelligenz in der öffentlichen Verwaltung – Anwendungsfelder und Szenarien, S.7-16, Fraunhofer-Institut für Arbeitswissenschaft und Organisation IAO, Im Zusammen mit Universität Stuttgart Institut für Arbeitswissenschaft und Technologie-management IAT/Zeppelin Universität zwischen Wirtschaft Kultur Politik 2020. S. 150-153(Visiting date: 2023.7.9.).

④ 参见苏南:《AI的法律逻辑演算法浅析》(Analysis of Artificial Intelligence for Legal Logic and Algorithms),载《科技法学论丛》2021年第17期,第69-111页;Wilhelm Bauer/Oliver Riedel/Steffen Braun(Hrsg.), Jan Etscheid/Jörn von Lucke/Felix Stroh, Künstliche Intelligenz in der öffentlichen Verwaltung - Anwendungsfelder und Szenarien, S.7-16, Fraunhofer-Institut für Arbeitswissenschaft und Organisation IAO, Im Zusammen mit Universität Stuttgart Institut für Arbeitswissenschaft und Technologie-management IAT/Zeppelin Universität zwischen Wirtschaft Kultur Politik 2020. S.140-142(Visiting date: 2023.7.9.).

⑤ 人类的数理运算,向有背诵记忆法以及结构解析法。前者具有高度直觉法成分;后者,则具有高度之理性与分析科学的特质。

⑥ Siehe, Wilhelm Bauer/Oliver Riedel/Steffen Braun(Hrsg.), Jan Etscheid/Jörn von Lucke/Felix Stroh, Künstliche Intelligenz in der öffentlichen Verwaltung - Anwendungsfelder und Szenarien, S.7-16, Fraunhofer-Institut für Arbeitswissenschaft und Organisation IAO, Im Zusammen mit Universität Stuttgart Institut für Arbeitswissenschaft und Technologie-management IAT/Zeppelin Universität zwischen Wirtschaft Kultur Politik 2020.S.140(Visiting date: 2023.7.9.).

普及，将强化甚至突破传统 AI 之运算方法①。

人工智能（Artificial Intelligence, AI; Künstliche Inteligenz, KI）②最基本的形式，就是会作出自主决策的系统；其执行的任务，就是复制或模仿人类智慧之行为——运用策略实现目标③。AI人工智能的学习包含机器学习，即从历史数据中，学到如何处理新数据，并解决问题，或根据已知预测未来④。机器学习，属于 AI 人工智能之一部分，而深度学习系借众多神经元组成多层网络，发现与记忆数据之相关性，并进行思考⑤，其得以自动进行"特征工程"（feature engineering），并寻找出比人类定义之衍生变量更好、预测力更强之特征⑥。但属于"非结构化"及"非序列数据"，其"特征工程"越不易达成，却越适宜由深度学习为之⑦。凡是知识描述越少者，数据与运算就越多，让 AI 人工智能为之决策，更为精准⑧。深度学习，需要更多之数据、更多的运算量与相对复杂的模型⑨，而此亦让 AI 之深度学习成果越可靠⑩。

根据学者阿明·P. 巴特（Armin P. Barth）的说法，算法是"根据精确定义的步骤运行的自动化程序，从而实现特定的目标"⑪。因此，算法可以被理解为支持问题解决的正式法规或"游戏规则"⑫。对于法律讨论，算法可以教条地分为两组：一组是确定的算法（deterministe Algorithmen），即"经典"算法完全基于编程时已考虑到的统计假设。因此，程序员（程序编写员）必须预测可能的影响因素，并检查其有效性。该算法是独立的，且逻辑上是可理解的，它只执行强加于它的规则。他只能考虑程序员在创建模型时的预期。因此，最终算法只

---

① Siehe, Wilhelm Bauer/Oliver Riedel/Steffen Braun（Hrsg.）, Jan Etscheid/Jörn von Lucke/Felix Stroh, Künstliche Intelligenz in der öffentlichen Verwaltung - Anwendungsfelder und Szenarien, S.7-16, Fraunhofer-Institut für Arbeitswissenschaft und Organisation IAO, Im Zusammen mit Universität Stuttgart Institut für Arbeitswissenschaft und Technologie-management IAT/Zeppelin Universität zwischen Wirtschaft Kultur Politik 2020. S.141-142（Visiting date: 2023.7.9.）.

② 关于人工智能（智慧）（Artificial Intelligence-AI; künstliche Intelligenz-KI）概念之界定与其运用功能，参见：Leonid Guggenberger, Einsatz künstlicher Intelligenz in der Verwaltung, NVwZ 2019, 844; Kathrin Kirstan, Vollautomatisierte Verwaltungsverfahren – Eine Systematik zur Einführung in Landkreisverwaltung, S. 10, Meißen, 2019. 10. 8.

③ 参见美国艾美·韦伯（Amy Webb）：《AI未来赛局——中美竞合框架下科技9巨头建构的未来》，黄庭敏译，八旗文化2020年版，第28页。

④ 参见陈升玮、温怡玲：《人工智能在台湾——产业转型的契机与挑战》，天下杂志2020年版，第87、106页；王维嘉：《AI背后的暗知识》，大写出版社2020年版，第55页。

⑤ 参见王维嘉：《AI背后的暗知识》，大写出版社2020年版，第63、250页。

⑥ 参见陈升玮、温怡玲：《人工智能在台湾——产业转型的契机与挑战》，天下杂志2020年版，第91、95页。

⑦ 参见陈升玮、温怡玲：《人工智能在台湾——产业转型的契机与挑战》，天下杂志2020年版，第95、96页。

⑧ 参见陈升玮、温怡玲：《人工智能在台湾——产业转型的契机与挑战》，天下杂志2020年版，第100、101页。

⑨ 参见陈升玮、温怡玲：《人工智能在台湾——产业转型的契机与挑战》，天下杂志2020年版，第102页。

⑩ 参见陈升玮、温怡玲：《人工智能在台湾——产业转型的契机与挑战》，天下杂志2020年版，第103-105页。

⑪ Vgl. Armin P. Barth, Algorithmik für Einsteiger – Für Studierende, Lehrer und Schüler in den Fächern Mathematik und Informatik, 2. Aufl., S. 1, Wiesbaden 2013.

⑫ Vgl. Lorena Jaume-Palasí, KI und Algorithmen, Telemedicus（https://bit.ly/2vDE9YU vom 23.01.2019）（aufgerufen am 26.7.2023）.

是分析模型的可能描述,这意味着可能没有预期到更好的解决方案①。另一组是不确定算法(indeterminierte Algorithmen),即自学习算法(机器学习算法),在讨论中通常被称为人工智能(AI)。然而,人工智能的概念最初是模糊的。该术语于20世纪50年代创造,最初旨在代表所有人类智力和心理能力,都可以转移到机器上的论点。如今,人工智能概念以强人工智能论和弱人工智能论为代表。强人工智能论文,大多坚持广泛的原始论文,而弱人工智能论文指出,至少可以通过机器自我优化来映射人类个体的思维过程②。人工智能通常等同于机器学习。这是人工智能系统的一项基本能力,使它们能够独立地获取联系和关系③。与基于理论的方法相比,机器学习算法最初以大量数据(大数据)为条件进行自我优化,以便将数据集相互组合起来进行链接。该算法还尝试在部署阶段通过自我优化来改进自身,这意味着对编程期间未考虑的问题的更好解决方案,将纳入算法的决策中。然而,这里存在一个风险,即算法将开发出不再可理解的学习模式。尽管仍然可以记录单个决策,但通常不再可能找出算法如何得出此决策④。

不过,关于"算法",当今仍存在若干误解。学者指出⑤,首先,第1个误解是"拟人化"(Anthropomorphisierung)问题:技术自动化过程以数学模型为基础,数学模型根据数据库与一组命令规则计算概率,并根据概率执行活动。因此,此等技术执行人类作出的先验决策,并默认事实的"可数据性"。在执行方面,此等系统优化其结果的选项数量有限。在系统与数据设计,以及人们对数据的选择中,决策首先是抽象的,一般是预先作出的。毕竟,执行始终是执行者作出之决定的表达。因此,在自动化过程的背景下,使用了拟人化语义(机器学习、人工智能、自治系统),但这会导致对自动化系统功能的错误假设。不管是人工智能、机器学习、人工神经网络、深度学习等等,此等模型皆无模仿人类之思维或学习,而是自动化

---

① Vgl. Linus Neumann, Einsatz von Risikomanagement-Systemen im Vollzug des Steuerrechts - Sachverständigenauskunft zum Entwurf eines Gesetzes zur Modernisierung des Besteuerungsverfahrens, S. 5 (https: //bit.ly/2u063h3 vom 13.04.2016) (aufgerufen am 26.7.2023); Niklas Pulte, Vollautomatisierung von Verwaltungsverfahren. Einsatzmöglichkeit, rechtliche Anforderungen und Gestaltungsleitlinien, S. 12, GRIN Verlag 2020.

② Vgl. Christian Djeffal, Normative Leitlinien für künstliche Intelligenz in Regierung und öffentliche Verwaltung, in: Resa Mohabbat-Kar/Basanta Thapa/Peter Parycek (Hrsg.), (Un)berechenbar? Algorithmen und Automatisierung in Staat und Gesellschaft, S. 493, Fraunhofer, Fokus 2018; Leonid Guggenberger, Einsatz künstlicher Intelligenz in der Verwaltung, NVwZ 2019, 844, 845; Niklas Pulte, Vollautomatisierung von Verwaltungsverfahren. Einsatzmöglichkeit, rechtliche Anforderungen und Gestaltungsleitlinien, S. 13, GRIN Verlag 2020.

③ Vgl. Leonid Guggenberger, Einsatz künstlicher Intelligenz in der Verwaltung, NVwZ 2019, 844, 845.

④ Vgl. Linus Neumann, Einsatz von Risikomanagement-Systemen im Vollzug des Steuerrechts - Sachverständigenauskunft zum Entwurf eines Gesetzes zur Modernisierung des Besteuerungsverfahrens, S. 5 (https: //bit.ly/2u063h3 vom 13.04.2016) (aufgerufen am 26.7.2023); Annette Guckelberger, Öffentliche Verwaltung im Zeitalter der Digitalisierung, Rn. 106 f.; Nomos Verlagsgesellschaft, Baden-Baden 2019.

⑤ Siehe, Lorena Jaume-Palaski, KI und Algorithmen, Telemedicus (https: //www.telemedicus.info/ki-und-algorithmen/) (Anrufen auf 2023.7.27).

的，但非自主的，因为机器并无自由意志，亦无意图。然而，自治或自决，乃理性地追求自己利益和意图的自由意志之表现。诸如人工神经网络之类的所谓人工智能形式，可能具有生物模型，但它们更多属于统计回归模型的概括。因此，学习算法是算法"数据越多，概率参数越准确"原则的委婉说法。所谓"学习算法"只能理解为使复杂的统计模型适应海量数据的过程。算法可以比人类更好地识别细粒度的物体。通过在人类分类的大量数字图像上，训练复杂的算法，正如回归模型可以根据教育、社会联系和邻居等因素来估计个人的收入，而无需了解此等概念。所谓的"人工智能"，系基于统计推理、统计结论从许多个别案例归纳到一般情况的概括。因此，它不能实现百分之百的绝对安全可靠。此种方法专业上称为"归纳法"。在此情况下使用"逻辑"一词很早就受到批评。因为在归纳过程中使用"逻辑"一词，背离了对逻辑的基本理解。因为逻辑的基本概念是真理。归纳推理不存在确定性，归纳逻辑的基本概念不可能是真理，而是概率。因此，归纳结论不是严格意义上的逻辑结论，而是概率结论。人世中有许多行动只能通过情境化与"演绎"行动才能发挥作用。说话、评估、逻辑地设身处地为他人着想、解释或理解，此等类型的活动需要"情境化能力"。换言之，学习与理解，不能通过机器技术实现自动化。

其次，第2个误解乃是"黑匣子模拟"（Die Blackbox-Analogie）：基于政治与法律目的之解释，与对技术过程之科学解释，具有不同的功能。算法的各个计算不能总是被重建，也只能进行合理性检查。该过程本身可以通过输入/输出分析来理解。此乃经济学中一种古老的、众所周知的、广为接受的市场分析方法。对构成解释的规范过于关注数据处理的技术细节，却很少关注社会互动与影响。然而，后者则相当可测量和可理解。为能理解计算中的扭曲，它们也更加必要。开发团队设计的软件功能与最终用户对同一软件的使用间经常存在严重差异。此表明重要的，并非统计中固有的某些偏差与困境的正式数学相关性，而系使用该软件时产生的"社会相关性"（die soziale Relevanz）。通过自动化流程与人工决策相比，记录谁更改系统中内容，以及何时更改要容易、其一致性（Konsistenz）亦比人类更好，因为机器不受天气、饥饿或其他情绪方面等外部因素的影响。一致性问题尤为重要，不仅从经济角度看，且从道德角度观察，缺乏一致性也会产生某些影响。例如，德国联邦就业局的员工，根据天气情况对两份类似的失业救济申请做出不同的决定，或者管理人员在餐前和餐后，对两个相同的问题进行不同的评估，在经济上是低效或不公平的。在创建一致性时，算法过程可以在适当环境中增加价值，例如，根据定义的参数或在控制领域准备标准决策，能为更好地理解和解释人类行为提供帮助。算法是人类对世界的看法和概念以形式化语言的表述。因此，算法语言并不比人们交流的传统语言更中立。算法过程受到参与其设计过程的人员影响，此等人类影响肯定会充满偏见。另外，在20世纪50年代的研究已经证实，简单算法方法的预测，在许多领域经常击败人类专家的预测。甚为吊诡者，乃"算法"似乎不仅是偏见的根源,也是使人类判断摆脱偏见的工具。

最后,第3个误解乃是"算法的相关性与基础设施特征"(Der relationale, infrastrukturelle Charakter von Algorithmen):"算法"不了解"个体"。"算法"将人们(个体)组合成有意义的群体,如此个人的身份就不再具重要性。尽管个性化被用户视为一种非常个性化体验,但从技术上言,个性化意味着将此人分类为具有相似配置文件和兴趣的非常特定之群体。有关人员不一定清楚它是一个精心设计的集体算法任务的一部分。由于对各个群体进行此种分配和管理,有偏见的算法过程可能会使某些集体的状况变得更糟,却不能检测到任何个人损害。反之,民主国家只根据法律教条了解个人,它们保障个人的基本权利,且仅在个别法律领域才体现歧视的集体主义维度。将来使用更复杂的算法时,此种现象将更频繁地出现在所有领域,将使得证明个人损害变得更加困难。不同集体间之差异,只能从架构的角度识别。此种歧视并非特殊部门所独有,且此等技术将部署于所有部门,新技术将使开放的法律差距变得更加明显。算法,通过数学标准化技术流程与法规,实现流程自动化,正在以前不曾考虑的基础设施之领域,创建一种新形式的基础设施。我们可以将谷歌(Google)视为信息基础设施,或者将脸书(Facebook)视为社交基础设施等等。它们建立社交点或信息网络。就规范而言,将出现完全不同的问题,例如,面对发生灾难或危机时的供应安全问题,将开辟处理人工智能驱动平台的有趣新方法。

(2)行政信息之数字化工程

如何将与公行政有关之信息,均转换为 AI 等自动化机器所能理解(解读)与作出快速、正确之响应的"数字"(Digital),即成为最关键与最耗时的工程①,犹如商品如何分类,以臻于标准化,而能进行自动化处理②。对于计算机化时代之后所建立之信息,均属于数字化信息,自然不成问题。但对于之前的长时间内,以人工撰写之书面或绘制的图表,如何将其数字化,却并非一日一夕间一蹴可就者。将我们过去所测绘与制作之地籍数据与人口数据数字化,耗费庞大的人力与物力一点,即不难想象! 当然,在公行政领域,如何将现有之行政信息转换为自动化 AI 所能正确辨识的信息,并有助于自动化工作,即成为重中之重的要项! 尤其是语音识别方面,更是当前节省工作负担、增进效力之重点③。当然,欲使行政数字化更具

---

① Vgl. Markus Ludwigs/Annika Velling, Vollautomatisierte Verwaltungsakte im deutschen Recht, in: Ludwigs/Muriel Ciceri/Velling (eds.), Digitalization as a challenge for justice and administration, Abhandlungen zum Öffentlichen Recht 1, Würzburg 2023, S. 37-40; Martin Hepp, Güterklassifikation als semantisches Standardisierungsproblem, 1. Auflage, Gabler Edition Wissenschaft 2003.11.

② Vgl. Martin Hepp, Güterklassifikation als semantisches Standardisierungsproblem, 1. Auflage, Gabler Edition Wissenschaft 2003.11.

③ Dazu, vgl. Digitale Transformation in der öffentlichen Verwaltung – Wie Spracherkennung zur Jobzufriedenheit und Produktivität beitragen und so die Zukunft mitgestalten kann (https://www.nuance.com/asset/de_de/collateral/dragon/whitepaper/wp-dra-behoerden.pdf)(Visiting date: 2023.7.23).

实效,在德国即推出诸如数字化邮件(De-Mail)、E化政府法律(E-Government Gesetz)、电子身份证(eID)与在线查访法(Onlinezugangsgesetz),而欧盟则于2016年7月通过"内部市场电子交易的电子识别和信任服务"(eIDAS-Verordnung)[①],以实现为跨疆域的人民服务之目的[②]。

在行政数字化之巨大工程中,"人"(Mensch),毕竟是最根本之因素,而必须被列为首要考虑因素。因此,瑞士伯尔尼大学的"公共管理人力中心"(Kompetenzzentrum Public Management; KPM),即曾以此进行广泛与深入之研究[③]。

(3) 人工智能与自然人智能之离合问题

"科技,始终来自人性",由人类所研发与制造出来的科技产品,不仅始终隐藏着发明人的人性,更与使用人的人性常常合二为一,而不管这些人性是光明的,或者是黑暗的!炸药的发明与(尖端)武器的使用,就彰显了上述那句话的深层哲理!"诺贝尔奖"之所以创设,正反映了诺贝尔先生的复杂心情与无限的感慨吧!

人工智能的创设与自然人智慧之间的"离合"问题,常常也困扰与考验着我们!AI 人工智能(智慧),如何为法律人所熟悉,并充分善用,固然是一项问题[④]。但是,智能与智慧间,毕竟仍存在差距!科技性的思维与哲学性的思维,毕竟仍存有落差[⑤]。如何调适与沟通,让两者不会成为行政自动化的最大障碍,应值得探讨行政自动化之法律问题时纳入思考,并寻求其中庸之道。基本原则,应该是"人工智能为人而存在,而不是人为人工智能而存在"!在追求完全的行政自动化旅程上,人性尊严绝对不要被忽略(忽视),人的价值也不要被物化、金钱数字化!

2. 行政自动化程序之设计

自从计算器或计算机被设计与生产以来,其驱动与运算之程序(Programs),亦即软件,其重要性并不亚于机器硬件本身。尤其是在行政自动化方面,因为公行政种类、目的与支配

---

① VERORDNUNG (EU) Nr. 910/2014 DES EUROPÄISCHEN PARLAMENTS UND DES RATES vom 23. Juli 2014 über elektronische Identifizierung und Vertrauensdienste für elektronische Transaktionen im Binnenmarkt und zur Aufhebung der Richtlinie 1999/93/EG (https://eur-lex.europa.eu/legal-content/DE/TXT/? uri=CELEX: 32014R0910)(Visiting date: 2023.7.23).

② Dazu, vgl. Digitale Transformation in der öffentlichen Verwaltung, S. 13 (https://www.nuance.com/asset/de_de/collateral/dragon/white-paper/wp-dra-behoerden.pdf)(Visiting date: 2023.7.23).

③ Dazu, vgl. KPM Center for Public Management, Mensch in der digitalen Verwaltung (https://www.kpm.unibe.ch/research/research_projects/mensch_in_der_digitalen_verwaltung/index_eng.html)(Visi-ting date: 2023.7.23).

④ 关于人工智能之认识与运用,请参见华宇元典法律人工智能研究院编著:《让法律人读懂人工智能》,法律出版社,2019年;许淑媛:《论人工智能相关法律问题之刍议——以法律机器人为例》,载《全国律师》2021年第25卷第10期,第84-95页, https://lawdata.com.tw/tw/detail.aspx? no=472816; chrome-extension: //efaidnbmnnnibpcajpcglclefind mkaj/https://www.twba.org.tw/upload/article/20221229/2c169e62cae44519a2d93f64ce0f51c8/2c169e6 2cae44519a2d93f64ce0f51c8.pdf.

⑤ 相关探讨,请参见宋冰:《智能与智慧:人工智能遇见中国哲学家》,中信出版集团2020年版。

性价值的多元,其处理与决定又必须"依法行政",所以,相关程序之设计,较诸其他商务与自然科学所需之数字处理,就显得更为复杂与棘手!行政自动化所需之各种不同程序,其所涉及之法律容许度与质量,自为相关程序设计时所不可忽略者。

当前之 AI 技术,涉及需要裁量或价值判断之公行政事项[①],能否胜任,似乎仍属问题。或许未来随着科技发展,具有高度人文素养的 AI 出现,将可以克服目前的困境,则诸如德国联邦行政程序法第 35a 条的规定,将被废止或修正,应属指日可待。

3. 网络联机与统一数字平台:空间条件问题

在全国性行政自动化与经济性、便利性及迅速性等要求下,网络联机之具备,乃不可或缺之项目。此从全球开放性网络与内国之全国性网络的畅通无阻,即不难见其端倪。如果因电力中断或网络故障,则行政自动化自亦失去作用。

另外,一国的行政自动化平台或闸门(Portal),如果欠缺统一化(非数量的单一化),则形同"铁道车不同轨",转换费时,甚至彼此倾轧,自将无法达成快速化要求。因此,在追求行政自动化之时,统一的数字平台自应具备。不管是由"中央"设置一个足以联系该国各行政部门的 AI 运算中心与大数据储存所,或者是建立一个为各级机关的自动化设施所兼容之体系,自属刻不容缓[②]!

4. 风险管理体系的内部审查与外部审查

科技为人类带来福祉——迅速、经济、便利等等,但同时也为人类带来苦恼——新专业的诞生逼走旧行业、空气的污染、能源的短缺、不具新科技素养的人群被边缘化等,但更为严重者,乃是对新科技所带来的不确定性风险的恐惧。如何克服因新科技之发展而可能带来之风险,向为公法学者所关注[③]。

[①] 如仅涉及"经验判断"事项,或许可以借由 AI 的深度学习,累积过往的所有经验进行运算,应该不成问题。

[②] 德国联邦体制所导致之"各自为政"状态,为该国学者所批评。参见 Ariane Berger, Der automatisierte Verwaltungsakt – Zu den Anforderungen an eine automatisierte Verwaltungsentscheidung am Beispiel des § 35a VwVfG, NVwZ 2018, S. 1261-1262; Kai-Uwe Marten/Valentin Reichelt/Sarah Lux, Robotic Process Automation im Finanz- und Rechnungswesen- Erste empirische Belege aus dem Mittelstand, IRZ 2022, 373; Mario Martini, Transformation der Verwaltung durch Digitalisierung, S. 2 (file: //C: /Users/user/Downloads/2017_ Transformationder Verwaltung_TyposkriptDOEV%20(1).pdf)(Das Original ist abgedruckt in DÖV 2017, S. 443-455), S. 1-3 (Visiting date: 2023.7.10.); Thorsten Siegel, Digitalisierung des Verwaltungsverfahrens in Berlin, LKV 2020, S. 538.

[③] Dazu, vgl. etwa, Jörn Ipsen, Die Bewältigung der wissenschaftlichen und technischen Entwicklungen durch das Verwaltungsrecht, in: VVDStRL 48, SS. 177-203; Dietrich Murswiek, Die Bewältigung der wissenschaftlichen und technischen Entwicklungen durch das Verwaltungsrecht, in: VVDStRL 48, SS. 207-229; Bernhard Schlink, Die Bewältigung der wissenschaftlichen und technischen Entwicklungen durch das Verwaltungsrecht, in: VVDStRL 48, SS. 235-261; Hans Peter Schneider u.a., Aussprache und Schlußworte zu "Die Bewältigung der wissenschaftlichen und technischen Entwicklungen durch das Verwaltungsrecht", in: VVDStRL 48, SS. 265-328; Jennifer Brettschneider, Bewertung der Einsatz-potenziale und Risiken von Robotic Process Automation, HMD (2020) 57: 1103-1104 (1097-1110), Springer, Berlin 2020.

任何新科技的诞生，总会带来可能发生却未必一定发生的各种不确定性风险[1]，造成机关内部与人民之不同危险[2]。行政自动化广泛搜集公、私信息，利用AI与各种开放或不开放网络联机，当然也会造成公家机构与人民生活权益的不同风险，例如：黑客入侵，复制（携走）大量不宜开放之信息；窜改信息；人民或公务员误植信息；将"信息主体"张冠李戴；信息未适时更新或新旧杂陈；信息滥用；等等。行政机关如何建立具有完善性之内部与外部审查的风险管理体系[3]，尤其是AI能否以最快速、最精确之方式，自动勾稽大数据的风险管理体系，以及专业人员定期或不定期巡查相关运作软件与硬件之正常，均应属行政自动化之重要事项。

德国之风险管理系统（RMS）最初来自私营部门，用于尽早识别与避免操作风险[4]。在财务管理中使用RMS时，主要系参考该国租税通则（AO）第88条第5项规定之RMS（规定内容，详下述）。在评估过程中完全自动检查税务问题，然后创建自动税务评估，无需人工干预[5]。它不再是控制私营部门的风险管理系统，而是更多地关注风险过滤器，根据事实审查的合理性和深度进行估计，并自动评估没有问题的"常规案例"[6]。

以税务领域采取纳税义务人在线申报与自动化处理为例，可能会存在申报人短报、漏报或虚报之"情况风险"。因此，在具有期限限制之自动化处理的申报事项，德国租税通则

---

[1] 关于风险概念之探讨，详可参见蔡志方：《从COVID-19之经验，论"风险"概念在传染病预防上之运用》，法源法律网（https://www.lawbank.com.tw/treatise/dt_article.aspx?AID=D000024268）。

[2] 请参见蔡志方：《行政自动化所衍生的法律问题，行政救济与行政法学（三）》，正典出版社2004年版，第446-448页；Ralf-Michael Polomski, Der automatisierte Verwaltungsakt – Die Verwaltung an der Schwelle von der Automation zur Informations- und Kommunikationstechnik, SS. 45-52, Duncker & Humblot, Berlin 1993.

[3] Vgl. Ralf-Michael Polomski, Der automatisierte Verwaltungsakt – Die Verwaltung an der Schwelle von der Automation zur Informations- und Kommunikationstechnik, SS. 225-253, Duncker & Humblot, Berlin 1993.

[4] § 91（2）AktG: "Der Vorstand hat geeignete Maßnahmen zu treffen, insbesondere ein Überwachungssystem einzurichten, damit den Fortbestand der Gesellschaft gefährdende Entwicklungen früh erkannt werden."

[5] § 155 Abs. 4 AO: "Die Finanzbehörden können Steuerfestsetzungen sowie Anrechnungen von Steuerabzugsbeträgen und Vorauszahlungen auf der Grundlage der ihnen vorliegenden Informationen und der Angaben des Steuerpflichtigen ausschließlich automationsgestützt vornehmen, berichtigen, zurücknehmen, widerrufen, aufheben oder ändern, soweit kein Anlass dazu besteht, den Einzelfall durch Amtsträger zu bearbeiten. Das gilt auch 1.für den Erlass, die Berichtigung, die Rücknahme, den Widerruf, die Aufhebung und die Änderung von mit den Steuerfestsetzungen sowie Anrechnungen von Steuerabzugsbeträgen und Vorauszahlungen verbundenen Verwaltungsakten sowie, 2. wenn die Steuerfestsetzungen sowie Anrechnungen von Steuerabzugsbeträgen und Vorauszahlungen mit Nebenbestimmungen nach § 120 versehen oder verbunden werden, soweit dies durch eine Verwaltungsanweisung des Bundesministeriums der Finanzen oder der obersten Landesfinanzbehörden allgemein angeordnet ist. Ein Anlass zur Bearbeitung durch Amtsträger liegt insbesondere vor, soweit der Steuerpflichtige in einem dafür vorgesehenen Abschnitt oder Datenfeld der Steuererklärung Angaben im Sinne des § 150 Absatz 7 gemacht hat. Bei vollständig automationsgestütztem Erlass eines Verwaltungsakts gilt die Willensbildung über seinen Erlass und über seine Bekanntgabe im Zeitpunkt des Abschlusses der maschinellen Verarbeitung als abgeschlossen."

[6] Vgl. Ebbe Volquardsen in: Bernhard Schwarz/Armin Pahlke（Hrsg.), AO-Kommentar, 2017, § 88 Rn. 5n ff.; Niklas Pulte, Vollautomatisierung von Verwaltungsverfahren. Einsatzmöglichkeit, rechtliche Anforderungen und Gestaltungsleitlinien, S. 14, GRIN Verlag 2020.

（AO）第109条第4项乃规定："提交纳税申报表之截止日期与金融机构设定之截止日期，只有在使用自动风险管理系统根据第88条第5项规定，检查截止日期延长情况下，才能自动延长，并且无理由让公务员为个别处理。"①

上述租税通则第88条第5项还规定："税务机关得使用自动化系统（风险管理系统）评估是否需要进一步调查与审计，以一致且合法地确定税收与税收抵免，以及税收减免与预付款之抵扣。行政管理并应考虑经济效益原则。风险管理体系至少应满足以下要求：① 确保随机选择足够数量之案件供官员全面审查；② 公职人员对确定需要审查的事实进行审查；③ 确保公职人员能够选择案件进行全面审查；④ 定期审查风险管理系统，以确保其实现目标。风险管理系统之细节不得公开，因公开可能会危及税收之规律性与合法性。在邦税务机关代表联邦政府管理之税收领域，各邦最高税务机关应与联邦税务部门达成协议，确定风险管理系统之细节，以确保全国范围内统一执行税法。"②

德国租税通则第88条第5项第1句规定，允许使用自动化风险管理系统评估是否进一步调查与审计之必要性，以实现统一与合法的税收评估，而根据同项第2句规定，行政部门的经济效益原则，亦必须考虑。同条第1项规定之职权调查原则所规定者③，并非根据职权采取人工确定事实，而是结合自动风险分析、人类管理经验与随机原则，检查纳税申报表，使用算法查明异常情况，并从大量提交之声明中过滤掉需要检查之案例。通过此种方式，自动识别欺诈与滥用案件，以及由于其复杂性而需要更详细地由人员进行调查之案件。如风险管理系统不整理个别检查之纳税申报表，而是确定其"吞吐量"（Durchlauf），则可以完全自

---

① "Fristen zur Einreichung von Steuererklä-rungen und Fristen, die von einer Finanzbehörde gesetzt sind, können ausschließlich automationsgestützt verlängert werden, sofern zur Prüfung der Fristverlängerung ein automationsgestütztes Risikomanagementsystem nach § 88 Absatz 5 eingesetzt wird und kein Anlass dazu besteht, den Einzelfall durch Amtsträger zu bearbeiten." Dazu vgl. etwa, Ulrich König, AO § 109, Verlängerung von Fristen, in: ders., AO 4. Auflage, 2021, Rn. 13-15.

② "Die Finanzbehörden können zur Beurteilung der Notwendigkeit weiterer Ermittlungen und Prüfungen für eine gleichmäßige und gesetzmäßige Festsetzung von Steuern und Steuervergütungen sowie Anrechnung von Steuerabzugsbeträgen und Vorauszahlungen automationsgestützte Systeme einsetzen (Risikomanagementsysteme). Dabei soll auch der Grundsatz der Wirtschaftlichkeit der Verwaltung berücksichtigt werden. Das Risikomanagement-system muss mindestens folgende Anforderungen erfüllen: 1. die Gewährleistung, dass durch Zufallsauswahl eine hinreichende Anzahl von Fällen zur umfassenden Prüfung durch Amtsträger ausgewählt wird, 2. die Prüfung der als prüfungsbedürftig ausgesteuerten Sachverhalte durch Amtsträger, 3. die Gewährleistung, dass Amtsträger Fälle für eine umfassende Prüfung auswählen können, 4. die regelmäßige Überprüfung der Risikomanagementsysteme auf ihre Zielerfüllung. Einzelheiten der Risikomanagementsysteme dürfen nicht veröffentlicht werden, soweit dies die Gleichmäßigkeit und Gesetzmäßigkeit der Besteuerung gefährden könnte. Auf dem Gebiet der von den Landesfinanzbehörden im Auftrag des Bundes verwalteten Steuern legen die obersten Finanzbehörden der Länder die Einzelheiten der Risikomanagementsysteme zur Gewährleistung eines bundeseinheitlichen Vollzugs der Steuergesetze im Einvernehmen mit dem Bundesministerium der Finanzen fest."

③ 其规定内容为："税务机关依职权确定事实。在此过程中，必须考虑对个案而言重要的所有情况，包括对有关各方有利的情况。"（Die Finanzbehörde ermittelt den Sachverhalt von Amts wegen. Dabei hat sie alle für den Einzelfall bedeutsamen, auch die für die Beteiligten günstigen Umstände zu berücksichtigen.）

动确定税款。因此，可以未经公职人员检查发布税务评估。与税务评估相关之行政处分的更正、撤销、废止和修改，也可以实现自动化。但其最低要求，乃自动检查纳税申报表之风险，在于不可预见之情况或纳税人提供不正确信息，将导致非法评估发生。税收合法性与统一性原则，要求抵消此种风险，即必须限制算法之使用。因此，根据同条第5项第3句之规定，德国之风险管理体系必须满足以下最低要求：① 必须进行人工随机检查；② 需要检查之案件必须进行人工检查；③ 官员有权选择个别案件进行全面审查；④ 应定期检查风险管理系统之目标完成情况。此外，同项第4句亦规定，禁止公布风险管理系统之详细信息，否则，可能危及税收的统一性与合法性原则。其目的在于防止个别纳税人将其申报行为与风险参数保持一致①。

（二）行政自动化之法律要求

德国于2016年增订联邦行政程序法第35a条，规定行政自动化之法律要件：积极方面，包括为法规所允许（Zulassung durch Rechtsvorschrift）；消极方面，包括无裁量余地（keine Ermessensspielraum）与无判断余地（keine Beurteilungsspielraum）②。

1. 法律保留

由于行政自动化影响人民之权益甚巨，基于民主原则（Demokratieprinzip）与重要性理论（Wesentlichkeitstheorie），各国学者均主张采取应受"法律保留"（Vorbehalt des Gesetzes）原则之支配。唯所谓"法律保留"，并不限于仅能以形式意义之法律（Gesetz im formellen Sinne）为规定，也包括实质意义之法律（Gesetz im materiellen Sinne），亦即基于法律明文授权之法规命令、自治条例或规章等均可，但排除行政规则（Verwaltungsvorschriften）③。

（1）行政程序法之规定与功能设定及适用范围

我国台湾地区"地区行政程序法"第九十六条第一项第四款后段但书规定："行政处分以书面为之者，应记载下列事项：四、处分机关及其首长署名、盖章，该机关有代理人或受任人者，须同时于其下签名。但以自动机器作成之大量行政处分，得不经署名，以盖章为之。"第九十七条第三款规定："书面之行政处分有下列各款情形之一者，得不记明理由：……

---

① Vgl. Bettina Spilker, E-Government - Anforderungen an das Verwaltungsverfahren, NVwZ 2022, S. 682-683.

② Dazu, siehe Markus Ludwigs/Annika Velling, Vollautomatisierte Verwaltungsakte im deutschen Recht, in: Ludwigs/Muriel Ciceri/Velling（eds.）, Digitalization as a challenge for justice and administration, Abhandlungen zum Öffentlichen Recht 1, Würzburg 2023, S. 45-49.

与人权保护之法律问题，请参见Christian Djeffal, Normative Leitlinien für künstliche Intelligenz in Regierung und öffentliche Verwaltung, in: Resa Mohabbat-Kar/Basanta Thapa/Peter Parycek（Hrsg.）,（Un）berechenbar? Algorithmen und Automatisierung in Staat und Gesellschaft, SS. 503-536, Fraunhofer, Fokus 2018.

③ Vgl. Markus Ludwigs/Annika Velling, Vollautomatisierte Verwaltungsakte im deutschen Recht, in: Ludwigs/Muriel Ciceri/Velling（eds.）, Digitalization as a challenge for justice and administration, Abhandlungen zum Öffentlichen Recht 1, Würzburg 2023, S. 45.

三、大量作成之同种类行政处分或以自动机器作成之行政处分依其状况无须说明理由者。"根据立法理由与立法目的,尚非一般性、无限制性授权一切行政事项,均得以自动化方式作成。因此,上述规定虽无类似德国联邦行政程序法第35a条之规定,即"凡法律允许,且无裁量或判断余地之情况下,行政处分得以完全通过自动方式作成"①,采取"法规保留"(Rechtssatzvorbehalt),但解释上,应属相同。

究竟我国台湾地区"行政程序法"第九十六条第一项第四款与第九十七条第三款规定,能否如同德国联邦行政程序法第35a条规定般,作为公行政部门信息处理的法律②,似不无疑问。

（2）个别法律之规定

准上,我国台湾地区历来有多种法律明文规定"自动化"措施,例如:"关税法"第十条第二项规定:"海关得依货物通关自动化实施情形,要求经营报关、运输、承揽、仓储、货柜集散站及其他与通关有关业务之业者,以计算机联机或电子数据传输方式处理业务。""个人资料保护法"第二条第二款也规定:"个人资料档案:指依系统建立而得以自动化机器或其他非自动化方式检索、整理之个人资料之集合。"所谓"国民法官法"第三十三条规定:"地方法院为调查第十二条第一项、第十三条至第十五条事项,得利用相关之个人资料数据库进行自动化检核,管理及维护之机关不得拒绝,并应提供批次化查询接口及权限。"

另外,亦已有不少明文授权行政自动化之规定,例如:根据台湾地区"规税法"第十条第三项订定之"货物通关自动化实施办法";根据"规费法"第十条第一项订定之"外来人口申请自动查验通关系统收费办法";根据"档案法"第九条第一项订定之"档案电子储存管

---

① Verwaltungsverfahrensgesetz (VwVfG) § 35a (Vollständig automatisierter Erlass eines Verwaltungs-aktes): "Ein Verwaltungsakt kann vollständig durch automatische Einrichtungen erlassen werden, sofern dies durch Rechtsvorschrift zugelassen ist und weder ein Ermessen noch ein Beurteilungsspielraum besteht."

② 德国学者肯认该国联邦行政程序法第35a条规定,作为公的信息制作法律之一部分(Teil des öffentlichen Daten-Verarbeitungsrechts),并指出该条规定具有澄清之作用(Klarstellungsfunktion)、权限(赋予)作用(Kompetenzfunktion)、定义作用(Definitionsfunktion)等。Dazu siehe, Ariane Berger, Der automatisierte Verwaltungsakt – Zu den Anforderungen an eine automatisierte Verwaltungsentscheidung am Beispiel des § 35a VwVfG, NVwZ 2018, 1260 ff.。另外,有学者于澄清之作用(Klarstellungsfunktion)、权限赋予之功能(Kompetenzzuweisungsfunktion)外,提出界限划定与警示功能(Begrenzungs- und Warnfunktion)与保护功能(Schutzfunktion)。Dazu, siehe Markus Ludwigs/Annika Velling, Vollautomatisierte Verwaltungsakte im deutschen Recht, in: Ludwigs/Muriel Ciceri/Velling (eds.), Digitalization as a challenge for justice and administration, Abhandlungen zum Öffentlichen Recht 1, Würzburg 2023, S. 41-42; Niklas Pulte, Vollautomatisierung von Verwaltungsverfahren. Einsatzmöglichkeit, rechtliche Anforderungen und Gestaltungsleitlinien, S.3, GRIN Verlag 2020。然而,亦不乏学者提出质疑,认为应该有特别之专门法加以规范者。Dazu vgl. etwa, Braun Binder, Vollautomatisierte Verwaltungsverfahren im allgemeinen Verwaltungsverfahrensrecht? NVwZ 2016, 960 ff.; Wilhelm Bauer/Oliver Riedel/Steffen Braun (Hrsg.), Jan Etscheid/Jörn von Lucke/Felix Stroh, Künstliche Intelligenz in der öffentlichen Verwaltung - Anwendungsfelder und Szenarien, S.7-16, Fraunhofer-Institut für Arbeitswissenschaft und Organisation IAO, Im Zusammen mit Universität Stuttgart Institut für Arbeitswissenschaft und Technologie-management IAT/Zeppelin Universität zwischen Wirtschaft Kultur Politik 2020, S. 150-153 (Visiting date: 2023.7.9.).

理实施办法",根据"民事诉讼法"第五百零八条第二项订定之"督促程序使用计算机或其他科技设备作业办法";根据"疫后强化经济与社会韧性及全民共享经济成果特别条例"第四条第一项订定之"全民共享经济成果普发现金办法";等等。

2. 国家(政府)作为"机器"与人性尊严问题

有学者认为,在高度数字化科技支配下,国家(政府)将形同一部庞大的"机器"①。全国各地的机构设施,均为高度数字化科技所支配,称国家为一部庞大的"机器",似乎并不为过!然而,诚如德国学者马力欧·玛替尼(Mario Martini)与大卫·尼克(David Nink)所言:"不将人与他们的环境简化为纯粹的数字逻辑,是自由宪政国家最重要的任务之一,尤其是在数字世界中。"在"E 化国家"中,人性尊严之维护,仍十分重要。

行政自动化后,的确如德国学者尼可拉斯·卢曼(Niklas Luhmann)所言,一切决定将不再针对个别之人格(nicht auf individuale Persönlichkeit abgestellt)去形成、我们将舍弃诉诸制度(verzichten auf Institution)、指尖的感觉(auf Fingerspitzengefühl),而诉诸强烈的权威(auf starke Autorität)与一个人的确信力(Überzeugungskraft)。但这些都仅属于过渡期间!毕竟,我们不能放弃一些我们还离不开的东西(Wir dürfen nicht auf etwas verzichten, was wir noch gar nicht entbehren können)②——人性尊严!

关于行政自动化,尤其是行政的"完全自动化",是否将使人类面对自动化设施,对其作成行政行为,特别是具有公权力效果之行政处分时,沦为不具有"自我目的"与"最高价值"之人性尊严主体?对此,多数学者,似乎有此担忧。然而,我国台湾地区则有年轻学者提出严重的质疑③。不过,在当前多数仍属于"线性思考"的超级计算机技术下,或许德国学者的忧虑仅属于"杞人忧天"。但是,一旦"量子计算机"(Quantencomputer)问世,其以极端快速之"非线性的无限制端点"思考与运算技术,甚至是高度学习与自我思考、创造之能力④被广泛运用于公、私部门后,如预言家所称"2030 年人的意志将与 AI 混和"⑤,只要自然人装置

---

① Dazu, siehe, Ariane Berger, Der automatisierte Verwaltungsakt – Zu den Anforderungen an eine automatisierte Verwaltungsentscheidung am Beispiel des § 35a VwVfG, NVwZ 2018, 1260; Barbara Stollberg-Rillinger, Der Staat als Maschine. Zur politischen Metaphorik des absoluten Fürstenstaats, 1986. Sehr instruktiv auch Horst Dreier, Hierarchische Verwaltung im demokratischen Staat, S. 36 ff. mwN, Mohr-Siebeck, Tübingen 1991.

② Siehe, Niklas Luhmann, Automation in der öffentlichen Verwaltung, in: V. Tacke/ E. Luckas (eds.), Schriften zur Organisation 4, S. 15, Springer VS, Wiesbaden 2020.

③ 参见戴呈轩:《行政自动化真的有违人性尊严?》,载联晟法律知识库(https://www.rclaw.com.tw/post-273-7999)(Visiting date: 2023.7.9)。

④ 关于量子计算机之运算方式与可能影响,参见:Ingo Knopf/Sebastian Funk, Neue Computertechnik, so funktiert ein Quantencomputer, Der Name klingt, als ob er einem Science-Fiction-Autor eingefallen wäre. Aber was sind Quantencomputer eigentlich? Und was können sie? (https://www.quarks.de/technik/faq-so-funktioniert-ein-quantencomputer/)(Visiting date: 2023.7.9)。

⑤ See, Jillian Eugenios. Ray Kurzweil, Humans will be hybrids by 2030(https://money.cnn.com/2015/06/03/technology/ray-kurzweil-predictions/index.html)(Visiting date: 2023.7.9.).

AI 后,各个将成为智慧超人,一旦成真,则德国学者的"杞人忧天",岂非有先知之明!

人工智能(智慧)之运用,的确可能面临诸多法律与伦理问题。而我们广泛运用时,须先做充分的思考与斟酌①。

3. 职权调查原则与行政自动化

真正之自动化行政处分,无法避免"职权调查原则"受到限制的问题。自动化所根据之事实,无非系根据既有数据库中储存之事实或申请人输入之事项②,而无机关人员把关。因此,一旦数据有错误或不完整,则将顿失官方的照料与支持之功能(behördliche Fürsorge- und Unterstützungsfunktion),德国联邦行政程序法为求弥补,乃有"风险控管之体系"(Risikomanagementsystem)的建立,而其先驱性制度,即根据该国 2008 年修正之租税通则(AO)第 88 条第 3 项的授权③,建立了风险控管体系④。

究竟现在或将来的"电子信息处理系统"(EDV-System),有无可能开发出足以具备如同一个经验老到的公务人员,能够明察秋毫,在众多信息中勾稽出错误、不足、彼此矛盾之处,甚至是滥用之处,而执行较诸由"自然人"所执行之"职权调查"更为透彻的"调查"与"勾稽",将成为行政自动化能否有效运用的关键之一。

4. 裁量性问题之排除

在行政法学上,法律赋予机关"裁量权",其目的无非让机关于每一个个案均不尽相

---

① Dazu, vgl. etwa, Christian Djeffal, Normative Leitlinien für künstliche Intelligenz in Regierung und öffentlicher Verwaltung, SS. 13 ff. (https://www.ssoar.info/ssoar/bitstream/handle/document/57618/ssoar-2018-djeffal-Normative_Leitlinien_fur_kunstliche_Intelligenz.pdf? sequence=1&isAllowed=y&lnkname= ssoar-2018-djeffal-Normative_Leitlinien_fur_kunstliche_Intelligenz.pdf)(Visiting date: 2023.7.24).

② 正因如此,职权调查之义务受限或者要求降低,但并不因此排除人工调查补正之可能。抑且一旦发现人为之恣意错误信息输入,则自动化处理即应终止。Vgl. dazu, Niklas Pulte, Vollautomatisierung von Verwaltungsverfahren. Einsatzmöglichkeit, rechtliche Anforderungen und Gestaltungsleitlinien, SS.7-8, GRIN Verlag 2020.

③ 德国租税通则第88条第3项规定:"(3)为确保税法得到及时与一致的执行,最高财政机关得就特定或可确定之案件组的调查类型与范围,以及收集或记录之数据的处理发布指示,除非根据法律另有规定。通过此等指示,得考虑税务机关之一般经验以及效率与便利性。不得公布该可能会危及税收之统一性和合法性之指令。只要邦财政当局代表联邦政府管理税收者,各邦最高财政当局根据第1句发出之指示,需要联邦财政部同意。"(AO § 88 III:"(3) Zur Gewährleistung eines zeitnahen und gleichmäßigen Vollzugs der Steuergesetze können die obersten Finanzbehörden für bestimmte oder bestimmbare Fallgruppen Weisungen über Art und Umfang der Ermittlungen und der Verarbeitung von erhobenen oder erfassten Daten erteilen, soweit gesetzlich nicht etwas anderes bestimmt ist. Bei diesen Weisungen können allgemeine Erfahrungen der Finanzbehörden sowie Wirtschaftlichkeit und Zweckmäßigkeit berücksichtigt werden. Die Weisungen dürfen nicht veröffentlicht werden, soweit dies die Gleichmäßigkeit und Gesetzmäßigkeit der Besteuerung gefährden könnte. Weisungen der obersten Finanzbehörden der Länder nach Satz 1 bedürfen des Einvernehmens mit dem Bundesministerium der Finanzen, soweit die Landesfinanzbehörden Steuern im Auftrag des Bundes verwalten.").

④ Dazu vgl. etwa, Braun Binder, Vollautomatisierte Verwaltungsverfahren im allgemeinen Verwaltungsverfahrensrecht? NVwZ 2016, 960 ff.

同之情况下，追求"实质的平等"与最切合个案之"个案正义"（Einzelfallgerechtigkeit）①。诸如税务申报之核定，鲜少有一般行政程序法规定之裁量，通常具有高度标准化（Standardisierung），且属于"羁束处分"（gebundener Verwaltungsakt），甚至已经有具体之程序（konkretes Verfahren），因而自适宜以"自动化"（Automatisierung）为之②。

德国联邦行政程序法第35a条规定："在法律允许，且无裁量或判断余地之情况下，行政处分得以完全以自动化设施发布之。"显然排除行政机关具有"裁量空间"（Ermessensraum）之行政事项，得采取全自动行政设施为之，其原因应系于此。

5. 具判断余地问题之排除

德国联邦行政程序法第35a条规定："在法律允许且无裁量权或判断余地之情况下，行政处分得以完全以自动化设施发布之。"显然排除行政机关具有"判断余地"（Beurteilungsspielraum）之行政事项，得采取全自动行政设施为之。

行政决定事项，行政机关具有"判断余地"者，并不局限于"具不确定概念之法律"（Gesetz mit unbestimmten Begriff）（有些公法学者向来习惯以"不确定法律概念"（unbestimmter Rechtsbegriff）称之）③，而尚及于具有"专业判断"（Fachbeurteilung）或"高度属人性"（Hochpersönlichkeit）之事项。由于此等事项，不涉及高度精确性，得以数字化之事项仅及于具备代表性（Vertretbarkeit）与理性上之合理性（Rationalität），甚至是"差不多如此即可"的事项④。

6. 高度复杂性问题之取舍问题

德国联邦行政程序法第24条第1项第3句规定⑤，指出人民于行政程序中提出之事实信息，越复杂者，即愈不适合以自动化为之。比如建筑许可之事件与计划程序，所涉及之因

---

① 关于"裁量"之目的、功能与本质，详请参见蔡志方：《论行政裁量之概念与运用》，法源法律网（https://www.lawbank.com.tw/treatise/dt_article.aspx? AID=D000024115）；蔡志方：《论裁量的本质——个案的正确判断、选择与最佳决定》（On the Essence of Discretion: The Correct Judgement, Choice and Best Decision in Individual Case），法源法律网（https://www.lawbank.com.tw/treatise/dt_article.aspx? AID=D000024241）。

② Dazu vgl. etwa, Braun Binder, Vollautomatisierte Verwaltungsverfahren im allgemeinen Verwaltungsverfahrensrecht? NVwZ 2016, 960 ff.

③ 关于不确定法律概念之判断问题，参见蔡志方：《论不确定法律概念之"确定性"》（On the Certainty of Uncertain Legal Concepts），法源法律网（https://www.lawbank.com.tw/treatise/dt_article.aspx? AID=D000024239）。

④ 另请参见蔡志方：《论法律上的"差不多"原理》，法源法律网（https://www.lawbank.com.tw/treatise/dt_article.aspx? AID=D000024167）。

⑤ 其规定内容为："行政机关使用自动设备作成行政处分者，必须斟酌对有关人员于个案中具有重要意义，并且在自动程序中无法确定之事实信息。"（Setzt die Behörde automatische Einrichtungen zum Erlass von Verwaltungsakten ein, muss sie für den Einzelfall bedeutsame tatsächliche Angaben des Beteiligten berücksichtigen, die im automatischen Verfahren nicht ermittelt würden.）

素甚为复杂,即不适宜以全自动化为之①。反之,事实比重较少,亦即比较单纯者,类型化个案众多者(如税务、罚款与社会给付行政事项),即非常适合以全自动化程序为之②。不过,亦有学者指出,此仅涉及自动化 AI 算法较为复杂者,必须预先妥善设计而已。但以现代科技之发展,并非绝对不能排除①。此一说法,亦不无道理。

7. 个人信息与人格权保护之问题

除"效率"优势外,高度数字化也可能引发广泛滥用的可能性。为了个人权利与避免数据遭受第三人未经授权即进入之情形发生,德国人对于"透明公民"(gläserne Bürger)的恐惧深植民心,对隐私保护极度重视。在网络系统中,如何有效保护自己免受互联网上潜伏之各种危险,德国基本法(GG)第 87f 条第 1 项为该国对通信基础设施系统之相关保障义务与对个人保护义务之表达,此等义务源于基本法第 2 条第 1 项结合第 1 条第 1 项规定之基本权利保障的完整性。然而,德国本身未能成功保护该国联邦众议院(Bundestag)等中央机构免于遭受黑客攻击此一事实,则削弱了该国人民对这种具规范性的国家安全承诺实际上可以兑现的信念,并对之产生疑问。

数字国家转型与数字完整性之成功,并不局限于数字安全而已,且包括一定程度的隐含民众自我形象之数字隐私保护。公民使用政府提供之数字服务,唯有当其充分确信国家当局将仅依据预期处理数据之目的,使用其数据,尤其不会将其传递给其他政府机构,甚至于无法律依据情况下传递给第三私人。"E 化政府"首先必须赢得此种人民之信任。总体而言,民众似乎仍抱有较高程度的怀疑态度。对于抱有较高程度怀疑态度之德国人而言,信息保护与信息安全,目前为使用现有电子政府服务难以克服之障碍。

其次,要探讨的问题,乃是使用现有的行政数据一次性原则(Once-only-Prinzip)。如政府使用既有的数据,而非强迫公民填写新表格,此将为减少官僚成本提供额外动力。盖多次输入相同的数据,不可避免地会消耗时间和精力。尤其是在新的基本法第 91c 条第 5 项规定的基础上,实现跨级平台时,作为查访管理系统一部分的一次性记录原则,得以显示出其优势,亦即收集核心数据集;然后,不同机构可以通过接口查访,并在获得授权情况下,调用各自专门程序的数据。德国联邦报告法(BMeldeG)第 38 条与 E 化政府法(EGovG)第 5 条第 2 项,尽管仅限于在行政程序中提交注册数据与证据,却为此铺平了道路。然而,到目前为止,此等规定的实际效果还很有限。

---

① Vgl. dazu, Ariane Berger, Der automatisierte Verwaltungsakt – Zu den Anforderungen an eine automatisierte Verwaltungsentscheidung am Beispiel des § 35a VwVfG, NVwZ 2018, S. 1263-1264.

② Vgl. dazu, Ariane Berger, Der automatisierte Verwaltungsakt – Zu den Anforderungen an eine automatisierte Verwaltungsentscheidung am Beispiel des § 35a VwVfG, NVwZ 2018, S. 1264.

① Dazu. Vgl. Niklas Pulte, Vollautomatisierung von Verwaltungsverfahren. Einsatzmöglichkeit, rechtliche Anforderungen und Gestaltungsleitlinien, SS. 10-11, GRIN Verlag 2020.

前述之隐私保护,乃上述"一次性原则"强有力的反对者,以其纯粹的形式,为国家提供了汇集不同来源数据的可能性,并可能将它们编入全面的个性档案中。消除此种滥用风险,乃信息保护法最重要的基本原则之一,其本质乃指定用途原则①。为与最初收集数据目的不兼容之目的,进一步处理数据,将与信息自决的保证(Verbürgung informationeller Selbstbestimmung)相冲突。②

当国家机构需检查公民的整体个性时,则可以不受限制地链接现有数据库,即超出其限制。因此,自动数据交换虽并非普遍不被允许,但它需要一个明确之法律依据,说明未经请求之数据访问原因与限制,并有效排除任何与个人人格缺陷权重不相称之情况发生。原则上,立法机关尚必须遵守信息分离原则:只有当存在压倒一切之重要公共利益所需要,而无更容易条件下获取信息时,才例外允许当局之间交换信息。

处理之法律依据使当局能够交换受影响者信息,即明确或推定人民之意愿未涵盖该数据,为"一次性原则"固有的基本服务理念留下基础(但未受到规范保护)。多种数据使用的"低服务优势",将被民众之信任的持久丧失所抵消,如政府不欲在数字化道路上失去公民,则在法律政策方面,收集信息之程序性保障措施乃一项谨慎之规则,使相关人员在特殊法律基础上进行交换能够获得支持(除了证明数据合理性的压倒性公共利益之外),而就各自数据之使用程度做出有效的自主决定。因此,指导原则应该是:作为一次性原则的一部分,政府机构只有在数据主体明确授权之情况下,才可以查看个人数据。如政府欲使用公民的数据,则必须通过诸如电子邮件或推送消息,提请他们注意,他可以自己决定何机构可以访问其数据,以及访问的程度。此外,管理部门还须记录使用行为,即披露并记录在数据主控室中:何机构于何时、出于何目的访问了现有数据,从而创建了使用的透明度③。

综上,个人信息自决权,透明、值得信赖之信息系统(特别是"大数据"Big Data④),无差别待遇与可追溯性等,攸关自动化下之个人信息与人格权之保护,值得我们特别关心⑤。

---

① 参见可适用的国家法律,特别是联邦信息保护法(BDSG)第14条第2项规定。
② Vgl. Mario Martini, Transformation der Verwaltung durch Digitalisierung, S. 2 (file:///C:/Users/user/Downloads/2017_Transformationder Verwaltung_TyposkriptDOEV%20(1).pdf)(Das Original ist abgedruckt in DÖV 2017, S. 443-455)S.13-14 (Visiting date: 2023.7.10.).
③ Vgl. Mario Martini, Transformation der Verwaltung durch Digitalisierung, S. 2 (file:///C:/Users/user/Downloads/2017_Transformationder Verwaltung_TyposkriptDOEV%20(1).pdf)(Das Original ist abgedruckt in DÖV 2017, S. 443-455). S.14-17(Visiting date: 2023.7.10.).
④ Dazu, vgl. Mario Martini, Big Data als Herausforderung für das Datenschutzrecht und den Persönlichkeitsschutz, in: Hill u.a.2, SS. 97 ff.
⑤ Vgl. Niklas Pulte, Vollautomatisierung von Verwaltungsverfahren. Einsatzmöglichkeit, rechtliche Anforderungen und Gestaltungsleitlinien, SS. 21-34, GRIN Verlag 2020.

六、需经听证与意见陈述行政事件之自动化的可否

（一）需经听证行政事件之自动化的可否

在德国，如作成行政处分之前涉及当事人之权利，而依法有义务必须举行听证者，则于实行完全自动化时，仍有适用。该国行政程序法第28条第2项第4款规定，有两种变形的例外情况①。其一，在个案中，如涉及"非真正的大量程序"（unechtes Massenverfahren），则得于个别程序中说明其理由。其二，根据全自动执行程序之不同，听证义务之要求亦有所不同。其属于与税务程序类似，而通过填写表格触发之程序，基于该国"现代化草案"（Modernisierungsentwurf）之范例模型（Vorbild）②，于特别规定之空格（qualifiziertes Freitextfeld）中填写方式填补，自得以想象③。

另外，需经听证始得据以作成行政处分者，于听证记录所示结果之外，本不得再基于所谓的"职权调查"，另行调查证据。如原听证程序并未完备，自应重开听证（再听证），而非听证程序之外，妄以所谓的依据"职权调查证据"，并据以作成处分④。然而，由于当前之AI技术，机器尚无法自动践行"职权调查证据"，而有赖于人工另外进行，因此，就需经听证始得作成处分之行政事件，应由人员为之，而排除以全自动化之设施为之。除非将来之AI系统，具有执行完备之听证能力，否则需经听证始得作成处分之行政事件，应排除以全自动化之设施为之。

---

① Verwaltungsverfahrensgesetz（VwVfG）§ 28（Anhörung Beteiligter）:（2）Von der Anhörung kann abgesehen werden, wenn sie nach den Umständen des Einzelfalls nicht geboten ist, insbesondere wenn 4. die Behörde eine Allgemeinverfügung oder gleichartige Verwaltungsakte in größerer Zahl oder Verwaltungsakte mit Hilfe automatischer Einrichtungen erlassen will.

② 布劳恩·宾德建议，毋宁首先应以租税通则第118a I之"参事官草案"（Referentenentwurf）为根据，采取双阶段先行程序，而于联邦行政程序法第35a条加入："在法律允许范围内，行政处分亦得完全借助自动化发布。于此情况下，关于行政处分之发布及其通知之意思的形成，在机器处理完成时即被认为已经完成。只要当局被授予自由裁量权或判断余地，自动发布行政处分就被排除在外。"（Soweit dies durch Rechtsvorschrift zugelassen ist, können Verwaltungsakte auch ausschließlich automationsgestützt erlassen werden. In diesem Fall gilt die Willensbildung über den Erlass des Verwaltungsakts und über seine Bekanntgabe im Zeitpunkt des Abschlusses der maschinellen Verarbeitung als abgeschlossen. Soweit der Behörde Ermessen oder Beurteilungsspielraum eingeräumt wird, ist der automationsgestützte Erlass eines Verwaltungsakts ausgeschlossen.）。如欲在AO与VwVfG之间建立一致性，可以将法案草案中规定的第118a条（政府草案中不再包含该条文）作为平行条款，添加到AO中。另外，在稍后某个时间点，一旦知道完全通过自动化手段执行之具体程序，就必须补充其法律依据，特别是在落实听取意见权和调查原则方面。于此情况下，必须检查此等条款是否应（仅）插入VwVfG或相应的专门法律中。Dazu vgl. etwa, Braun Binder, NVwZ Vollautomatisierte Verwaltungsverfahren im allgemeinen Verwaltungsverfahrensrecht? NVwZ 2016, S. 960 ff.

③ Dazu vgl. etwa, Braun Binder, Vollautomatisierte Verwaltungsverfahren im allgemeinen Verwaltungsverfahrensrecht? NVwZ 2016, S. 960 ff.

④ 相关探讨，请参见蔡志方：《从体系正义论行政程序法第108条第1项但书规定之意义》，法源法律网（https://www.lawbank.com.tw/treatise/dt_article.aspx? AID=D000024256）；《从经听证与非经听证处分之救济程序：论欣裕台与中投案行政诉讼判决之适法性》，法源法律网（https://www.lawbank.com.tw/treatise/dt_article.aspx? AID=D000024254）。

(二)需经意见陈述行政事件之自动化的可否——谈话机器人之运用问题

近来各国为落实行政"民主化"(Demokratiesierung)与"亲民措施"(Maßnahmen mit Bürgerfreundlichkeit),各项行政法规均要求给予利害关系人口头陈述意见(Oral statement)之制度[①],通常听取当事人或利害关系人陈述意见并进行沟通者,均为公务人员(自然人)。然而,如采取全部自动化行政之事项,则听取当事人或利害关系人之陈述意见,能否采取诸如ChatGPT此等AI机器人[②],则不无疑问。

根据德国学者马力欧·玛替尼之研究,人工智能(智慧)应用于行政决定,对于提供市民咨询(Bürgerberatung),亦可以达成减轻负担之效果(Entlastungseffekt)。聊天机器人(Chatbots)基于文本对话系统(textbasierten Dialogsystemen),可以在回答"前端"(Front-End)中的"标准问题"时,作为数字行政助理(digitale Verwaltungshelfer)提供有用的服务。公民输入其请求,机器人即会自动回答。不过,目前机器人声誉尚不佳。作为社交机器人,在目前的观点之争中,其被视为谎言的传播者与真实性的破坏者[③]。在关于社交机器人总体讨论之阴影下,聊天机器人之有用功能,容易被忽视:在人工智能帮助下,聊天机器人可以执行简单的咨询服务,不仅办公时间,且可以全天候以有效方式管理不一定需要人类关注的管理任务。唯有当机器人陷入困境(如故障)时,行政人员才会接手案件。[④]

我国台湾地区"行政程序法"第一百零三条第一款、第二款、第五款规定:"有下列各款情形之一者,行政机关得不给予陈述意见之机会:一、大量作成同种类之处分。二、情况急迫,如予陈述意见之机会,显然违背公益者。五、行政处分所根据之事实,客观上明白足以确认者。"是否得据以作为自动化作成之处分,得不给予当事人陈述意见机会之依据,似不无疑义。

[①] 例如我国台湾地区"行政程序法"第三十九条规定:"行政机关基于调查事实及证据之必要,得以书面通知相关之人陈述意见。通知书中应记载询问目的、时间、地点、得否委托他人到场及不到场所生之效果。"第一百零二条规定:"行政机关作成限制或剥夺人民自由或权利之行政处分前,除已依第三十九条规定,通知处分相对人陈述意见,或决定举行听证者外,应给予该处分相对人陈述意见之机会。但法规另有规定者,从其规定。""诉愿法"第六十三条第二项与第三项规定:"2.受理诉愿机关必要时得通知诉愿人、参加人或利害关系人到达指定处所陈述意见。3.诉愿人或参加人请求陈述意见而有正当理由者,应予到达指定处所陈述意见之机会。"

[②] 依据本文作者多次在"ChatGPT"网页上(https://openai.com/chatgpt)与AI机器人进行不同领域主题之交谈,发现其互动能力并不下于一般公务人员,且对谈坦率,毫无自然人的"避重就轻"或"顾左右而言他"之情况发生。

[③] Vgl. etwa Roland Menn, Wahlkampf - Die Macht der Social Bots, Deutschlandfunk.de v. 22.10.2016.

[④] Vgl. Mario Martini, Transformation der Verwaltung durch Digitalisierung, S. 2 (file:///C:/Users/user/Downloads/2017_Transformationder Verwaltung_TyposkriptDOEV%20(1).pdf) (Das Original ist abgedruckt in DÖV 2017, S. 443-455), S.18 (Visiting date: 2023.7.10.).

七、行政自动化与当事人之协力及公务人员之工作时间、方式问题

(一)行政自动化与当事人之协力问题

我国台湾地区"行政程序法"第三十六条规定:"行政机关应依职权调查证据,不受当事人主张之拘束,对当事人有利及不利事项一律注意。"第三十七条规定:"当事人于行政程序中,除得自行提出证据外,亦得向行政机关申请调查事实及证据。但行政机关认为无调查之必要者,得不为调查,并于第四十三条之理由中叙明之。"第三十九条规定:"行政机关基于调查事实及证据之必要,得以书面通知相关之人陈述意见。通知书中应记载询问目的、时间、地点、得否委托他人到场及不到场所生之效果。"第四十条规定:"行政机关基于调查事实及证据之必要,得要求当事人或第三人提供必要之文书、数据或物品。"上述规定,乃一般行政程序中当事人之协力义务(Mitwirkungspflicht)规定。

然而,于行政自动化之情况下,以报税系统采取行政自动化或数字化后为例,对于税务机关与纳税义务人间之权利(力)均势,产生相当大的影响①。报税基本数据自始应由纳税义务人提供,嗣后于启动报税程序后,除非须更新,否则,即会自动显示,而当年度之应税数据,除非属于数据库经联机勾稽后仍不存在者,纳税义务人应自行输入,具有强化之协力义务(verstärkte Pflicht)的意义。除非经自动化系统显示应填入而未填之资料导致无法上传情形,否则,于行政自动化,人民甚少会被"机器"要求协力者。

(二)行政自动化与公务人力需求之消长与变化问题

任何新科技(产品)之出现,总会造成若干人就业与若干人失业,以及是否重新接受教育与转业等问题②,此从历次工业革命之后,即已经充分显现。行政自动化造成的类似现象,自亦不例外。尤其是如果采取全面行政自动化后,其影响层面即会更为明显与重大,包括:国家教育之种类与内容、国家考选制度之改变、现有公务人力之调整(包括在职训练新技术、资遣、引进新技术专业人员)与失业救济、社会保险,甚至是新科技带来之身心创伤的治疗

---

① 以德国为例,其影响幅度甚大,从而引起学界、实务界与企业界之关注,莱比锡大学曾举行了一场大型学术研讨会,其讨论之议题包括:1.税收程序现代化(Modernisierung des Besteuerungsverfahrens)——获益者(Vorteilnehmer)、实体税法(materielles Steuerrecht)之复杂性、相关执行方法之转换(Umsetzung)、租税通则之改革(Reform der AO)、课税之复杂性(Steuerkomplexität)、电子资产负债表(E-Bilanz)的制作、风险控管体系(Riskomanagementsystem);2.外部审查(Außenprüfung)——及时审核(Zeitnahe Betriebsprüfung)、数位审核(Digitale Betriebsprüfung);3.国别报告(Country by Country Reporting)——企业数据之使用(Nutzung von Unternehmensdaten)、税务合规成本(Steuerliche Befolgungskosten);4.未来展望:数字化与人工智能(Zukunftsausblik: Digitalisierung und KI)——数字化潜力(Digitalisierungspotenzial)。其具体成果报告,详可参见 Carmen Bachmann/Johannes Gebhardt/Konrad Richter/Robert Risse, Wie beeinflusst die Digitalisierung das Machtgefüge zwischen Steuerpflichtigem und Finanzver-waltung? DStR 2019, 1879 ff.

② Dazu vgl. etwa, Alexandra-Isabel Reidel, Digitalisierung des Arbeitslebens: Schöne neue Welt und vergessene Verwaltung? öAT 2018, S. 74-75.

等等。

在德国,劳动力市场与职业研究所(IAB)定期审查职业的可替代性潜力,亦即职业可在多大程度上被新技术取代。在当前的分析中①,发现只有少数工作类型能够跟上数字化的步伐。这归功于自行学习计算器程序、移动协作机器人、3D 打印与虚拟现实等新技术,机器可以完全或部分取代人类或至少支持人类工作。凡是活动越简单者,就越容易为机器所取代。另外,随着资格要求之提高,可替代性潜力也随之降低,简单的助手比高度专业化的专家更容易被替代。现代技术的使用,也正改变现有的工作特质之描述。掌握新软件应用程序与处理新技术(例如 3D 打印),为当今即使在传统行业也是不可或缺的先决条件。然而,数字化并不会让人们变得多余;同时,新的工作与工作特质也被创造。例如:出现必须处理大量数据的"数据科学家"工作,或为技术产品设计用户界面的"界面设计师"工作。

数字化正在改变职业与资格,从而导致劳动力市场的迅速剧变。终身学习现在已成为人们关注的焦点,曾在培训或学习中学到的知识,比以往任何时候都更快速地过时。通过适当资格的认证,员工必须调整自己的技能与知识,以适应工作的不断变化之要求。不仅企业与教育机构必须对此作出反应,政府部门(特别是劳动行政部门)也必须对此作出反应。例如,德国联邦劳动与社会事务部(BMAS)正计划将失业保险逐步转变为就业保障,以为员工提供更多预防性支持。联邦劳动与社会事务部在 2017 年 2 月发布的《工作 4.0 白皮书》(WeißbuchArbeiten 4.0)中指出:"当技术与相关责任领域发生重大变化时,即使具有职业资格且未经进一步培训的员工,也很难继续向上工作。此种渐进式发展,使得终身学习变得至关重要,并要求无论年龄大小、公司规模大小,都必须持续推动职业培训,特别是如职业资格与上次推动的职业培训已属很久之前者。"②

特别是在公部门,可替代性潜力也很明显,而且任务也发生有利于高技能工作的转变:税务程序现代化法(Gesetz zur Modernisierung des Besteuerungsverfahrens)③,其中关于以全自动方式发布行政档案,以及由政府披露行政档案的规定,使它们可用于数据检索。因此,

---

① Vgl. Katharina Dengler/Britta Matthes, Wenige Berufsbilder halten mit der Digitalisierung Schritt, S. 1-11, vor allem S.6, 8,9,IAB-Kurzbericht, 4/2018.
② Dazu vgl. etwa, Alexandra-Isabel Reidel, öAT 2018, S. 74-75.
③ 联邦法律公报,I 2017,第 1679 页,自 2017 年 1 月 1 日起生效。

立法者为无需人工干预之全自动发布纳税评估,奠定了法律基础①。除德国租税通则(AO)外,联邦行政程序法(VwVfG)第35a条与社会法典第10编(SGB X)第31a条规定的议事规则,也引入了发布全自动行政决策的相应规定②。未来行政人员的日常工作会越来越少,并从定量的任务管理转向增加定性的任务管理。公部门的雇员也需要通过资格认证、继续教育与培训,以适应数字化带来的行政管理要求之变化,以保持其就业能力。其实,数字化也不仅仅停留在司法部门与法律行业③,因该领域亦以快速高效的程序处理大众事务。在此,立法者也为所谓的"电子化司法"(E-Justice),创造了必要的法律基础。例如:"司法部门引入电子档案,并进一步促进电子法律交易之法律"(Das Gesetz zur Einführung der elektronischen Akte in der Justiz und zur weiteren Förderung des elektronischen Rechtsverkehrs)④,于2018年1月1日起生效。

(三)行政自动化与公务人员之工作时间与地点问题

可移动设备,使工作时间趋于灵活,亦因此导致新的工作空间之分布。对于员工而言,灵活的工作时间模式,能获得更好的工作与生活平衡。灵活的工作模式,在工作时间与工作地点(包括家庭办公室Home-Office)方面提供多元的变化,让工作具有吸引力。但此种灵活模式,对员工而言,除了广泛的机会外,随之而来亦存在各种风险。数字化在时间与地点方面,提供了广大的自由,很快会使员工不知所措,因工作时间与休闲时间的界限趋于模糊。非典型工作时间与员工可用的空闲时间,可能会产生冲突,并最终导致员工的健康出现问题。此点,现行"公共工作时间法"(öffentlich-rechtliches Arbeitszeitrecht)的法律要求,在实践中常常出现偏差⑤。在劳工界,数字化方面的工作时间法属于极具争论的领域。在灵活的工作模式框架内,雇主也具有优势。例如:当多名员工共享一个工作场所(包括"开放空间"

---

① § 155 IV AO: "(4) Die Finanzbehörden können Steuerfestsetzungen sowie Anrechnungen von Steuerabzugsbeträgen und Vorauszahlungen auf der Grundlage der ihnen vorliegenden Informationen und der Angaben des Steuerpflichtigen ausschließlich automationsgestützt vornehmen, berichtigen, zurücknehmen, widerrufen, aufheben oder ändern, soweit kein Anlass dazu besteht, den Einzelfall durch Amtsträger zu bearbeiten. Das gilt auch 1. für den Erlass, die Berichtigung, die Rücknahme, den Widerruf, die Aufhebung und die Änderung von mit den Steuerfestsetzungen sowie Anrechnungen von Steuerabzugsbeträgen und Vorauszahlungen verbundenen Verwaltungsakten sowie, 2. wenn die Steuerfestsetzungen sowie Anrechnungen von Steuerabzugsbeträgen und Vorauszahlungen mit Nebenbestimmungen nach § 120 versehen oder verbunden werden, soweit dies durch eine Verwaltungsanweisung des Bundesministeriums der Finanzen oder der obersten Landesfinanzbehörden allgemein angeordnet ist. Ein Anlass zur Bearbeitung durch Amtsträger liegt insbesondere vor, soweit der Steuerpflichtige in einem dafür vorgesehenen Abschnitt oder Datenfeld der Steuererklärung Angaben im Sinne des § 150 Absatz 7 gemacht hat. Bei vollständig automationsgestütztem Erlass eines Verwaltungsakts gilt die Willensbildung über seinen Erlass und über seine Bekanntgabe im Zeitpunkt des Abschlusses der maschinellen Verarbeitung als abgeschlossen."
② 《联邦法律公报》,I 2017年第1卷,第1708页。
③ Vgl. Dieter Kesper/Stephan Ory, Fahrplan zur Digitalisierung von Anwaltschaft und Justiz, NJW 2017, 2709 ff.
④ 《联邦法律公报》,I 2017年第1卷,第2208页。
⑤ Vgl. Rüdiger Krause, NZA Supplement 2017, 55. zitiert nach Alexandra-Isabel Reidel, öAT 2018, S. 74.

和"共享办公桌")时,即促成房地产管理中的节省机会。然而,远距离领导员工,却意味着主管与员工间需要付出更大的沟通努力。无限制的工作,并不意味着就无需监控员工的表现与行为。归功于新技术,雇主对雇员的全面控制,现在已经成为可能①。

（四）行政自动化与公务人员之工作方式问题

行政自动化之后,公务人员之工作方式,将产生革命性的变化。不仅过去实行之以笔书写、计算之工作,全部改以计算机的文书系统处理,甚至工作之内容也将以输入基本信息为主。至于其运算与逐笔核算、更正与核定等,将全部交由 AI 自动化系统代劳。因此,过去朝九晚五、准时签到进办公室之情形,将改为于规定时程内完成联机操作即可。所谓"以家为办公室"（Home-Office）之情形②,并非仅于诸如 COVID-19 疫情暴发期间才存在。

八、自动化行政处分之意思决定、表示与通知之问题

（一）自动化行政处分之意思决定问题

以德国联邦行政程序法之规定为例,该国学者布劳恩·宾德即质疑完全自动化之行政处分,是否作为该国行政程序法第 35a 第 1 句规定意义上之"行政处分"③。因其涉及行政机关之公权力措施标准（Kriterium der hoheitlichen Maßnahmen einer Behörde）为何,行为是否归属于行政机关,特别是在"意思之形成"（Willensbildung）的确认上,存在诸多困难。如果处分属于"羁束处分",疑义可能较少,盖于程序设计时,有关之目的性决定操作在人,而该程序软件之采购,亦决定于行政机关。甚者,有关该程序与设施之运作,亦由机关之人员控管,且部分之输入资料,亦由该机关人员所为。

然而,对于诸多自动化行政设施（Automat）,促使该设施作成决定者,系输入指令讯号与数据者,通常为申报人或申请人。因此,自动化行政处分之意思决定,虽理论上说是该部"机器",而其法效果与责任归诸该设置之"机关"。然而,驱动该自动化机器形成处分之意思者,乃程序设计者（如交通号志）、键入申请程序信息之申请者或键入相关决定基础数据之人（公务员、代理人等）。

（二）自动化行政处分之意思表示问题

1. 意思表示之时间点问题

自动作成之行政处分,其意思形成之时间点为何,攸关其可能之"废止"（Widerruf）问

---

① Dazu vgl. etwa, Alexandra-Isabel Reidel, öAT 2018, S. 74-75.
② Dazu vgl. etwa, Alexandra-Isabel Reidel, öAT 2018, S. 75-76.
③ Dazu vgl. etwa, Braun Binder, Vollautomatisierte Verwaltungsverfahren im allgemeinen Verwaltungsverfahrensrecht? NVwZ 2016, S. 964-965.

题①。能否拟制在该处分对外通知之前,其即告成立?

自动化设施所为之意思表示(Willenserklärung),系根据程序设计与输入之信息,交互运算后形成其意思(Willensbildung),并于自动化设施之"屏幕"上显示或自动打印出来,彰显其规制内容(Regelungsinhalt)。因此,自动化设施意思形成之时,亦被"拟制"为于其作成(Erlaß)处分之意思与通知(Bekanntgabe)之前。此对于自动化作成之处分,可能基于嗣后查知之事实,而为"废止"(Widerruf)方面,或可提供其法理依据②,但事实上,我们肉眼上根本无从察觉自动化设施意思之形成、表示与对外通知之先后。

2. 处分机关之表彰问题

我国台湾地区"行政程序法"第九十六条第一项第四款规定:行政处分以书面为之者,应记载下列事项:四、处分机关及其首长署名、盖章,该机关有代理人或受任人者,须同时于其下签名。但以自动机器作成之大量行政处分,得不经署名,以盖章为之。准此,处分机关仅需揭露其名称,而无需盖用机关印信③。

3. 处分机关首长之签名问题

依上述"行政程序法"第九十六条第一项第四款,诸如机车牌照税缴款通知书,得不经署名,以盖章为之④。

4. 处分理由能否省略之问题

我国台湾地区"行政程序法"第九十七条第二款、第三款、第六款规定:"书面之行政处分有下列各款情形之一者,得不记明理由:二、处分相对人或利害关系人无待处分机关之说明已知悉或可知悉作成处分之理由者。三、大量作成之同种类行政处分或以自动机器作成之行政处分依其状况无须说明理由者。……六、依法律规定无须记明理由者。"准此,大量作成之同种类行政处分,系依据规格化之征收程序大量为之,自无需记载处分之理由。但书面行政处分,并非以大量作成之同种类行政处分或以自动机器作成之行政处分,即一概无须记明理由,毋宁系基于"行政经济",依其个别、具体之状况判断,无须说明理由者⑤。

5. 处分内容之解释问题

由于在诸多自动化行政设施(Automat)上促使该设施作成决定者,系输入指令讯号与数据者。因此,自动化行政处分之意思决定,虽理论上说是该部"机器",而其法效与责任归诸该设置之"机关"。然而,驱动该自动化机器形成处分之意思者,乃程序设计者(如交通

---

① Dazu vgl. etwa, Braun Binder, Vollautomatisierte Verwaltungsverfahren im allgemeinen Verwaltungsverfahrensrecht? NVwZ 2016, 960 ff.
② Dazu vgl. etwa, Braun Binder, ebenda.
③ 参见翁岳生、董保城主编:《行政程序法逐条释义》,第96条(詹镇荣执笔),元照出版公司,2023年,第658页。
④ 参见翁岳生、董保城主编:《行政程序法逐条释义》,第96条(詹镇荣执笔),元照出版公司,2023年,第658页。
⑤ 参见翁岳生、董保城主编:《行政程序法逐条释义》,第97条(詹镇荣执笔),元照出版公司,2023年,第677页。

号志)、键入申请程序信息之申请者或键入相关决定基础数据之人(公务员、代理人等)。此时,如处分内容发生疑义,则其解释究竟应以何者为准,应探求何者之真义,即不无疑问。本文认为,原则上应以程序之设计内容为准,而参酌输入之信息(申请内容)。

(三)自动化行政处分之通知问题

我国台湾地区"行政程序法"第一百条规定:"书面之行政处分,应送达相对人及已知之利害关系人;书面以外之行政处分,应以其他适当方法通知或使其知悉。一般处分之送达,得以公告或刊登政府公报或新闻纸代替之。"于自动化行政处分之通知,如其系以打印机打印决定者,则于该决定之书面打印出来时;如果系以电子传输者,则于传输之讯号到达相对人之接收设备时为准①。

(四)自动化行政处分能否补正与转换之问题

行政自动化作成之行政处分,如有瑕疵,其效果为何?是否仅有无效(Nichtigkeit)一途②?是否仅能更正(Berichtigung)、废止(Widerruf)、撤销(Rücknahme)[总称"废弃"(Aufhebung)]③,或者得以补正与转换?如何补正与转换?由该自动化机器为之,或者改采人工为之(manuelle)?

1. 自动化行政处分能否补正之问题

我国台湾地区"行政程序法"第一百一十四条规定:"①违反程序或方式规定之行政处分,除依第一百十一条规定而无效者外,因下列情形而补正:一、须经申请始得作成之行政处分,当事人已于事后提出者。二、必须记明之理由已于事后记明者。三、应给予当事人陈述意见之机会已于事后给予者。四、应参与行政处分作成之委员会已于事后作成决议者。五、应参与行政处分作成之其他机关已于事后参与者。②前项第二款至第五款之补正行为,仅得于诉愿程序终结前为之;得不经诉愿程序者,仅得于向行政法院起诉前为之。③当事人因补正行为致未能于法定期间内声明不服者,其期间之迟误视为不应归责于该当事人之事由,其回复原状期间自该瑕疵补正时起算。"

上述第一项各款规定,依事物之本质④与同法相关规定,应不可能发生于自动化作成之行政处分上。

---

① Vgl. Ralf-Michael Polomski, Der automatisierte Verwaltungsakt – Die Verwaltung an der Schwelle von der Automation zur Informations- und Kommunikationstechnik, SS. 197-200, Duncker & Humblot, Berlin 1993.

② Vgl. Markus Ludwigs/Annika Velling, Vollautomatisierte Verwaltungsakte im deutschen Recht, in: Ludwigs/Muriel Ciceri/Velling (eds.), Digitalization as a challenge for justice and administration, Abhandlungen zum Öffentlichen Recht 1, Würzburg 2023, S. 51.

③ Vgl. Ralf-Michael Polomski, Der automatisierte Verwaltungsakt – Die Verwaltung an der Schwelle von der Automation zur Informations- und Kommunikationstechnik, SS. 193-224, Duncker & Humblot, Berlin 1993.

④ 关于事物之本质的探讨,参见蔡志方:《论事物之本质,作为行政法与科技安全法之基础》,法源法律网 https://www.lawbank.com.tw/treatise/dt_article.aspx? AID=D000024169.

2. 自动化行政处分能否转换之问题

我国台湾地区"行政程序法"第一百一十六条规定:"① 行政机关得将违法行政处分转换为与原处分具有相同实质及程序要件之其他行政处分。但有下列各款情形之一者,不得转换:一、违法行政处分,依第一百十七条但书规定,不得撤销者。二、转换不符作成原行政处分之目的者。三、转换法律效果对当事人更为不利者。② 羁束处分不得转换为裁量处分。③ 行政机关于转换前应给予当事人陈述意见之机会。但有第一百零三条之事由者,不在此限。"

上述规定,除第三项规定外,依事物之本质,应非绝对不可能适用于自动化作成之行政处分。当然,转换仍需由属于人之公务员为之,除非设计"转换"之专用程序,否则,恐难自动为转换。

九、自动化会议之出席人数问题

(一)面对面会议原则

通常政府机构会议之法定人数,应至少一半或一半以上的机构成员出席,并拥有投票权。但所谓"出席",是否必须本人现身"实际出席"?通常"出席"的最高程度,乃是"面对面的会议",可以交换意见与互动,此即"面对面会议原则"(Grundsatz der Präsenzsitzung)。宪法、法律层面,均假定会议通过决议时,代表们应亲自出席。

(二)疫情期间出席人数之减少问题

COVID-19疫情暴发期间,基于防疫要求,必须保持适当之社交距离,在此期间,通常不可能找到足够可供所有合议机构成员出席之空间与场所。但是,许多与会者人数较少的会议,必须依旧举行。即使新冠疫情法规不再规定合议团体的人数上限,但仍维持合议团体所需的最低成员人数,即必须达到法定人数。此外,会议的多数决原则,也必须在较小的合议机构中得到体现。如何克服此种困境,视频会议(Videokonferenz)或音频会议(Audiokonferenz)方式,乃成为不得不考虑之变通模式。

(三)视频、音频会议之可行性

为克服诸如COVID-19疫情暴发所生之此种困境,视频或音频(远距)会议方式,乃成为不得不考虑之变通模式。然而,其容许性如何,对此则有两种不同之看法。

首先,是否绝对不允许的范畴论问题。其核心问题,在于进行实际讨论与决策的视频或音频会议是否被允许,或者在没有明确的法律规定情况下,很大程度上被否认。然而,所谓"在场"(presense;Anwesenheit)一词,不一定绝对仅包括或限于物理元素,亦得在虚拟意义上理解之。"会议"(Meeting or Conference;Sitzung)一词,在术语上,亦可以包括视频会议。反对视频与音频会议可被接受性之另一个论点,乃视频与音频会议,尚无法保证一如面对面会议一样程度的意见交流与互动。对于简单的音频会议，人们应可以同意此点。此外，通过音频会议存在着无法毫无疑问地识别参与者身份之风险。因此，只有在有明确之法律规定下，才可以召开音频会议，并且应仅限于特殊情况。

其次，就视频会议中的功能方法而言，视频会议的情况与音频会议将有所不同。只要它们不能确保与面对面会议同等水平的意见交换和互动，就确实存在令人担忧的问题。然而，技术系统正不断更新与完善，并在"新冠危机期间"的许多领域证明了其价值。又所谓的"公开原则"，不仅可以通过"大厅开放"（Saalöffentlichkeit）来维持，还可以通过"媒体开放"（Medienöffentlichkeit）来实现。其前提是要有足够的控制选项。考虑此等最低度要求，即使无明确之许可，视频会议至少并非绝对不允许[1]。与此同时，越来越多的声音认为在议会层面无需修改宪法与法律，即可允许视频会议[2]。

在相关评价方面，就视频会议而言，德国在三个模式中都承认于某些条件下视频会议可被接受。但与此同时，勃兰登堡邦和莱茵兰-普法尔茨邦的法规对此类程序表示了一定的怀疑。一方面体现在各自的时限上，另一方面体现在对紧急情况的限制上。相比之下，巴登-符腾堡邦的规定更加开放。一方面，不受时间限制。另一方面，它开辟了视频会议的另一个应用领域，可以在简单的对象上进行，而无需额外的理由；对于其他（即不简单的）对象，批准之严重理由比勃兰登堡邦和莱茵兰-普法尔茨邦更为广泛。对莱茵兰-普法尔茨邦模式之另一项反对意见，乃是它没有对技术手段与有效的公众参与提出任何具体的定性要求。

---

[1] 关于采取视频会议是否需要规范及其可能性问题，学者认为有必要。此不仅适用于音频会议，且也适用于视频会议。与此同时，某些最低要求可以标准化，亦可以确保与面对面会议一样的质量平等。在基本模型方面，有三种基本模型：1.特殊监管模式（Sonderregelungdmodell）（勃兰登堡模式）。勃兰登堡邦于 2020 年 4 月 15 日通过《勃兰登堡市紧急状态法》（BbgKomNotG）。根据该法律第 3 条，该法仅在 2021 年 6 月 29 日之前有效，其第 1 条规定，由于新冠大流行，确定了全邦范围内的特殊紧急情况。《勃兰登堡市紧急状态法》第 2 条，授权内政与市政事务部部长制定偏离勃兰登堡市宪法的法令。根据该授权，《勃兰登堡邦紧急情况条例》（BbgKomNotV）于 2020 年 4 月 17 日颁布。该条例第 4~7 条规定，在一定条件下，可以用视频和音频会议，取代面对面会议。BbgKomNotV 第 4 条第 I 项第 2 句规定了音频会议对视频会议的从属关系。视频会话的最低要求规定在《勃兰登堡邦紧急情况条例》第 6 条第 2 句，仅当所有与会者都可以在会议期间通过视频和音频传输连续、同时参与时才被允许。2.实质资格模式（Materielles Qualifikationsmodell）（巴登-符腾堡模式）。2020 年 4 月 7 日的巴登-符腾堡法律将新的第 37a 条纳入该邦市政法规。法律在 2020 年 12 月 31 日之前禁止视频会议和类似程序，但可以通过主要法规的相应批准。"图像和声音"传输的要求，包括对视频会议的限制，同时抑制音频会议。此外，《根据巴登-符腾堡邦地方自治法》（BWGemO）第 37a 条第 1 项第 2 句，视频会议还限于简单性质的对象和其他对象，其前提是存在严肃的原因。《地方自治法》第 37a 条第 I 项第 3 句中列出了"特别"严重的原因作为例示，例如，包括自然灾害或预防流行病等原因。视频会议的实质最低要求，规定于《巴登-符腾堡邦地方自治法》第 37a 条第 1 项第 1 句、第 2 半句。据此，必须使用适当的技术手段同时传输图像和声音。《莱茵兰-普法尔兹邦地方自治法》（RhPfGemO）第 35 条第 III 项第 1 句的规定，与巴登-符腾堡邦的法规一样，基于实质标准：根据此一标准，或者必须存在自然灾害，或者必须存在其他特殊紧急情况。然而，与巴登-符腾堡邦和勃兰登堡邦不同，其对视频会议没有质量要求。相反地，根据 RhPfGemO 第 35 条第 III 项第 1 句的规定，只需要三分之二的会议成员同意。此外，根据 RhPfGemO 第 35 条第 III 项第 1 句规定，主管监管机构必须同意特殊情况的确定。Vgl. Thorsten Siegel, Digitalisierung des Verwaltungsverfahrens in Berlin, LKV 2020, S. 535-537.

[2] Vgl. auch Thorsten Siegel, Digitalisierung des Verwaltungsverfahrens in Berlin, LKV 2020, S. 535.

然而，对于确保视频会议在功能上与面对面会议相同是必要的，此类规定在勃兰登堡邦已有相关规定。但是，由于它们只包含在法律、条例中，是否仍然符合规范等级原则，似乎值得怀疑。因此，就视频会议而言，学者认为巴登-符腾堡邦模式，总体上似乎更为可取。

就音频会议而言，三种模式对音频会议的不同态度特别值得注意。虽然在巴登-符腾堡邦，通常被认为不被允许，莱茵兰-普法尔茨邦立法机构却将它们与视频会议置于平等地位。然而，反对等同对待者，认为在音频会议中，与视频会议相比，识别参与者至少要困难得多，音频会议比视频会议更偏离面对面会议的理想形象。因此，音频会议应仅限于紧急情况，并且只有在技术上无法进行视频会议的情况下，才例外被允许使用。

十、行政自动化设施故障与自动化行政处分意思错误之问题

（一）行政自动化设施故障问题

以 AI 人工智能（智慧）进行之行政自动化设施，难免会发生故障，而导致相关自动化服务停摆或迟延，影响人民之权益。此时涉及"保护规范说"（Schutznormtheorie）中违反保护他人之义务，致生损害赔偿之国家责任（Staatshaftung）问题，而非单纯属于诸如我国台湾地区"诉愿法"第二条第一项与"行政诉讼法"第五条第一项规定之"拒绝申请之处分"的不作为（Unterlassung）。因此，由 AI 引发之适当救济方法，应该不是"课予作成行政处分义务之诉"（Verpflichtigungsklage auf Erlaß von Verwaltungsakt），而是一般给付之诉（allgemeine Leistungsklage）。因为在该自动化设施修复之前，诉请"立即"作成申请之处分，根本不可行，因欠缺保护之利益（Klageinteresse）。

（二）自动化行政处分意思错误问题

以 AI 人工智能（智慧）进行之行政自动化设施，其意思之形成（Willensbildung）与所为之意思表示（Willenserklärung）如有错误，则应如何处理，涉及该错误意思形成（Bildung）必然表现于其表示（Erklärung）外，关键性之问题厥为导致该处分意思错误之原因，究竟是程序设计有问题，还是硬件故障所致，甚至是申请人输入之信息错误或者操作方法有误，因而必须分别而论。然而无论如何，自动化行政处分错误，必然导致该处分因有瑕疵（fehlerhaft）而应予以撤销的问题，亦即仅能诉诸"首要权利保护"（Primärrechtsschutz）。至于引发之"次要权利保护"（Sekundärrechtsschutz）之责任追究问题，则应诉诸"引发者"或"肇因者"为谁而论。

（三）人工变更与添加之可否问题

以 AI 人工智能（智慧）进行之完全行政自动化设施，其所为之决定，是否允许嗣后由人工予以变更（包括废止、撤销）或添加原来所无之表示（例如添加附款等）？德国联邦行政程序法第 35a 条以法律明文规定具有裁量（Ermessen）或判断余地（Beurteilungsspielraum）之

行政事项,不得以全自动化处分为之①。但是,根据我国台湾地区"行政程序法"第九十三条第一项后段但书规定,无裁量权者,以法律有明文规定或为确保行政处分法定要件之履行而以该要件为附款内容者,亦得为同条第二项所规定之各种附款(包括:期限、条件、负担、保留行政处分之废止权、保留负担之事后附加或变更)。因此,人工之嗣后添加附款,应非绝对被排除。但是,既然实行自动化之处分,则其附款如系根据裁量之行使而来,则自应受限制。此亦为德国联邦行政程序法之规定所持之理由。

十一、行政自动化之行政救济问题

行政自动化,尤其是"完全之行政自动化"之后,关于行政救济的问题,亦受到学者之关注②,尤其是 AI 算法之客观化(Objektivität)、可信赖性(Reliability)与有效性(Validität),特别受关注③。然而,行政法院对于 AI 算法之事前控制(Ex-ante-Kontrolle),并非适当,宜由专业委员会为之。即使是行政法院的嗣后控制(Ex-post-Kontrolle),将 AI "算法"当作规范具体化之行政规则(Normkonkretisierende Verwaltungsvorschriften),而进行规范审查(Normenkontrolle),学者亦认为,基于专业与权力分立原则,亦宜委专家团体(Fachgremien)为之④。以下再就相关问题探究、分析之。

(一)行政自动化决定何人负责之问题

当由行政自动化设施作成之处分违法、不当或错误,迟延或拒绝作成申请之处分,甚至有如"吃角子老虎"一般⑤,就需要缴纳规费,始能输入数据申请之事项,收了费却不做事、甚至人民操作自动化机器时,受到了皮肉的伤害,或者因操作程序之复杂要求而屡屡失败,致身心严重受挫,引起各种损害,则应由谁负责?

1. 行政自动化设施之设置机关

针对上述情形,如因自动化设施作成之行政处分有瑕疵,根据德国行政法学开山鼻祖

---

① Dazu, vgl. Jan Ziekow, Das Verwaltungsverfahrenrecht in der Digitalisierung der Verwaltung, NVwZ 2018, S. 1170-1171.
② 参见蔡志方:《行政自动化所衍生的法律问题》,载蔡志方《行政救济与行政法学(三)》,正典出版社2004年版,第462-468页; Markus Ludwigs/Annika Velling, Vollautomatisierte Verwaltungsakte im deutschen Recht, in: Ludwigs/Muriel Ciceri/Velling (eds.), Digitalization as a challenge for justice and administration, Abhandlungen zum Öffentlichen Recht 1, Würzburg 2023, S. 49-50; Ralf-Michael Polomski, Der automatisierte Verwaltungsakt – Die Verwaltung an der Schwelle von der Automation zur Informations- und Kommunikationstechnik, SS. 227-239, Duncker & Humblot, Berlin 1993.
③ Siehe, Niklas Pulte, Vollautomatisierung von Verwaltungsverfahren. Einsatzmöglichkeit, rechtliche Anforderungen und Gestaltungsleitlinien, S. 36, GRIN Verlag 2020.
④ Vgl. Niklas Pulte, Vollautomatisierung von Verwaltungsverfahren. Einsatzmöglichkeit, rechtliche Anforderungen und Gestaltungsleitlinien, SS. 37-38, GRIN Verlag 2020.
⑤ 俗语"吃角子老虎",指的是一种老虎机,即一种常见的赌博机器。这个词汇源自日语,描述了老虎机吃掉玩家投入的钱币(角子),因此,被形象地称为"吃角子老虎"。这种机器通常在赌场或游乐场中见到,玩家投入硬币或代币后,拉动操纵杆或按下按钮,试图通过转动的图案组合来赢得奖品或更多的硬币。由于老虎机的操纵简单且充满随机性,所以它们非常受欢迎,但也因为它们可能让玩家迅速输钱,所以被称为"吃角子老虎"。

奥托·麦耶的教义，行政处分为行政法的"中心概念"（Zentralbegriff），并被定义为"属于行政之官方宣示，在个案中，确定对属民而言，何者为正确者"（Ein der Verwaltung zugehöriger obrigkeitlicher Ausspruch, der dem Unterthanen gegenüber im Einzelfall bestimmt, was für ihn Rechtens sein soll）[①]；而我国台湾地区"行政程序法"第九十二条第一项规定："本法所称行政处分，系指行政机关就公法上具体事件所为之决定或其他公权力措施而对外直接发生法律效果之单方行政行为。"其中所谓之"官方"与"行政机关"为谁？应如何认定？应采"效果归属说"（Zurechnungstheorie）[②]，还是"名义表彰说"或"显名主义"（Norminaltheorie）[③]？

如单独就我国台湾地区"行政程序法"第九十二条第一项规定观之，应可能包括"效果归属说"与"名义表彰说"或"显名主义"。但如依据同法第九十六条第一项第四款规定，"（行政处分以书面为之者，应记载下列事项：）四、处分机关及其首长署名、盖章，该机关有代理人或受任人者，须同时于其下签名。但以自动机器作成之大量行政处分，得不经署名，以盖章为之"，则以自动化作成之行政处分，通常属于"书面"（亦即以文字记载）（Schriftlichkeit），应仅限于采"名义表彰说"或"显名主义"。此于诉愿与行政诉讼等程序，均一体适用。

至于"次要权利保护"（Sekundärrechtsschutz）之损害赔偿义务人，我国台湾地区所谓"国家赔偿法"第九条规定："1. 依第二条第二项请求损害赔偿者，以该公务员所属机关为赔偿义务机关。2. 依第三条第一项请求损害赔偿者，以该公共设施之设置或管理机关为赔偿义务机关；依第三条第二项请求损害赔偿者，以委托机关为赔偿义务机关。3. 前二项赔偿义务机关经裁撤或改组者，以承受其业务之机关为赔偿义务机关。无承受其业务之机关者，以其上级机关为赔偿义务机关。4. 不能依前三项确定赔偿义务机关，或于赔偿义务机关有争议时，得请求其上级机关确定之。其上级机关自被请求之日起逾二十日不为确定者，得径以该上级机关为赔偿义务机关。"准此，当前的自动化行政设施，通常可以依其摆放之地点或相关产出之决定，而不难确定其名义机关与法效果归属机关。

2. 行政自动化程序之设计者

自动化行政设施中，其决定之内容或意思，软件程序具有关键性之地位。但能否因此即将行政自动化程序之设计者当作"次要权利保护"之损害赔偿义务人，恐不无疑问。根据我国台湾地区所谓"国家赔偿法"第九条第二项前段规定："依第三条第一项请求损害赔偿者，以该公共设施之设置或管理机关为赔偿义务机关。"其中所谓"设置机关"，能否理解为行政自动化程序之设计者，恐仍有疑问。盖当前之行政自动化程序设计，常常委由专业程序设计

[①] Siehe, Otto Mayer, Deutsches Verwaltungsrecht, Bd. I, S. 95, Duncker & Humblot, Leipzig 1895.

[②] Dazu, vgl. Ralf-Michael Polomski, Der automatisierte Verwaltungsakt – Die Verwaltung an der Schwelle von der Automation zur Informations- und Kommunikationstechnik, SS. 88 ff. Duncker & Humblot, Berlin 1993.

[③] 我国台湾地区"诉愿法"第十三条与"行政程序法"第九十六条第一项第四款规定，即采取处分机关"显名主义"。

师为之，而其身份又多属私人，能否将行政自动化程序之设计，解释为"同法"第四条或"行政程序法"第十六条规定之"公权力受托人"（Beliehne）[①]，以采否定说为宜。

3. 行政自动化硬件之制造、安装与维修者

行政自动化除驱动之程序软件之外，相关之硬件，亦属不可或缺。如果行政自动化决定或措施之瑕疵，系起因于相关硬件问题，则相关担责任之主体，能否归诸其制造、安装与维修者，亦不无疑问。

以"首要权利保护"（Primärrechtsschutz）事项言之，根据当前我国台湾地区"诉愿法"与"行政诉讼法"的相关规定，应以采取"否定说"为宜。但是，就"次要权利保护"之损害赔偿义务人而言，我国台湾地区所谓"国家赔偿法"第九条第二项前段规定："依第三条第一项请求损害赔偿者，以该公共设施之设置或管理机关为赔偿义务机关。"其中"设置或管理机关"，是否及于行政自动化硬件之制造、安装与维修者，抑或仅能诉诸产品制造人责任，甚至是根据所谓"政府采购法"相关责任规定处理，则不无疑问。由于"同法"第三条第五项已明文规定："第一项、第二项及前项情形，就损害原因有应负责任之人时，赔偿义务机关对之有求偿权。"

因此，综合上述规定观之，如果行政自动化决定或措施之瑕疵，即使系起因于相关硬件之问题，无论是"首要权利保护"或"次要权利保护"，其应负责任之主体，仍应归于该公共设施之设置或管理机关。至于其制造、安装与维修者仅负担损害赔偿之被求偿责任。

（二）行政救济之期间问题

由行政自动化设施作成之处分违法（不当）、迟延或拒绝作成处分，甚至有如"吃角子老虎"——收费却不做事，或者人民操作时受到皮肉伤害，则引起之争讼，其救济期间如何计算，自有探讨之余地。我国台湾地区"诉愿法"第十四条、"行政诉讼法"第一百零六条及所谓"国家赔偿法"第八条等规定如何适用？

台湾地区"诉愿法"第十四条第一项与第二项分别规定："1. 诉愿之提起，应自行政处分达到或公告期满之次日起三十日内为之。2. 利害关系人提起诉愿者，前项期间自知悉时起算。但自行政处分达到或公告期满后，已逾三年者，不得提起。"就自动化作成之行政处分言，通常无须再经其他机关核定。因此，处分相对人（Adressaten des Verwaltungsaktes）于取得该自动产出之产品（out-put production of the automatic）当下，即属于行政处分达到之日。

台湾地区"行政诉讼法"第一百零六条规定："1. 第四条及第五条诉讼之提起，除本法

[①] 关于"行政程序法"上之"公权力受托人"（Beliehne）与"公权力委托"（Beleihung）之概念与问题，参见蔡志方：《论公权力之授与、委托及其行政救济》，《植根杂志》第8卷第12期，第1-20页；《论公权力之委托及其救济》，《法学丛刊》第38卷第3期，第49-62页。

别有规定外,应于诉愿决定书送达后二个月之不变期间内为之。但诉愿人以外之利害关系人知悉在后者,自知悉时起算。2. 第四条及第五条之诉讼,自诉愿决定书送达后,已逾三年者,不得提起。3. 不经诉愿程序即得提起第四条或第五条第二项之诉讼者,应于行政处分达到或公告后二个月之不变期间内为之。4. 不经诉愿程序即得提起第五条第一项之诉讼者,于应作为期间届满后,始得为之。但于期间届满后,已逾三年者,不得提起。"本条规定,唯有于自动化作成之行政处分有诉愿程序之适用时,方有适用之余地。

我国台湾地区所谓"国家赔偿法"第八条规定:"1. 赔偿请求权,自请求权人知有损害时起,因二年间不行使而消灭;自损害发生时起,逾五年者亦同。2. 第二条第三项、第三条第五项及第四条第二项之求偿权,自支付赔偿金或回复原状之日起,因二年间不行使而消灭。"通常属于自动化作成之行政处分,是否构成"国家赔偿"之损害,应于该自动产出之产品(out-put production of the automatic)出现或交付予有关之人时起算。至于如果因持该自动产出之产品,据以请求一定之给付被拒,始知该自动产出之产品有瑕疵,则自被拒绝时起算。

(三)行政救济之管辖问题

如果由行政自动化设施作成之处分违法(不当)、迟延或拒绝作成处分,甚至有如"吃角子老虎"——收费却不做事,甚至人民操作时受到皮肉伤害,则引起之争讼,其管辖权机关谁属,自有探讨的余地。

首先,如果我们只承认行政自动化设施(机器人)仍然只是设置或使用机关之辅助工具,则其所为之行为,不管是半自动或者是全自动化的,仍然只是该机关的行为,则引发之行政争讼,仍应适用当前以有关机关为诉愿之对造(原处分机关)与行政诉讼或"国家赔偿"之被告的法则,自无多大问题。

其次,如果我们承认行政自动化设施(机器人)具有特殊之法律人格,则因其行为或不作为结果所引发之争讼,有关之管辖如基于"以原就被原则",则行政自动化设施(机器人)有无住所或公务所,或者是否应以其被设置或摆设之地点为据以判定管辖机关之依据,自不无疑义。本文以为,应以其被设置或摆设之地点为据以判定管辖机关之依据,以方便调查或进行勘验,较为妥当。

(四)行政救济程序准据法能否完全适用之问题

德国学者认为,行政自动化作成之处分,其权利救济问题,亦适用一般规则。换言之,当自动化行政处分亦适用该国行政程序法时,其行政救济当然亦必须适用该国行政法院法

（VwGO）之相关规定①。准此，在我国台湾地区之行政救济制度上，对于因行政自动化措施而发生之瑕疵，基本上亦有所谓的"诉愿法""行政诉讼法""国家赔偿法"之适用。

如前所述，因行政自动化设施与制度之本质使然，我国台湾地区"诉愿法""行政诉讼法""国家赔偿法"之所有规定，并非可以全然适用，而必须根据其性质与情状之差异，为必要之调整与"准用"（Mutatis mutandis），而并非当然适用、全然适用，必须有所取舍与调适。具体而言，程序当事人（被告）与应参加言词辩论或陈述意见者，当然不是该自动化设施（机器人），即使将该自动化设施（机器人）拟制为具人格化之人或者承认其特殊之"机器人人格"②，则其是否有的"诉愿法"第五十八条第二项、第三项之适用③？是否适合直接上法庭或诉愿会备询或进行言词辩论？是否应由作成处分之该特定机器人（设施）自行出庭？或得容许同类机器人（设施），甚至是自然人（公务员）或律师代理？委任契约是否亦应由该作成处分之机器人（设施）签名？如果诉愿之结果，被认定该作成处分之机器人（设施）行为违法，则有无现行"诉愿法"第一百条规定之适用？该作成处分之机器人（设施），应受何种责罚？其准据法为何？

又如果因行政自动化设施造成"国家赔偿"，则除有该法第三条之适用外④，有无"同法"第二条规定之适用⑤，自不无疑问。如果我们承认全自动化行政设施（机器人）之特殊法人格，则其结果又将如何？此一问题，仍有待于进一步深入探讨。

（五）首要权利保护与次要权利保护之问题

所谓的"首要权利保护"（Primärrechtsschutz）（一般公法学者称之为"第一次权利保护"），系指撤销或除去违法或不当之行政处分效力，以避免后续造成实害；而所谓的"次要权利保护"（Sekundärrechtsschutz）（公法学者一般称之为"第二次权利保护"），系指对于已经

---

① Vgl. Markus Ludwigs/Annika Velling, Vollautomatisierte Verwaltungsakte im deutschen Recht, in: Ludwigs/Muriel Ciceri/Velling (eds.), Digitalization as a challenge for justice and administration, Abhandlungen zum Öffentlichen Recht 1, Würzburg 2023, S. 52.

② 相关探讨，详参见蔡达智：《机器人法律地位及其应有规范取向》，载《兴大法学》，第25期，第1-41页。

③ 我国台湾地区《诉愿法》第五十八条规定："1.诉愿人应缮具诉愿书经由原行政处分机关向诉愿管辖机关提起诉愿。2.原行政处分机关对于前项诉愿应先行重新审查原处分是否合法妥当，其认为诉愿为有理由者，得自行撤销或变更原行政处分，并陈报诉愿管辖机关。3.原行政处分机关不依诉愿人之请求撤销或变更原行政处分者，应尽速附具答辩书，并将必要之关系文件，送于诉愿管辖机关。4.原行政处分机关检卷答辩时，应将前项答辩书抄送诉愿人。"

④ 我国台湾地区所谓"国家赔偿法"第三条第一、二、五项规定："1.公共设施因设置或管理有欠缺，致人民生命、身体、人身自由或财产受损害者，'国家'应负损害赔偿责任。2.前项设施委托民间团体或个人管理时，因管理欠缺致人民生命、身体、人身自由或财产受损害者，'国家'应负损害赔偿责任。5.第一项、第二项及前项情形，就损害原因有应负责任之人时，赔偿义务机关对之有求偿权。"

⑤ 我国台湾地区所谓"国家赔偿法"第二条规定："1.本法所称公务员者，谓依法令从事于公务之人员。2.公务员于执行职务行使公权力时，因故意或过失不法侵害人民自由或权利者，'国家'应负损害赔偿责任。公务员怠于执行职务，致人民自由或权利遭受损害者亦同。3.前项情形，公务员有故意或重大过失时，赔偿义务机关对之有求偿权。"

造成实害,而无法除去之违法公权力行为结果,给予受害者填补损害之制度①。在行政自动化领域,所谓的"首要权利保护优先于次要权利保护原则",究竟有否适用?其可能之适用关系为何?②

自动化作成之行政处分,既然亦属于行政处分,则当其罹有违法或不当之瑕疵时,自亦应提供人民权利救济之机会。基于"防免实害之发生,优于实害之填补"原则,避免发生有害国家财力与经济,养成人民滥用权利、耽溺于"要拿钱,不服药"的扭曲心态(distorted mind),自应适用"首要权利保护优先于次要权利保护原则"。不过,德国学者认为,当行政自动化作成之处分适用法律违法时,是否涉及"次要权利保护"(sekundärer Rechtsschutz)时,并非直接诉诸公务员责任请求权(Ansprüchen aus Amtshaftung),而是考察其是否有违反保护第三人之义务(Verletzung einer drittschützenden Amtspflicht)。例如:因相关信息未正确操作,导致程序延误(Verzögerung),而造成处分相对人受损害之原因。此时,官方决定之可非难性(Vorwerfbarkeit),乃在于未以适当之行政程序操控机器之运作,而拒绝排除该项错误所致③。因此,在该国国家赔偿法上,违反该国行政程序法之违法的完全自动化,并不当然构成违反第三人保护之国家赔偿责任,而唯有诸如违法的程序迟延,导致不作为义务之违反,才会构成④。

十二、防范不听使唤的 AI

(一)当 AI 不听使唤时,如何因应?

即使由父母亲所生的子女,也有辜负父母、背弃父母的情形发生!那由人类所创造的 AI,谁能保证它们不会集体背叛创造它们的人类?尤其是"生成式"的 AI("Generative" AI;"Generative" KI),具有自我深入学习与创造的能力,具有生成下一代 AI 的能力。如此的 AI,一旦具有如同人类的独立个性,即难保不会各自或集体脱离原先创造者与制造者输入的程序、指令,有如暴冲的大马力汽车般!上述之担忧仅属于"杞人忧天"?但是野心家制造与利用 AI 或侵入他人制造之 AI,以肆虐其野心,则应不再是"杞人忧天",而是"司空见惯"的事了!以计算机病毒瘫痪计算机正常运作、黑客入侵窃取或窜改数据及程序等等情况,于

---

① 关于此等概念之正确使用,参见蔡志方:《论"首要权利保护不优先原则"》,第6-8页,法源法律网(https://www.lawbank.com.tw/treatise/dt_article.aspx?AID=D000024168)。

② 至于我国台湾地区法制上,是否真正采取此一原则之探讨,参见蔡志方:《论"首要权利保护不优先原则"》,第11-23页,法源法律网(https://www.lawbank.com.tw/treatise/dt_article.aspx?AID=D000024168)。

③ Vgl. Markus Ludwigs/Annika Velling, Vollautomatisierte Verwaltungsakte im deutschen Recht, in: Ludwigs/Muriel Ciceri/Velling (eds.), Digitalization as a challenge for justice and administration, Abhandlungen zum Öffentlichen Recht 1, Würzburg 2023, S. 53.

④ Vgl. U. Stelken, VwVfG § 35a Vollständig automatisierter Erlaß eines Verwaltungsaktes, in: Stelken/Bonk/Sachs, Verwaltungsverfahrensgesetz, Rn. 56, 10. Auflage 2023.

AI 世界亦属不远矣!

基于"无远虑必有近忧"的基本思维,人类于创造 AI、利用 AI,以享受 AI 便利之余,恐怕也不能不预为防范 AI"不听使唤"时之"因应之道"。有无完全防范之方法?如果没有,则一旦发现 AI 运作异常,是否仅是让其中断运作(例如关机)?如果连中断其工作(例如切断其电源)也属无效时(如同计算机无法关机),则有无其他更为迫不得已之方式?凡此,于广泛利用 AI 之前,恐怕不能不也一并未雨绸缪!

(二)AI 有无可能成为造反的军团?

AI 既然能够与人类沟通与互动,自然也能够与其他 AI 沟通与互动,而形成互联网。当其依照人类设计之目的与程序、指令工作时,能发挥其"不疲劳""不喊累""不休息""不罢工"的最佳状态,成为人类最得力与最听话的"另类劳工"。然而,正因为 AI 具有无"民族"与"国籍"之限制,它们的运作领域并无独立的"藩篱",而是无国界的"互联网",则它们既无"语言沟通上之隔阂",又不为"民族"与"国家"的"忠诚情愫"所左右,它们会不会"沆瀣一气""集体造反",成为造反的"机器兵团"?尤其,当它们能够自行产生能源与武器时,人类是否将束手无策?此种担忧或许于短期间内仍属"杞人忧天",但是,以后恐怕并无任何一个人能精确论断!因此,谁能完全掌控 AI,谁就能完全掌握政权?!

(三)AI 有无可能成为行政自动化的最大隐忧?

姑且不论 AI 是否会"造反",成为造反的"机器兵团"。但是,AI 一旦被广泛利用于行政自动化,则其"有时不听使唤",或者被有心人利用以遂其私欲,则非属不能想象与绝对不可能发生之事。因此,AI 恐怕会成为行政自动化最大的隐忧,较诸本文所论之行政自动化的任何一个前提有所欠缺时的情形,恐怕更为严重,人类不得不一并注意并深思也。

十三、结论

国家虽然不必盲目追随新数字世界的每一种趋势,然而,如无良好的公共管理,则行政指挥系统,就有被数字创新的浪潮淹没,而失去对社会现实控制监管权之危险。行政管理,是国家的"人性化面孔","人"是行动的焦点与目的,数字化是为"人"而存在,而非人为数字化而存在(Die Digitalisierung ist um des Bürgers willen da, und nicht umkehr)。国家在数字化的努力中,有保护其公民的任务。特别是必须保护敏感数据免受网络上黑客的攻击,并确保国家基础设施始终保持正常运行。个人权利方面,特别是信息自决权亦必须受到保护;公民在政府机构收集和存储个人数据方面,不得变得过分透明。只要数据有用,国家所收集的"数据宝藏",也必须得到充分的保护,以防止第三方未经授权,即可进行查访。

科技的进步,虽是自然科学竞逐之当然结果,但科技产品的应用也必然会改变现实的世界,并衍生前所未有的问题,当然包括法律问题在内。科技本身向来"无罪",是否"有罪"则在于基于何种动机去利用与驱使它。AI与数字化的发展,触动了工业的自动化与行政自动化的可能性,并衍生新的问题,其中有好有坏,对于不同的人可能产生不同的结果,亦因之而产生法律争议及人文与科技间不同价值的冲突。本文的探究,就是在此种认知与无奈下,参酌不同法制与学说,提出个人浅见,愿有助于拟进行全面行政自动化学者的参考。

政府数据开放中个人数据信托制度的构建*

尹少成　路禹臻**

摘　要：政府数据开放是数字政务建设的关键组成部分。"赋权"范式下的个人信息保护无法回应个人与行政机关的权利（力）差异，对此，需向对行政机关苛加义务为核心的行为模式转变，确保责任承担的完整性。构建以数据收集者（行政机关）为受托人、数据源主体（自然人）为委托人、首席数据官为独立信托监管机构的三方数据信托模式乃可行之道。具体地说，应当制定《网络数据安全管理条例》等相关规范，明确数据权利的财产属性，并在国家数据局统管的基础之上，划定首席数据官的组织架构。同时，也需扩大信托利益类型，革新传统信义义务内容与救济途径。由此，实现对政府数据开放中个人数据信托制度的妥善构建，保障我国数字政府建设平稳推进。

关键词：数字政府　政府数据开放　数据信托　双重所有权　首席数据官

数字经济通过调节生产效率和调整经济结构，促进国家或地区高质量发展，实现了数据向生产要素的转型。2021年，我国"十四五"规划中设置"提高数字政府建设水平"一章，明确指出应建立健全国家公共数据资源体系，强化公共数据开放共享，在确保数据安全的前提下深入挖掘数据价值。而后于2023年公布的《数字中国建设整体布局规划》中也提出应发展高效协同的数字政务，探索创新相应的规章制度。目前，政府数据开放作为数字政务建设的重要组成部分，截至2023年8月，我国已有226个省级与市级地方政府上线了政府数

---

* 基金项目：首都经济贸易大学学术新人计划项目"政府数据开放中个人数据信托机制的构建"（项目号：2024XSXR15）。

** 作者简介：尹少成，首都经济贸易大学法学院副院长、教授、博士生导师；路禹臻，首都经济贸易大学法学院博士研究生。

据开放平台,相应的政府数据开放工作进展如火如荼①。然而,数据开放与个人数据安全保护之间存在的冲突性也愈发显著②。政府数据开放中的个人数据保护在促进数字治理及行政法治发展等方面大有裨益,在肯定其多元价值的同时,亦需认识到目前这种保护仍有不足。主要表现为个人数据保护沿用的"赋权"范式③与政府数据开放目的间存在实质性牴牾,导致出现"知情—同意"规则效用发挥不佳、民众对政府信任度仍有待提高等现实窘境。这些矛盾在主体地位本就不平等的政府数据开放中更为凸显,不容忽视。

为应对数据流通中可能出现的风险,破除数据要素市场化流动壁垒,促进重视个人信息权益保护和数据要素价值潜力释放的有机结合,我国颁布《中共中央 国务院关于构建数据基础制度更好发挥数据要素作用的意见》(共二十条,以下简称"数据二十条"),对数据基础制度构建作出顶层设计。其中,第六条要求,建立健全个人信息数据确权授权机制,指出探索由受托者代表个人利益,监督主体采集、加工、使用个人数据的数据信托制度,为使用信托工具有效提升当前数据收集、利用、保护水平,更好赋能数字经济和数字治理提供了政策依据与指引。而反观当前我国的数据信托研究仍停留在学界讨论层面,多旨在规避民事主体侵害个人数据安全的行为,鲜有研究聚焦于政府及其部门④。与之相对,域外部分国家或地区已在实践层面展开应用。实际上,囿于当前政府数据开放平台及相关制度规范尚未完善,个人数据的"去匿名化"与储存风险等仍然存在,需要对政府及其部门的数据处理等行为进行约束,妥善化解数据流通利用与数据保护之间的现实冲突。在政府数据开放中探索构建约束"监管者"的数据信托制度极为重要。因此,本文拟以我国政府数据开放为背景,立足我国国情并参考域外数据信托实践,试图勾勒出个人数据信托制度的基本框架及实践进路,助推个人数据安全保护与数据开放利用工作渐臻完善。

一、政府数据开放中个人数据信托的选定

作为被《麻省理工科技评论》列入 2020 年"全球十大突破性技术"中的一项成熟制

---

① 复旦大学数字与移动治理实验室:《中国地方公共数据开放利用报告——省域(2023年度)》,http://ifopendata.fudan.edu.cn/report,最后访问日期:2023年12月20日。
② 政府是个人数据最大的拥有者,也是个人数据的主要采集者,如个人户籍数据、住宿登记数据等,这些个人数据的价值需要通过聚合得以凸显,单一数据的价值不高且难以量化。同时,这类数据具有较强的私人性,权属配置比较清晰。在政府数据开放中,表现为这类数据的集合,其仍属于个人数据范畴,并未转化为公共数据,本文即聚焦于此类个人数据。参见夏义堃:《数字环境下公共数据的内涵、边界与划分原则分析》,载《中国图书馆学报》2024年第2期。
③ "赋权"范式是指赋予个人对其个人信息的控制权,并以"赋权"为方法论在个人信息保护领域进行一系列精细化研究,"知情—同意"规则就是其中之一。参见麻昌华、唐鑫:《从"赋权"到"协同共进":个人信息保护研究范式的转换》,载《财经理论与实践》2022年第3期。
④ 相关研究参见贺小石:《数据信托:个人网络行为信息保护的新方案》,载《探索与争鸣》2022年第12期;叶嘉敏:《个人信息收集视域下数据信托解释论研究》,载《内蒙古社会科学》2022年第2期。

度①,数据信托不仅在理论层面讨论较多,在英国、美国、加拿大等国家也已得到现实应用。同时,我国《数据信托发展白皮书》②的公布及首个个人数据信托案例③的出现,促使政府数据开放中个人数据信托的引入成为必要,这在理论层面亦有迹可循。

政府数据开放中个人数据信托的引入能够回避对个人数据权属的讨论,进而规避"赋权"范式将对政府数据开放产生的不利影响。目前,我国个人数据保护多沿用"赋权"范式,强调赋予个人以数据权利,"知情—同意"规则便由此产生。然而,该模式在政府数据开放框架下的个人数据保护中力有不逮,无法有效应对现实矛盾。过于强调政府数据开放中个人数据的权属界定,将导致"数据应开放而无法开放",难以实现从数据开放到价值创造的演进,阻碍政府数据开放进程。同时,个人与行政机关存在的天然差异也导致在政府数据开放中,"知情—同意"规则等无法有效适用,个人数据权利亦无法得到保障。对此,有学者指出可利用区块链技术不可篡改、全程透明可追溯等特性,将其应用于政府数据开放中,革除现有模式痼疾④。而对链上数据能否长期保持完整、智能合约是否存在技术漏洞的怀疑纷至沓来。实际上这种方式只是通过技术手段促进个人数据所有权或产权界定趋于清晰,并未实质性脱离权属界定的羁绊。与此类传统观点不同,个人数据信托并不强调对个人数据所有权或产权的讨论,而是关注个人在政府数据开放中对其数据的实际控制能力,通过对传统信托法律关系的借鉴,将其应用于数据治理中。一方面,赋予行政机关更为严格的信义义务,以此化解"赋权"范式与政府数据开放之间的冲突,促使政府数据开放中个人与行政机关之间的能力差异趋于平衡;另一方面,创新性地引入第三方监督机构对个人数据信托制度全流程施以约束,也是防范政府数据开放中公权力扩张的有效手段。可以说,将个人数据信托制度引入政府数据开放兼备实践与理论层面的必要性。有鉴于此,下文将对个人数据信托展开深入剖析,分析其适用于政府数据开放情景中的可行性。

(一)个人数据信托的缘起:以传统信托为基础的创新

信托是基于衡平法发展而产生的一项普通法系制度,发端于英美法系国家并已得到诸多大陆法系国家的认可,是世界各国金融制度的关键支柱之一⑤。近代信托制度的衍生发展可追溯至英国公元13世纪前后,为规避当时在英国封建法律下对转移或处分土地等财产时的额外限制,"尤斯"(USE)制度在参照《罗马法》中"信托遗赠"制度的基础上创立,即土地

---

① MIT Technology Review. 10 Breakthrough Technologies 2021, https://www.technologyreview.com/2021/02/24/1014369/10-breakthrough-technologies-2021/#data-trusts,最后访问日期:2023年12月4日。
② 谢菁、蒙琦:《广西发布全国首份〈数据信托发展白皮书〉》,载《中国能源报》2023年6月12日第14版。
③ 贵阳市大数据发展管理局:《全国首个个人数据信托案例初步成型!贵阳贵安数据交易创新实践再添新成果》,https://dsjj.guiyang.gov.cn/newsite/xwdt/gzdt/202310/t20231012_82731993.html,最后访问日期:2023年12月8日。
④ 相关研究参见刘海鸥、周颖玉、王海英:《基于区块链的突发公共卫生事件政府数据开放共享模型研究》,载《现代情报》2022年10期;童云峰:《应用区块链技术开放政府数据的原则和规则》,载《行政法学研究》2023年第1期。
⑤ 参见朱圆:《论信托的性质与我国信托法的属性定位》,载《中外法学》2015年第5期。

"代为使用"制度。其作为英国宗教团体与封建主斗争的产物,随着英国封建君主制的衰落而逐渐为法院所承认,并于19世纪形成了较完善的信托制度[①]。简言之,传统信托是指受托人为受益人利益或特定目的,处分其具有法定所有权的特定财产,并设立信义义务规制受托人对特定财产的管理等行为[②]。伴随着数字化时代的纵深发展,信托制度也得以更新演进,学界对于将二者结合的个人数据信托展开了广泛探索。

个人数据信托发轫于传统信托,既具有传统信托的基本特征,又在数字化时代浪潮中形成了新的特点。作为对传统信托的创新,个人数据信托一经产生,便肩负着纾解"赋权"范式指导下"权力不对称"现象的重任。学界对相关概念的探讨肇始于2004年,英国学者爱德华兹认为"数字信托"是一种实现隐私保护的新范式,极具潜力[③]。而后,美国教授巴尔金指出,数据控制者因其具备某些特殊技能而获得数据主体信任,所提供的服务也基于这种信任而产生,这与医生为病人、会计师为客户提供专业服务具有相通性[④]。巴尔金将其称为"以信义义务为基础产生的信托关系",并由此提出了"信息受托人构想"[⑤]。自此,各国学者就该制度的构建提供了较多思路且部分已在实践层面得到应用。放眼各国的个人数据信托模式,可分为两种:一是"信息受托人构想"指导下的美国、印度等国的数据信托制度;二是以"公民信托"理论为基础的英国"数据信托模式"。尽管两种模式存在差异,在此指导下形成的具体举措也不尽相同,但鉴于个人数据信托对传统信托基本精神的承继,无论是前述任一数据信托模式,均有必要对信托标的、信义义务等基本构成展开讨论。本文讨论的政府数据开放中的个人数据信托构造也同样如此。

目前,个人数据信托已成为各国关注的重点,其与传统信托之间既有差异又兼具共性。一方面,个人数据信托创造性地将数据权利纳入数据信托标的之中,从传统信托标的为委托人财产权利的限定中跳脱出来,这使二者存在较大差异;但另一方面,个人数据信托对传统信托信义义务治理机制的借鉴,又使二者存在共性。

(二)个人数据信托的优势:理论与实践的双重保障

个人数据信托自产生以来便备受关注,学术界在理论与实践层面均对此展开了较多探讨并已取得诸多成果。相应地,理论探索呈现出"百家争鸣"式的不同样态,现实中的应用也同样"百花齐放",这种旺盛的生命力为政府数据开放中引入个人数据信托提供了可行性保障。

---

① 李小丽:《金融学》,西安电子科技大学出版社2018年版,第210页。
② 参见刘迎霜:《论信托的本质——兼与"信托异化论"商榷》,载《法学评论》2011年第1期。
③ Lilian Edwards. The Problem with Privacy. International Review of Law, Computers & Technology, Vol.18, 2004, pp. 313-346.
④ Jack M. Balkin. Information Fiduciaries and the First Amendment. U.C. Davis Law Review, Vol. 49, 2016, pp.1183-1234.
⑤ Jack M. Balkin. The Fiduciary Model of Privacy. Harvard Law Review Forum, Vol. 134, 2020, pp.11-33.

1. 理论探索：个人数据信托的多样化模式

如前所述，目前个人数据信托在各国实践中呈现出两种截然不同的模式选择：英国"数据信托模式"与美国"信息受托人构想"。下文将对二者进行详细说明。

其一，英国"数据信托模式"。英国学界针对数据信托的讨论可追溯至2015年肖恩·麦克唐纳（Sean McDonald）提出建立"公民信托"用以管理数据的构想；2017年，英国政府网站公布了学者达姆·温迪·霍尔（Dame Wendy Hall）和佩森蒂（Pesenti）合作完成的《发展英国的人工智能产业》报告，为英国人工智能产业的发展提供了18条建议。其中指出政府与行业应制定可信的框架，以协议形式提供数据信托项目，确保数据流动交换的安全性和互惠性[①]。另外，该报告还倡导成立由中立的专家组成的"数据信托支持组织"作为数据信托的受托人，用以协调共享数据目的、确定数据商业价值的分配等。2019年，BPE律师事务所、伦敦玛丽女王大学以及品诚梅森律师事务所联合发布的研究报告《数据信托：法律和治理思考》中列举了包括公共模式（public model）在内的5种数据信托模式，并对各自的优缺点加以分析[②]。同年，学者西尔维·德拉克洛瓦（Sylvie Delacroix）与尼尔·D. 劳伦斯（Neil D. Lawrence）提出了"自下而上数据信托构想"，为英国数据信托提供了理论与路径指引。该观点认为，应在数据处理者和数据主体间引入一个独立的第三方主体，其可通过自身知识维护数据主体的数据权利，充当数据处理者与数据主体之间的桥梁，由此，形成一个信托生态系统，为数据主体在不同数据治理方式中提供个性化选择[③]。这种自下而上的数据信托理论对英国数据信托研究的影响颇深，已经成为该国在各场景下开展数据信托探索的基础性理论。

其二，美国"信息受托人构想"。该构想主要以巴尔金的信息受托人理论为基础展开，作为美国数据信托的滥觞之作，该理论在产生初期备受各界推崇。当然，绝对正确和完美的理论并不存在，不同意见迭起，其中当数2019年发表的《对信息受托人的怀疑态度》最具代表性。该文指出巴尔金在论证信息受托人理论时，将数据公司与用户的关系类比为医生与病人、律师与被代理人之间的关系并不妥当，且该理论也并未根本解决信息不对称、滥用个人信息等问题，能否实际运行尚存疑问[④]。巴尔金对此作了详尽回应，指出：数据主体与数据控制者之间权利、地位等差异越大，信息不对称现象就越显著，对信托义务的需求也越强，"信

[①] Department for Science. Growing the Artificial Intelligence Industry in the UK, https://www.gov.uk/government/publications/growing-the-artificial-intelligence-industry-in-the-uk, 最后访问日期：2023年12月10日。

[②] BPE Solicitors, Pinsent Masons, Chris Reed. Data Trusts: Legal and Governance Considerations, https://theodi.org/insights/reports/data-trusts-legal-report/, 最后访问日期：2023年12月10日。

[③] Sylvie Delacroix, Neil D. Lawrence. Bottom-up Data Trusts: Disturbing the 'One Size Fits All' Approach to Data Governance. Interation Date Privacy Law, Vol. 9, 2019, pp. 236-252.

[④] Lina M. Khan, David E. Pozen. A Skeptical View of Information Fiduciaries. Harvard Law Review, Vol. 133, 2019, pp. 497-541.

息受托人构想"的存在实有必要；另外，尽管数据公司与用户的关系和医生与病人之间存在诸多不同，但相应的主体关系均为不平等的社会关系，存在共性，可以进行类比[①]。而后，巴尔金提出的信息受托人理论在实践中得到广泛应用，为美国数据信托提供了坚实的理论基础。

与英国自下而上的"数据信托模式"不同，美国"信息受托人构想"重视数据主体与数据控制者的不平衡关系，强调以自上而下的立法形式苛加给数据控制者更重的信托义务，以此促进数据主体与数据控制者之间的地位趋向平衡。同时，美国"信息受托人构想"中的受托人是数据控制者，并未构建独立的第三方机构，也未突破信托法的基本原则；而英国"数据信托模式"的受托人则是独立的第三方机构，是对传统信托法律制度的突破。前者通过赋予数据控制者严苛的义务"恢复个人权利"，后者则强调独立第三方机构对数据控制者的约束。有学者直言，美国"信息受托人构想"对普通法中传统信托法律制度及理念的依赖较强，而我国传统信托法律制度起步较晚，尚不完善，该模式对我国数据信托制度构建的借鉴意义有限[②]。但实际上，美国"信息受托人构想"中赋予受托人更严格信义义务的逻辑导向与政府数据开放中的适配度更高，是平衡主体间能力差异较为直接、有效的方式。因此，我国政府数据开放中个人数据信托制度可在参考前述两种数据信托模式的基础之上，结合我国实际进行妥善构建。

2. 实践经验：个人数据信托的多场景应用

基础性指导理论的不同决定了实践路径必然相异。在场景化思维的影响下，英、美等国结合自身国情，展开了广泛的实践探索，为个人数据信托的构建提供了多样化的框架模型与宝贵经验。

英国生物银行是个人数据信托探索中较具代表性的案例。该公司是一家整合公民健康数据开展科学研究、提升公共健康的慈善机构，管理着几十万人捐赠的、已被匿名化处理的健康数据。在数据管理模式上，由其董事会作为慈善受托人负责保管和提供数据。虽然英国生物银行并未将该模式称为数据信托，但这种构造与信托并无实际差异[③]。同时，旨在化解各社区经济与医疗保障不平等问题的苏格兰"出生数据信托项目"也备受关注[④]。该项目通过收集本地区孕妇与子女的医疗保健等数据，建立起可靠的个人数据信托作为数据管理基础设施，赋予特定主体在数据信托框架下对数据使用、决策的发言权等的基础数据权利。

[①] Jack M. Balkin. The Fiduciary Model of Privacy. Harvard Law Review Forum, Vol. 134, 2020. p.26.

[②] 翟志勇：《论数据信托：一种数据治理的新方案》，载《东方法学》2021年第4期。

[③] UK Biobank Limited. Policy on Conflicts of Interest, https://www.ukbiobank.ac.uk/enable-your-research/about-our-data，最后访问日期：2023年12月13日。

[④] Rachel Gardner. Data Trusts Pilots Unveiled, https://www.cst.cam.ac.uk/news/data-trusts-pilots-unveiled，最后访问日期：2023年12月13日。

该项目负责人指出，数据信托能够应用于针对怀孕人群与胎儿健康发育等重要数据的研究中，为数据安全与数据权利保障提供有力支撑。而在作为美国个人数据信托应用典型例证的 Drive's Seat（DS）信托数据平台中，用户则可通过 App 将其个人信息以信托的方式委托平台管理，且平台内部设有代表委员会对数据进行保护和安全管理①。

尽管个人数据信托在各国呈现出"百花齐放"的多样化态势，但其实践探索也并非绝对的一帆风顺，失败并不罕见。其中，谷歌子公司人行道实验室（Sidewalk Labs）在加拿大多伦多市开展，旨在打造全新驱动型社区环境的智慧城市项目就是典型例证。2017年初，该公司宣布以其在多伦多市码头区约12英里的土地作为试点，在此范围内打造自动驾驶汽车、基于传感器的监控等一系列未来化服务②。后又提出在该项目中建立一个"公民数据信托"，以平衡数据主体与公共利益。然而，由于该项目回避了这一框架中数据收集、控制等基础问题，并由公司独揽了对数据信托的监督、运营等核心权利，引发了民众对其是否符合民主进程，能否妥善公共利益的质疑，致使该项目最终以失败告终。但无论结果如何，相应的经验教训仍然极具借鉴价值。

即使当下尚未对个人数据信托达成统一态度，但鉴于前述对既有研究与实践应用的分析，可以看到：其作为一种治理制度，由受托方承担包括诚实、勤勉等一系列信义义务，通过对作为委托人的数据源主体提供数据安全保障与利用等一系列措施，实现其个人数据自决权，挖掘数据价值。同时，目前学界构建的个人数据信托之目的指向多侧重于规避个人或法人等民事主体损害个人数据的行为，鲜少将研究对象聚焦于政府及其行政机关，相应的个人数据信托制度研究更是凤毛麟角。随着政府数据开放工作的不断推进，其与个人数据保护之间的张力日益加剧，这种矛盾理应受到关注。故在对个人数据信托的理论与实践价值作出充分论证后，尝试在政府数据开放背景下构建个人数据信托，以纾解"赋权"范式之"权力不对称"弊端，极为必要。

二、政府数据开放与个人数据信托的机理耦合

任何制度及其机制的出现，其目的均在于对现实问题的回应与解答，在政府数据开放中引入个人数据信托亦如此，其作为维护个人数据安全的重要途径，与我国长久坚持的民主政治逻辑不谋而合。具言之，《中华人民共和国宪法》第二条明确规定了"中华人民共和国的一切权力属于人民"。有学者由此指出，政府的权力来自人民的"授权"，二者之间存在着一

---

① 参见迪莉娅：《个人数据信托的治理功能、模式与发展策略》，载《情报理论与实践》2023年第5期。
② Ellen P. Goodman, Julia Powles. Urbanism under Google: Lessons from Sidewalk Toronto. Fordham Law Review, Vol. 88, 2019, pp.457-498.

种权力委托关系①。由此,国家作为政府数据的"形式所有人",即受托人,为了维护公共利益的需要,自然负有管理、保护作为公共信托资源的公共数据之信义义务,而全体公民作为该数据的"真正所有人",享有使用与获得相应信托利益的权利②。政府数据开放中个人数据信托的引入顺应了政府与人民之间天然具备的特殊关系,是对我国基本民主政治思维的落实与细化,具备必要性。有鉴于此,下文将深入探讨政府数据开放与个人数据信托在理论层面的耦合关系,为后者的引入提供理论证成。

（一）信托双重所有权结构契合政府数据开放目的

信托源于用益,作为该制度典型特征的双重所有权结构以权力分割思想、衡平法及普通法二分管辖等制度特点为基础产生,指由受托人基于普通法意义上的所有权可实际管控信托财产,受益人则因其享有衡平法上的所有权而可获取相应的信托受益,即前者享有名义上的信托所有权,后者享有实质上的收益所有权③。个人数据信托作为信托制度的新范式,双重所有权架构同样扎根其中,与其榫卯相扣。

悬而未决的个人数据权属界定是限制我国数据流通以及价值创造的难点,早期简单直白的个人数据权属认定方式已难以应对,是否应明确个人数据的产权化成为学界争议的热点。持肯定态度的学者指出,财产制度相较于其他规则更能为个人数据提供控制与保护,因而实现个人数据产权化具有必要性④。而反对方则认为个人数据的产权化并不是最佳选择,它会加剧个人数据自由转让、市场失灵等风险⑤。回归本文,由于政府数据开放中的个人数据不仅在开放利用中拥有财产价值,同时其作为准公共产品所凸显的公共价值亦备受关注⑥。如果明确了个人数据的产权化,那么个人数据的公共属性以及零许可流动就难以实现,政府数据开放的"用"也很难落实。同时,"数据二十条"中的第三条政策也释放了建构数据产权结构性分置的政策引导,因而在政府数据开放中,个人数据的产权化并非最佳选择。

对此,由于政府数据开放场景中的个人数据具备公共资源特性,呈现出"社会用益"的形态,故可借助个人数据信托制度,使这种用益权以"行政机关受托"的形式行使,构建起以"行政机关受托—社会用益"为核心的个人数据权属配置模式。有赖于信托双重所有权结构对所有权的分割,行政机关作为受托人代为行权,实际受益权由作为数据源主体的自然人共享,行政机关仅拥有数据支配权而非所有权,这是顺应"数据二十条"政策导向的合理路

---

① 参见胡建淼、戴建华:《人民满意的政府才是好政府》,载《求是》2014年第3期。
② 吕富生:《论私人的政府数据使用权》,载《财经法学》2019年第6期。
③ 参见贺小石:《数据信托:个人网络行为信息保护的新方案》,载《探索与争鸣》2022年第12期。
④ Lawrence Lessig. The Architecture of Privacy. Vanderbilt Journal of Entertainment Law & Practice, Vol, 1999, pp. 56-65.
⑤ Paul M. Schwartz. Property, Privacy, and Personal Data. Harvard Law Review, Vol. 117, 2004, pp. 2056-2128.
⑥ 参见尹少成、路禹臻:《政府数据开放中个人信息删除权的构建》,载《北京行政学院学报》2023年第5期。

径。因此，信托双重所有权结构契合政府数据开放目的，能够化解实践层面的"燃眉之急"，促进我国政府数据开放健康发展。

（二）数据信托制度符合公地多中心治理模式要求

传统的"公地悲剧"与"反公地悲剧"均将研究对象限定于自然资源中①。美国学者杰弗逊（Gary Jefferson）对此提出，并非只有自然资源可被视为"公地"，若许多人均可不同程度地使用某一资产，那这种资产就具备"公地"的特征②。随着产权理论的深入发展，具备"公地"属性的资源范围逐渐扩大，政府数据开放中形成的多样化个人数据集合亦可被认定为"公地"，相应的"公地悲剧"与"反公地悲剧"同样存在。一方面，若过度强调政府数据开放中个人数据的公共性，虽能刺激数据开放利用，但个人数据安全保护势必难以推进，有悖现代人权保障思想；另一方面，恪守私有化又会导致数据"安静地躺在"政府数据库中（多表现为政府对个人数据的垄断与独占），数据开放将难以进行。

作为防范上述"悲剧"的重要举措，公地多中心治理模式摒弃了企业理论与国家理论，从"唯有国家与市场能化解公共事务"的惯性思维中跳脱出来，将社会作为政府、市场外的"第三个中心"，构建了"多元共治"模式③。本文提出的数据信托同样可被认为是政府数据开放"公地"的"第三个中心"。一方面，其通过平衡数据开放中各方主体利益，实现数据开放目标；另一方面，当前个人数据的"有用性"与"稀缺性"不言自明，作为一种价值极高的"商品"，需最大限度保障数据源主体的合法数据权益免受侵害④。基于多元治理模式对各方主体参与的要求，将利益衡量原则典型产物的数据信托引入政府数据开放中，能够缓解数据源主体话语权缺失等问题，实现有效监督⑤。这也是多中心治理模式在新型公地中的合理应用。

（三）个人数据信托促进"知情—同意"规则的效用发挥

《中华人民共和国个人信息保护法》将国家机关处理个人信息的行为纳入其调整范畴，政府数据开放中对个人数据处理、使用等行为均受约束。该法第十三条在"赋权"范式的指导下，构建了"知情—同意"规则，并对适用不能的情形以列举形式予以排除。该规则虽在

---

① 哈丁（Hardin）提出的"公地悲剧"问题是对亚里士多德"一件物品共有人越多，关心它的人就越少"论断的呼应，指当资源的产权拥有者过多时，资源的不合理使用或过度使用现象就会频繁出现。而"反公地悲剧"则强调当每人都对某项稀缺资源拥有排除他人使用的权利时，这种资源将无法使用。参见 Garrett Hardin. The Tragedy of the Commons. Science, Vol. 162, 1968, pp. 1243-1248.
② 参见李晓峰：《从"公地悲剧"到"反公地悲剧"》，载《经济经纬》2004年第3期。
③ 参见李平原：《浅析奥斯特罗姆多中心治理理论的适用性及其局限性——基于政府、市场与社会多元共治的视角》，载《学习论坛》2014年第5期。
④ 参见胡莹、梁雅芳：《数据商品的价值问题探析》，载《经济纵横》2022年第10期。
⑤ 参见夏义堃、管茜、李纲：《数据信托的内涵、生成逻辑与实现路径——基于数据流通视角的分析》，载《图书情报知识》2022年第5期。

制度定位上被寄予厚望,但其实效性却备受质疑。有学者指出,其式微的根源在于对所适用场景动态性特征的忽视,现有规则的制度弹性较小,难以应对复杂多变的个人数据处理场景①。而在政府数据开放这一场景中,作为个人数据源主体的自然人在面对带有强势色彩的行政权时,很难对其说"不"②。其中"知情—同意"规则的适用更加艰难,成为一种虚幻的承诺。

出于保障法律规范稳定性的考量,贸然在法律规范层面删除"知情—同意"规则并不妥当,个人数据信托制度的引入能一定程度化解这种矛盾。一方面,"知情—同意"规则因其无法实质性平衡行政机关与个人数据源主体的不平等关系而备受质疑,实践中往往沦为"走过场"的工具。如果说"知情—同意"规则是以向个人数据源主体赋权的方式追求平衡,那么个人数据信托则侧重于为强势行政机关设定义务,实现双方权利(力)"天平"趋于平稳。就前者而言,作为保障个人数据自决权及知情权的产物,"知情—同意"规则的妥善运行离不开完备的权利保障机制,但目前该部分呈现空缺,这是导致该规则难以良好应用的原因之一③。与之相比,后者的实践操作性更强,这得益于我国现代法治理念指导下,对行政机关行为与义务履行等层面的细化约束。因此,个人数据信托制度的引入可有效化解现实冲突,在尊重现行法律规范的前提下弥合"知情—同意"规则之不足,于一张一弛间助推行政机关与个人数据源主体的差异趋向平衡。

综上可知,个人数据信托因其对传统信托双重所有权结构、信义义务等基础性组成的承继,契合政府数据开放这一新型"公地"治理的基础要求。同时,其亦能辅助现有"知情—同意"规则更好地发挥制度效用,将其引入政府数据开放中具备合理性与可行性。同时,2023年中央经济工作会议中亦强调,应以颠覆性技术和前沿技术催生新产业、新模式、新动能,发展新质生产力④,其中就包括健全数据基础制度,以技术手段推动数据开发开放及流通使用。而个人数据信托与政府数据开放的有机结合也是促进新质生产力创造的合理路径,其必要性不言自明。

三、政府数据开放中个人数据信托制度的基本构造

在对政府数据开放中的个人数据信托展开精细构造之前,首先应明确这项"工程"的基本思路,既要合理借鉴域外经验,又不能脱离实际、脱离政府数据开放这一特定场景。谷歌

---

① 参见赵祖斌:《从静态到动态:场景理论下的个人信息保护》,载《科学与社会》2021年第4期。
② 随着服务型政府的不断健全,这种强势性逐渐减弱,但政府自负等传统印象仍然存在。
③ 我国目前仅以立法形式对"知情—同意"规则作出明确,尚未对相应的配套机制进行体系化建构,这导致在日趋复杂的个人数据安全治理中,常因其单薄僵化而在适用中陷入过度严苛或过于宽松的尴尬境地。参见高志宏:《大数据时代"知情—同意"机制的实践困境与制度优化》,载《法学评论》2023年第2期。
④ 《中央经济工作会议在北京举行 习近平发表重要讲话》,载《人民日报》2023年12月13日第1版。

子公司人行道实验室发起的智慧城市项目失败的原因之一在于：其将作为公共治理一部分的智慧城市建设交给私人主体运行，并将个人数据的处理与公开、对数据信托的管理监督等一系列事项私有化。私人主体的"逐利性"特征决定了其往往为了谋取利益而不惜损害公共利益，同时，私有化的信托管理加剧了公众与政府对相关信息获取的滞后性。可以说，这种由私人主体在公共治理中"既当裁判者，又当运动员"的构造并不可行。

本文讨论的"政府数据开放"与"智慧城市建设"是数字化时代公共治理的两个面向，具有共性，因而需在排除私人主体的基础之上，寻找一个相对中立的机构或组织对个人数据信托进行监督。对此，由于美国"信息受托人构想"并不强调独立第三方监督机构的存在，多通过立法等形式课以数据收集者更多的义务以实现平衡，故该模式在我国适用成本较高，借鉴意义相对有限。与之相比，英国《数据信托：法律和治理思考》报告中提出的公共模式之可参考性更强。该模式指出应构建一个具有强制力的公共机构，实现对公共数据信托的全过程监管。有鉴于此，本文提出在政府数据开放中的个人数据信托中引入具备"双向性"功能的首席数据官作为信托监督机构，以规避前述风险[①]。当然，这并非对美国"信息受托人构想"的彻底否认，只是英国"数据信托模式"的整体思路更为适合我国实践。

（一）个人数据信托模式：创新的三方主体公共模式

数据信托的对象是数据权利，而非数据本身。《中华人民共和国信托法》（简称《信托法》）第二条及第七条规定了信托标的是委托人的财产权，而数据信托的标的则是数据权利。由于立法层面并未界定个人数据是否具备财产权属性，故相应的个人数据信托无法直接沿用传统法律信托模式。对此，本文提出构建以数据收集者（行政机关）为受托人、数据源主体（自然人）为委托人、首席数据官为独立信托监管机构的三方主体公共模式。通过制定个人数据信托的标准与规则，引入首席数据官作为公共监管机构，对数据信托运行情况进行监督管理（详见图1）。其中，引入首席数据官作为数据信托外部监督机构是三方主体公共模式中最为显著的优势，这也是防止公权力失范的方式之一。

首先，现代国家治理理念要求应对公权力予以必要限制，我国在服务型政府、责任型政府、透明型政府的建设中，初步构建了一套较为系统的公共服务管理体系，监督体系建设是其中尤为关键的一环。具体到政府数据开放治理中，首席数据官的引入不仅保障了行政机关的整体公共利益，也降低了数据源主体对信托行为的忧虑，实现对数据信托自上而下的监

[①] 首席数据官制度已在我国广东、江苏等地得到应用。以深圳市为例，《深圳市首席数据官制度试点实施方案》明确界定了首席数据官的职责范围，赋权其监督数据治理运营、信息化建设，并对信息化项目的立项、验收等享有"一票否决权"，参见《深圳市人民政府办公厅关于印发〈深圳市首席数据官制度试点实施方案〉的通知》，深府办函〔2021〕71号，2021年8月9日公布。《北京市首席数据官制度试点工作方案》中也强调了首席数据官在协调监督数据治理、数据开放利用等方面的职责。可以说，首席数据官对政府数据的监督职责已得到各地普遍认可，由其对政府数据开放中的个人数据信托展开监督具备可行性。

管。其次，首席数据官作为一种机制，与社会中间层主体具有类似特征[①]。其在个人数据信托制度运行中的功能具有双向性：对作为委托人的数据源主体来说，能够填补因数据源主体与行政机关之间固有隔阂而引起的信息传递不畅、权益保护不及时等现象；而对作为受托人的行政机关而言，鉴于首席数据官具备监督行政机关数据整合、处理等行为的职责，这亦能填补行政机关自我监督无法弥补的固有缺陷。最后，英国《数据信托：法律和治理思考》报告中指出公共模式最大的缺点在于，目前行政机构中尚不存在这种监管机构，且创造这种监管机构将面对高昂的时间、资金成本，这导致该模式至今尚未在英国实践中落地。而在我国，数据信托制度只是政府数据开放中个人数据保护的途径之一，无需耗费过多人力与财力成本设置专门的监督机构；同时，目前首席数据官制度在各地的普及已是大势所趋，将监督个人数据信托制度运行的职能交由首席数据官承担即可。这不仅是基于对我国当前首席数据官发展态势向好的考量，也是低成本高产出的一种优化设计。

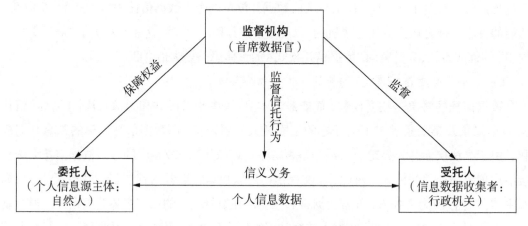

图1 创新的三方主体公共模式基础框架图

（二）个人数据信托标的：应明确数据权利的财产属性

我国现行《信托法》将信托标的限定为"财产权利"，而个人数据信托标的则是数据权利，故无法直接将其纳入信托标的的范畴内。数据信托制度欲在政府数据开放中得到长效发展，就无法回避对个人数据权利属性的界定，这也是消解数据权属争议的重要手段。概言之，我国个人数据信托制度的引入建立在对传统信托法律制度的突破之上，这与英国"数据信托模式"的基本观点相契合。对此有两种方案可供选择：第一，在《信托法》中增设特殊条款，规定数据权利可作为信托标的，为数据信托提供合法性基础；第二，制定"网络数据安全

---

① 经济法是协调政府与市场关系的重要部门法，社会中间层主体作为其具体制度的载体，指独立于市场与政府，但又能在二者之间起到中介协调作用的主体。参见张占江：《政府与市场和谐互动关系之经济法构建研究——以社会中间层主体为路径》，载《法律科学（西北政法学院学报）》2007年第3期。

管理条例"等法律位阶较低的规范,并明确数据权利的财产属性,为数据信托提供可行性证成。

其实,这两种方案均以修法改法的形式化解社会出现的新型法律问题。前一种方案因《信托法》法律位阶高,立法成本较大,需进行深刻的前期论证,可操作性并不强。相较而言,后者的法律位阶较低,在制定、修改及适用等层面的弹性较大。另外,国务院办公厅2023年5月31日印发的《国务院2023年度立法工作计划》(以下简称《立法工作计划》)中也明确指出应及时制定"网络数据安全管理条例"等规范,因此后者不仅成本较小,也符合我国行政立法工作的规划与安排,可行性更强①。从长远来看,这种在法律位阶较低的规范中对数据的财产属性加以明确的方式,可能无法妥善适应经济社会发展的需要。但就目前而言,尽管多地已针对本行政区域内的政府数据开放工作制定了地方性规范,而囿于立法时机尚不成熟等因素,全国统一的政府数据开放立法仍呈空缺,《立法工作计划》也未将其纳入。虽然制定"政府数据开放条例"或"政府数据开放法"已为学界普遍认可,但考虑到政府数据开放乃至数据利用、数据治理等工作仍方兴未艾,因此,我们不妨"让子弹再飞一会",先由"网络数据安全管理条例"等法律位阶较低的规范对数据权利的财产属性加以明确,待时机成熟后,再进行更为细致的立法。

(三)个人数据信托监督:明确首席数据官的组织架构

首席数据官不是一个职位或某一具体的人,而是一种制度体系,可将其视为一种将数据安全管理作为核心职责的联盟。当前,基于行政部门科层制特点和日趋精细的职权分工,需及时从横向与纵向两个维度明确首席数据官的组织架构。

一方面,横向视角下的首席数据官应由国家数据局统管。2023年3月,中共中央、国务院印发了《党和国家机构改革方案》,宣布建立国家数据局,并对其功能与职权配置作出界定。作为全国统一的数据治理协调机构与领导中心,国家数据局通过整合、协调相关部门职能,提升数据资源利用水平,实现数据互联互通②。如果说,国家数据局是中央层面的数据治理机构,核心职能在于统筹规划宏观层面的数据发展,那么首席数据官则聚焦于微观实践层面的数据治理,肩负着具体的数据利用与监督重任,二者定位不同。由国家数据局统一管理首席数据官是对优化机构分工的呼应。

另一方面,纵向视角下应在各地方各层级探索构建首席数据官制度。当前,首席数据官已在我国部分地区开展试点工作。广东省已在辖区内10余个地级市展开相关探索,其中《深圳市推行首席数据官制度试点实施方案》明确提出,将在市本级政府及多个区政府内试

---

① 参见《国务院办公厅关于印发国务院2023年度立法工作计划的通知》,国办发〔2023〕18号,2023年5月31日公布。
② 参见《党和国家机构改革方案》,2023年2月26日中国共产党第二十届中央委员会第二次全体会议通过。

点设立首席数据官,助推数字政府建设进程。可以说,地方首席数据官的先行先试、改革创新将为在中央层面设置此角色提供宝贵经验和破冰探索,亦为未来首席数据官的发展提供了可行进路。同时,基于政府数据内容的多元化特征,可考虑与高校或专业研究机构开展合作,这种合作并不是对外部机构的一种授权,外部机构仅仅充当"出谋划策"的"智囊团",并不能以自己的名义对政府数据开放实践运行实施监督。并且,这种合作多以政府与其签订行政合同等形式确定,与行政机关聘请外部专业人士担任其部门法律顾问等行为具有异曲同工之处。

(四)个人数据信托利益:突破常规的单一财产性利益类型

我国《信托法》第三条回应了信托因何存在这一问题。简言之,信托基于对受益人利益或特定目的追求而设立,具备明确的信托受益人是信托有效成立的必备条件之一[①]。作为可享受信托财产利益的信托受益人,其享有信托受益权是毋庸置疑的[②]。在个人数据信托中,个人数据源主体不仅担负着数据委托人的身份职责,同时亦有权取得其个人数据开放产生的利益。在常规信托法律关系中,信托受益人享有的信托利益多以有形财物或无形财产性利益的形式存在。

回归本文,若仍沿用传统信托法律规范,由受托人将信托收益逐一分配给委托数据的个人,这将面临着个人数据价值难以精准量化、成本高昂等问题,可操作性较差。故在政府数据开放这一公共场景中,应对其适当调整,具体可参考税收与服务型政府建设之间的关系。实际上,税收是公共服务提供的一种手段,旨在以"取"的形式实现"予"的目的,只是其并未表现为直接给予的形式[③]。简单地将税收界定为一种索取行为,排除其蕴含的公共属性并不可取。同理,政府数据开放中的个人数据信托,虽具备委托人将其个人数据交由作为受托人的行政机关进行处理的形式外观,但鉴于个人数据的开放性法益特征,作为受托人的行政机关积极提高公共服务水平等,亦可被认定为一种特殊的信托利益。进一步地,可基于行政机关的管理身份,在国家层面建立数据信托基金,所有收益由该基金统一收支,以化解信托收益支付中的难题。将专项的公共财政资金用于政府数据开放中个人数据信托的运营或数据安全维护等工作,使每个公民都能从中受益,这也契合了人人贡献数据,人人利用数据的政府数据开放理念。事实上,域外已有相关经验可资借鉴,诸如新加坡、马来西亚、加纳等国

---

① 我国已在法律层面以正面列举的形式对信托无效的情形加以明确,包括信托受益人或受益人范围不能确定。详见《信托法》第十一条第(五)项。
② 信托制度中收益权与受益权的概念认定及二者是否存在异同,学界对此存在不同态度。有学者认为二者相同,在行文表述时直接使用且并未对二者作出差异化区分。参见方堃:《商业银行投资银行业务理论与实务》,南开大学出版社2014年版,第92页;另有学者认为二者存在差异,认为收益权由受托人享有,受益权由受益人享有。参见于海涌:《论信托财产的所有权归属》,载《中山大学学报(社会科学版)》2010年第2期。
③ 参见杨春梅:《公共服务型政府与税收制度建设》,载《当代经济研究》2005年第5期。

家,均在本国宪法的财政章节中明确规定了政府信托基金制度①,美国则直接在其法律中对政府信托作了专门设计。应当说,数据作为一种新的生产要素,数据信托基金的产生将是大势所趋。

（五）个人数据信托信义义务:厘革信义义务的内容构成

在传统信托法律框架的约束下,数据信托的信义义务应包括谨慎义务与忠实义务,受托人与委托人均为平等的民事主体。但在政府数据开放这一特殊场景下,作为受托人的行政机关与作为委托人的自然人之间存在事实意义上的不平等,对此,应借鉴美国"信息受托人构想"的核心观点,赋予受托人更严格的信义义务。由此,对前述两项义务的理解应及时作出调整,增强其适应性;同时,对违反信义义务的救济及责任承担的方式等亦需予以明确。

一方面,"谨慎义务"旨在保障数据流通使用中的人格利益免受侵害,这不仅要求作为数据受托人的行政机关确保其数据处理等行为正当合法,还需采取数据分类分级保护措施,实现对谨慎义务的重构。对此,应及时对一般数据与私密数据作出界分,可采取某学者提出的"三步走思路",将"识别性、私密性、私人性"作为区分标准②。其中,识别性是辨析某项数据的内容是否属于个人信息,而私密性与私人性则是用以辨析其是否符合"私密"的标准。不过,前者强调不为外人所知的秘密属性,后者则侧重与其他利益主体无关的私人性。出于对行政机关数据管理成本与运行能力的考量,目前在政府数据开放中个人数据信托制度的构建初期,将信托标的限定为私密数据更为适宜。

另一方面,数据信托中的忠实义务要求受托人应对数据提供高质量管理,不仅须维护数据安全,还应合理配置数据要素,明确数据利益分配机制。行政机关在收集并开放私密数据时,应向数据源主体反馈相应利益,碍于大数据时代数据价值的强变动性,我国目前尚未以明文立法的形式对相应的标准加以明确。对此可利用数据统计方法,制定使用时间、数据贡献度等多个参考指标,使数据收益趋于明确③。同时,鉴于个人数据的人格属性,制定全国统一的参考标准更为适宜,这是基于现代人权平等观念的考量。

最后,无救济则无权利。对个人数据委托人的救济多发生于受托人未尽到安全保护等信义义务,或其在数据利用过程中违法违规,致使委托人的合法权益受到损害之时。在传统信托法律关系下,委托人可依据《信托法》第二十二条的规定申请人民法院撤销受托人的处

---

① 例如,《新加坡共和国宪法》第147条第(2)款第(b)项(ii)目、第(iii)目规定,"政府依信托所取得,并要依据信托条件加以分配的款项和利息的总额,以及政府所持有的,为依法设立信托基金而接受或核授的款项",不属于统一基金列支的范围,而属于专项基金列支的范围,即政府信托基金是专款专用的财政资金。参见《世界各国宪法》编辑委员会:《世界各国宪法(亚洲卷)》,中国检察出版社2012年版,第690页。类似规定详见《马来西亚联邦宪法》第99条、《加纳共和国宪法》第176条等。

② 参见张璐:《何为私密信息?——基于〈民法典〉隐私权与个人信息保护交叉部分的探讨》,载《甘肃政法大学学报》2021年第1期。

③ 参见魏远山、刘妍:《个人数据信托的类型抉择与制度设计》,载《图书馆论坛》2023年第11期。

分行为,并要求受托人恢复信托财产的原状或予以赔偿,相应的诉讼程序等适用《中华人民共和国民事诉讼法》的规定即可。回归本文,这种传统的救济方式因个人数据受托人系行政机关而无法直接适用,故将行政诉讼作为救济途径更为适宜。同时,与民事诉讼中"谁主张,谁举证"的举证责任原则不同,行政诉讼中更强调被告的举证责任,原告仅在部分特定情况下承担举证责任[①]。另外,国家赔偿制度作为事后救济亦极为重要。由此,可将个人数据信托受托人履行信义义务,维护委托人权益的行为视作一种事前的安全保障,但这并不具备绝对的可靠性。受限于技术水平、人为因素等,原先设想的"尽职尽责"并不一定能够实现,甚至会出现侵害委托人合法权益的情形。对此,可考虑以行政诉讼作为救济途径,将国家赔偿机制作为事后救济予以辅助,多措并举实现责任承担的确定性。

四、结语

在政府数据开放情境下的个人数据保护中,"赋权"范式指导下的"知情—同意"规则,应当发挥缩小作为数据源主体的自然人与作为数据收集者的行政机关间能力差距的作用,然而该制度在实践应用中却受到效用发挥不足等困阻,难孚众望。信托作为一种法律工具,能够破除前述个人数据保护困境,且在我国政府数据开放中的应用具备必要性与可行性。以对英、美两国不同数据信托理论与实践经验的借鉴为基础,探索出适宜我国政府数据开放特殊场景的数据信托模式,合理回应多元诉求。同时,引入首席数据官机制并将其作为独立监督机构对数据信托展开监督管理亦增强了制度设计的科学性。由此,通过对政府数据开放中个人数据信托制度的多维度构造,探索数字政府法治化进路,实现治理效能的优化与提升。

[①] 参见《中华人民共和国行政诉讼法》第三十四条:"被告对作出的行政行为负有举证责任,应当提供作出该行政行为的证据和所依据的规范性文件。被告不提供或者无正当理由逾期提供证据,视为没有相应证据。但是,被诉行政行为涉及第三人合法权益,第三人提供证据的除外。"

数据跨境流动中的主权壁垒：形成机理与法律规制

高天书[*]

摘　要：当前全球范围内数字技术的深度开发应用与数字经济的大规模发展使得数据安全问题成为国际社会关注的重点，对该问题的过度关注促使数据跨境流动中的主权壁垒日益显现。脱胎于传统主权理论的数据主权，一方面突出对数据本地化储存的过度保护，另一方面意图通过数据流动规则竞争实现数据霸权。数据跨境流动中意识形态博弈下的政治干预、数据风险防范下的安全至上、数据价值开发下的规则竞争与区域数据监管下的差序格局共同构筑了数据跨境流动中的主权壁垒。该壁垒的破除需要法律规制力量的介入，在当前数字技术水平与数据贸易现状的基础之上，以兼顾安全与自由为原则指导，重申数据开放与数据保护的价值内核，建构融贯独立自主与国际合作的数据流动规则，协调数据跨境流动的规范监管，以此保障数据合理、安全、高效的跨境流动。

关键词：数据跨境流动　主权壁垒　数据主权法律规制

当今世界已然进入了大数据时代，数字技术发展推动形成的数字经济已经成为当下最为主要的经济发展样态。数字经济发展的巨大红利之下，世界经济的产业分工与发展格局正在不断被重塑，由此带来的影响也势必会从经济领域蔓延到政治领域之中。从数字经济的规模与体量上看，我国已连续多年位居世界第二，同时正处于数字跨境贸易的全球化拓展阶段。但随着数据价值的不断开发利用，作为全球数据贸易发展基础的数据跨境流动面临着前所未有的风险与机遇共存格局，其中最为显著的影响便是数据跨境流通中的数据主权问题。数据主权作为国家主权在网络空间的核心表现，既是我国安全发展的基石，也是我们

---

[*] 作者简介：高天书，中国政法大学"2011计划"司法文明协同创新中心博士研究生。

需要进一步研究的重大理论问题。近年来,美国、欧盟等西方国家和地区不断强化数据主权,变相推动了数据霸权主义,造就了数据主权壁垒这一干扰数据跨境流通的区域问题。基于此,我国必须在把握当前世界数据跨境流动格局的基础之上适切性地制定自己的数据主权政策。应以人类命运共同体理念为指导,构建符合我国要求、兼顾各国利益的数据主权规则,推动全球数字经济全面健康发展[1];在国际治理中主动开展国际合作,以更具建设性的姿态融入数据全球化进程之中[2],探寻数据跨境流动主权壁垒的法律规制之道。

一、数据跨境流动主权壁垒何以可能

数据主权壁垒是指国家对跨境数据流动实施的数据保护措施,其初衷旨在保护个人隐私和数据安全,保障公民权利和国家利益。网络的全球性与虚拟性侵蚀了传统国家主权,主权国家的领土管辖理念和政治、经济、文化权能受到削弱,数据主权跨越物理空间与网络空间应运而生[3]。为了化解数据跨境流动法律规制的主权壁垒,有必要首先从本体论的角度对数据主权壁垒的表现形式进行分析。

(一)从传统主权到数据主权的理论演变

主权壁垒,涉及两个关键概念:主权和壁垒。"数据主权论"从属于传统主权理论,其理论沿革从网络主权向技术主权不断延伸和发展[4]。传统主权(Sovereignty)是一个来自西方的概念,是指国家在本国范围内享有排他的、不受干扰的权力。在近代之前,几乎所有文明国家都没有主权这一概念,只有扩张性的权力投射,即所谓的"普世帝国"(Universal Empire)。"普世帝国"宣称"普天之下,莫非王土",而实际的政治中,则是帝国会向其势力范围内投射政治影响力。欧洲也不是一开始就有这种主权观念的,在中世纪欧洲的秩序之下,耶稣是人皇,而罗马皇帝受膏而治万民。所以尽管存在种种独立的政权,但是在法统上,他们仍是臣服于罗马皇帝的。在中世纪晚期,教皇权力扩张,与神圣罗马帝国皇帝展开了"主教叙任权"之争,甚至双方爆发了战争。皇帝彼时支持了博洛尼亚的法学家,而法学家从罗马法而不是从神学的角度进行论证,即皇帝的权力是排他的,并不受教权的干涉,这是主权论的肇始。当宗教改革之后,北德意志诸侯与皇帝的矛盾愈发激烈,北德意志的诸侯国纷纷改宗为新教,而皇帝(奥地利大公)则要捍卫天主教帝国,最终爆发了旷日持久且空前惨烈"三十年战争"。战争最终以皇帝战败告终,皇帝被迫承认各邦国有资格决定其邦内

---

[1] 参见张晓君:《数据主权规则建设的模式与借鉴——兼论中国数据主权的规则构建》,载《现代法学》2020年第6期。
[2] 参见何傲翾:《数据全球化与数据主权的对抗态势和中国应对——基于数据安全视角的分析》,载《北京航空航天大学学报(社会科学版)》2021年第3期。
[3] 参见冉从敬、刘妍:《数据主权的理论谱系》,载《武汉大学学报(哲学社会科学版)》2022年第6期。
[4] 参见刘天骄:《数据主权与长臂管辖的理论分野与实践冲突》,载《环球法律评论》2020年第2期。

事务，皇帝与其他诸侯无权干涉，至此近现代主权的雏形形成①。至路易十四时期，博丹正式提出了这种排他性的独占权力，称之为"主权"。在博丹那里，主权被提升到无比重要的地位，主权者（国王）只需要对上帝负责，而无需任何人干涉，可以自主地且随时展开外交、行政与军事等行动②。

进入近现代之后，尤其是民族主义运动兴起之后，各个国家纷纷完成了由封建国家向主权国家的转移。主权成为近代国际法的核心概念，并与国家建构和大众宣传结合起来，成为不可撼动的神圣信条。主权理念具有两面性：一方面，被侵犯主权的国家将主权被侵犯上升为国耻，促进了现代国家的形成；另一方面，民族叙事又会混淆主权的界限，将不属于本国而属于他国的事务也视为主权的一部分。在20世纪初，主权观念达到了极盛，最终酝酿出了人类史上前所未有的灾难——世界大战。世界大战可以视为，各国的主权意识过于强烈，而且不可调和，最终爆发了战争。战后人们在反思思想史时认为，为了一座山一条河甚至是一个远古的故事，无数的家庭要流离失所失去亲人，这样的主权理论的代价是否过于惨重。因此，在战后出现了主权论收缩的趋势，一方面，经济全球化大大地改善了各国人民的经济处境，经济全球化要求各国对于主权应采取谨慎的解释；另一方面，主权论作为民族主义的理论，在阶级矛盾已经大为缓和的时代，政客丧失了鼓吹主权论的市场。然而，这一切随着特朗普的上台，尤其是新冠疫情之后，世界经济出现了前所未有的衰退，全球化经济正在衰落，民粹主义回潮，主权论又开始甚嚣尘上③。

互联网时代，主权理论并未缺席而且进行了适应性的演变。美国等西方国家在数据主权方面采取"双标"的态度：一方面，由于西方的数字技术较为先进，其数字产品可以向全球进行倾销，甚至通过互联网发动政治运作，这使得他们鼓吹"互联网无国界"④；另一方面，当他国的互联网产品进入本国后，又重新祭出"数字主权"大旗，部分国家甚至衍生出扩张的激进式形态，突破了数据安全及流动的合理界限，比如"TikTok事件"⑤。在这一风云变幻的时代，在网络战造成的威胁下，我国数据主权面临着多重风险⑥。因此，我国对于"数据主权"毫无疑问是要重视的，但是我国同时也是互联网发达国家，过于强调主权因素，无疑也对我们自己与互联网企业"走出去"不利⑦。申言之，这种从传统主权理论演变而来的数据主

---

① 参见刘妍：《数据主权的演进、挑战与层级治理路径》，载《中国科技论坛》2023年第6期。
② 参见[美]乔治·萨拜因：《政治学说史》（下卷），邓正来译，上海人民出版社2010年版，第82页。
③ 参见毛欣娟、任珈炎：《国家安全视域中我国数据主权安全面临的挑战及其对策》，载《社会治理》2023年第1期。
④ 参见何傲翾：《数据全球化与数据主权的对抗态势和中国应对——基于数据安全视角的分析》，载《北京航空航天大学学报（社会科学版）》2021年第3期。
⑤ 参见唐云阳：《安全抑或自由：数据主权谦抑性的展开》，载《图书与情报》2022年第4期。
⑥ 参见刘妍、魏远山：《网络战视野下数据主权安全的多重风险与因应之策》，载《情报杂志》2023年第5期。
⑦ 参见徐凤：《网络主权与数据主权的确立与维护》，载《北京社会科学》2022年第7期。

权,不仅是当前数据跨境流动壁垒的基底逻辑,也是法律对其予以规制所需细致审视的观念依据。

(二) 从去中心到中心化的逆向存储

数据跨境流动过程中不可避免会出现数据定位壁垒问题,即一些国家或地区禁止属于其管辖范围内的某些数据信息跨境流动,这些受到管辖或监控的数据必须存储并保留在本国或本地区控制范围内,任何处理或备份行为也必须在本管辖领域内进行。数据定位壁垒本质上是一种国家安全保护行为,在国际社会上通常被称为数据的本地化。然而这样一种从国家安全角度出发的自我保护措施也容易随着技术霸权的演变产生"双重标准"做法。例如美国基于其强大的技术和数据优势,一方面积极对外推动数据跨境流动,通过众多的互联网巨头,实质上使全球数据全部汇聚在美国,使美国成为真正意义上的全球数据中心,但另一方面,面对影响美国利益的数据信息,美国则通常以"维护国家安全"为名进行审查,并对这些重要数据开展严格的监管措施,以使数据无法自由流出美国管辖范围内[①]。在发展中国家的重要代表印度那里,也推行了数据本地化的多项举措。例如在 2017—2022 年间,印度 Srikrishna 委员会制定的多版本《个人数据保护法案(草案)》中有关数据本地化的规定,令数据本地化成为印度极具争议性的话题;2018 年,印度储备银行(RBI)也发布了一份要求所有与支付系统相关的数据应在印度本地存储的支付指令[②]。

全球各国均有不同程度的数据定位壁垒的指令或规定,一方面是为了更有效地进行数据跨境流动治理,另一方面也立意于有效抵御发达国家在互联网技术优势上的霸权。在当今世界文明的变迁中,数据已然成为一种不折不扣的主权,因而推行数据本地化措施是一种主权行为。通过对现有相关国际法律规范的整理,这种数据定位壁垒或者说数据主权壁垒主要包括三个方面的要求:首先,在数据存储方面,各国普遍要求跨国企业在本国管辖范围内建立数据存储中心,以使这些重要数据能够被主权国家有效监管。其次,在数据处理方面,各国通常要求企业必须在本国境内处理涉及本国业务的数据,禁止跨境处理。最后,在数据备份方面,各国一般要求企业必须在本国境内备份涉及本国业务的数据,防止产生本国数据泄露等潜在风险。这些数据本地化措施尽管对本国的数据安全起到了较好的保护作用,但对于企业而言,则可能增加企业跨境管理成本,令企业跨境业务发展受限,无疑会造成众多的不利影响。

(三) 从宽松自由到紧缩限制的规则表达

与主权国家的数据定位壁垒类似,数据跨境流动中也必然会产生数据出境壁垒问题,即

---

① 参见高艳东:《跨境数据流动,须坚持主权至上》,载《环球时报》2023 年 7 月 8 日第 15 版。
② 参见范婴:《印度数据本地化的范式评述及其对中国的启示》,载《中国科学院院刊》2023 年第 8 期。

一些国家或地区对某些跨境流动的重要数据进行流出管控。同样,数据出境壁垒本质上也是为了维护国家安全和利益而推行的举措。不过必须注意,数据出境壁垒的程度在不同国家之间的表现也不尽相同。由发达国家主导实施的多边规则主张跨境数据流动尽可能地全面化、自由化,而发展中国家为主要成员的多边规则更关注跨境数据自由流动与国家主权安全的平衡①。例如美国采取自由主义理念,基于其"长臂管辖"规则积极推动数据跨境自由流动监管,而以中国为代表的发展中国家在跨境数据流动监管时,往往会将国家主权和安全利益置于首位②。

各国数据出境壁垒的措施往往呈现为以下四种类型的制度:一是出口许可证制度,在面对涉及国家安全或国家利益等重要事项问题上,部分国家通常会对相关跨境数据的出口进行审批和许可,企业必须获得数据出口许可证方能自由合法地进行数据跨境流动。《中华人民共和国网络安全法》第三十七条、《中华人民共和国个人信息保护法》(以下简称《个人信息保护法》)第三十六条以及《中华人民共和国数据安全法》第三十一条等法律规范都设定了数据出口安全评估规则。二是出口备案制度,部分国家基于数据安全保护需要,要求企业对其跨境流动的数据向有关机构备案。我国《个人信息保护法》等多部法律法规构建了较为详细的数据出口备案制度。三是出口禁止制度,即部分国家禁止有关本国国家安全或国家利益的数据信息向境外出口。例如强制要求数据存储在境内并禁止跨境流动,这实际上也是数据本地化措施的重要表现③。四是出口管制制度,部分国家会根据国家安全和国家利益等事项的需要,对相关数据进行出口管制。出口管制并不禁止数据跨境流动,而是许可有条件的限制流动。应当承认的是,数据出境壁垒的存在对数据跨境自由流动构成重要挑战,同时也对全球数据治理的增效提出了更高要求。因此,面对数据跨境自由流动需要和数据主权壁垒政策的多重交织,亟须推动实现更高层和更广泛的多方对话,以达成数据跨境流动服务于经济贸易全球化的重要使命。

二、数据跨境流动主权壁垒以何实现

数据跨境流动法律规制主权壁垒的形成原因具有复杂性和多层次性,既有政治层面的原因,又有价值追求层面的原因,还有立法与执法层面的原因。只有对其产生原因与形成逻辑进行全面充分的剖析,才能有效指引化解这些问题困境。具体而言,形成原因主要有以下方面。

---

① 参见张正怡:《数据价值链视域下数据跨境流动的规则导向及应对》,载《情报杂志》2022年第7期。
② 参见李宏兵、柴范、翟瑞瑞:《跨境数据流动的全球态势、规则比较与中国策略》,载《国际经济合作》2023年第6期。
③ 参见国务院发展研究中心对外经济研究部、中国信息通信研究院课题组:《数字贸易中的跨境数据流动》,载《中国经济报告》2023年第5期。

（一）意识形态博弈下的政治干预

在数字时代之下，"数据流通的规则制定关乎国家利益，数据主权随之成为国家之间及其与非国家行为体之间博弈的新对象"①。在此驱动之下，数据主权与政治立场、国家安全等问题紧密相联。如从1995年的《数据保护指令》到2018年的《通用数据保护条例》（General Data Protection Regulation，GDPR），美欧围绕着数据跨境流动议题博弈了20年，其中，GDPR被视作最为严格的数据保护条例。本质上，此规则的出台不仅是为了实现对个人信息与数据权利的保护，更为重要的是为了维护欧盟自身的数据主权和政治、战略利益。随着中国综合国力的不断提升和科技水平的不断发展，西方国家开始转移数据主权的斗争重点，中国成了众多西方国家矛头直指的对象。

早在2018年，全球排名前20的互联网公司中，有12家为美国公司，且排名前5的均属于美国公司。根据2021年6月的数据，苹果、亚马逊、字母表、微软、脸书［现更名为元宇宙（Meta）］等巨头，各自的全球市场总值已经超越了全球90%以上国家的GDP②。而且，除了上述本土巨头互联网企业之外，几乎所有国家的科技公司都会在美国设有分支机构。鉴于美国在互联网发展上的领先优势，全球的跨境数据流通也不可避免地以美国为中心展开。美国为了稳固甚至进一步扩大此种趋势，必然会不断对数据主权的问题进行强调。随着国际局势的日益复杂，尤其以美国为代表的西方国家，在其实现数据霸权目标的驱使之下，以数据主权维护为借口进行政治博弈的趋势越发明显。

具体来说，美国推出了诸多围堵中国数据政策本地化的政策。美国华盛顿信息技术与创新基金会（Information Technology and Innovation Foundation）2017年在发布的报告《跨境数据流动：障碍在哪里，成本是多少》中，建议特朗普政府对中国的数据保护政策采取措施；美国国会参议员乔什·霍利在2019年提交的报告《国家安全和个人数据保护法议案》中明确将中国、俄罗斯等国家列为遏制对象，禁止为中国应用开发者在中国存储数据提供服务，禁止美国公司在中国存储美国公民数据。虽然该法案最终未能通过，但也直接反映出美方通过数据主权打击中国技术发展的目标。2020年8月，美国国务卿蓬佩奥宣布发起针对中国的"清洁网络"（Clean Network），专门打击TikTok和微信（WeChat）的行政命令，并意图在亚太经合组织（APEC）隐私框架之下通过新的跨境转移数据缔结的跨境隐私保护规则（Cross-Broder Privacy Rules，CBPR）排挤中国③。这些措施中都表现了鲜明的政治色彩，即以数据主权维护之名行数据霸权之实。

此外，美国除了对数据的管控随着时间的推移越发严格外，甚至还对其他国家的数据

---

① 匡梅：《跨境数据法律规制的主权壁垒与对策》，载《华中科技大学学报（社会科学版）》2021年第2期。
② 参见刘业：《美欧数据跨境流动博弈中的欧盟技术主权战略及其实现》，载《国际法研究》2023年第6期。
③ 刘云：《中美欧数据跨境流动政策比较分析与国际趋势》，载《中国信息安全》2020年第11期。

进行"长臂管辖"。根据2018年通过的《澄清境外数据合法使用法案》（Clarifying Lawful Overseas Use of Data Act，即《云法案》，CLOUD Act），美国云服务商提供的远程数据存储、软件运行及办公等相关服务，其数据无论存储于何地，美国的执法部门均有权获取。这在数据主权的帮助之下，甚至成了干涉他国主权的便利工具。实际上，美国长臂管辖还隐含了一个排除性条款，即如果其他国家在美国有分支机构的企业想要获得美国用户数据，是被禁止的，典型代表是中国的大疆、华为等企业。美国对其政治野心的扩大毫不掩饰，2022年7月8日，其总统在出席中央情报局成立75周年纪念仪式时指出，中央情报局的"最高使命"和"价值所在"就是汇集来自世界各地的情报和数据，以便制定美国外交政策的人能够竭尽所能保护美国公民的安全。

综上可以看出，美国对跨境数据流动的态度是双标性的，其为了实现政治目的，忽视他国数据主权，以便利获取其他国家的数据；而与此同时，又强调维护数据主权，严格限制其他国家对自己数据的获取，这无疑加深了跨境数据流动之间的壁垒，是极具不公平性和不利于数据流动的。

美国除了单方面地对我国进行数据流动封堵外，其还联合其他国家和地区组成政治阵营，意图不当阻滞数据向我方的流动，对我国的数据主权和网络空间安全造成侵害。诚如上文所言，欧盟在与美国的跨境数据流动"合作"过程中并不是一帆风顺的，其中也有曲折和分歧，但鉴于美国与欧盟在经贸领域、国际地位等方面的深度捆绑和共同利益，可以预测两者的最终归途是实现"合作"，这将进一步对我国的数据主权产生冲击。2021年6月，欧美峰会联合声明提出"共同努力确保安全、稳定和可信赖地保护消费者，加强隐私保护，同时维持跨大西洋商业的跨境数据流动"，标志着双方强烈的合作意愿①。2023年，美国与欧盟又达成了一项号称"关乎互联网未来"的人工智能合作协议，即《人工智能促进公共利益行政协议》，拟在预防极端天气和应对气候变化、应急响应、医疗事业、电网运行以及农业发展等五大重点领域保障公共利益，但此次合作并不以数据共享为前提，这说明两者对跨境数据流通仍有一定分歧和存有不同立场。但两方仍旧选择合作的一大重要原因在于为了更好满足彼此的需求，构建利益阵营和共同体，以共同对其他国家的数据流动形成不当制约。毋庸讳言，这些隐藏在背后的政治目的加深了数据流动之间的壁垒。

（二）数据风险防范下的安全至上

目前，数据安全风险频现，为将这些风险和问题降到最低，各国纷纷开始强调数据主权与安全至上原则，并具体体现为积极推动数据相关立法，扩大对数据的保护范围，总体上抑制了数据跨境流动。为了进一步理清上述原则的影响，需要首先对其内涵进行解构与分析。

---

① 参见张倩雯、张文艺：《欧美跨境数据流动合作的演进历程、分歧溯源与未来展望》，载《情报杂志》2023年第1期。

一方面，就数据主权的内涵而言，学界目前主要有两种定义：一种是狭义说，即数据主权是国家管辖权和控制权在数据流通领域的自然延伸①；另一种是广义说，即国家对数据及其传输载体、协议、服务商等的管辖权和控制权②。因狭义说是对传统主权说的延伸，并不能适应当下数据发展的要求，故本文采广义说。为了维护本国的国家利益，多个国家通过法律对数据主权予以强调，如：俄罗斯法律规定，外国资本不能控股境内重要的信息企业、网站；德国亦规定，除非有特殊依据，否则不允许个体跨境访问位于其他司法管辖区的服务器；再如，巴西规定，除非有充分理由允许将数据传输到国外，否则要求在本地处理数据，而且跨境数据传输的许可证最多可授予三年③。可以看出，为了实现对数据主权的维护，也即对国家主权的维护，多国对于数据流通都保持了一种较为审慎和严谨的态度。但过度的小心翼翼可能会落入数据本地化的窠臼之中，降低数据因流通而产生的价值，使保护主权利益成为一种形成障碍或壁垒的"借口"。此外，因数据主权作为一个新型概念，各国对于数据主权的理解并未形成共识。以美国为代表的西方国家便极力否认"数据主权"概念的存在，将数据流通领域等同于公海、太空等公共领域，以确保其能自由使用相关数据。此种概念实际上就是将"数据主权"等同于"数据壁垒"。但毋庸讳言，此种做法十分不可取，其极易产生"极端自由主义"的弊端，不仅使个人权利无法得到保障，还因对数据流通缺少监管而产生一系列问题，如造成强势国家对弱势国家数据发展的干预，最终有利于实现美国西方稳固霸权地位的目标。

另一方面，与强调数据主权相伴而生的则是对安全原则的崇尚。数据安全无疑是数据发展时代下的重要追求。诚如学者所言，数据主权主要包括数据管理权和数据控制权④。当强化数据主权时，国家将会相应提升对数据进行管理和控制的强度，对安全的追求也更易于实现。然而，安全追求作为发展追求的"对立面"，当过度对安全进行追求时，将会采取对数据适用程序进行严格限制、对数据流通条件进行明确规定、对数据适用范围进行限缩规定等措施，继而可能会造成对数据流通的抑制。"禁止数据自由流动，构建'数据孤岛'，不但有违数字时代数据处理的规律，而且往往会因成本过高难以实现。"⑤当然，对安全与发展的追求并不是恒定不变的，而是呈动态变化的，各个国家会根据自己的基本国情、社会环境、经济发展、政治需要等具体情况作出相应的调整。以美国为例，虽其一直以来更为追求数据的使用和发展，但近年来也出现了一些转变，开始强调安全的重要性，尤其是对于事关国家安全

---

① 翟志勇：《数据主权的兴起及其双重属性》，载《中国法律评论》2018年第6期。
② 孙南翔、张晓君：《论数据主权——基于虚拟空间博弈与合作的考察》，载《太平洋学报》2015年第2期。
③ 匡梅：《跨境数据法律规制的主权壁垒与对策》，载《华中科技大学学报（社会科学版）》2021年第2期。
④ 参见冉从敬、刘妍：《数据主权的理论谱系》，载《武汉大学学报（哲学社会科学版）》2022年第6期。
⑤ 郑曦：《刑事数据出境规则研究》，载《法律科学（西北政法大学学报）》2022年第2期。

和利益的数据,其始终坚守安全底线不予动摇。那么,相应地,当强调追求安全价值时,对数据的限制将会从严,这种限制不仅包括对国内数据使用的限制,也包括对跨境数据流通的限制,最终,不利于数据流动的壁垒也会相应随之形成。

(三)数据价值开发下的规则竞争

目前,世界各国和地区在数据跨境流动的法律规制上存在显著差异,甚至出现了冲突和矛盾,这种现象是导致数据跨境流动法律规制主权壁垒的重要原因之一,而且由于政治立场、意识形态和价值观念的差异,主权壁垒问题又进一步加剧了各国法律规则的分化。这些因素导致了主权壁垒的形成,并进一步加深了法律规则上的分歧。可以说,这两者是相互影响的。从全球范围来看,目前对于数据跨境流动的规制主要以美国、欧盟和中国的立法为代表。虽然其他国家各有立场,但它们并没有全球性的影响力①。同时,这三个国家或地区也是当前数字经济与数字贸易最为活跃的地区。因此,对它们的法律规范进行分析时,必须结合全球数字化发展格局以及各国家或地区在这一格局下对数字规则的建构能力和资源投入的差异。

尽管在美国经济发展史上,凯恩斯主义"强调政府对经济的干预和调控"曾一度占据上风,但自美国建国以来,自由主义一直是其坚持的主基调。无论是工业经济时代还是数字经济时代,美国始终秉持自由主义的原则,最大化地调动企业、个人等私主体的积极性,并构建美国在数字经济领域的全球领先地位,微软、苹果、脸书等领先全球的数字化企业的崛起正是自由主义的结果。随着数字贸易的进一步发展,人们对于数据资源价值的认识也日益加深。认识到"数据必须在流动中产生价值"②,这一观念进一步强调了数据自由流动的重要性。基于这一认识,美国在对数据跨境流动的法律规制上强调有限政府的原则,通过限制政府权力来促进数据的自由流动。同时,美国还将这种数据自由观念推广至其盟友国家。例如,在与英国、韩国、日本等国家的贸易谈判中,美国积极推动"反数据本地化"理念,希望通过与他国签订双边或多边协议,建立无障碍的数据流动圈,打破数据国界③。因此,可以看出,关于数据跨境流动,并不是没有国际规则,而是国际规则都是特定国家基于特殊利益而进行的小范围规则建构,真正像知识产权保护那样由多个国家参与的国际规则还远未形成。

同时,需要注意的是,美国所强调的数据自由流动观建立在其本土企业具备强大资本实力和数字服务产品在全球占主导地位的基础之上。实质上,这种观点反映了全球数字经济发展的不平衡现状。平台企业提供的数字服务具有锁定效应,通过建立"平台生态圈",将

---

① 李艳:《大国博弈下的跨境数据流动国际规则构建》,载《当代世界》2023年第5期。
② 东方:《欧盟、美国跨境数据流动法律规制比较分析及应对挑战的"中国智慧"》,载《图书馆杂志》2019年第12期。
③ 参见陈兵、马贤茹:《系统观念下数据跨境流动的治理困境与法治应对》,载《安徽大学学报(哲学社会科学版)》2023年第2期。

用户固定在自身生态圈内,进而对用户产生的一系列数据进行大规模的收集和分析。美国的数字服务在这方面具有绝对优势,微软、脸书、苹果等公司提供的社交、娱乐和办公等服务在全球市场占有很大份额,因此它们对全球用户数据的收集和分析也具有绝对优势。正是基于这样的前提,美国才极力推行数据自由流动观念。然而,数据无限制的自由流动最终结果是流向了美国本土企业,进一步加强了美国企业在数字经济领域的市场力量。

欧盟在法律规制方面对个人数据和非个人数据采取了不同的态度,并制定了相应的规则。然而,欧盟对这两类数据的跨境流动所采取的法律态度基本一致,即通过"内外有别"的方式进行规制。对内而言,也就是欧盟成员国内部,欧盟采取了一系列措施致力于最大化提升成员国及其国民对数据共享的信任,并采取一系列措施来减少欧盟境内数据跨境流动的障碍。而在外部,欧盟建立了严格的安全审查机制和监管体系,以确保对外数据交流的安全性。这种"内外有别"的法律态度旨在平衡数据共享和数据安全之间的关系,为数据跨境流动提供了一个稳定和可靠的法律框架。

欧盟对个人数据跨境流动的规制原则以保护人权和个人隐私为核心,这一原则与欧洲长期以来保持的浓厚人权观念密切相关[①]。1981年,欧洲理事会颁布了《个人数据自动化处理中的个人保护公约》,该协定规定了个人数据跨境流动的隐私保护措施。然而,当时的数据跨境流动规模和范围远不及现在。随着数字经济的发展,2018年,欧盟通过了《通用数据保护条例》(GDPR),该条例专门规定了个人数据的跨境流动规则。总体而言,欧盟决定个人数据是否能够跨境流动的标准在于是否具备"充分性决议"。也就是说,需要审查数据流动的国家是否具备与欧盟相一致或更为完善的数据保护法律规定,以及是否能够采取保障数据存储和处理安全的技术措施。只有满足这些条件,欧盟才会允许个人数据的跨境流动。对于非个人数据的跨境流动,法律规制主要集中在2022年2月通过的《数据法案》(Data Act)和2022年5月通过的《数据治理法案》(the Data Governance Act)中。与个人数据向欧盟境外流动的规定相似,对于非个人数据转移到第三国也设置了三重审查条件,包括通知公共机构、获得法人许可和以合同形式承诺等[②]。

由此可以看出,欧盟通过建立标准的方式,将其数据保护准则推广到其他希望与其进行数字贸易的国家。随着数字经济的发展,这种法律输出动机已经从附带性输出发展为战略性输出,目的是成为全球数据规则和标准的制定者[③]。

数据的跨境流动具有助力数据发挥最大化价值的潜力。然而,由于数据中包含个人隐私、商业机密和国家秘密等敏感内容,无法无限制地允许数据自由跨境流动。基于对此问题

[①] 参见郑智航:《数字人权的理论证成与自主性内涵》,载《华东政法大学学报》2023年第1期。
[②] 参见黄钰:《欧盟非个人数据跨境流动监管模式研究》,载《情报杂志》2022年第12期。
[③] 参见金晶:《欧盟的规则,全球的标准?数据跨境流动监管的"逐顶竞争"》,载《中外法学》2023年第1期。

的清晰认识,我国建立了"数据本地化存储+出境安全审查"的规制框架。根据这一框架,一方面要求数据必须在本地存储,另一方面要求对特定主体或达到特定量级的数据出境进行安全评估审查①。我国《数据出境安全评估办法》自2022年9月1日起生效,其中第四条规定了需要申报数据出境安全评估的情形②,第八条规定了数据出境安全评估的事项③。从这些规定中可以看出,我国要求评估境外数据接收方的数据法律法规和安全管理措施等与欧盟类似。然而,除了强调个人信息保护外,我国将维护国家数据主权和安全放在了与其同等重要的位置,形成了平衡发展与安全治理的数据跨境流动规制体系。这是因为我国一直强调的国家整体安全观,在数字时代有了数据安全方面的新发展④。在数据主权理念日益形成共识的背景下,必须采取措施防范可能对我国数据主权造成威胁的各种风险⑤。但是,在具体的数据跨境流动安全审查中,国家数据主权的标准是否明确,评估方法是否科学,还需要进一步的实践来检验。

可以看出,当前世界主要数字经济体对于数据跨境流动持有不同的态度,并在此基础上形成了各自的规范体系。这导致了国际社会在制定关于数据跨境流动的全球规则方面面临着诸多挑战。尽管美国及其盟友之间达成了一些双边或多边协议,这些协议虽然具有"国际"的含义,但要达成像知识产权保护那样由世界主要国家参与的国际规则仍然面临较大的困难,而这进一步加剧了数据跨境流动法律规制中的主权壁垒。

(四)区域数据监管下的差序格局

数据跨境流动涉及国际法上的不同主体,也就涉及不同国家和地区的法域或法律适用问题。不同国家和地区对具体管辖和相关法律适用规则的规定存在不一致,是导致数据跨境流动法律规制主权壁垒的一个重要原因。具体来说,主要涉及以下两个方面。

---

① 参见刘明奎:《数据安全视野下中国数据跨境流动的稳慎因应》,载《北方论丛》2022年第6期。
② 参见《数据出境安全评估办法》第四条:"数据处理者向境外提供数据,有下列情形之一的,应当通过所在地省级网信部门向国家网信部门申报数据出境安全评估:(一)数据处理者向境外提供重要数据;(二)关键信息基础设施运营者和处理100万人以上个人信息的数据处理者向境外提供个人信息;(三)自上年1月1日起累计向境外提供10万人个人信息或者1万人敏感个人信息的数据处理者向境外提供个人信息;(四)国家网信部门规定的其他需要申报数据出境安全评估的情形。"
③ 参见《数据出境安全评估办法》第八条:"数据出境安全评估重点评估数据出境活动可能对国家安全、公共利益、个人或者组织合法权益带来的风险,主要包括以下事项:(一)数据出境的目的、范围、方式等的合法性、正当性、必要性;(二)境外接收方所在国家或者地区的数据安全保护政策法规和网络安全环境对出境数据安全的影响;境外接收方的数据保护水平是否达到中华人民共和国法律、行政法规的规定和强制性国家标准的要求;(三)出境数据的规模、范围、种类、敏感程度,出境中和出境后遭到篡改、破坏、泄露、丢失、转移或者被非法获取、非法利用等的风险;(四)数据安全和个人信息权益是否能够得到充分有效保障;(五)数据处理者与境外接收方拟订立的法律文件中是否充分约定了数据安全保护责任义务;(六)遵守中国法律、行政法规、部门规章情况;(七)国家网信部门认为需要评估的其他事项。"
④ 易永豪、唐俐:《我国跨境数据流动法律规制的现状、困境与未来进路》,载《海南大学学报(人文社会科学版)》2022年第6期。
⑤ 参见吴沈括:《数据跨境流动与数据主权研究》,载《新疆师范大学学报(哲学社会科学版)》2016年第5期。

第一,法律管辖权争议。基于彰显主权的要求,各个国家和地区在规定数据跨境流动的法律管辖权时,都普遍规定自我具有完全管辖权。这就导致了数据跨境流动的法律规制存在主权壁垒。例如,互联网公司在全球范围内提供数据服务,但不同国家和地区可能都认为自己有权管辖相关数据的处理和存储。在无法形成国际通用的具有国际法准则的规范、惯例的情况下,不同国家和地区都主张自我管辖。而各国的法律管辖范围和标准不尽相同,从而产生法律冲突和争议。第二,法律适用范围争议。不同国家和地区在立法时可能存在矛盾规定。例如,某个国家的法律规定仅适用于该国内的数据处理和存储,而其他国家的法律可能规定其适用范围包括全球。

数据跨境流动必然涉及不同国际法主体之间的数据流动。以知名搜索引擎公司谷歌(Google)在欧盟地区的搜索服务为例。一个完整的谷歌搜索行为涉及以下部分:当处于欧盟的申请人释放出搜索信息后,相关数据会传输到处于美国的处理器上,处理器将搜索结果再传送回在欧盟的申请人。一个简单的搜索过程实际上涉及两次数据流出和两项数据流入。第一次,欧盟数据流出,美国数据接入。第二次,美国处理器将处理结果流出,欧盟数据接受。由于涉及不同国际法主体的数据流动,这一搜索行为就涉及欧盟 GDPR 和美国的《澄清境外数据合法使用法案》(2018)两个法律规范的适用。

根据欧盟《通用数据保护条例》第1条第3款关于立法目的的规定,其旨在确保欧盟境内数据主体的权利得到全面保护。同时,依据《通用数据保护条例》第1条第2款的规定,欧盟公民对其个人数据所享有的支配、保护权利,被视为公民的基本权利之一,享有宪法保护的地位。依据《通用数据保护条例》,个人保护的资料主要包括以下三个方面:一是涉及个人身份的内容,常见的有公民的身份证信息、电话号码、家庭住址等;二是生物特征,例如视网膜扫描、照片、健康检查报告等;三是电子记录,比如公民的网络使用记录、社群网站的活动记录、网络购物记录等。根据《通用数据保护条例》第3条关于欧盟管辖权的规定,欧盟管辖范围涉及对欧盟内的控制者或处理者对个人数据的处理,无关数据所在地域。同时,条例也适用任何对欧盟数据主体的个人数据进行处理的控制者,即便其总部并未设立在欧盟地域内。谷歌作为美国企业,在美国设有分部,即便没有分部,谷歌也处理了欧盟公民的个人数据,也应遵守《通用数据保护条例》之规定。此外,《通用数据保护条例》还就公民的被遗忘权(Right to be forgotten)、取用权(Right to access)、数据可移植权(Right to data portability)等新型权利和隐私设计(Privacy by design)等传统权利进行了详细规定。

2018年美国出台《澄清境外数据合法使用法案》。该法案赋予美国数据"长臂管辖"的权力:凡美国电子通信服务商或在美国运营的外国服务商,均有向美国政府提供数据保存、备份的义务。因此,美国执法者可以通过该法获取储存于美国境外介质中的电子数据。在前述欧盟公民使用谷歌搜索引擎服务时,谷歌作为在美国运营的跨国公司,有义务将欧盟公民的个人信息等数据提供给美国政府。但是,根据前述欧盟《通用数据保护条例》规定,美国执法机关获取欧盟公民个人信息的行为侵犯了欧盟公民信息受保护权。不同国际法主体之间的立法矛盾可见一斑,双方之间的紧张关系愈发明显。

《通用数据保护条例》和《澄清境外数据合法使用法案》虽都是国际法主体出台的法案,却不是美国和欧盟共同达成的国际法规或国际条约。简言之,欧盟并未承认并通过美国《澄清境外数据合法使用法案》在欧盟国家的适用,美国也并不承认《通用数据保护条例》在美国的适用。

同一数据处理行为涉及两部不同国家所制定的法律,在未存在国际通用的条约、惯例之前,若两部法律对同一数据处理行为的规定并不相同,甚至相悖,如何处理这一矛盾就成了棘手问题。显然,产生这一问题的直接原因就是,在数据的跨境流动过程中,不同国家基于不同考量,对该行为有不同的法律规定。这直接导致了不同国家在处理数据跨境流动中产生的问题时,所主张的法律规范不同,同时根据数据的属人和属地原则所主张的管辖权之间也存在争议。

遗憾的是,目前世界各国并未就此问题签订一个正式的、平等的关于数据跨境流动的国际条约。2018年,二十国集团在日本达成《二十国集团领导人大阪峰会宣言》。其明确提道:"我们应当携手努力,促进人们对数字经济的信任,利用数字化带来的益处,并减轻相关的挑战。"所谓减轻相关的挑战,最快的方法便是签订国际条约。美韩自由贸易协定(FTA)、亚太经合组织跨境隐私规则体系(CBPR)、《全面与进步跨太平洋伙伴关系协定》(CPTPP)等国际条约开始尝试就数据跨境流动进行规定①,但这些条约集中体现了美国的霸权主义和强权政治,是美国孤立中国、打击中国的工具。而且这些条约缔约主体并不平等,间接助长了美国的长臂管辖,事实上形成了对中国的剥夺。总体而言,目前世界范围内关于数据跨境流通总体上形成了三类国际条约:上述美国主导下的 FTA、CBPR、CPTPP 为其一;其二是欧盟《通用数据保护条例》,但限于欧盟成员国之间;其三是我国所主张建构的个人、国家数据安全保护的数据流动法律体系。但是在数据跨境流动争议的法律适用和管辖权方面,目前仍不存在受到普遍接受的解决方案。

三、法律如何规制数据跨境流动的主权壁垒

数据跨境流动涉及主权国家的数据安全。主权国家基于自我防御所展现出的主权壁垒问题因而具有多层次、多方面特性,需要从多角度予以化解。数据跨境流动并非纯粹的法律问题,一些具有政治性特质的问题无法在法律层面予以解决,只能通过外交途径解释。因此

---

① 参见谭观福:《数字贸易中跨境数据流动的国际法规制》,载《比较法研究》2022年第3期。

作为技术性化解的路径,应当聚焦于法律能够解决的问题之上。通过国际社会所普遍承认的国际规则、惯例的适用,以及国内规则的完善,尽最大可能化解数据跨境流动法律规制的主权壁垒。

(一)数据安全与数据自由兼顾的原则

从法律层面,数据跨境流动主权壁垒问题的破解需要我国数据交流制度设计者统筹协调数据安全与数据自由原则,在制定和改进数据交流制度的过程中兼顾这两类原则。一方面,必须承认当前国际社会存在南北发展差距,若仅仅强调数据的自由流通,将剥夺新兴国家的发展权利,毕竟发达国家的相关设施完善,资本充足。另一方面,重视数据主权正是对潜在不公平发展格局扩大趋势的抑制。因而统筹协调数据安全与数据自由原则的关系就尤为重要,以从技术角度构建相关原则为支撑点,需要从以下三个方面加以完善。

有限自由原则。经济全球化趋势加强,世界正融合为一个你中有我、我中有你的命运共同体。推动数据跨境流通,加强全球数据联系,已成为世界各国的共识[①]。然而,在实践中,这一自由原则存在着被发达国家滥用的风险。发展中国家正面临数据殖民的危险。故数据的自由流通,必须是有限度的,必须是基于国家安全的。但是也不能片面地以数据安全为名,否认数据自由,阻止各国间的数据流通。为此,要依托大数据分析技术加以权衡,做到非敏感数据的共享。对涉及经济、环境、气候等方面议题的数据,要保持各国间的及时分享,共同应对相关问题。

数据平等原则。主权国家法律地位一律平等,平等是主权国家正常交往的前提。没有平等保障的交流,只会导致霸权主义与强权政治。因此确立数据平等原则乃是破解数据跨境流动法律规制主权壁垒的关键元素,它具有两层要义:第一,平等获取权。对前述提及的非敏感数据的获取和使用方面,各国不分大小,不分强弱,平等享有保存、提取的权力。特别是关乎人类共同议题的数据,如气候变化,所有国家都不得随意以主权问题的名义拒绝分享。第二,由于各国科技实力不同,对前端技术掌握有所差异,这就造成了不同国家间存在难以跨越的技术鸿沟。技术发达国家常常依靠着技术优势,搜集其他发展中国家和落后国家的相关数据,乃至涉及军事、国安安全等敏感信息。而处于技术劣势的国家对此则显得无可奈何,无法应对。因此必须强调数据平等的重要性,所有数据的开放必须是对等的,技术发达国家必须以此原则为根基,不得剥削技术处于劣势的国家,合理地建设有关数据出入境制度防止技术占优国家的数据侵害。以上两层要义同时联结了数据自由和数据安全,从而成为调解两者冲突的中间桥梁。

[①] 薛亦飒:《多层次数据出境体系构建与数据流动自由的实现——以实质性审查制变革为起点》,载《西北民族大学学报(哲学社会科学版)》2020年第6期。

跨境审查原则。承前所论，数据平等原则勾连并融合了数据自由与数据安全原则，欠发达国家必须建构相应的制度原则，以抵御他国的技术侵犯。为此，跨境审查原则便是保障数据安全的根本原则。跨境审查原则主要针对的是本地数据对外传播的审核，其根植于国家数据安全的需要。从个人隐私信息，到涉及国家安全的机密内容、有关商贸活动的关键数据、重要军事信息等，数据涵盖国家发展的各方面。数据安全是现代国家安全的重要标志，数据向境外流动可能导致国家重要信息泄漏，因此进行数据出境审核尤为必要。对此，有两点值得注意：一是这种审查机制，并不会妨碍数据自由流通的原则。所谓的跨境审查，不是审查所有跨境信息，而是审查关键信息。审查也不是完全阻断数据的出境，而是依照相关程序，严格其出境的程序，确保关键信息不会被泄露。二是这一原则不仅不会增强数据跨境流动的主权壁垒，恰恰相反，还会对其起到消解作用。因为严格的审查制度为各国在交流过程中树立起"防火墙"，各国可以更安心地进行数据交流，不会像在无原则自由流动的背景下那样，畏手畏脚、疑神疑鬼。

综上所述，数据自由原则与数据安全原则成了原则层面的冲突。前者强调数据的自由流通与贸易的开放，后者关注主权国家的安全与发展。但这不意味着两原则处于对立关系。为此，可以分别吸收两种原则的合理成分，将之重新改造成一种合理、开放、动态的结合数据安全与数据自由原则的原则调和论的立场。

（二）开放与保护并重的价值重申

在处理制度层面的数据跨境流动主权壁垒时，应当灵活地对数据安全与数据自由原则进行协调和落实，而不是固定不变。作为当前的数据大国，中国应积极探索更为开放、合理的数据风险防范方案，避免采取"一刀切"的静态数据跨境流动法律规则体系设计，主动增强与国际规则体系的适配性和兼容性，特别是在关键法律概念方面与国际数据规则保持相应的契合性。

第一，推动制定具备同等保护水平的数据跨境流动的国际规则。在科技革命的推动下，数据及其相关技术领域的发展迅速变化。然而，这一进程同时暴露了国家间在数字治理和数据发展能力方面的显著差异，这些差异导致了数据跨境流动面临诸多法律障碍。随着经济全球化和区域一体化的深入发展，以及不同经济体之间的交流和沟通日益增加，迫切需要建立一套处于同等保护水平的数据跨境流动的国际规则体系，以更好地实现市场主体的平等和产品的自由流通，促进全球经济的繁荣和发展。近年来，欧盟及其他国家和地区一直致力于推进高标准的个人数据跨境流动安全，并建立了同等保护水平的规则体系，以促进本地区内部的数据流通[①]。例如，1995年的《数据保护指令》和2018年的《通用数据保护条例》

[①] 参见陈兵：《新基建与数据治理法治化》，人民出版社2022年版，第133页。

（GDPR）都规定了数据跨境流动的前提规则，即要求境外国家提供与欧盟同等的数据保护水平。这些规定尽管可能会对其他发展中国家的数据跨境流动造成一定的障碍，但总体上有助于引领数据跨境流动规则的高标准发展，并促使其他国家和地区不断提升数据治理水平。欧盟作为具备较高数据保护能力的地区，通过这些规则的推动，为世界范围内数据跨境流动树立了榜样。这种高标准的数据保护规则，不仅有助于保护个人隐私和数据安全，也促使其他国家和地区加强数据保护措施，提高数据治理水平①。中国作为数据大国，应当积极关注当前和未来的议题，并推动数据跨境流动规则的标准化和科学化。当然，为了避免各个经济体数字治理水平的差异产生数据跨境流动的壁垒，需要针对某些特殊情况或例外情形制定规则。例如，在确定相关合同义务、保护数据主体利益和维护公共利益等方面，应该有条件地允许在不同保护水平条件下的数据跨境流动。

第二，以统筹发展和安全为目标，构建动态平衡的数据跨境流动规则体系。在快速推进数字化的进程中，中国的十四五规划凸显了对数据安全的深度关注，特别是在数据跨境流动方面。该规划明确提出，必须在加快数字化建设的同时，重视并加强数据安全的评估工作，确保数据的跨境流动既安全又有序②。这一举措不仅回应了当前全球范围内前所未有的大变局，而且也是实现中华民族伟大复兴目标中平衡发展与安全的战略考量。坚持国家总体安全观，构建和维护一个健康的数字生态系统，已成为我国发展数字经济，推动开放型世界经济的重要战略③。一方面，数据安全在跨境流动中扮演着至关重要的角色，其不仅是数据出境的基本前提，更是整个数字经济发展的基石。国家互联网信息办公室在2022年发布的《数据出境安全评估申报指南（第一版）》中，便强调了对数据发送和接收双方的安全能力、技术实力以及保护措施的严格评估。正如《中国互联网20年发展报告》所指出的，"安全是发展的前提，发展是安全的保障"④。这不仅体现在数据的完整性、可用性和保密性上，更关乎国家安全、社会利益以及个人隐私的保护。在推动数据的跨境流动时，必须确保这一过程不会损害国家、社会及个人的利益，以符合技术发展的初衷，同时满足数字经济的可持续发展⑤。另一方面，在讨论安全流动与自由流动原则的发展过程中，重要的是寻求二者之间的平衡，并确保它们能够相互补充。为了达到这种平衡，可以将其划分为三个可操作的环节：首先，清晰界定自由流动原则的不足之处；其次，明确安全流动原则的重要性；最后，探讨安全流动原则的重要性是否能够补偿自由流动原则的不足。在国际公约中，数据安全与数据

---

① 参见方芳、张蕾：《欧盟个人数据治理进展、困境及启示》，载《德国研究》2021年第4期。
② 参见《中华人民共和国国民经济和社会发展第十四个五年规划和2035年远景目标纲要》，人民出版社2021年版，第52页。
③ 参见徐拥军、王兴广：《总体国家安全观下的跨境数据流动安全治理研究》，载《图书情报知识》2023年第6期。
④ 中国网络空间研究院：《中国互联网20年发展报告》，人民出版社2017年版，第122页。
⑤ 参见郑淑凤：《数字经济视角下数据跨境规则的困境与回应》，载《国际贸易》2022年第5期。

自由哪个更为重要的问题已有所体现。联合国《关于国家安全和信息权利的全球性原则》第3条专门针对"以国家安全为由限制信息访问"的情形。该条款明确要求"限制措施必须遵守比例原则,即采用最少限制手段来防止潜在危害"。然而,这样的限制措施仍然受到"必要性"原则的约束。对此,我国应同样以"必要性"作为数据流动的原则,对数据流动的限制措施不能偏离数据安全的目标,为防止因数据流动导致的国家安全危害所采取的举措,应为避免相关危害所必需。总的来说,在保护数据安全和相关法益的前提下,应尽量减少对数据跨境流动的限制。

(三)合作与自主融贯的规则建构

目前,欧美等国家正在积极地制定数据流动规则,以确立自己的话语权,但国际上尚未形成统一的规则。为了有效地参与国际合作,中国需要进一步完善其国内法律框架,以确保具备高效的执行能力和强大的防御能力。这将为中国创造更有利的条件,推动国际合作取得更积极、更丰硕的成果。然而,中国跨境数据立法尚处于起步阶段,相关机制尚待完善,现有规定也比较分散,因此,需要进一步加强数据跨境流动的相关立法工作。

根据现行的法律规则,我们可以将《中华人民共和国数据安全法》视为保障数据安全的法规体系的基础法律。这部法律不仅提供了对数据安全的宏观指导,也对现有的法规中的"关键信息""重要数据""核心数据"等概念进行了深入的总结和扬弃,使我们对数据的分类和保护有了更清晰的认识。进一步,可将所有数据和信息明确地划分为三类,这种分类的方法更具操作性和针对性。第一类是普通数据,这主要包括那些经过脱敏技术处理的个人信息、日常的商业数据等,这些数据的风险相对较低,因此对这类数据采用轻度管控的标准,以确保其合规使用的同时,也避免过于严格的限制阻碍了正常的商业活动和个人使用。第二类数据被定义为重要数据。同时,还应当规定相关的数据处理者必须定期提交其业务内的数据流动情况报表,这样可以对数据进行更为细致和全面的监控和管理。第三类数据是核心数据。这类数据的重要性不言而喻,其涉及国家的核心利益和关键领域,因此应绝对禁止这类数据的跨境流动。任何针对核心数据的犯罪行为,都将结合刑法进行严厉的打击,以确保国家的核心数据安全无虞。

此外,我们还需要在《中华人民共和国民法典》的法律解释中对个人信息进行更为细致的分类和定义。普通个人信息和敏感个人信息之间的区别需要得到明确的界定,这样可以更好地保护个人的隐私权益。同时,还应该指定专门的个人信息保护机构,负责监督和指导个人信息的保护和使用。为了进一步细分和规范各种类型信息数据的处理和使用,我们可以考虑将相关的规则制定权下放到《个人信息保护法》中,这样可以更为专业和针对性地进行管理。

同时,针对那些涉及国家或社会重大利益的数据,需要严格统一其定义范围、表述方式以及跨境审查程度，避免出现定义模糊或执行不一的情况。为了更好地促进我国数据产业的发展和壮大，我们还需要加强对数据产业的保护规制，确保企业在合法合规的前提下，可以充分利用数据进行创新和发展。在商业实践中，我们注意到企业数据和个人信息之间存在大规模的重叠。当企业经过算法脱敏处理后，这些数据的权属关系可能会发生变化。因此，我们需要根据实际情况和数据的特点，相应地调整这些数据的分类和保护程度，确保数据的合法、合规和合理使用。

在深入研究的背景下，对于数据跨境流动的评估与监管，我们需要构建一个兼具合理性和高效性的综合体系。这一体系的形成不仅需要对各种相关因素进行全面的考量，还需要对各种潜在风险进行准确的评估。在确立立法方向的过程中，应当坚守开放和包容这两大核心原则。这样的选择不仅有助于确保数据产业在一个健康、有序的环境中持续发展，还可以确保在立法过程中向外界传递出更为自由、积极的立法意向；不仅可以增强外界对数据产业发展的信心，还可以为数据产业的创新提供更多的可能性。例如，针对个人信息跨境流动这一关键议题，我们可以考虑实施一种宽泛同意加自由退出的全新机制。与当前严格的知情同意制度相比，这种新机制更加注重个人的自由选择权，也更加符合现代社会对于个人隐私和数据权益的保障需求。同时，我们也应该认真汲取欧盟在这方面的经验教训。尽管严格的监管是保障数据安全和个人隐私的重要手段，但我们不应忽视市场对资源的配置能力，以及数据本身所具有的活力。过于严格的监管可能会导致数据产业的发展受到不必要的束缚，进而影响到整个经济的创新发展。因此，我们需要找到一个平衡点，既要确保数据的安全和隐私，又要保持数据的流动性和使用价值。

在监管的方向上，我们需要对现有跨境数据流动中的行业监管体系进行全面的完善。这意味着我们不仅要对现有的监管模式进行深入的反思，还需要引入更为先进和科学的监管手段和方法。在这一过程中，应逐渐摒弃过去"一刀切"的监管模式，转向对数据的动态流动过程进行更为细致和全面的监管。为实现这一目标，我们需要明确监管机构的具体权限，为被监管企业提供明确且可操作的合规指导和帮助。此外，还需要特别加强对跨境数据流动的事前和渠道监管，确保数据在跨境流动的过程中始终得到有效的监控和管理。在具体操作上，可以考虑将与国家主体相关的数据和与公民个人相关的数据进行分类，并为这两类数据设立两套宽严相济的监管体系。这样的分类监管不仅可以提高监管的针对性和效率，还可以更好地保障不同主体的数据权益。通过监管制度上的这种数据分类，我们可以确保各类数据都得到适当的保护，从而在实现数据安全的基础上，通过更为科学和高效的监管促进整个数据产业的繁荣和发展。

（四）适配与发展协调的解纷监管

针对纠纷解决层面的数据跨境流动的主权壁垒，当前的主流国际数据跨境流动规则体

系未能提供有约束力的争议解决机制。对此,具体的应对措施可包括如下两个层面:

第一,在执法实践中,借鉴与融合国内外治理经验是至关重要的。针对全球数据跨境流动的复杂现象,单纯依赖国内法规或是国际规则都是片面的。应当深入挖掘各国在数据治理中的最佳实践,将其与国内实际相结合,形成一套既符合国情又能与国际接轨的治理策略。当前,我们正处于一个国内外环境都在发生深刻变革的时代。技术的进步、经济的全球化以及地缘政治的重新洗牌都使得全球数据跨境流动变得更为复杂和多元。因此,我们需要在保障国家安全和公共利益的前提下,更加开放和包容地看待数据的跨境流动。为了更好地融入和参与全球数据跨境流动的治理,我国应当秉持公平、透明、自由竞争、安全高效和非歧视性等原则。这些原则是国际社会的普遍共识,也是我国作为一个负责任的大国应当坚守的。在此基础上,我们可以进一步提出我国参与全球数据跨境流动治理的具体方案,确保在与国际规则接轨的同时,也能够发挥我国的特色和优势,实现与其他国家和地区的互操作和共赢。这不仅可以提升我国在全球治理中的话语权和影响力,更可以为我国的数据产业和相关企业创造更多的发展机遇和空间。

第二,要及早制止在"数据自由"的幌子下进行的越界管辖,特别是某些国家在数据跨境流动争议中采取的越界执法行动。随着数字时代的来临,数据的流动已经不再受传统国界的限制。由于云计算、区块链、大数据和人工智能等新兴技术的支持,跨境的网络和数据服务提供商已经能够掌控分布在全球的大量数据和信息。在这样的环境下,一些国家,尤其是发达国家,为了避免复杂的法律协助程序,利用其国内的数据"总部",采取越界执法的方式获取存储在国外的关键数据,这种做法在一定程度上对他国的数据安全和法律主权构成了侵犯。

· 理论前沿 ·

行政机关自我强制执行权的反思

于立深 *

摘　要：当代中国行政诉讼法上的诸多理论和制度，都与行政自我强制执行权的固有性、先验性、无限性的旧理念密切相关，它们相互绑定。在知识谱系和逻辑命题上，揭开行政自我强制执行权的面纱，反思其先验性的反法治错误，对非诉行政案件司法执行制度及行政执行根据的本质进行再认识，有助于深刻反思"民告官"隐喻预设的原被告角色和诉讼结构关系恒定制度，从根本上反思行政执行和行政诉讼起诉权资格两种制度及其关系，从而建立起解决多元复杂的行政争议所需要的行政诉讼当事人制度、行政执行制度。

关键词：民告官　行政自我执行　非诉行政案件

"民告官"是我国行政诉讼制度的显著特点之一，《中华人民共和国行政诉讼法》（以下简称《行政诉讼法》）立法排除了"官告民"，旨在保持"民告官"制度设计上的一致性[①]。"民告官"表达作为一种法律隐喻，指称原被告诉讼角色及其结构关系。原被告角色恒定关系定位及其模式化，一直被视为具有普适性的本质性的基本行政诉讼规律。然而"民告官"从隐喻到制度设计之间存在一系列知识误解，长久以来的理念认为行政机关不需要借助主动的政府起诉权机制就可以实现全部行政争议的国家自助解决，这其实是误解了行政机关自

---

* 作者简介：于立深，法学博士，东南大学人权研究院研究员，东南大学法学院教授、博士生导师。

① 参见全国人大常委会法制工作委员会：《中华人民共和国行政诉讼法释义》，法律出版社2014年版，第1、5、7、8、44页。

我强制执行力的物理性质和法律属性，迷思于行政机关自我强制执行权的固有性、先验性和无限性的反法治错误之中。

1989年制定《行政诉讼法》时，理论和实务各界强调行政诉讼是单方的"民告官"，不能反过来，而且只能是主观诉讼，不能是客观诉讼。检察院公益诉讼当时也被排除了，认为这是"官告官"[①]。行政诉讼和民事诉讼中的"官告民"都遭到反对，潜在的法律意识都反对"官"有起诉权，纠缠其中的法文化理念相信行政自身的力量无所不在，不需要行政机关借助起诉权即可实现自己的目的和任务。行政机关在行政诉讼中不享有起诉权利，是因为"行政机关进入诉讼以前享有单方意思表示并拥有监督和强制相对人接受这种意思表示的权力。除法律另有规定外，并不需要第三者的力量"[②]。四十余年来，这种行政机关具有先验的自我强制执行力的观念已经固化。自我强制执行力是否是行政机关固有的先验的权力，是非常值得进行学术性反思的一件学案，将影响到行政诉讼当事人制度和行政执行制度之间关系的建构。

一、行政自我强制力先验性是否存在？

行政主体不需要初审起诉权，真的是因为它们固有自我执行权吗？当代中国行政诉讼法的基本结论之一是，行政机关不能充当原告提起诉讼，只能由相对人充当原告，"是因为行政法律关系中，作为权利主体的行政机关，认为行政相对人的行为违法或不当时，凭借国家授予的行政管理权，可直接通过行政命令或行政处罚等方式，单方面决定对方当事人所应承担的义务和所应受到的行政制裁，而无需求助于第三方"[③]。行政诉讼原被告关系是恒定的，"被告总是行政主体"的根本原因是行政决定是由行政主体的行政权单方作出的。行政决定具有先定力、公定力、确定力、拘束力和执行力，相对人只能通过行政诉讼解除行政决定。行政争议关系主体中不能缺少国家行政机关为一方当事人。行政机关的优越地位、管理上的指挥命令权、强制执行权，无需相对人同意，相对人应该服从。"除非某些没有强制手段的行政机关依靠其他途径实现权力，行政机关的权力完全可以凭借自身的能力得以实现。"原因在于行政机关由国家授权获得了单方权力，同时其行政行为具有公定力。这些因素决定了发生行政争议后，"提起争议的一方当事人只能是管理相对人，而不是国家行政机关；行政争议的对象，只能是国家行政机关行政行为的合法性，而非管理相对人行为的合法性"[④]。

---

① 参见何海波：《行政法治奠基时：1989年〈行政诉讼法〉史料荟萃》，法律出版社2019年版，第410页。
② 应松年：《行政诉讼的基本原则》，载《政法论坛》1988年第5期，第66页。
③ 熊先觉：《中国行政诉讼教程》，中国政法大学出版社1988年版，第97页。
④ 参见周卫平、江必新、张峰：《行政争讼制度概论》，宁夏人民出版社1988年版，第3-4页。

行政机关的单方权力被认为是一种特权。"行政诉讼中的被告是,也只能是国家行政机关,即通常说的'民告官'。在行政诉讼中,国家行政机关恒定为被告,这是因为在行政活动中,行政机关享有特权,作为国家机关,它拥有实现其意志的全部手段,它既可以命令公民履行某项义务,也可以对不履行命令者给予处罚,还可以采取强制措施实现该项义务,无需通过诉讼的方式实现其意志"。"由于行政机关拥有实现其命令的一切手段,故行政机关恒定为被告,既不享有起诉权,也不享有反诉权,因为事实上无此必要。"①"对相对人所实施的行为,即使违法,行政主体也无须通过诉讼来解决,而可以实施行政处罚或予以强制执行。因此,行政诉讼的被告具有恒定性。"②

上述近乎雷同化的阐述,在教科书或者学术著述中普遍化地存在,它们指明了"民告官"表述被模式化的理论和制度前提——"中国的行政机关具有行政优先权,能够依法直接、单方面地对公民、法人或者其他组织作出具有法律约束力的决定。在当事人不履行行政决定所确立的义务、法律又没有赋予行政机关强制执行权的情况下,行政机关可以向法院申请强制执行。"③在1990年《行政诉讼法》实施后,司法实践中曾经零星出现的"官告民"个案裁判就此终止。反对"官告民"制度的一个理由是,"官告民"违反了对行政权的本性的认识(行政权的重要特征之一就是执法权、执行权),也不符合对司法权本质的认识(司法权的本质可以概括为判断权),更不符合行政效率和司法效率原则④。在全面依法治国的今天,我们有必要仔细甄别已经被泛化的行政机关自我执行力的理念,科学地评估其相应制度发展对法治促进与法益保护的利弊。

首先,行政强制执行权不是行政特权,它不能免受法律规制。一切预设了行政机关有权解决纠纷的自我裁判和自我执行能力的观点,都可能具有人治时代的局限性。行政法学教科书一般认为行政机关不需要主动发起行政诉讼,自己有强制解决争议问题的全部能力,就是默认了行政特权。问题是从法治国家角度看,行政机关真有那么多权力吗。在法治政府原理和依法行政原则的限制之下,行政权力只能来自法律授权。我国的法治实践过程也表明,行政机关只应该具有合法合理的单方强制权力,行政机关普遍化地直接使用强制权力不仅危险而且缺乏合法性基础。行政机关并不是一直就固有自我执行权力,只有在法治不健全情况下,行政机关才可能拥有和扩张这些权力。在1978年之后,特别是《中华人民共和国行政强制法》(以下简称《行政强制法》)2012年施行之后,我国行政执行权受到越来越多的限制,自我执行权限越来越小,这反过来意味着行政机关实际上没有当然的固有的自我执

---

① 张树义:《中国行政诉讼法学》,时事出版社1990年版,第4、13页。
② 参见叶必丰:《行政法与行政诉讼法》,武汉大学出版社2008年版,第341页。
③ 何海波:《行政诉讼法》,法律出版社2011年版,第17页。
④ 参见杨海坤:《"官告民"应该缓行》,载《法制日报》2002年9月22日,"法意"版。

行力,先验性的自我强制执行权将导致绝对行政权不需要授权法基础。

其次,行政强制执行权不是物理性权力,其遵守的不是物理而是法理。在法治国内涵之内,国家作为主体的权力是有限的而非无限的,国家与人民之间并非赤裸裸的权力事实关系[①]。"民告官"理念排斥政府诉权,其背后潜藏的普遍化的行政自我强制执行力行使观念,的确可能是某些真实生活场景的物理性观察,却是违背法理的非法律现象。进入21世纪,仍有某些法学理念囿于时代的限制,在教科书中将行政自我执行力和执行权等行政特权,视为合法的永远的单方强制力,认为行政机关对政府契约订立和履行也有法外或者天然固有的执行权和制裁权。这些理念只是对所谓的行政自我执行力和权能外在的物理性描述,而非对行政执行权力和权能的合法性辨析。行政强制执行权在现象上是以物理性事实存在的,但是以物理性和事实性存在的单方强制力并不意味着它们的存在就是合法合理的。无论是西方权力分立和平衡理论还是当代中国权力分工与监督理论及制度,都不承认存在法治之外的行政权力。在某个历史阶段或者某种场合下,人们所看到的行政权力的面相,确实只是客观的物理力量的观察反映,但这不是对权力合法性的价值评价。在人类现实生活中,物和技术不能脱离法律制度的规范约束,物理上的权力权能须受到合法性价值的制约。在依法行政原则和法治政府纲领之下,行政权力的合法性不能自证,必须借助立法授权才能得到保障。行政执行力同时应得到司法约束,非诉行政案件执行也不能脱离法律的制约。行政诉讼原被告角色及其结构关系恒定理念中的焦点之辩是:行政机关的单方执行力如何存在及其根据何在?在国家权力的传统架构中,行政权力一直表现为主动的权力,行政权具有事实上的单方控制权力,这是一种物理性的权力控制能力,它带有主权属性或者分享了主权者的人格,倾向于排除现代法治国家所要求的权力合法性内涵约束。在宪法治理的合宪性审查、法治政府的依法行政理念之下,行政权力的物理性力量受到了合宪性合法性原理的制约。

最后,行政自我强制执行权被作为行政法的特性,影响了原被告角色及其结构关系。对行政权属性的夸张描述是反法治的,暗含着行政自我强制权力的固有性、先验性和无限性,这是一种表面上合乎法治而实质反法治的理念。二十世纪八九十年代的中国行政法学认为,行政机关在行政法上的权利不必和无须通过行政诉讼来维护和保障,这是因为行政法的特殊性和行政诉讼法所要解决的争议双方当事人在行政法律关系中的地位具有不平等性。行政机关处于支配地位,可以依靠自身的力量强制相对人接受和服从国家意志[②]。有代表性的学术观点认为:"行政诉讼的特殊性决定了行政机关的行政职权无须通过行政诉讼加以维护。在行政管理中,行政机关享有实现自己意志的全部特权,它既可以通过命令权的行使将

---

① 参见[德]奥托·迈耶:《德国行政法》,刘飞译,商务印书馆2002年版,第110页。
② 参见张尚鷟:《走出低谷的中国行政法学——中国行政法学综述与评价》,中国政法大学出版社1991年版,第389-390页。

自己的单方面意志加之相对人一方,为其设定义务,还可以通过处罚权的运用,对不服从命令、不执行行政机关意志的相对人给予惩戒制裁,更可以对负有法定义务而不履行的相对人依法采取强制执行手段,将自己的意志变为现实。因此,行政机关依靠自身的力量就可以强制行政相对人接受和服从行政管理,不必也无须借助于行政诉讼来实现行政机关所代表的国家意志。""行政职权是国家权力,它本身就是一种可以强制他人服从的力量,就是一种可以自我保障的力量,无须再由其他国家权力加以维护和保障。换言之,是行政权力就不用其他权力加以保障,需要其他权力加以维护和保障的权力也就不是行政权力。"①

这些理念值得商榷之处在于:把行政权力等同于无所不能的国家主权是否正确?行政权首先是受到实证法和法治原则约束的具体权力,它不具有主权权力的至上性和无限性。行政权是主权的体现,但是行政行为不是国家行为,行政权是通过权力分立所体现出来的有限主权内容,它并不具有主权的全部要素内容,也不能以主权作为自己合法性的直接渊源。我国《行政诉讼法》及其司法解释所规定的免于说明理由、行政复议、司法审查或者国家赔偿的"国家行为"的主体和事项,恰恰是有限的。

二、行政机关自我强制执行权先验性的批判

当代中国行政法学者一方面强调监督行政权,一方面又认为行政权固有先验的执行力,从而行政机关不需要起诉权来解决行政争议,这些认识使自身陷入了对法治主义理解的悖论漩涡,也使法院对法治主义的保障必然呈现出矛盾性。对行政自我强制执行权的反思,首要在于辨识其先验性是否存在,进而须对行政行为效力理论进行重新认识。

(一)大陆法系国家对行政自我强制执行权的批判

德国学者奥托·迈耶在1895年创制德国行政法理论体系时仍残存旧的国家主义观,他认为国家权力的优势性和首位性来源于主权,国家主权具有至上性、原初性和无限性②。迈耶首先批判了邦主国、警察国的不受约束的公权力观念,进而以法治国作为行政法的基础。迈耶认为统治不同于行政,统治是对国家事务进行最高领导的自主行为,行政是针对特别和个别的情况。行政是一种国家活动,由国家法律制度确定,接受立法的约束。主权具有自力救济的特殊性,主权可以自我实现其权利而不论其是否有法律基础。行政执行和警察强制是君主实现其主权的自力救济方式并且排除了上诉权。王侯自行行使的公权力不受限制。邦(君)主不到法院起诉,是"因为他没有必要这样做。在例外的情况下,一个不是太强有力的邦主会去寻求帝国法院的保护,以对抗其固执的臣民……"警察国家中的国家权力具有

---

① 张树义:《冲突与选择:行政诉讼的理论与实践》,时事出版社1992年版,第14-15页。
② 参见赵宏:《行政法学的主观法体系》,中国法制出版社2021年版,第174页。

绝对优势,警察国没有行政法律制度,行政机关的权力就是主宰和命令。"宪政国家是行政法前提",将国家的普遍性权力纳入法律形式和结构之中。法治国与警察国的区别在于,"法治国的所有作用'都是以法律的形式决定的'","法治国就是经过理性规范的行政法国家"。宪法为法治国提供了法律规定的法律机制。"法治国不是设置于法律之上的国家,而是设置于法律之中的国家。"法治包含三部分:形成法律规范的能力、法律优先及法律保留。"行政以自有的力量作用,而不是依据法律",对行政自行作用的排除被称为法律保留[①]。

日本学者原田尚彦在20世纪70年代开始系统性地批判行政权自我执行力的固有理念和理论。进入21世纪,藤田宙靖、盐野宏等学者继续批判行政自我执行力理念。日本行政法学对法治主义的讨论远未尘埃落定。日本法治主义理论源于母体国的德国法上的立宪君主国家的残余[②],议会法的"法的支配"原理在行政和司法上远远未被落实。行政行为是行政法学核心的基础概念,日本早期将行政行为界定为具有行政优越性的单方法律行为,这种优越性就是指权力性。"将行政意志的优越性或权力性视为行政行为的本质性要素","行政机关不以相对人国民的意志为转移而强迫国民服从……命令与强制",这种行政优越性意志被视为一种"常识性理解"。最初是以警察规制的强制令为蓝本,后来则将"强制命令"视为行政行为的本质要素,这也与今天授益行政中的给付行为的内涵发生了矛盾[③]。

传统行政行为理论中的"优越性权力的存在",是由迈耶发现并统一于"行政行为"概念之中的。他认为行政机关的意思表示具有确认自身合法性的"自主确认力",这是一种"官宪式行为",行政机关不需要法院就可以凭借自身的强制力予以自我执行。此后的德国行政法学者也或多或少地以"自主确认力以及自我执行力为前提来开展各自的行政行为"的研究。迈耶视角的行政行为核心是"优越性权力的存在",承认了行政机关有自主确认力和自我执行力,他由此创立了"自主确认力理论"[④]。

自主确认力是来自法律之前的行政权独自的先验性权威还是来自法律对行政的授权,迈耶未予以说明。日本学者批判了"自主确认力"这种法外的事实能力,注重从法中寻求公权力(高权式权力或高权式行政)的根源。其认为迈耶否认对等性公法契约,是因为行政具有优越性地位,迈耶是从君主国家权威本身当中寻找行政行为的固有的权力渊源。奠基于"君主的赤裸裸的权力"基础的行政行为理论,其权力根据的理论基础不是源于法规的授权,而是源于先行于法秩序的国家权力或者国家的法权威,行政自主确认力既不源于法律,

---

① 参见[德]奥托·迈耶:《德国行政法》,刘飞译,商务印书馆2002年版,第3、9、38、39、41、42、56、57、60、66、72、120页。
② 参见[日]盐野宏:《法治主义与行政法——在日本的展开》,闫尔宝译,载谢进杰:《中山大学法律评论》(第九卷第1辑),法律出版社2011年版,第109、125页。
③ 参见[日]原田尚彦:《诉的利益》,石龙潭译,中国政法大学出版社2014年版,第88-89页。
④ 参见[日]原田尚彦:《诉的利益》,石龙潭译,中国政法大学出版社2014年版,第92-93页。

也不来自一定的程序。国家与国民之间的公法关系被解释为一种国家统治关系;公法关系是权力支配关系,除非法律特别保留,否则行政机关无论是否有法律授权,都可以采取公权力手段干预国民①。迈耶所创设的行政法基础理论,其初始背景处于封建帝制时代的末期。公权力先于法规而存在,国家与国民之间的公法关系先于法律的基础而存在,行政行为只是这种特殊公法关系的行政权的外在表现,它们以国家活动先于实定法的特殊"公权力平台"而发端和运作,由此决定了公法关系的存在②。此种旧时代公法生活的经验观察结论,就是国家对国民的权力支配关系。

先验地承认特定领域的权力支配性,也构成了日本早期行政法的前提,这实际上是把政治学式的国家观作为先验事实予以承认,此为"政治式法理"。这种"政治式法理"将政治或者社会的实际状态确立为先行的认知对象,重要的法律规范则被降格为次要的认知对象。以权力实际状态决定其法律性质就是"政治式法理",是"规范法学"颠倒的方法论。无论是公权力还是高权式权力、高权式行政,它们都是"法之前的事实上的权力"。这种奠基于君主主权的"政治式的行政法理论",将"行政权作为君主的分身可以任意发动统治权","行政权力与国家的统治权力被视为同一"。这一"不真正的法治主义"虽然否定行政性法规作为发动行政权力的根据,但是只要缺乏对君主权力的议会限制,无论有无法律,行政权都会先于法律的基础而发动其"固有公权力的国家活动"。只有议会主权彻底贯彻于现代法治国家之中,才会瓦解"行政权具有决定国民权利义务的固有权威的制度基础"。在民主法治国家中,行政权不再是国家统治权的直接执行者,行政权执行被法律具体化的国家意志;行政权作为执行权不再处于优越地位,所有行政行为都是对个别具体的实定法规的实现。不能从概括性法规、习惯法或行政固有权威中去寻找行政权的合法性。行政权力发动的基础在于个别具体的法律明文的明确授权。行政机关行为的判断应该完全根据具体实定法进行个别解释和决定,"不应该基于生活基础的本质作出先验性的判断",即不是从行政的实际状态把握行政权力,那样就缺乏了法律的价值,应从具体的实定法认识行政权③。

德日旧时代的学者们对行政权力固有性的描述,部分原因在于对行政法律关系类型的有限的生活观察。田中二郎指出了行政法律关系的多样性,包括:支配关系——特殊公法秩序;管理关系——国家经营事业或管理财产以及私经济关系④。在行政行为类型上,授益行政行为不具有强制要素,给付行政行为不带有自我执行力。侵害行政也并非都含有强制执行措施,行政强制执行与行政行为是两种独立的制度。因此"不应该从国家统治权中直

---

① 参见[日]原田尚彦:《诉的利益》,石龙潭译,中国政法大学出版社2014年版,第94-95页。
② 参见[日]原田尚彦:《诉的利益》,石龙潭译,中国政法大学出版社2014年版,第96页。
③ 参见[日]原田尚彦:《诉的利益》,石龙潭译,中国政法大学出版社2014年版,第98-102页。
④ 参见[日]原田尚彦:《诉的利益》,石龙潭译,中国政法大学出版社2014年版,第97页。

线式地演绎出行政行为的特征"①。

即使是在现代社会,人们在某种意义和程度上仍然残留着旧时代的权力思维,自觉或不自觉地主张在超实定法的国家权威自身中寻找行政行为的权力合法性渊源。因此,特别是从近代国家到现代国家的转变过程中,如何认识行政法上的权力,行政法学需要继续对权力作出反思。盐野宏认为,权力的含义是,当事人之间没有达成合意,一方当事人的意思优越于另一方当事人的意思,这是权力作用的本质。在行政权力的谱系上,第一种表现是权力对他方的压制性的"实力行使",是在行使肉眼可见的物理性力量。行政机关的这种"实力行使"应被法律赋予资格。第二种表现是以"法行为"表现的权力性,即"权力性法行为"。要求实力行为的行使以"法行为"作为前提,实力行为的制裁效力须依据"特别法理"即行政行为概念和理论,例如建筑物拆除应以违法建筑物拆除命令为执行的前提。但是,行政"法行为"的行使未必要通过实力行使或者刑罚作为担保,行政行为的权力性和效力并不直接对相对人施加实力或心理性压迫,令人强行服从。第三种表现是非权力行政的权力性。简言之,行政的权力性包括法直接认可的物理性实力行使和权力性法行为,它们是国家权力的展现,同时包括了具有实际效力的非权力行政,例如行政指导、行政服务等②。

在现代法治国家,要求行政权服从于法,法之下的权力不再是腕力、天然力。权力虽然是一种强加于他人意志的意志,但是权力应在法的控制之下,或者权力应该具有法论证上的正当性,应受到法律保留、自由裁量理论的限制。在谈行政权力的自我执行权时,不能忽视权力的意志性和法律控制性,或者有意无意地凸出权力的实力性、物理性和他方服从性。行政行为公定力理论是对权力内容的法关系阐述,承认国家意思行为的优越性,但行政权力不是无限的,其合法性来源于法律的授权,须贯彻法治主义,不正当的权力可以被通过争讼程序予以撤销或者确认无效。行政的权力性的一面是"实力行使",权力的实力行使来源于执行命令,还是必须有特别的法律根据,这也是一个根本性问题。美浓部达吉"将国家行为的优越性冠名为公定力",认为直接强制不需要特别的法律规定,行政机关具有当然的权能,根源在于"公权力的国家意思自身具备执行力",即迈耶所谓的行政行为的自主确认力。盐野宏总结说,在旧时代行政权力的法根据不在于议会制定法,而是天皇(君主)权力。日本明治宪法之下的权力与臣民的关系中,臣民没有程序性权利保障观念,也没有英美法上的古典自然正义、正当程序。当主权转向国民主权,国家权力的本源发生了变化,近代行政法也转向了现代行政法,从而重新认识了行政法中的权力性问题,重新思考了行政执法权的正当性和权力的样态。"实力行使本身需要有直接的法律根据",同时通过司法权力的法官令状来

---

① 参见[日]原田尚彦:《诉的利益》,石龙潭译,中国政法大学出版社2014年版,第108、117页。
② 参见[日]盐野宏:《行政中的权力性》,肖军译,载胡建淼:《公法研究》(第10辑),浙江大学出版社2011年版,第290-296页。

牵制行政上的实力行使①。简言之,美浓部达吉所代表的旧式行政法学者认为行政行为的合法性是由行政机关自我认定的,其背后的"法治主义"基础是没有经过议会的独立行政权的执行权,但是盐野宏所代表的当代行政法学者认为这是不符合彻底的法治主义观念的,执行权本身也须获得法律依据。

日本近代行政法继受了19世纪德国公法学及其系谱的明治宪法之下的日本公法学。现代行政法认为"权力的样态在现代行政中无法用命令与强制这样的简单图示来表述"②。绝对君主专制时代即警察国家时代,集立法、行政、司法三权于一身的君主专制统括了绝对权力。行政机关直接依靠自己的力量就可以强制执行,即行政机关的执行力可以是以自身实力为根据的自力执行。行政行为具有自力执行力的基础,这种自我执行力在迈耶时代被认为"行政行为本来当然就有这种权力",但是这种观点在今天被否定,行政自力执行仅限于法律上对行政机关行为承认的场合。与日本和德国过去的观念和做法不同,"今天即使是有法律授权的行政行为,强制执行自身也必须有法律依据"。今天的理念认为依法行政原理才是行政法上的"万有引力定律"③。

(二)行政机关自我强制执行权理念的反思

行政权力的固有性是其不受法律约束之意,这恰恰是违背了法治国的法律保留原则。在法治国之下,从主权要素中将行政机关和行政行为剥离出来,重新阐释了行政机关与私人的关系,二者构成一种权利义务关系而非统治与被统治关系。国家与私人从事实上的统治关系变成了法律关系,从统治者与被统治者关系变成了权利义务相互承担关系。行政权的自我确认性和自我执行力的理念或制度,是建立在行政权先验性基础之上的。它既是绝对性主权的一种间接体现,也必须是在现代社会对行政与法律二者关系重新解读和配置基础之上的新的制度设计。行政法的本质在于行政须服从法律,要求权力及其权限法定化,即"行政在法""行政通过法律"。在现代国家,行政权力"绝不只是一个事实问题,它更是一个法律问题。任何权力都必须通过法律赋予,否则行政机关不得享有和行使任何权力"④。

在较长时间内,当代中国行政法学都认为行政权自身中就固有强制的自我执行力,认为行政机关作为行政主体"依法代表国家行使带有行政强制性的行政管理权,相对人有服从的义务"⑤。时至今日,仍有人坚持认为,行政机关不需要诉权就能完成行政任务和目的,并

---

① 参见[日]盐野宏:《行政中的权力性》,肖军译,载胡建淼:《公法研究》(第10辑),浙江大学出版社2011年版,第300-305页。
② 参见[日]盐野宏:《行政中的权力性》,肖军译,载胡建淼:《公法研究》(第10辑),浙江大学出版社2011年版,第312-313页。
③ 参见[日]藤田宙靖:《日本行政法入门》(第四版),杨桐译,中国法制出版社2012年版,第27、78、79、119页。
④ 杨解君:《关于行政法理论基础若干观点的评析》,载《中国法学》1996年第2期,第72页。
⑤ 参见胡建淼:《关于行政诉讼几个争论的理论问题》,载《政治与法律》1987年第6期,第53页。

以此作为原被告角色固定和彼此关系结构化的合理理由。他们认为,行政诉讼的特征之一是单向性即"民告官","行政相对人可以起诉行政主体而行政主体不得起诉行政相对人",与英美普通法系国家"官可以告民"不同。行政诉讼单向性的道理在于,"'官'对'民'拥有直接的'行政处理权',它无须通过诉讼作出行政决定……'民'对'官'不服,只能诉诸法院救济自身权利了"。与其说"官不能告民",不如说"官无须告民""官没有必要告民"。认为单向度的行政诉讼当事人制度设计对行政机关一方与公民一方的权利是平衡的。"行政主体是不能作为原告起诉相对人的。行政主体只能作被告,不能作原告,这一被告的'恒定性',正是中国行政诉讼与英美法系行政诉讼不同的'中国特色'。设定这一制度的理论依据是,行政主体的行政行为具有公定的直接拘束力,一经作出便对相对人发生效力。行政主体无须再通过行政诉讼去实施行政行为,而相对人则不同,如果行政行为侵害其合法权益,它无法通过自己的行为来抵制行政行为,它需要通过提起诉讼来救济自己的权益。"①

行政诉讼当事人制度与行政机关行政行为制度是直接对应的。行政诉讼原被告角色定位和诉讼结构关系的法关系正当性,实际上是对行政国家、行政的权力性以及近代和现代国家法的一次重新认识。旧的行政自我强制执行权理论认为行政自我执行权源于国家主权,而国家主权是不受法律限制的。当代中国学者否定"官告民"的一个基本公理性预设是,"行政执行权是行政权天然的组成部分"②,这实际上有违现代法治观念。如果行政机关在诉讼关系上绝对不需要起诉权,那就意味着行政权是作为绝对权的强势主权的一种国家法观念体现。行政机关拥有自主的解决纠纷和实现意志的绝对优势权力,而且是无限的,具有准主权性、高权属性的权力,这显然将行政权等同于主权了,根本违背了现代宪法治理理念和规范。行政自我执行权的先验性结论是对权力经验现象的直接反馈,没有认识到行政法律关系以及行政行为内涵、外延和类型的复杂性、多样性,就得出全部行政法律现象都是单方行政处理和自我强制执行这样的结论。

德日学者之所以持续性地批判和反思行政自我执行力和执行权,根本原因在于行政执行权与国家主权的适当切断以及受到宪法和法律等授权规范的约束,是现代法治国家所接纳的行政法特征。当代中国行政法学迫切需要对行政机关起诉权与行政自我执行权之间的关系进行反思。行政机关依靠自身力量无须借助诉讼实现自己的国家意志,行政机关享有实现自己意志的全部手段,这样的观点"隐含着一项假定,即对违法行政相对人的处罚权和强制执行权属于行政权的范畴。从这一假定出发,行政机关拥有实现行政目标的各种手段,不需要法院的保障。然而,该假定本身并不成立。对违法行政相对人的处罚权和强制执行

---

① 参见胡建淼:《行政诉讼法学》,法律出版社2019年版,第3-4、271页。
② 参见邵长茂、颜克云:《试论行政权运行的消极失范——从"官告民"案件谈起》,载《北京人民警察学院学报》2005年第6期,第38页。

权并不必然归属于行政权"①。百余年来,行政行为效力理论一再假定和强调行政行为效力的先定性、拘束力和执行力,只是想单方面强制性地解决行政争议问题,不想通过司法权来实质地消解纠纷。行政权自力执行的法制基础不需要法律授权,是传统行政国家的理念。司法执行则要求部分行政机关或者部分行政法律关系诉诸法院,请求相对人履行义务,此为司法国家,不是行政国家。自力救济是行政执行力的制度表现,但是并不是所有的行政行为都有所谓的执行力②。行政行为做出权和强制执行权之间的切断与分离,要求行政行为有法律的授权,强制执行自身也必须有法律根据,即要求下命令行为和强制执行都需要法律授权。如果没有行政执行权,政府起诉就可以作为消除行政争议的实质有效方式之一,行政起诉权就是行政机关有权以诉的形式请求法院进行实体裁判,或者请求法院通过执行诉讼,来履行生效行政行为。

三、非诉行政案件执行制度内含的权力本质

世界各国的普遍教训和经验是,行政权自我执行力须受到实定法的限制。我国行政机关也没有某些理念所假设的那样具有先验性的无限的自我执行力。1989年《行政诉讼法》规定了非诉行政案件执行制度,实质上也否认了行政权力的自我确认性,为行政机关的实质原告诉权地位提供了一个开口——非诉执行制度赋予了行政机关实质的原告地位,反过来也说明行政权力是有限的,行政机关并非固有先验性的执行权力。行政机关在"民告官"法律制度面前变得渺小了,如果没有通过法院进行的非诉强制执行制度,很多行政机关也无法自我实现自身的意志。但是,通过法院所进行的非诉行政案件执行制度的本质功能一直被学术界忽略,这实际上撕开了行政执行力来源于不证自明的先验性权威解释的面纱,即不是所有的行政机关都有自我确认力和自我执行力,相当多的行政机关必须以通过法院行使执行权或者诉权的方式来寻求自我意志的实现。

我国非诉行政案件的司法执行制度是作为原被告恒定理念和没有强制执行权的行政主体实现权益的一种弥补制度存在的。没有强制执行权的行政主体可以申请法院强制执行,以弥补原有行政强制执行制度中的漏洞,"在此基础上,行政机关才可以只当被告,使原告与被告的恒定性才得以保持"③。非诉行政案件执行的特点之一是"非诉性",所执行的行政行为的合法性不必经过诉讼审查程序。非诉执行是对行政行为的执行,诉讼执行是对司法裁判的执行。非诉执行的依据是行政机关作出的行政决定即一种新型的法律文书,法院不

---

① 薛刚凌:《行政诉权研究》,华文出版社1999年版,第23页。
② 参见[日]盐野宏:《行政中的权力性》,肖军译,载胡建淼:《公法研究》(第10辑),浙江大学出版社2011年版,第305、307页。
③ 参见应松年:《行政诉讼新探——行政诉讼法实施一周年的思考》,载《政法论坛》1991年第5期,第54页。

对其合法性进行审查。非诉执行中的行政行为处于非诉状态而非被诉状态。非诉执行不经过诉讼审理过程，原则是书面审理，不包括审理程序中的证据交换和质证、开庭审理和言辞辩论①。非诉和不实际司法审查，是非诉行政案件执行的特点，但是司法实践中往往背离了这一原点。在实务中，行政机关大多享有的是不完整的行政权力，不含有固有的强制执行权力，行政机关要建立自己的权威就需要另外的制度予以保障。行政机关的权威性源于其行为合法性的司法维护，在"民告官"之外采取由法院进行的非诉执行制度，恰恰说明行政诉讼制度的目的不可能是一元的，也蕴含着实现维护行政机关行为合法性的目的。在实际运作中，非诉执行制度经常通过法院对行政行为进行实质性审查，这又在事实上暗藏着"官告民"制度，实质地赋予行政机关以原告地位。

通过法院所进行的非诉行政案件强制执行制度并不是行政权力自我执行力的延续，而是事实上进行了一场诉权与执行权关系的变革。非诉行政案件司法强制执行制度并不是行政机关继续执行的权力，而是在实质上击碎了旧时代的行政自我确认力和执行力的先验性理论。非诉执行制度所内含的权力在本质上不再是传统的行政权力，行政权力合法性必须得到司法确认才具有正当性。非诉执行制度经常被误为行政强制执行制度的一部分，而它本质上是司法制度的一部分，不是行政执行的一部分。在行政自我确认力和执行力的理念及制度之下，是不需要诉讼审查机制的。但是，即使在抗告诉讼中也不能说行政机关当然就有自我确认权和自我执行力。

只要进入诉讼法上的审查程序或者司法强制执行程序，就表明传统的行政机关公权力先验性的理念被修正了。这从另一个侧面揭示出原被告角色恒定和结构关系固化，不应该是行政自我强制执行制度的产物，非诉行政案件司法强制执行制度更加凸显了行政机关为了实现自身意志必须借助于司法上的诉权关系的运用，这就从根本上否认了原被告角色和结构关系恒定的假设和假想。行政诉讼的起诉权主体恒定，只属于公民、法人或其他组织，行政机关只能作为被告，这是中国行政诉讼的特殊性。原被告角色和诉讼结构关系的恒定性确立的前提假设，是行政机关对具体行政行为都具有执行权。如果公民、法人或其他组织不服从，行政机关将依法强制执行，包括申请法院强制执行。"行政机关则由于其具体行政行为具有普遍的强制力，无须通过诉讼请求司法保障。原告与被告的恒定性就是建立在这一基础之上的。"②如果行政机关的具体行政行为不被公民、法人或其他组织理睬，就需要法院对行政机关履行法定职责提供司法保障。

非诉行政案件司法强制执行制度背后的一些观点，主张取消行政机关的起诉权和原告

---

① 参见胡建淼：《行政诉讼法学》，法律出版社2019年版，第598-599页。
② 参见应松年：《行政诉讼新探——行政诉讼法实施一周年的思考》，载《政法论坛》1991年第5期，第53页。

资格,认为"行政机关在行政管理中是管理者,如认为管理相对方没有依法履行义务或有其他违法行为时,可凭借本身具有的强制力强制义务人履行义务、依职权对违法者进行处罚,而无需作为原告向人民法院提起行政诉讼,直接借助人民法院的强制力以审判的方式进行行政管理和制裁一般违法行为者"①。行政权内容中包括优先权、表达公意权、强制执行权,具有强制性、单方性、优先性、与职责的统一性等性质和特点。行政机关广泛运用直接的单方的行政处理决定作为一种执法手段。行政机关常有权迳直中止行政契约,公民个人一方则不能②。被告不能反诉,这被认为是由行政诉讼的性质、行政机关行政职权的强制性所决定的。行政诉讼是一种司法审查监督活动,行政机关不能反诉原告而使自己转为原告的地位。"行政职权是一种具有自身强制力的权力",可以依法自我强制执行,特殊情况下,申请法院行政强制执行。"行政机关自己完全能凭借这一权力来强迫相对人服从自己的意志,由此,行政机关无需作为原告向法院对公民、法人和其他组织提起诉讼。"③

  从司法审查角度看,行政机关请求法院执行行政决定(行政行为),说明行政机关已无传统行政法上的特权。在行政与法律未能分离之际,行政权不需要依据法律而行动,这是对旧时代的一种经验性的生活观察,在于行政权经常凌驾于法律之上。由于长期缺乏法治的约束,人们的朴素生活观察与权力合法性的应然状态混淆起来,把行政权在生活中的非正常状态视为正常的当然的状态,并将其作为理论的基础。概言之,如果在非诉执行案件中,法院采取实体性的实质审查,则颠覆了行政行为效力理论,也违反了禁止法院进行实质的执行之诉的制度设计。非诉行政案件执行实质审查制度的本质是执行之诉,从根本上瓦解了"民告官"隐喻和表述预设的原被告角色和当事人结构关系。有关行政权的自我确认力和执行力理论,都是在不了解行政强制权力属性和特征的时代背景下的一种理论和理念界定,尤其是受到帝制时代末期以及计划时代的局限性观点的错误影响。行政机关并不固有自我强制执行,其执行根据必须具有法律效力。

  与其说行政诉讼原被告角色及其诉讼结构关系恒定化必然带来具有自我执行力的行政强制执行制度,毋宁说"民告官"隐喻所内含的原被告恒定关系的预设,实际上是以行政权的自我确认权和执行权的先验性假设为基础的。如果"民告官"制度能够实现行政机关的目的,也就不需要行政机关的起诉权和反诉权了。但是如前所述,行政权的自我确认权和执行权只是帝制时代和民权初期发展阶段的一种错误的行政执行权力先验性理论的产物。就中国而言,需要检讨行政行为执行根据的基础。从行政与法律之间的实践关系看,"行政主体的执法手段是有限的,行政主体有时也必须借助法院之'手'才能执行法律,例如强制执

---

① 参见皮纯协、胡锦光:《行政诉讼法教程》,中国人民大学出版社1993年版,第34页。
② 参见罗豪才:《行政法学》,中国政法大学出版社1989年版,第21、51页。
③ 应松年:《行政诉讼法学》,中国政法大学出版社1994年版,第2-3页。

行等"。"(法律)假定使行政主体已经有足够的手段来实施行政管理和行政执法。但这个假定基础是不真实、不全面的。实际上,法律给行政主体提供的手段在一些情形下是不充分的,有时甚至是没有什么有效的手段。"例如,行政机关对于赃物追回和契约履行等纠纷,也无法完全地通过自己的单方行为来解决行政争议,若通过诉讼途径予以解决,就需要增加"官告民"的行使作为补充①。

四、行政行为执行根据的处分性和实体性

当代中国行政诉讼原被告角色及其结构关系恒定理论,首先预设了行政机关有充分的先验性的强制执行权,但是这种对行政行为执行力定位的预见,是不真实、不充分的,同时也违反了现代法治思维。人们在缺乏整体法治观念的情况下谈及行政权力的自我执行权时,通常容易忽视权力的意志性和法律控制性,有意无意地凸出了权力的实力性、物理性和他方服从性。由此,行政行为的优越性被视为公定力,这种物理性的行政权缺乏法律根据,变成了权力的"实力行使",行政活动被免于法律规制。在近代行政法转向现代行政法之后,需要继续认识行政法中的权力性问题,思考行政执法权的正统性和权力样态。通过民主性来控制行政权力,体现国民权利、自由防御国家权力这一自由主义的要求②。

行政行为效力理论是近代行政法的产物,其关于行政行为公定力的假设是一种基于主权无限性理念向外衍射的界定。行政行为的效力产生于国家主权行为,行政行为遂具有公定力的假设,其效力的产生都是主权无限的产物,这造就了行政权力的单方性理念和理论。现代行政法认为,行政行为公定力理论是对权力内容的法关系阐述,承认国家意思行为的优越性,但其行政权力不是无限的,其合法性来源于法律的授权。须贯彻法治主义,不正当的权力可以通过争讼程序予以撤销或者确认无效。行政机关直接依靠自己的力量就可以强制执行,行政行为具有自我执行力,这种自我执行力在迈耶所处时代被认为是"行政行为本来当然就有这种权力"的观点今天被否定了③。在中国,早期观点认为行政法律关系中行政机关始终处于支配和主导地位,而在晚近却认识到了行政机关无需行政起诉权的观点是值得商榷的,这是因为行政法不总是管理关系,行政主体并非总是处于管理者地位,很多"行政行为"并不是行政机关自己可以单方做出的。

近百余年来,迈耶意义上的"行政行为"指称的范围是有限的、狭义的。在经典行政法学理论体系中,依法行政原则、行政行为效力理论、公民权利救济学说等"都与这种狭义的

---

① 参见杨小君:《行政诉讼问题研究及制度改革》,中国人民公安大学出版社2007年版,第121-122页。
② 参见[日]盐野宏:《行政中的权力性》,肖军译,载胡建淼:《公法研究》(第10辑),浙江大学出版社2011年版,第304-305页。
③ 参见[日]藤田宙靖:《日本行政法入门》(第四版),杨桐译,中国法制出版社2012年版,第79-80页。

行政行为概念严格对应"。"行政行为"概念的传统含义是"相对人必须服从主权者单方的决定和命令",其范围大体相当于德国的行政行为、日本的权力性行政法律行为、中国台湾地区的行政处分[①]。"行政行为"是指具有公定力、确定力、执行力等效力的狭义行为,过去是指"行政处分",而今是指成为撤销诉讼对象的"公权性行为"。抗告诉讼最初指向行政处分,现在抗告诉讼对象也扩展到不具有公定力的某种行政计划和行政指导,计划和指导被认为也可能有处分性[②]。行政行为是行政机关的单方决定,行政行为本身就是独立的执行名义,行政机关无需诉讼程序即可依据行政行为的执行名义予以执行。当要求公民给付时,无须提起给付之诉。第二次世界大战之后,国家与公民关系发生了变化,承认在公法契约义务履行上,如果无法院诉讼,行政机关自己采取执行措施,就产生了不平等,有违契约的对等性和利益协调原则,因此行政机关对于公民在契约中的义务也只能通过诉讼协调实现。行政机关不希望受此约束时,要么它从一开始就不使用契约而采取行政行为,要么在契约中必须针对公民服从紧急强制执行而预先达成执行协议[③]。

行政权有从统治性的行政权到法律化的行政权这样的一个演变过程。行政权在传统上居于统治权地位。行政强制执行的前提是须构成一个具有确定力、拘束力的有效行政决定,或者是行政处分有效,或者是行政契约自愿执行约定有效,否则效力处于争议状态的行政契约自身不能作为强制执行的根据。只有行政处分才有公定力,才可以由行政机关自己行政执行。不构成行政处分则行政机关可以诉讼。因为不是行政处分,行政机关就没有执行权。非诉行政案件执行首先承认和尊重公定力理论,其接受司法实质审查又意味着公定力不存在,受到司法实质审查的非诉行政案件执行就陷入效力证明的矛盾之中。

狭义的(正统意义上的)行政行为是一种包含单方命令性和强制性的高权措施,因此才具有行政强制执行名义的功能。行政法通说认为,处分要素是行政机关单方作出事项认定或者创设权利义务的行为。不具有处分要素的行为不是行政行为或行政决定,观念通知行为和单纯执行行为(根据行政处理决定的实施行为)都不具有处分要素[④]。与此同时,作为行政执行根据的行政处理决定必须是实体性质的,督促通知行为是程序性的,不是实体性的,督促决定本身不构成执行根据。

为了弥补行政协议履行上的执行根据正当性和诉权制度的漏洞,《最高人民法院关于审理行政协议案件若干问题的规定》(法释〔2019〕17号)第二十四条第一款规定:"公民、法人或者其他组织未按照行政协议约定履行义务,经催告后不履行,行政机关可以作出要求

[①] 参见宋功德:《聚焦行政处理——行政法上熟悉的陌生人》,北京大学出版社2007年版,第1、2、16、20页。
[②] 参见[日]南博方:《日本行政法》(第6版),杨建顺译,中国人民大学出版社2009年版,第37-38、192-194页。
[③] 参见[德]平特纳:《德国普通行政法》,朱林译,中国政法大学出版社1999年版,第123、151-152页。
[④] 参见江必新、梁凤云:《行政诉讼法理论与实务》(第三版),法律出版社2016年版,第191页。

其履行协议的书面决定。公民、法人或者其他组织收到书面决定后在法定期限内未申请行政复议或者提起行政诉讼,且仍不履行,协议内容具有可执行性的,行政机关可以向人民法院申请强制执行。"本条款显示司法机关向行政机关赋予了新的行政处理决定权,其涉嫌合宪性问题。另一方面,这种行政协议履行催告文书本身仍然只是通知书,该执行催告决定实际是一种行政协议这一基础行为派生的不具有新的权利义务因素的行为,其本身不具有处分性,也就不具有执行力。行政协议本身不是独立的具有执行力的行政行为决定,所谓通过"转化"而来的催告督促执行本身必须有可靠的实体法依据,程序性的催告决定书不具有正当的法律效力和执行力。我国督促程序类似于德国行政强制执行法上的催索程序,它是作出强制执行命令的必要前提,但是催索本身不是基础性行政行为,不对法律关系设立、变更、消灭产生影响,催索本身也并非行政行为[①]。

我们尤其不能误读《行政强制法》第三十五~三十八、四十六、五十、五十四条设定的执行催告程序的实质内涵。行政强制执行催告书是程序性质的,催告书的效果和效力取决于其所载明的"强制执行的理由和依据",它们恰恰依赖于实体性质的行政决定。司法解释在行政协议履行催告制度设计上比照了行政强制法上的催告程序,其实是误读了两种行为性质不同的"催告决定"的本质区别。行政协议强制执行是把协议履行决定书作为了实体法根据,而其本质上是程序性决定。

我国有关国家机关早就认识到了"强制执行"与"督促"的实质区别。督促行为本身不能作为强制执行权的根据,督促决定只是做出一种说服履行的调解建议权。最高人民法院在给华东分院《关于区乡政府有无强制执行权问题的复函》(1951 年 3 月 3 日)中说,浙江省政府制定的《浙江省区乡政府调解民刑案件暂行办法》第二十二条规定:"调解成立后,当事人必须诚实履行,如不履行,得向区乡政府声请强制执行。"据此,浙江省人民法院和华东分院认为"经区乡政府调解成立之案,一方不履行,他方可向区乡政府声请执行,但如在执行中发生异议,应即移送由法院处理"。最高人民法院亦指出"经区乡政府调查成立的案件,一方不履行,他方可向区乡政府声请督促履行,但如经督促而有异议,应即移送由法院处理"。"因'执行'和'督促履行'是有区别的,前者有着强制的意义,而后者只赋予说服督促履行的责任,这样区别区乡政府的调解和法院的审判职权,既不削弱区乡政府在调解工作中应有的作用,同时又能防止其可能发生的滥扣滥押等侵权行为。"

这份早期司法解释表明:行政决定行为和强制执行行为是二分的,此"二分法"实际上反映了现代行政法的一个重大变化。行政上的强制执行是根据行政行为、行政立法或者契

[①] 段沁:《德国公法金钱债权的行政强制执行制度——二元结构与双层理路下的构造》,载姜明安:《行政法论丛》(第23卷),法律出版社 2019 年版,第 282 页。

约等对私人课以行政法上的各种义务。当私人不履行义务时,行政机关不能依靠自己的实力予以直接强制执行以履行义务。"二分法"认为"行政强制执行自身"产生了新的侵害,应该有法律根据[①]。完整的合乎现代法治国家理念的行政执行制度安排,是行政行为做出权与强制执行权相分离,要求行政行为有法律的授权,强制执行自身也必须有法律根据,要求下命行为和强制执行都需要法律授权。这与民事诉讼执行类似。民事执行首先要求民事司法裁判或者民事非诉执行根据合法有效,其次要求执行行为本身合法。

五、行政执行与行政诉讼之制度关系的重构

在 20 世纪 80 年代,我国也产生了"行政机关可不可以也提起行政诉讼"这样的疑问。在罚款执行罚上,行政机关强烈要求取得行政诉讼起诉人的资格,行政机关能否作为起诉人"应视法律是否赋予行政机关实施强制措施的权力"。如果法律赋予行政机关这种权力,行政机关就没有必要成为行政诉讼的起诉人。如果法律将强制措施决定和实施权留给法院,行政机关就应有作为起诉人的资格[②]。在《行政诉讼法》起草、制定和修订中,要不要把"官告官""官告民"放进来,是重大争议问题之一[③]。

中国行政法知识体系尚有内在的冲突和矛盾性,旧的带有朴素经验主义和常识主义的理论和制度,需要被系统地解析。对行政机关自我强制执行权力的属性和本质进行再认识,旨在重新思考当代行政诉讼的若干理论和制度的根基。"民告官"所预设的行政诉讼原被告角色恒定及其结构关系固化的制度设计、行政诉讼类型及诉之标的、行政机关起诉权和反诉权、行政行为理论及非权力行为诉讼、非诉行政案件执行制度等等,都与行政自我强制执行权的固有性、先验性、无限性的理念密切相关,它们相互绑定,因此需要重新理解行政自我强制执行权与诉权的关系。

相较于大多数国家,我国可以作为行政执行根据的传统行政行为范围已经相当大了。司法解释对执行根据的修补,采取了两种措施:一是允许法院对非诉行政案件执行进行实质审查;二是允许程序性的督促决定作为行政机关强制行政协议履行的执行名义,这一新型的执行根据缺乏处分性和实体性内容要素。我们需要正视现实世界中的行政权能与行政争议解决的时代变化。行政机关对诸多领域并无行政执法权,需借助司法上的诉权进行执法目标和任务的实现。行政机关的行为呈现出多样性,行政行为不再当然具有公定的直接拘束力,由此带来的结果是,现有的行政诉讼和执行制度不能应对复杂多样的行政争议关系的解决。"民告官"命题下的原被告制度是建立在抗告诉讼基础之上的,其所针对的行政争

---

① 参见[日]藤田宙靖:《日本行政法入门》(第四版),杨桐译,中国法制出版社2012年版,第119-120页。
② 参见姜明安、刘凤鸣:《行政诉讼立法的若干问题研究(续)》,载《法律学习与研究》1988年第4期,第30-31页。
③ 参见何海波:《行政法治奠基时:1989〈行政诉讼法〉史料荟萃》,法律出版社2019年版,第425页。

议关系和类型相对简单。现有的"民告官"起诉制度、非诉行政案件执行制度、行政执行制度,已经不能完美地甚至较好地解决日益多样性和复杂化的行政争议,急需反思行政执行制度与行政诉讼制度之间的结构关系。

非诉行政案件执行实质审查的法理正当性不足,行政协议履行催告决定书不具有可执行性,这两种补救性制度设计上的缺陷根源均在于行政机关自我强制执行权的旧理念影响了行政强制执行权与诉权之间关系的安排。行政机关自我强制执行权先验性的旧理念,在40年来(1983—2023)被作为不需要行政机关起诉权的理论支撑和维护具有局限性的"民告官"当事人制度的理论支撑,而《行政诉讼法》所设计的"民告官"起诉制度和非诉行政案件执行制度并不能完美地闭合性地解决全部甚至大部分行政争议问题了。在当代社会和《行政强制法》施行后,行政法教科书仍然不假思辨地否认"官告民",并继续将行政机关自我强制执行权作为辩护的理由,令人费解。德日学者对行政执行权进行了反思,我们并不是要否定行政机关拥有自我执行力的合法性,只不过它们是有限的授权而已,它们只针对传统的处分性的实体性的行政行为,而多样性的行政行为无法适用自我强制执行权来解决纠纷。

本文力图从理论层面揭示行政自我执行力理念之下现行行政执行和行政诉讼制度之间内在的矛盾性,廓清行政机关作为原告的理论基础,证成现实中迫切需要制度重构的方向和制度体系选择。行政机关自我强制执行权旧理念已经阻碍了对行政争议的解决,构成了行政诉讼制度和行政执行制度发展的障碍。法院通过司法解释建立的修补性制度包括非诉行政案件执行中的法院实质审查和行政协议督促执行决定,它们看似进步,实际上违反了行政行为效力和执行根据理论,甚至违反了契约本身不具有直接的司法执行力这一一般契约原理。现有的行政诉讼制度和行政执行制度在解决行政争议上具有制度功能性不足。本文认为,围绕起诉权和行政机关自我强制执行权关系,应设计六种对应的行政执行和行政诉讼制度。

(1)不需要诉讼的行政机关自我执行制度。依据《行政强制法》,具有法律效力和公法上执行力的行政决定(行政行为),可以作为行政机关强制执行的根据。这是行政程序制度上的强制执行,体现了行政行为(行政决定)效力和行政自我执行权的合一性。

(2)非诉行政案件强制执行制度。针对行政机关申请法院执行符合行政行为效力要件的行政决定,是不具有行政执行权的行政主体对具有处分性的传统行政行为的执行,该行政行为具有公定力和执行力,不能对其进行实质审查。"非诉行政案件执行"实际上包含着两种制度:一是非诉行政案件的司法强制执行制度,另一种是转回到申请非诉执行的行政主体继续自我执行。

(3)"民告官"原被告诉与被诉后的司法执行制度。主要是针对传统的抗告诉讼,诉讼上赋予相对人和法律上利害关系人以起诉权,被司法强制执行的根据是法院的行政判决书、行政裁定书、行政赔偿判决书或调解书、行政调解书、当事人自行和解协议等等。

(4)"官告民"的原被告诉后的司法强制执行制度。"官告民"起诉制度是行政机关作为原告对国家实体利益之诉，即公法上的给付诉讼，主要是对行政协议等公法之债履行所采取的新型法律关系之诉。

(5)执行之诉制度，是行政机关针对不具有单方处分性的行政行为的执行诉讼。虽然行政机关可以作出行政决定，但是如果该行政行为不具有处分性，行政机关也不具有执行权。对新型的非传统行政行为，法律对行政决定没有明确规定执行方法，相对人不执行行政决定，行政决定无法通过行政行为的执行方式得到保障，应该提起执行之诉。例如，相对人拒绝执行命令或者提供信息，行政机关请求法院支持命令、强制提供信息等。

(6)执行异议之诉。《中华人民共和国民事诉讼法》已经吸收了域外制度经验，在民事强制执行上建立起了相关权利人（主要是当事人和案外第三人）就实体权益的执行异议之诉。依据《行政强制法》和《行政诉讼法》，行政强制执行行为属于受案范围的可诉案由，但是行政强制执行行为可诉是行政程序上的诉讼，不是执行诉讼或者执行异议诉讼，也不包括对非诉行政案件的执行异议之诉。我们应该改造行政强制执行行为的可诉制度，将其按照强制执行法的普遍原理和规则改造成行政诉讼法上的执行异议之诉和非诉行政案件执行的异议之诉，从而将行政强制执行行为在行政强制法和行政诉讼法上的实体诉讼，与执行法上的执行异议之诉统一起来。执行异议之诉是一种公法诉讼，债务人的执行异议之诉是指"债务人主张执行名义所示之请求权，与债权人在实体法上的权利现状不符，请求判决排除执行名义的执行力为目的的诉讼"[①]。如果有执行异议之诉，对行政协议的非诉行政案件的司法强制执行，也可以由缔约相对人提起债务人异议之诉，对抗缔约行政机关或者法院的裁判的执行力，救济自己。

在上述制度构造中，(1)(2)这两种执行制度是对具有公定力及执行力的行政行为（行政决定）合法性的维护；(3)(6)这两种制度分属于诉讼制度和执行制度，其实质是保护公民、法人或其他组织的合法权益。执行异议之诉则是在执行阶段赋予相关权利人以新的实体法益的救济权；(4)(5)这两种制度也分属于诉讼和执行制度。"官告民"和执行之诉（执行诉讼）制度都是为了实现国家法益的保护。这六种诉讼制度和执行制度共同构成了关于行政争议解决的完整制度体系。

---

① 江必新：《强制执行法理论与实务》，中国法制出版社2014年版，第422页。

缺场空间下网络暴力的层级特征及其治理[*]

石经海　王付宝[**]

摘　要：虚拟和缺场等特征使网络空间逐渐成为缺场空间，现实空间中的秩序、制度在其中均有映射。缺场空间下网络暴力在行为内容上呈现出价值评价型、虚构事实型、侵犯隐私型、追踪骚扰型四种类型，在行为烈度上也分为低、中、高三种级别，同时网络用户随着网络社会的分化也呈现出分层特征。网络暴力的层级特征使网络暴力治理面临着传统治理手段与缺场空间不兼容、因果逻辑难以确认以及民众规范意识难以快速形成等机制性困境，其症结在于网络社会的脱域化效应、网络匿名制催生下的去抑制效应以及网络信息传播秩序的混乱。针对网络暴力的层级特征，需要基于比例原则、利益衡量原则等基本立场实现层级化的治理。分别完善以网络真实身份可查验机制、关键群体控制机制以及数字公民伦理为核心的自治体系；完善以履行安全管理义务、衔接不同治理手段为中心的平台治理体系；进一步完善刑法、民法、行政法等相互补位的法律规范体系。三种治理体系依层级展开、相互协调，方可实现网络暴力的全面治理、源头治理。

关键词：网络暴力　分层治理　行为抑制　源头治理　网络社会秩序

网络信息技术的高速发展在改变民众生活模式的同时，也对民众的权益造成了巨大的威胁。现实中的秩序、制度等逐渐投射于网络空间中，形成了一个与现实世界不同的缺场空

---

[*] 基金项目：国家社科基金重点项目"认罪认罚从宽制度的刑法应对研究"（项目号：20AFX012）。

[**] 作者简介：石经海，西南政法大学法学院教授、博士生导师；王付宝，西南政法大学法学院刑法学2021级博士研究生，西南政法大学量刑研究中心研究人员。

间。现实生活中的行为不仅在网络空间得以复刻,并因为网络空间独特的时空架构而缺场化。以网络暴力为代表的一系列行为往往是现实表达行为在网络社会中的异化,其具有社会学层面、心理学层面以及传播学层面的多重特征。为应对网络暴力的巨大危害,以刑法为代表的部门法开始踊跃地进行规范供给,制定了一系列的规范,也出台了相关的司法解释。最高人民法院、最高人民检察院、公安部更是联合推出了《关于依法惩治网络暴力违法犯罪的指导意见》(以下简称《意见》),对网络暴力的刑法适用问题作出了专门性的解释。国家互联网信息办公室审议通过的《网络暴力信息治理规定》(以下简称《规定》)对网络信息服务提供者应当履行的职责进行了明确,完善了综合治理相关问题的规定。在此基础上,当下更是有不少的观点主张制定反网络暴力法,实现对网络暴力的全面规制。理性地对既有规范进行分析,会发现其着力点仍然只是针对极少数严重的网络暴力,难以形成全面的事前预防机制。因此,如何对网络暴力进行分层,实现层级化的治理是网络暴力治理的关键。本文以网络暴力分层为着力点,整合社会学、法学、心理学以及传播学上的理论资源,对网络暴力进行具体考察,探索以刑法为代表的法律手段与其他社会治理手段相结合的最佳模式,以期实现网络暴力治理研究的纵深化。

一、网络暴力的层级特征

随着信息技术的发展,网络暴力在线上的缺场空间中展开了无序进化,及至当下已经成为困扰网络社会治理的重大问题。网络暴力的本质是语言暴力,但呈现出与现实世界中的语言暴力不同的层级特征,这种层级特征不仅体现在网络暴力本身的内容之上,也体现在网络用户的分化特征之上。

(一)网络暴力的分类分级

类型化是以事物的根本特征为标准对研究对象的类属进行的划分,其通过对某一类事物进行抽象、归类,从而对不确定概念和一般条款进行具体化[①]。对网络暴力的精细化治理,无疑需要通过类型化思维把握其分类分级特征,进而在此基础上提出针对性的治理对策。

第一,根据网络暴力内容不同进行分类。《规定》中明确提出网络信息服务提供者应当建立健全网络暴力信息分类标准,但未具体提出相关标准制定的主要依据。网络暴力在客观表现形式上有不同类型,可分为价值评价型、虚构事实型、侵犯隐私型、追踪骚扰型等类型,不同类型危害程度各有参差。价值评价型的网络暴力在日常生活中最为常见,其通过对人发表负面价值评价来实现道德审判的目的。这种类型通常以被害人相关行为为评价对象,进而延伸到对被害人人品、人格的负面评价。虚构事实型的网络暴力表现为行为人通过虚

---

① 参见王利明:《论我国侵权责任法分则的体系及其完善》,载《清华法学》2016年第1期。

构相关事实,以实现贬损他人声誉、降低其社会评价的目的。虚构事实型的网络暴力实际上就是网络谣言在网络空间扩散、发酵后的形态,是行为人虚构与被害人声誉相关的事实并通过网络进行传播的行为。此种类型的网络暴力在整体上相对于价值评价型的网络暴力更为恶劣,因为其本质是一种捏造事实并传播的行为,其脱逸社会的程度更大,有着更强的主观动机。侵犯隐私、追踪骚扰等类型的网络暴力通常基于"人肉搜索"等手段展开,其难度往往较大,在实践中也往往较为少见,但给被告人带来的不良影响最大。

第二,根据社会行为烈度不同进行分级。虚拟社会的话语是一种行动力相对较低的社会行为,其可以被分为低级烈度、中级烈度以及高级烈度三个级别[①]。网络暴力也是一种虚拟社会行为,低级烈度的网络暴力主要表现为点赞、评论以及转发等行为,其核心是态度表达,具有一定的被动性。在内容形式上主要以价值评价的形式呈现,同时具有偶发、相对独立的特征。中级烈度的网络暴力表现为主动性地发布帖文、博文,以此来表达对特定对象的意见与相关观点。其作用机制主要是通过对相关事件的表现形式进行艺术加工(例如 P 图、剪辑等)、对相关事件以及对象贴上特定的标签等展开网络暴力行为,其核心是意见表达,具有一定的主动性。在内容上主要以虚构事实、侵犯隐私为主,也具有偶发、相对独立的特征。高级烈度的网络暴力表现为人肉搜索、恶意营销、流量水军现象以及严重的侮辱、诽谤等行为,这一类行为所要付出的成本较大,也需要行为人具有更强烈的动机。这一类行为的内容覆盖范围较广,其主要呈现出一定的组织性、常发性。要想突破传统治理手段所划定的治理范围,必须针对网络暴力的层级特征,展开针对性的治理对策。

(二)网络用户的分层

网络暴力的治理最终要回归到对人的治理之上,对网络用户特征的深入分析是贯彻以人为本治理理念的重要前提。在网络暴力事件中,参与网络暴力的网络用户分别在事前与事中呈现出不同的特征,因而呈现出层级差异。

其一,因网络社会分化而呈现出的网络用户分级特征。"历史上从来没有像今天这样,知识就是力量,信息革命的领导者往往具有巨大的权力。"[②]从信息传播与意见表达所引起的权力分化来看,网民群体可分为有着顶层影响力的意见领袖、有中层影响力的积极扩散者、无个人影响的积极发言者,以及有底层影响力的单纯的信息接收者四类[③]。不同的网络用户群体在网络暴力事件中所起到的作用并不一致,应当承担的职责义务也有所不同。在流量即财富的时代,舆论强势群体往往获得了较大的红利,同时也需要履行更大的义务与职责。这些群体在网络中更应该规范自己的言行,同时对相关信息的传播秉持谨慎的态度,对

---

① 参见郑满宁:《共振与极化:社交网络的动员机制》,人民日报出版社2016年版,第122-125页。
② J. S. Nye, W. A. Owens. America's information edge .Foreign Affairs, Vol.75, No.2, pp.20-26.
③ 参见彭兰:《网络传播与社会人群的分化》,载《上海师范大学学报(哲学社会科学版)》2011年第2期。

发布信息的真实性负有更高的查明义务。网络社会中的舆论强势群体与意见领袖应当承担起更多的社会责任,发挥正向引导的作用①。在网络暴力治理中,网络空间中所处地位不同的个体的注意义务大小以及其他责任均应有所区别。舆论强势群体与意见领袖的积极引导对于网络暴力的治理无疑具有巨大的意义。

其二,因行为时作用不同而呈现出的网络用户分类特征。缺场空间是在时间与空间之外所建立起的一个自由地带,让众人感觉限制已不复存在。在这种背景下,个人认为自己在群体中会受到保护,这便是"道德假期"②。因此,提升网络暴力治理精确性的关键,在于重新聚焦责任以消除责任分散效应。当网络暴力产生与发酵过程中的责任被聚焦到少部分主体后,网络匿名化下的责任分散效应以及去抑制效应将会被化解。因此,鉴于网络暴力的群体性特征,需要对参与网络暴力的群体进行分解。根据在网络暴力传播、发酵并产生严重后果的过程中所起的作用,分为核心参与者与边缘参与者。在参与主体中,起核心作用的往往是发起者、组织者、煽动者、教唆者等个体,起边缘作用的往往是以点赞、评论以及转发等形式进行态度表达的群体。

二、网络暴力治理的机制性困境

传统治理手段根植于线下社会的生活事实与制度土壤,其基本架构遵循着现实世界运行的规律,对于在网络空间中有着"缺场"与"虚拟"特征的网络暴力的治理便有着非常明显的局限性。

(一)缺场空间视域下传统治理手段与网络暴力不兼容

穿透时空维度的特性使网络暴力没有清晰的行为边界,传统手段的治理往往只能作用于极为狭窄的范围。在缺场空间中,每一个人都可以作为在具体场所中有限的存在,却能凭借网络行为而超越具体范围进入无边际时空③。现实世界中行为的概念、类型以及边界等在网络空间中被消解,超越了传统治理手段所能覆盖的范围。网络暴力在本质上是语言暴力,但其时空特征被消解,与传统的"侮辱""诽谤"等概念并不完全契合。现有的网络暴力概念外延尚未体现出超越现实语言暴力的特征。网络暴力并不都表现为侮辱、诽谤等形式,常见网络暴力往往表现为道德审判、贬低歧视等形式,虽以中性语言为载体,但其危害性同样巨大。例如,《规定》的《征求意见稿》中规定,"网络暴力信息,是指通过网络对个人集中发布的,侮辱谩骂、造谣诽谤、侵犯隐私,以及严重影响身心健康的道德绑架、贬低歧视、恶意揣测等违法和不良信息"。其以列举的形式对网络暴力的内涵作出了粗浅的层次化界分,并未进

---

① 参见王俊秀、云庆:《条件与机制:网络暴力的社会心态透视》,载《探索与争鸣》2023年第7期。
② [美]兰德尔·柯林斯:《暴力:一种微观社会学理论》,刘冉译,北京大学出版社2016年版,第254页。
③ 刘少杰:《中国网络社会的发展历程与时空扩展》,载《江苏社会科学》2018年第6期。

一步提出针对性的治理对策。基于种种考量,《规定》删除了对网络暴力的定义。

既有规定并未对网络暴力的内涵展开实质性的界定,而是将网络暴力细分为网络谣言、网络诽谤、网络侮辱、人肉搜索等下位概念,分别指向刑法中的侮辱罪、诽谤罪以及侵犯公民个人信息罪等罪名。这实际上将网络暴力框定在了极为狭窄的空间,是以传统标准对其进行的类型化。对大多数网络暴力行为的单独考察无法满足传统治理手段所要求的严重性程度,通常情况下网络暴力的破坏性并不是来自单个行为的恶劣程度,而是网络围观效应下危害性的累积。这实际上反映出刑法等传统治理手段在参与网络暴力的治理过程中具有较大的局限性,即使既有手段进行了充分的规范供给,仍然不能在整体上对网络暴力形成有效的打击与治理。《意见》则未直接对网络暴力的概念做出界定,而是将其分解到不同的个罪行为类型中。这对于刑法的适用也许有着直接性的指导作用,但是其实际上也将网络暴力的内涵框定在了既定罪名的范围内,只能对部分中高级行为烈度的网络暴力行为提供规范供给。

（二）现实因果逻辑下网络暴力后果难以实现直接归因

缺场空间中因果关系的归纳与现实社会有所不同,网络暴力的严重后果归因于行为的逻辑也相应存在障碍。在现实的时空背景下,行为以时空架构为依托,因果关系的判断遵循着事物运行的客观规律。行为与结果之间是单线程的关系,一个行为造成一个危害,一个结果往往只有一个原因。因此,刑法中犯罪的基本构造也遵循着一个人实施一个行为造成一个结果的模式,在此之外才有共同犯罪、犯罪的停止形态等处罚扩张事由。网络空间的"虚拟"与"缺场"特征改变了行为与结果之间的单线程运行模式,多元主体彼此影响,众多因素相互交织,主体实施行为到结果发生是一个复杂的过程。不同的行为交织在一起,共同造成一个结果,同时一个行为也往往可能造成不同的结果。网络社会不是一个与现实社会完全隔绝的纯虚拟场域,网络空间中的行为与现实中的各种因素也会互相影响,形成一个复杂的机制,网络暴力对网络以及现实秩序造成危害正是在这种复杂的机制下进行的。

在网络暴力复杂的运行过程之下,网络暴力行为与严重后果之间的因果关系往往难以判断。网络上的行动本质上是非暴力的,因为它们的暴力影响只是间接地实现的[①]。网络暴力所造成的严重后果通常表现为人身伤亡、重大财产损失等,但网络暴力本身无法直接造成这些结果,通常都是间接性引起的。网络暴力的严重后果多表现为被害人自杀、自残,但就

---

① Ido Kilovaty.Virtual Violence-Disruptive Cyberspace Operations as "Attacks" under International Humanitarian Law. Michigan Telecommunications and Technology Law Review, Vol.23, No.1, 2016, pp.113-148.

当下的刑法理论而言,很难说这些后果与网络暴力行为之间有刑法上的因果关系①。以网络暴力造成他人自杀为例,中国人的自杀本来就有着非常复杂的原因,自杀结果很难归因于网络暴力行为。自杀行为和中国人的许多其他行为一样,不仅仅是一种个人行动、自身绝望的表示,更是一种指向他人的行为②。网络暴力通常体现为道德审判,而自杀等行为往往是一场面向众人的道德演示,以此对抗舆论强势群体的道德责难。在这种个体与群体心理相互交织的背景下,往往难以证明严重后果与网络暴力行为之间因果关系的存在。

（三）事后治理模式下民众规范意识难以快速形成

传统路径对网络暴力进行治理主要依靠法律等事后治理手段,其狭窄的作用范围并不能形成有效的事前预防。法律手段参与网络暴力治理主要遵循着法律治理等事后治理模式,其不能在网络暴力的产生过程中形成有效的干预机制。以刑法为例,在参与社会治理的过程中,其抑制性来自刑罚所带来的心理强制作用。刑罚基于心理强制才能发挥出以威吓、恐惧为内核的一般预防功能,进一步达致积极的一般预防效果。刑法通过将情节严重的网络暴力进行类型化,在此基础上进行规范供给。但网络暴力行为并不具有清晰的外延,即使是较为严重的诽谤、侮辱等行为都尚需要进一步厘清边界。民众无法依靠其经验常识来界定网络暴力,也很难把握其与言论自由之间的边界,进而形成清晰的规范意识。

网络暴力的"虚拟"特征决定了其常态后果的非典型性,民众也很难在网络暴力与违法犯罪行为之间划上等号。对于网络暴力而言,通常性的结果是给被害人造成内心的伤害,与之相关的严重后果是内心伤害的衍生后果。在传统思维之下,内心伤害并非严重脱逸社会相当性的行为,其危害性被相应轻视。而犯罪是与民众生活较为遥远的概念,民众直接接触到违法犯罪的概率并不高。除了常见的自然犯以外,民众了解到一个行为是犯罪的可能性并不大。在没有外界新闻媒体等社会力量推动的情况下,即使针对网络暴力出台了相关司法解释或者制定了相关法律,也不能快速影响民众的规范意识,因此也无法对网络暴力形成新的行为抑制机制。如果民众自以为是"正义"的"道德审判"行为,最终却有成为违法犯罪的风险,则有"不教而诛"的倾向。古人云,"不教而诛,则刑繁而邪不胜"③,也说明了刑法等相关治理手段本身的局限性。

三、网络暴力治理问题的症结考察

当下网络犯罪的主要特征体现为以网络空间为犯罪场域、线下犯罪的网络化以及线下

---

① 当下理论一般不承认侮辱行为与被害人自杀死亡之间存在因果关系,但是有观点对两者之间的因果关系进行了证成,并且认为对网络暴力致人死亡的,可以以故意杀人罪定罪处罚。参见徐颖:《论"网络暴力"致人自杀死亡的刑事责任》,载《政法论坛》2020年第1期,第132-142页。

② 参见海青:《始于自杀,终于"自我"》,载《读书》2010年第6期。

③ 《荀子·富国》。

行为的网络异化等三种。网络暴力行为由网络空间中的个体实施,同时在网络空间中聚合并发生异化。对于网络暴力的治理,有必要将其置于网络社会的转型背景之下,揭示其在网络空间中的异化特征与根本原因。

(一)行为时空架构改变导致网络暴力边界模糊

网络暴力的生成与网络社会的进化具有同频性,是网络暴力在网络空间中肆虐的重要原因。近代社会转型的过程中伴随着"虚化"与"缺场"两大特征,使人的行为经历脱域而异化。脱域化形容的是社会时空架构的改变,以及此背景下各社会现象所受到的影响。吉登斯将农业社会向工业社会的变迁形容为"脱域"[1],"脱域"即社会关系从彼此互动的地域性关联中,通过对不确定的时间的无限穿越而被重构的关联中"脱离出来"[2]。实际上,农业社会向工业社会的脱域主要是一种地理意义上的脱域,工业社会进一步向网络社会的变迁虽然也是地理上的脱域,但是同时也超越了其他疆域的边界,高度匿名化的网络社会跨越了阶层、种族的隔离,是一种更为彻底的脱域化[3]。网络空间中行为的发生逐渐脱离了"在场"原则的支配,物理时空对犯罪行为的限制与约束力逐渐降低。脱域使得网络社会中时间具有了主宰空间的地位,将物理空间压缩为无限小,而把数字空间扩展至无限大[4]。

网络社会的犯罪行为是在虚化的时间与空间中展开的,人与人之间的冲突模式发生了根本性的变化。人类社会早期人与人之间的冲突受到"在场"原则的支配,连续的时间与固定的空间是犯罪行为得以实施的基础,加害行为、加害者以及被害者往往被限定在确定的物理时空背景上。而在网络社会特有的时空架构下人的形体以及身份都在网络空间隐匿、消退。网络空间是人们数字化生存的空间,通过信息通信技术的运用,模拟化的现实空间被尽其所能地转化成海量的二进制代码[5]。人的行为影响力可以得到无限扩大,并且具有极强的穿透力。现实中以道德审判、消极评价等为表现形式的语言暴力在网络空间容易形成累积效应,异化为具有较大危害性的网络暴力。网络暴力具有巨大危害性的关键就在于其摆脱了物理时空的约束,加害者对被害者的伤害被无限复刻。

(二)行为抑制机制缺失导致网络暴力肆意泛滥

网络暴力者的冲突性紧张在虚化空间中被消解,造成了网络社会中行为抑制机制的缺失。在现实世界中人与人之间往往具有对抗性恐惧,因此每个人避免和其他人发生冲突,在这种冲突性紧张下实施暴力存在障碍。到了网络时代,互联网使网络用户之间不管相隔多

---

[1] 脱域化(Disembedding),经济学上也称去嵌入,或者脱嵌、非嵌入。
[2] 参见[英]安东尼·吉登斯:《现代性的后果》,田禾译,译林出版社2000年版,第18页。
[3] 本文中所使用"脱域化",强调脱离物理空间、物质形态等对人的限制与约束。参见张康之、向玉琼:《政策问题建构权的历史演进》,上海人民出版社2016年版,第206页。
[4] 参见何明升、白淑英:《论"在线"生存》,载《哲学研究》2004年第12期。
[5] 参见张新宝、许可:《网络空间主权的治理模式及其制度构建》,载《中国社会科学》2016年第8期。

远（例如相聚几千公里），都可以非常便捷、非常经济地交换各种信息，好像这些用户都彼此直接连通一样①。不同的个体之间以匿名的形式接触，彼此之间不具有道德义务，也就不具有羞耻感。在匿名化的网络空间之下人的消极情绪得到全面释放②，使人以道德审判之名，行群体欺凌之实。匿名心理和法不责众的心理使人极易失去社会责任感和自我控制能力，从而导致非理性的突发性公共事件发生③。网络的匿名性使个体隐藏于群体中，赋予个体自由表达的空间，减少了对行为的约束，言论与行为比现实情境中更为激进大胆，日常生活中"温文尔雅"的文明人变成了"野蛮人"，在网络中口出狂言、暴躁谩骂④。

在网络空间中行为抑制机制分为正向抑制机制和负向抑制机制，前者抑制人们不去做坏事，后者抑制人们不去做好事。网络空间行为抑制机制的缺失，除了让人更容易"作恶"以外，同时也让人更勇敢，更敢于去做"好事"。在现实空间中民众做好事总是要承担一定的成本，或是畏于强势的群体或者个人，或是怯于所要牺牲掉的利益，民众往往不敢见义勇为，不敢行侠仗义。在网络空间中，由于匿名化的缘故，一般人更加敢于化身正义使者，在自我赋予的正义感之下大胆行为。网络暴力在很多情况下都表现为"道德审判"，本质上是对自己行为的合理化，因为"只有从道德上给人以震撼，才能从情感上让人感动"⑤。但往往这样的"道德审判"不仅不道德，而且也越过了法律所设定的行为边界。由此可见，行为抑制机制的缺失与网络社会的群体心理机制有着密切的关联，因此以匿名心理为切入点，以群体意识的改造为方向，是重构网络空间行为抑制机制的关键。网络暴力等网络乱象治理的重点，也正在于行为抑制机制的重建。

（三）信息传播秩序混乱导致有害信息无序流动

网络暴力是信息社会中日趋复杂的精神生产与精神交往互动的产物，也是网络秩序缺位下信息自由与信息秩序之间失衡的表征。马克思和恩格斯指出，人类的生产活动可以分为两类，其中一类是物质生产和精神生产，与之对应的分别是物质交往和精神交往⑥。信息社会的到来使精神生产方面的生产力得到极大的提升，与之对应的精神交往也相应日趋繁荣。信息网络时代的信息传播是与生产力和生产关系有关的范畴，而网络暴力作为信息传播过程中的产物，其本质也与精神生产与精神交往相关。网络暴力在本质上是一种社会精神生产的产物，每个人在参与精神交往活动时也都可能成为网暴者。当其对社会个体的基

---

① 参见谢希仁：《计算机网络》，电子工业出版社2021年版，第2页。
② 参见高建华：《新媒体文化视域下社会主义核心价值观涵化机制之构建》，载《理论导刊》2015年第7期。
③ 参见陈果：《突发性公共事件网络舆论治理的困境与突破》，载《社会科学》2016年第2期。
④ John Suler. The Online Disinhibition Effect. Cyberpsychology & Behavior, Vol.7, No.3, 2004, pp.72-79.
⑤ James M. Jasper. The Emotions of Protest: Reactive and Affective Emotions in and around Social Movements. Sociological Forum, Vol.13, 1998, pp.397-424.
⑥ 参见陈力丹：《精神交往论：马克思恩格斯的传播观（修订版）》，中国人民大学出版社2016年版，第2-4页。

本权益造成妨害时,其便属于消极的、负面的精神生产。在这个维度上,网络治理的关键问题在于民众具有了信息的主导权而不再仅仅是大众传媒单方面的"传送"对象①,在精神交往或者信息传播的过程中呈现出泥沙俱下的特征。

网络社会的脱域特征使网络用户在网络空间中具有较大程度上的自由,这种自由使信息在传播过程中往往是无序的,并具有自我繁殖的特征。信息自由往往也是信息网络蓬勃发展的原因,在现实生活中物质自由被限制的个体可以在网络空间得到自由的补偿。因此,网络暴力是在网络社会精神生产突飞猛进、信息大爆炸,而人人享有极大的自由,但秩序缺位现状下的必然产物。以媒介为核心的社会信息系统越巨大化,结构越复杂化,人类对它的控制就越间接,越需要在更大范围内的合作②。网络暴力同时也是网络空间的秩序供给不足的现实表征,需要在网络社会的整体视域下构建规则体系,因而对其根本治理必然涉及信息自由边界的重新界定问题。这意味着"必须确立某种看不见的界线,然而这一界线的确立又须依凭某种规则"③。相关规则的明确,正是网络暴力治理问题的关键所在。

四、网络暴力综合治理的立场选择

为实现对网络暴力的全面有效治理,需要超越传统思维对网络暴力实现分层治理,其中的关键在于寻找更为坚实的理论支撑。

(一)基于比例原则的均衡价值取向

基于比例原则可以实现对不同类型网络暴力行为处置措施的差别化,实现网络暴力行为与处置措施的均衡化。比例原则决定了国家权力的行使限度与尺度,是公权力介入网络暴力治理必须坚持的立场。比例原则是制度利益衡量的另一种表达,其表明不当的社会治理手段不仅会损害当事人的利益,也会损害与此有联系的社会公共利益④。根据比例原则的精神,特定行为应否处罚、如何处罚仍旧应当以行为本身造成结果的严重程度以及行为人主观上的可责性为判断基准。因此,在网络暴力的层次化治理中,需要以行为客观上的危害与行为人主观上的可归责程度作为根本的判断依据,划定网络暴力的基本层级。对于客观上的危害,不能仅以网络暴力行为本身所造成的直接危害为判断基点,而是要充分结合网络暴力的关键特征,判断其危害性。例如:从危害的累积性特征出发,将涉网络暴力信息的传播范围、传播途径等作为判断维度;从内容的煽动性特征出发,将涉网络暴力信息的传播速度等作为判断维度。对于主观上的可责性,则应当以特定行为人实施网络暴力的主动性程度、

---

① 参见张健挺:《网络暴力、信息自由与控制——传播速度的视角》,载《中国地质大学学报(社会科学版)》2009年第5期。
② 参见郭庆光:《传播学教程》,中国人民大学出版社2011年版,第33页。
③ [英]哈耶克:《自由秩序原理》(下册),邓正来译,生活·读书·新知三联书店1997年版,第183页。
④ 参见梁上上:《制度利益衡量的逻辑》,载《中国法学》2012年第4期。

难易程度以及行为的持续时间等进行判断。

（二）基于对责任分散效应的破除

网络暴力的责任分散效应是难以对相关主体进行追责的核心所在，对其进行治理的关键在于提升治理的精确性。对于司法机关而言，群体性事件的治理往往需要耗费更大的人力、物力，区别化处理也往往容易引起关于法律适用平等性的争议。传统解决方案对群体性事件的处理往往以避免事态升级、平息事端为落脚点，对于个体并不进行针对性的追究。"法不责众"正是在这样的社会群体心理机制下产生的，在群体的掩盖下，个体为非作恶的内心抑制机制开始生效。在有着"缺场"特征的网络空间中，更容易形成大规模的群体，一个热点性话题动辄会有成千上万的评论以及转发，网络暴力隐匿其中，往往也具有较大的规模。因此，个体参与网络活动的"法不责众"心理往往更强，这是网络暴力成为社会治理痼疾的重要原因之一。但是，在古代的"法"主要指刑法，所以"法不责众"是一种不得已的选择。在社会治理手段体系日益完备的当下，不仅法律体系愈加完善，在法律之外也有更多治理手段。在这种背景之下，完全可以对群体性事件采取分化瓦解的处理路径，因而"法不责众"只能成为一个悖论。为了进一步破除"法不责众"的群体性心理，需要进一步健全责任追究体系，完善以民事后果、行政后果以及刑事后果为主要内核的法律责任体系，同时建立健全技术层面的相关处置措施，使每一层次的网络暴力均有对应的后果。不同后果之间呈现出层次递进的特征，使比例原则的贯彻有相应的制度支撑。

（三）基于科层制原则的分层逻辑

网络社会消解了工业文明所构建的利益关联的物联网络，使网络空间呈现出一种前契约社会特征。在去中心化的网络空间中，每个个体都是平等的，每个人的言论自由都是均衡的。网络暴力因为去中心化而呈现出一种众声喧哗的特征，对于呈现出层级化特征的网络暴力，需要立足于科层制原则的基本逻辑，对治理体系也进行层级优化。

第一，进一步厘清网络社会的利益分配格局。在网络的虚拟与匿名特征之下，个人表达行为基于去抑制效应容易异化为网络暴力，并且呈现出"所有人针对所有人的战争"的状态。然而去中心化不是网络社会的根本目的，更不是网络社会的基本属性，网络空间必然由技术化的发散状态走向社会化的聚合状态[①]。网络暴力治理必然涉及社会利益的重新分配，而利益再分配涉及社会治理与个体自由之间的对立，其本质是"秩序与权利的博弈"[②]。网络暴力与公民的言论自由紧密相关，对网络暴力的治理当然要以保障言论自由为前提，但又不可避免地对网络上的言论表达进行一定程度上的规范。一方面，网络信息技术给人类的精

[①] 参见汪广荣：《虚拟社会与人的主体性》，合肥工业大学出版社2015年版，第130页。
[②] 单民、陈磊：《博弈与选择：以实名制遏制网络言论犯罪的可行性分析》，载《河北法学》2015年第9期。

神生产与交往带来了巨大便利,因此应当对其所带有的一些风险加以容忍,民众在数字生活中需要忍受一些轻微负面的、消极的"语言暴力"。另一方面,因为网络信息技术而受益巨大的群体不仅容忍"网络暴力"的程度应当更大,也应承当更大的防治责任。

第二,进一步完善治理主体的分层结构。首先,明确治理权责与层级结构,根据网络暴力的特征明确相对应的治理主体、治理模式,将治理主体划分为不同的层次,每个层次有不同的权利和责任。其次,科层制原则要求实现不同治理层级之间的贯通,科层制的逻辑基础是实现组织内部的协调、高效运作和更好的治理效果。民众、平台以及国家(政府)等层面应展开不同的治理模式,以应对不同层级不同特征的网络暴力,实现精确化治理。不同层级治理主体之间有着相互衔接的特征,上一层级的治理主体对下一层级的治理主体有指导作用。国家(政府)层面除了完善法律等规范供给外,还应对平台以及民众等进行引导,同时中下层治理主体在治理过程中所遇到的问题信息不断反馈到上层治理主体,进而使网络暴力治理体系的顶层设计得到优化。

五、网络暴力分层治理的实现路径

针对不同层级的网络暴力,应当有不同的治理对策。结合不同社会治理手段的特殊性,对网络暴力的治理对策可以从自治、技治、法治三个维度展开,形成网络暴力层次化治理的基本格局。

(一)以自治路径的完善对接低等级别网络暴力的治理

低等烈度的网络暴力在整体的网络暴力体系中是最主要的组成部分,对其进行的治理需要针对实施主体展开源头治理。"自治性是网络社会管理的重要特征之一","虚拟社会的管理主要依靠成员的自治与自律"[①]。网络暴力自治途径的展开,主要以预防为主,具体需要从重建行为抑制机制、控制关键群体以及建立数字公民伦理三个方向展开,实现网络社会成员的自律。

1. 以网络身份可查验机制重建行为抑制机制

重建网络空间的行为抑制机制,其关键在于推动网络用户的实名制管理,避免网络匿名制下的去抑制效应。网络实名制一直以来备受争议,其不仅与言论自由之间有着博弈关系,而且往往涉及网络社会的整体制度构建问题,影响非常深远。因此,理论与实务界普遍认为目前尚未完全具备推行网络前台实名制的条件。网络前台实名制会暴露公民的个人信息,不仅会导致网络暴力影响范围的扩大,还会导致线上冲突转移到线下。但是这并不意味着实名制在当下不可行,在充分保护个人隐私、避免网络前台实名制所带来的"寒蝉效应"的

---

① 陈劲松:《网络社会工作的特性及基本原则探讨》,载《中国人民大学学报》2014年第5期。

前提下，仍可以变通的方式推进网络实名制。可以考虑的途径是采用网络用户现实身份与网络身份相分离的机制，即"用户真实身份可查验制"，以区别于现实身份证的"网络牌照"，实现对网络用户真实身份的锁定，在网络用户涉及违法、犯罪行为时可以直接对用户身份进行查验①。通过与现实身份相隔离，可以有效保护网络用户的隐私，相当于另外构建了一个网络身份，以规范的形式锁定特定网络用户。其可以模仿现实世界中车辆准驾的模式，以"网络牌照"的形式代表网络用户的身份，网络用户真实身份的查验仍然只能由有权机关控制。统一的"网络牌照"能够较为有效地抑制匿名网络空间下的宣泄心理与放纵心理，进而形成有效的行为抑制机制。

2. 落实网络用户的分层管理实现对关键群体的控制

信息作为一种资源，在网络社会制度形成的过程中开始快速流动，并进一步造成了网络社会群体的分层，不同的网络用户群体在网络话语权上有着巨大的差异②。在网络暴力的发酵过程中，拥有不同信息资源的群体所起到的作用并不相同。在网络暴力的治理过程中，不同群体所承担的义务是不对等的。对于处于顶层的意见领袖而言，其在发表相关言论时应当有着更为严格的限制，需要尽可能审慎。在发表与针对具体对象的价值评价相关的言论时，更要注意言论的中立性，避免相关言论所带来的煽动效果。发表与具体事实相关的言论时，网络空间的意见领袖等群体应当对事实有着更高的查明义务。对于有着中等影响力的群体，其也承担着与其地位相适应的自律义务，以及与自己能力相适应的基本事实查明义务。意见领袖与中等影响力群体通常表现为网络社区版块、网络群组的建立者和管理者，其不得创建有利于网络暴力滋生的话题版块和群组账号，同时对成员网络行为和信息发布有规范与监督的职责。相比较而言，有着较低影响力的群体在网络空间的社会行为多表现为低等烈度的态度表示行为，虽然有更大范围上的自由，但也应当遵循平台等治理主体制定的行为规范。

3. 完善数字公民伦理实现对民众的引导

数字公民伦理形成的前提是在厘清网络社会分化基本规律的基础上，对不同的群体明确不同的伦理职责。民众在网络空间中能够遵守网络礼仪的前提是其知道自己应当遵守怎样的行为义务，在此基础上对其进行规范引导，强化网络行为的规范意识。其一，淡化网络的虚拟性，当下网络社会的发展已经形成了较为完整的体系并与现实社会相接轨，网络空间中的每一个行为都可以在现实世界中形成影响。"数字公民伦理的第一要义，就是使得每个公民清楚地认识到数字符号背后是真实具体的人，要像期望他人能够尊重自己全部的合法

---

① 参加张新宝：《从隐私到个人信息：利益再衡量的理论与制度安排》，载《中国法学》2015年第3期。
② 参见徐晓林、陈强、曾润喜：《中国虚拟社会治理研究中需要关注的几个问题》，载《中国行政管理》2013年第11期。

权利那样,尊重他人的权利。"①对此,需引导民众淡化其思维中关于网络虚拟性的认知,强化对自己行为的约束意识。通过制定完善的网络行为伦理规范体系,包括言论自由与尊重、隐私保护、信息的诚实与透明、知识产权保护、文化的多元与包容等,同时注意网络用户的全民参与、规范与社会的同步更新,实现网络空间中的虚拟人向规范人的转变。其二,强化平台准入仪式感。进一步完善平台公约的建立,对网络用户应当遵守的规则进行明示,用户在进入特定平台时应当按要求严格履行相关规则的学习以及考核任务,用户对准入协议表示同意,为网络暴力行为发生之后采用一系列措施提供规范依据②。通过使每一个具体的网络用户都履行与其对等的网络伦理义务,可以进一步强化网络用户的规则意识,推进数字公民伦理的建设,以实现网络暴力行为的源头治理。

(二)以平台治理的完善实现对中等级别网络暴力的治理

中低等级别的网络暴力是网络暴力治理的重点,平台对中等级别的网络暴力信息应当直接采取措施,阻断网络暴力信息的进一步传播与发酵。当然,平台在提高网络暴力治理效能上有着重要的作用,应当充分发挥其技术优势完善针对网络暴力的层级治理体系。

1. 明确平台的监管范围与制裁对象

平台的管理义务针对整体意义上的网络信息展开,但制裁对象应集中于中等烈度的网络暴力。平台的安全管理义务应当覆盖信息传播的整个生命周期,在网络暴力事件发生的事前、事中以及事后进行全方位的管理。在事前实现网络暴力信息的识别预警、审核,在事中实现网络暴力信息的删除屏蔽、断开链接、阻断传播等,在事后为受害者提供保护措施与救济途径,以实现对网络暴力运行全过程的治理。对于带有网络暴力信息的帖文、博文以及短视频,平台应当对具体的主体采取渐进式的制裁模式,分别采取警告和教育性措施、内容删除或隐藏措施、暂时禁言或禁止发布内容以及账号暂时或永久封禁等措施,对达到了中等烈度的网络暴力信息进行直接性的处置。《规定》也对网络服务提供者关于网络信息的管理义务和责任进行了充分的规定,表明平台不再是网络暴力治理的旁观者,而是有着主体地位的参与者。

2. 强化平台的技术治理

在平台履行对网络暴力的安全管理义务的过程中,充分发挥平台的技术优势,实现对网络暴力的识别与干预。"许多网络平台具有参与网络社会治理的技术能力"③,技术治理可以实现网络暴力的情境预防。一是完善网络用户群体分类分级机制。针对网络用户不同的种类与级别,建立起有针对性的制度规则,明确具体的网络行为红线以及警示机制,提醒具体

---

① 王静:《数字公民伦理:网络暴力治理的新路径》,载《华东政法大学学报》2022年第4期。
② 参见刘艳红:《网络暴力治理法治化研究》,法律出版社2023年版,第217页。
③ 王利明:《论互联网立法的重点问题》,载《法律科学(西北政法大学学报)》2016年第5期。

主体应当履行的相关义务。二是建立网络暴力的甄别、过滤机制。平台利用网络信息技术对网络行为进行识别和分析,以识别潜在的网络暴力、仇恨言论、歧视性言论等。三是完善网络暴力的全过程防控机制。基于能够监测、预防和应对网络暴力的前沿技术,建立能够多维度监测网络暴力的系统,以全面掌控网络暴力的动态特征。建立起具有账号信息管理、信息发布审核、违法预警监测、违法投诉处理、网暴信息处置等功能的网络暴力治理防控体系,实现对网络暴力在信息传播周期内的全链条治理。在网络暴力事件呈现出失控态势的时候,平台管理者通过人工智能、大数据等技术对网络暴力进行研判,及时阻断网络暴力的进一步发酵,避免严重结果的发生,并对怠于履行职责义务的主体进行针对性的处罚。

3. 优化平台治理的衔接机制

在层级递进的治理体系中,平台应当起到承上启下的作用。一方面,网络暴力治理在整体上所制定的制度框架需要借助平台的技术能力来具体落实。虽然低等烈度的网络暴力主要依靠自治模式进行治理,但离不开平台的支持、引导与监督。在网络暴力的分层治理过程中,网络暴力信息的分类分级治理、网络主体的分层等都需要依托于平台来实现。作为自治模式核心的真实身份可查验机制、关键群体的控制以及数字公民伦理的建立等均需要网络平台的技术支持与引导,而特定群体是否履行了其义务也需要平台建立一定的机制进行监督。这需要平台充分发挥其技术优势,借助人工智能等技术完善相应的机制。另一方面,平台治理同时也要为法律治理提供充分的协助,在法律治理的事后治理过程中,平台应当起着还原案件事实、降低被害人追诉成本的作用。以平台为连接点,形成政府主导、平台协同、全民参与的多元共治体系。国家网信部门和地方各级网信部门负责统筹网络暴力信息治理和相关监督管理工作,平台则是各项现实对策的真正落实者,民众则是具体的参与者。

(三)以相互补位的法律规范体系对接高等级别网络暴力的治理

从法律作为社会治理手段的特性来看,法律治理指向的网络暴力在分层上主要是高级烈度,主要由民法、行政法以及刑法等提供规范供给。相互补位的法律规范体系必须在整体法秩序下运行,各部门法律协同运行。

1. 优化民事法律的规范供给

从公私属性上来看,民法属于私法,而行政法、刑法则属于公法。因此民法不需要像行政法与刑法一样严格保持消极与克制,在实践中应当充分发挥民法在治理网络暴力上的作用。

第一,通过平台协助降低被害人的维权成本。当一般人遭受网络暴力侵害时,在确定行为人、调取证据上往往面临着制度障碍,增加了其维权成本。因此,需要通过系列措施降低普通人维权成本,避免维权成本过高成为权利实现的主要障碍。在网络用户身份信息难以查证的情况下,应当允许"网络牌照"等作为确认被告的标准,平台和司法机关在确定基本事实属实后负责查验被告人的真实身份。同时,因为网络暴力的缺场特性,有必要使具有技术优势与地位优势的平台在用户维权过程中起到协助作用。在网络暴力侵权事件发生时,平台进行初步甄别与筛选并确定侵权事实,在被害人维权过程中进行证据搜集与程序转接等帮助。通行综合施策,使普通民众的维权之路更为顺畅,潜在的网暴者明晰法律责任的必得性,因而也能形成更好的预防机制。

第二,通过主客观结合拓宽精神损害的认定路径。在民法中因人格权被侵害可以主张的权利主要有停止侵害、排除妨碍、消除影响等,而真正能使受到侵害的主体得到切实补偿的是精神损害赔偿,但实践中精神损害的认定主要以被侵害人自身为判断对象,认定标准较为严格,因而网络暴力受害者往往很难获得精神损害赔偿。"精神损害赔偿的真正困难在于证明的困难,并且此种证明困难一定意义上是无法克服的,因为精神损害本来就具有内在性。"[①]要改变网络暴力所造成他人精神损害认定的主观性,需要为精神损害设置一定的客观推定标准。因此,在网络暴力事件发生的场合,除被侵害人本人的精神状况以外,应当将其正常生活秩序被干扰、破坏的程度也确定为主要判断基准。当被侵害人因网络暴力被严重滋扰,严重影响其正常生活秩序时,应当可以推定被侵害人受到了严重的精神损害。通过主客观相结合的形式,可以进一步拓宽精神损害的认定路径。

第三,通过法律解释扩大权利救济的范围。网络暴力通常侵害他人的人格权,主要包括名誉权、隐私权。《中华人民共和国民法典》(以下简称《民法典》)拓宽了隐私权的内涵,生活安宁权是隐私权的核心范围。《民法典》人格权编第一次以立法的形式引入了"私人生活安宁"这一概念,并通过反面列举的方式,对侵害私人生活安宁和私人生活私密的各种典型方式作出了规定[②]。私人生活安宁是"自然人享有的安稳宁静、不受骚扰的私人生活状态"[③],民众所享有的这种权利必然及于网络空间。网络暴力必然包括破坏民众网络私人生活安宁的情形,民法也可以为其提供规范供给。从法律条文的构造来看,《民法典》第一千零三十三条第(一)项的内涵足以涵摄网络跟踪、网络恐吓以及网络滋扰等破坏民众生活安宁的行为,对此应当充分发挥法律解释的作用,通过司法解释等文件的引导,强化对民众网络私人生活安宁权的保护,使民众的安宁生活在因网络暴力而受到打扰时能够得到充分的民法救济。

2. 优化行政法律的规范供给

鉴于行政法保护个人权益与促进公共利益的双重属性,其在网络暴力治理上也应当起到重要的作用。行政法参与网络暴力的治理需要注重如下问题:

[①] 叶金强:《精神损害赔偿制度的解释论框架》,载《法学家》2011年第5期。
[②] 参见王利明:《民法典人格权编的亮点与创新》,载《中国法学》2020年第4期。
[③] 刘保玉、周玉辉:《论安宁生活权》,载《当代法学》2013年第2期。

第一，明确行政法与刑法的适用顺位。行政法在规制内容上与刑法等部门法有着高度重合的关系，其中的关键在于如何把握整体上的衔接问题。行政法制裁与刑法制裁两者在规制对象上很大程度上就是量的差异，在总体的适用上应当呈现出先行后刑的规律。在网络暴力行为发生之后，应该优先充分适用《中华人民共和国治安管理处罚法》（以下简称《治安管理处罚法》）第四十二条等条文，用行政制裁对网络暴力的行为主体进行规制。仅当网络暴力造成了严重的后果，行政法不足以全部评价其违法性时，才有必要进行刑法规制。通过明确网络暴力事件适用法律的顺位，避免大量案件直接涌入刑事诉讼程序。当然，也并非每一个案件都要经过行政违法到刑事违法的判断路径，相关机构在执法过程中需要对网络暴力行为进行初步评估，根据其行为内容以及烈度级别直接对违法犯罪行为进行分拣，对于情节严重的网络暴力行为则可以直接进行刑法规制。

第二，明确行政制裁指向的行为类型。行政法参与网络暴力的治理不仅是提供行政制裁手段，还要确定更为清晰的行为类型。对于直接实施网络暴力的用户群体，相对于再制定专门的网络暴力罪，在行政法上对相关行为进行类型化是更可行的途径。在《治安管理处罚法》第四十二条的基础上，增加"对于利用信息网络发表针对他人的、具有煽动性的消极价值评价或者扭曲事实的言论，情节严重的"，以及"利用信息网络，深扒、拼凑并公布他人个人信息，情节严重的"等行为类型，使行政法规范在应对网络暴力时能够提供更充分的规范供给，并且能够尽量减少解释过程中所遇到的障碍。

3. 优化刑事法律的规范供给

刑法在治理网络暴力上应当保持着相对克制的姿态，但对于高级烈度的网络暴力行为仍应在有限的空间内充分发挥出治理功效。

第一，对个体行为独立成立犯罪的网络暴力按照既有罪名进行严厉打击。《意见》主要是对既有罪名的刑法适用问题进行了明确，基本上属于提醒法官注意的规定。《意见》的第2条到第6条分别就网络暴力适用刑法中的诽谤罪、侮辱罪、侵犯公民个人信息罪、非法利用信息网络罪、拒不履行信息网络安全管理义务罪进行了具体的规定。其在实际上起到的作用是提醒司法人员注意，网络暴力造成的严重后果应当适用哪些具体罪名。在司法实践中，司法人员应当按照《意见》的相关指引，结合相关罪名背后的规范目的与宽严相济精神，对其进行严厉打击，以净化网络空间。在社会治理的层级化结构中，刑法制裁应当集中在最严重的网络暴力行为上。一方面，作为刑法制裁对象的网络暴力在行为烈度上必须是最严重的高级烈度的网络暴力行为，刑法制裁重点对呈现出组织性、链条性的行为进行打击。另一方面，刑法也需要对严重网络暴力事件中起到核心作用的个体进行重点打击，将网络暴力事件的发起者、组织者、煽动者、教唆者等作为核心的规制对象。

第二，对不符合既有罪名行为类型的网络暴力在既有条文下增设行为类型。对于属于

"人肉搜索"的网络暴力行为,在对其进行刑法规制上一直存在困难,有观点认为将其纳入侵犯公民个人信息罪的规制范围内的主要障碍在于"提供行为的对象具有特定性,而公开行为的对象具有不特定性"[①]。这种观点具有一定的道理,但是"人肉搜索"的关键在于其不是将他人的信息从"未知"调向"已知",而是更倾向于将他人的信息从"已知"转化为"已知"。人肉搜索通常表现为两种类型:一是深扒、拼凑已经在网络上存在的个人信息并对其进行公开;二是明知是他人的不易为外人所知的个人信息,而在网络上进行传播,造成他人隐私受到侵犯。这两种类型并不完全符合"出售或者提供公民个人信息"或者"非法获取公民个人信息"的特征,强行将其解释进"侵害公民个人信息罪"的行为类型之内有陷入类推解释的风险。但是在民众的数字化生活越来越丰富的现代社会,这种行为本身就具有较大的危害,也具有刑法规制的可行性。因此,可以通过刑法修正的形式,在第二百五十三条之一第三款后面增加一款"在网络空间搜集、拼凑较为充分的个人信息,进行大面积暴露,情节严重的,依照第一款的规定处罚"。为实现民众数字化生活的安宁,传统刑法进行规范修正是必要的路径。

第三,以行政刑法的模式对相关的行为进行规制。对于造成一定危害的网络暴力行为,基于层次化治理的原则,需要在其他的治理措施失败的时候才能考虑刑法规制。例如,对于网络滋扰、跟踪类的行为,在治安管理处罚法上需要有相关的规范依据,并积极提供规范供给,刑法不应直接进行规制。在网络空间中,网络骚扰与网路跟踪相似,是利用信息媒体对个体进行的打扰、恐吓、折磨等行为,意图给被害人造成痛苦,并从中获得利益[②]。其对于个体权利往往会造成很大的侵害,具有刑法规制的必要性。这一类行为本身已经超过刑法既有规范的框架所设定的边界,因此便不能再以刑法解释的形式提供规范供给,而是需要设立新的刑法规范。考虑其本身的特殊性,可以按照行政刑法的模式来设定规范。在罪状设立上,需要以特定行为人怠于履行相关作为义务并受到行政处罚为前置条件,当行为人在受到行政处罚之后仍不悔改,继续实施相关行为并造成严重后果时,才能认定为犯罪。在构成要件中加入行政前置要件,有利于坚守刑法的最后手段原则性,实现递进式的治理。

六、结语

网络暴力是社会转型、社会的架构逐渐虚拟化后的产物。其本质是人的表达行为在网络空间中异化后的产物,其异化原因有着心理学、传播学等意义上的多重因素。对于网络暴力的治理,需要坚持源头治理与综合治理的原则。因为网络暴力具有缺场、虚拟的特征,刑

---

① 刘宪权、周子简:《网络暴力的刑法规制困境及其解决》,载《法治研究》2023年第5期。
② Renee L. Servance. Cyberbullying, Cyber-Harassment, and the Confilct between Schools and the First Amendent. Wisconsin Law Review, No.6, 2003, pp.1213-1244.

法在治理网络暴力上存在着较大的局限性。对于网络暴力的治理,需要立足于其层次化特征,赋予不同主体以不同的作为义务。在治理路径上沿着自治、平台治理以及法律治理相递进的模式,可以弥补既往治理路径作用范围狭窄且体系化不足的弊端,实现综合的、全面的治理。

以物抵债协议的履行效力及其与原债的关系[*]
——以《合同编通则司法解释》第二十七、二十八条为视角

张 翔 袁萍萍[**]

摘 要：《合同编通则司法解释》第二十八条规定的期前以物抵债协议具有履行效力。在大陆法系民法理论的背景之下，债之双方当事人明确约定以他种给付"替换"原定给付的以物抵债协议，性质为债的变更；约定不明的，其性质为新债清偿。而《合同编通则司法解释》第二十七条所规定的期后以物抵债协议应当定性为新债清偿。对于新债清偿性质的以物抵债协议而言，其被界定为"其他具有担保功能的合同"，可以适用一系列典型担保的规则。债权人原定给付请求权的行使，仅需以"经债权人催告后合理期间内尚未履行"为前提，而无需解除期后以物抵债协议。期后以物抵债协议的履行存在瑕疵的，在该以物抵债协议性质为有偿合同的情形之下，债权人据此享有瑕疵担保请求权；在该以物抵债协议性质为无偿合同的情形之下，其为"物的给付"之替代的，应基于《民法典》第六百六十二条规定判断，其为"金钱给付"之替代的，则应与有偿的以物抵债协议做相同处理。

关键词：合同编通则司法解释 以物抵债协议 新债清偿 代物清偿 瑕疵担保责任

一、问题的提出

《最高人民法院关于适用〈中华人民共和国民法典〉合同编通则若干问题的解释》（以下简称为《合同编通则司法解释》）第二十七条和第二十八条规定了以物抵债协议，但是其

---

[*] 基金项目：西藏自治区哲学社会科学专项资金项目"合同的替代履行制度研究及在西藏的应用"（项目号：22XZZZXHZ11）。

[**] 作者简介：张翔，西北政法大学民商法学院教授；袁萍萍，西北政法大学民商法学院博士研究生。

仍存在一系列问题需要解释：（1）从《全国法院民商事审判工作会议纪要》第四十四条和第四十五条到《最高人民法院关于适用〈中华人民共和国民法典〉合同编通则部分的解释（征求意见稿）》（以下简称《征求意见稿》）第二十八条和第二十九条的规定方式来看，最高人民法院倾向于根据以物抵债协议缔结的时间，在债权到期之前或到期之后，赋予其不同的履行效力：履行期限届满前达成的以物抵债协议（以下简称"期前以物抵债协议"）不具有履行效力，即债权人不得基于该以物抵债协议，请求债务人依约交付抵债物或者办理登记，从而取得抵债物的所有权；履行期限届满后达成的以物抵债协议（以下简称"期后以物抵债协议"）则反是。由此引起的问题就是：在《合同编通则司法解释》颁布之后，上述两种以物抵债协议在履行效力上的相异性，究竟是归于弥合，还是继续存在？（2）《合同编通则司法解释》第二十七条所规定的"期后以物抵债协议"之概念系以"以他种给付履行原债务"为核心内涵，而在大陆法系民法理论体系中，债的变更、债的更改和债清偿等一系列法学范畴，均包含"以他种给付履行原债务"的内容，那么《合同编通则司法解释》第二十七条所规定的"期后以物抵债协议"之概念，在大陆法系民法理论体系下应如何定位？（3）在《合同编通则司法解释》第二十七条规定的期后以物抵债协议生效之后，"抵债之债"是对原债关系的替代，还是与原债关系并存？进而，在两者呈并存关系的情况下，又会产生有关两者间关系的一系列问题，包括效力关系、权利延续关系以及履行关系等。因此，笔者拟对上述问题进行考察，以冀推进《合同编通则司法解释》第二十七条和第二十八条规定的司法适用，充分满足以物抵债协议的目标，并发挥其功能。

二、期前以物抵债协议的履行效力

"以物抵债协议"之概念源自我国民事司法会议纪要及相关判例①，是民事司法机关对"以他种给付履行原债务"这一类型民事交易的实务性总结。在我国民法理论中，"以物抵债协议"之概念也受到关注，学者对这一概念内涵的界定，虽不尽相同，但总体上也是将"以他种给付履行原债务"作为其核心要素②。"以物抵债"之交易涉及对原债给付内容的变动，故需要以当事人之间"以物抵债协议"的达成为要件。那么，当事人达成以物抵债协议后，债权人可否据此请求债务人履行该以物抵债协议？对于期后以物抵债协议而言，《合同编通

---

① 参见《全国法院民商事审判工作会议纪要》第四十四、四十五条；《江苏省高级人民法院审判委员会会议纪要〔2014〕2号》第一条；成都市国土资源局武侯分局与招商（蛇口）成都房地产开发有限责任公司、成都港招实业开发有限责任公司、海南民丰科技实业开发总公司债权人代位权纠纷案，载《中华人民共和国最高人民法院公报》2012年第6期。

② 参见崔建远：《以物抵债的理论与实践》，载《河北法学》2012年第3期；王洪亮：《以物抵债的解释与构建》，载《陕西师范大学学报（哲学社会科学版）》2016年第6期；刘敏：《新债与旧债的关系：以物抵债适用规则研究》，载《华南理工大学学报（社会科学版）》2018年第3期；夏正芳：《以物抵债的几个法律问题》，载《人民法治》2015年第9期；刘琨：《以物抵债协议不宜认定为流质契约》，载《人民司法》2014年第2期。

则司法解释》第二十七条认可其一经成立,债权人便享有依据以物抵债协议请求债务人交付抵债物的权利;但对于期前以物抵债协议而言,《合同编通则司法解释》第二十八条是否承认债权人享有依据以物抵债协议请求债务人交付抵债物的请求权,则需要进一步探讨。

(一)期前以物抵债协议为债权性诺成合同

《中华人民共和国民法典》(以下简称《民法典》)第四百八十三条规定:"承诺生效时合同成立,但是法律另有规定或者当事人另有约定的除外。"据此,《民法典》上的合同性质以诺成合同为原则,实践合同则需以法律特别规定为前提,如定金合同(第五百八十六条)、自然人之间的借款合同(第六百七十九条)、保管合同(第八百九十条),故"实践合同则必须有法律特别规定"①。我国台湾地区所谓"民法"同样秉承上述原则,明确规定使用借贷(第四百六十四条)、消费借贷(第四百七十四条)、寄托(第五百八十九条)为实践合同,其他类型合同因无特殊规定应定性为诺成合同,"如无特别形式规定,只要口头协议即可成立契约,因此多半的契约是诺成契约"②。由此可见,在民法所奉行的合同自由原则之下,实践合同作为对当事人自治意愿的限制,其之存在须受到法律的明确规定这一前提的约束。"绝大多数合同都从双方达成合意时成立,属诺成合同;而要物合同则必须有法律特别规定,已属特殊合同。"③而司法机关的会议纪要及司法解释,不应具有在我国现行民法规范体系之外另行设置实践合同的效力。在此基础之上,期前以物抵债协议为债权性诺成合同。《合同编通则司法解释》第二十八条第一款之规定,也同样认可了上述判断。

此外,将"期前以物抵债协议"界定为实践合同,也不符合实践合同的内在机理。近现代民法上的实践合同,源自罗马法上的实物契约。考察在罗马法上实物契约的四种类型,即消费借贷、使用借贷、寄托和质押,我们可以发现,实物契约是一种"以标的物的交付为契约的成立要件,而以其返还为债务内容"的交易形式,"对'实物'债的清偿则只是为了恢复原有状态"④。后世民法中实践合同的类型,依然秉承着罗马法实物契约"给而后还"的内在结构。详言之,《德国民法典》《法国民法典》均将使用借贷、消费借贷、寄托定性为实践合同。"德民(598条、607条、688条)及法民(1875条、1892条、1915条),均以使用借贷、消费借贷及寄托为要物契约。"⑤我国台湾地区所谓"民法"秉持前述规定,认定使用借贷、消费借贷及寄托的性质为实践合同。"要物契约,谓于意思表示一致之外,因物之交付或完毕其他给付而成立之契约,……例如使用借贷、消费借贷、寄托。"⑥由此出发,在期前以物抵债协议中,

---

① 王利明:《合同法研究(第一卷)》(修订版),中国人民大学出版社2011年版,第28页。
② 黄立:《民法债编总论》,中国政法大学出版社2002年版,第33页。
③ 韩世远:《合同法总论》,法律出版社2018年版,第83页。
④ [英]巴里·尼古拉斯:《罗马法概论》,黄风译,法律出版社2004年版,第175页。
⑤ 史尚宽:《债法总论》,中国政法大学出版社2000年版,第9页。
⑥ 史尚宽:《债法总论》,中国政法大学出版社2000年版,第9页。

抵债物之交付所引起的法律后果，在于当事人之间债之关系因清偿而归于消灭，而不在于交付方对受领方标的物返还请求权的产生。倘若将"期前以物抵债协议"界定为实践合同，那么因抵债物交付而成立的以物抵债协议，其权利和义务的内容是什么呢？因此，期前以物抵债协议不符合实践合同"给而后还"的内在结构。

在上述考察的基础上，需要对传统民法中"代物清偿为实践合同"这一判断作特别说明。代物清偿之概念，同样包含"以他种给付履行原债务"之内容，具有以物抵债协议的特性。在传统民法理论中，有观点认为，代物清偿合同为实践合同。"为代物清偿之成立，唯有当事人之合意为不足，须代替原定给付，现实为他种之给付。故为要物契约。"① 在我国司法实践中，上述观点亦有所体现。在"成都市国土资源局武侯分局与招商（蛇口）成都房地产开发有限责任公司、成都港招实业开发有限责任公司、海南民丰科技实业开发总公司债权人代位权纠纷案"中，审理法院即认为，"债务人与次债务人约定以代物清偿方式清偿债务的，因代物清偿协议系实践性合同，故若次债务人未实际履行代物清偿协议，则次债务人与债务人之间的原金钱债务并未消灭"②。然而，如上所述，在代物清偿中，债务人交付抵债物给债权人后，其所引起的法律后果是当事人之间债之关系因清偿而归于消灭，因而并不存在"实践合同"成立后的债权债务关系，不符合实践合同"给而后还"的内在结构。那么，应如何理解"代物清偿为实践合同"这一判断呢？事实上，传统民法理论上代物清偿之概念，重心在于"清偿"，而非"代物"，故其本质是一种物权契约。"代物清偿，系以他种给付代原定给付，而使债务消灭为内容，非以代替原定给付而使成立为他种给付以消灭其债务之债为内容，故有准物权契约之性质。"③《德国民法典》第九百二十九条规定："就动产所有权的转让而言，所有人必须将该物交付给取得人，且所有人和取得人必须达成关于所有权应转移的合意。"据此，从大陆法系民法中的物权行为构成要件为"合意＋交付"。进而，代物清偿中的"债务人交付抵债物"，其实属于物权行为中的成立要件，其所引起的法律后果，不是"抵债之债"的产生，而是抵债物所有权的转移。由此可见，尽管代物清偿与以物抵债协议在概念上均包含"以他种给付履行原债务"的内容，但是二者的性质不同，前者是物权行为，而后者则是债权行为。"中国现行民事立法，未规定有独立于债权行为的物权行为，民法理论亦以否认独立的物权行为为通说。"④ 在不承认物权行为的背景下，代物清偿的本质并非以物抵债协议，而是以物抵债协议的履行行为。因此，大陆法系民法中"代物清偿为实践合同"之判断并不

---

① 史尚宽：《债法总论》，中国政法大学出版社2000年版，第815页。
② 成都市国土资源局武侯分局与招商（蛇口）成都房地产开发有限责任公司、成都港招实业开发有限责任公司、海南民丰科技实业开发总公司债权人代位权纠纷案，载《中华人民共和国最高人民法院公报》2012年第6期。
③ 史尚宽：《债法总论》，中国政法大学出版社2000年版，第815页。
④ 梁慧星：《民法总论》，法律出版社2017年版，第169页。

能作为否定"期前以物抵债协议"为诺成合同的依据。

（二）期前以物抵债协议之担保性质与履行效力

考察最高人民法院对《合同编通则司法解释》第二十八条的释义著述可知，该条将期前以物抵债协议定性为担保。"本条沿用了《民商审判会议纪要》中将此种以物抵债作为履行原债权债务关系的担保的处理思路，主要考虑到债务人或者第三人与债权人在债务履行期限届满前达成的以物抵债协议，往往是为了担保债权债务关系而订立。"[①]我国民法学界也有学者认可前述观点，即"当事人在债务清偿期届满前即达成以物抵债协议，此时债权债务的具体数额尚未确定，债务履行期限未到，其目的显然不是清偿债务，而是为了担保该债务的履行"[②]。由此产生的问题就是：该以物抵债协议的"担保"性质，能否对其履行效力产生影响？对这一问题的考察，将以"担保合同"与"担保权"的区分原则为进路。

从《民法典》第四百条和第四百零二条以及第四百二十七条和第四百二十九条这两组规定以观，其所蕴含的"担保合同"与"担保权"的区分原则表明，担保合同与担保权均具有"担保意义"，只是该"意义"的内涵并不相同。前者在于产生"设立担保权"的债之关系，后者则在于担保效果的发生。就此以观，倘若期前以物抵债协议得以履行，则根据《合同编通则司法解释》第二十八条第三款第二句之规定，担保的效果便会发生。因此，该以物抵债协议应属于《民法典》第三百八十八条第一款所规定的"其他具有担保功能的合同"。就"担保合同"的意义而言，将期前以物抵债协议视为一种"担保"，并无不当。但这并不意味着该以物抵债协议本身即具有担保效果。有观点认为，"担保型买卖在设定担保时只签订买卖合同（代物清偿预约），并不转移担保物所有权，是约定待债务不履行时再转移房屋所有权，起担保作用的只是债务人或担保人将来以物抵债的承诺，是纯以买卖合同本身的拘束力作担保，债权人并不享有任何物权性质的权利，因此是人的信用担保，并非物权性质的担保"[③]。上述将期前以物抵债协议视为一种"人的信用担保"之观点，蕴含着一个逻辑预设，即"期前以物抵债协议本身具有担保功能"。然而，这一预设是不成立的。第一，在期前以物抵债协议中，充当担保基础的乃是作为特定财产的抵债物，而非以一般财产支撑起的担保人的信用，"对借贷合同发生担保作用的是商品房买卖合同的标的物，而不是该合同的债权"[④]，故与"人的信用担保"明显不同。第二，在交易实践中，抵债物的所有权人通常是债务人自己，而非第三人。此时，债权人根据该以物抵债协议，并不能获得任何额外法律保障。因此，

---

① 最高人民法院民事审判第二庭、研究室：《最高人民法院民法典合同编通则司法解释理解与适用》，人民法院出版社2023年版，第329页。
② 李玉林：《论以物抵债协议的类型化适用》，载《法律科学（西北政法大学学报）》2023年第4期。
③ 高治：《担保型买卖合同纠纷的法理辨析与裁判对策》，载《人民司法》2014年第23期。
④ 杨立新：《后让与担保：一个正在形成的习惯法担保物权》，载《中国法学》2013年第3期。

期前以物抵债协议是一种"物权性担保合同",与不动产抵押合同、动产质押合同相似,其本身并无担保效果。

由此产生的法律后果就是,民法关于物权担保的一般原理应在典型担保与非典型担保中一体适用。因此,将典型的担保物权与非典型的期前以物抵债协议做类比考察,便成了可能。在不动产抵押中,抵押合同之履行的法律后果,并非主债之清偿,而是不动产抵押权之设立。只有在债权人行使其抵押权,主债在就抵押物价值优先受偿的范围内,方得清偿。比较而言,作为物权性担保合同的期前以物抵债协议之履行的后果,同样并非债务之清偿,而是物权性担保权的设立。正如《合同编通则司法解释》第二十八条第三款"债务人或者第三人已将财产权利转移至债权人名下的,依据《最高人民法院关于适用〈中华人民共和国民法典〉有关担保制度的解释》第六十八条的规定处理"之规定,债务人或是第三人已经将抵债物的所有权转移至债权人的,债权人可就抵债物拍卖、变卖或是折价实现债权的优先受偿。

需要提及的是,既然《合同编通则司法解释》第二十八条第二款第二句"当事人约定债务人到期没有清偿债务,抵债财产归债权人所有的,人民法院应当认定该约定无效"之规定,是将《民法典》第四百零一条和第四百二十八条针对典型担保的"流质约款禁止规则",适用于期前以物抵债协议的结果,那么,该以物抵债协议中"若原定给付到期不履行,则移转他种给付之所有权"的当事人约定,是否属于上述《合同编通则司法解释》第二十八条第二款第二句规定的情形?回答是否定的。

《民法典》第四百零一条和第四百二十八条在原《中华人民共和国物权法》第一百八十六条和第二百一十一条之规定的基础上,将"担保合同不得约定债务人不履行到期债务时担保财产归债权人所有"修改为"担保合同约定债务人不履行到期债务时担保财产归债权人所有的,只能依法就担保财产优先受偿"。这一修改显示出,《民法典》上的"流质约款禁止规则"的着力点,发生了由"担保权取得"向"担保权行使"之转变。在《民法典》修改后的规定中,"担保财产归债权人所有"与"依法就担保财产优先受偿"在逻辑上呈对立关系,这意味着《民法典》所称的"担保财产归债权人所有"之当事人约定,蕴含着"由债权人取得担保物所有权后,无需经过清算,债之关系即告清偿"之内核。这一内核,才是《民法典》所要禁止的对象,而对其加以禁止的后果,就是对物权性担保权的行使课以清算要求。"在债务履行期限到期前,当事人约定流质条款的,该流质条款并非无效,只是被转化为变价清算约定。"① 对照而言,《合同编通则司法解释》第二十八条第二款第二句中"抵债财产归债权人所有"之表述,也应做相同的解释,即法院应当认定为无效的,并非该以物抵债协议中"若原定给付到期不履行,则应移转他种给付之所有权"之约定,而是"他种给付所有权

---

① 王洪亮:《让与担保效力论——以〈民法典担保解释〉第68条为中心》,载《政法论坛》2021年第5期。

转移后,原定给付无需清算即告消灭"之约定。

《最高人民法院关于适用〈中华人民共和国民法典〉有关担保制度的解释》第六十八条第一款和第二款之规定,可以印证上述结论。该条第一款规定,让与担保合同约定将财产形式上转移至债权人名下,债务到期不履行时,以该财产变价受偿的,该约定有效。根据上述规定,"将财产形式上转移至债权人名下"之约定有效,且与"债务到期不履行时,以该财产变价受偿"之财产转移后的处理并行不悖。进而,该条第二款规定,让与担保合同约定将财产形式上转移至债权人名下,债务到期不履行时,财产归债权人所有的,该约定无效。在该款规定中,"将财产形式上转移至债权人名下"与"财产归债权人所有"并列,其中,第一款规定"将财产形式上转移至债权人名下"之约定有效,故第二款规定无效的对象乃是"财产归债权人所有"。由此可见,"将财产形式上转移至债权人名下"与"财产归债权人所有"是两种截然不同的当事人约定:前者是指根据让与担保合同的债权效力,债权人可以取得担保权性质的所有权之约定;后者则是指债权人取得所有权后,不经清算,债之关系即告消灭的约定。

由此可见,"担保财产归债权人所有"之表述,是《民法典》及相关司法解释的标准用语,具有特定的含义,即"不经清算、即告清偿"。故这一表述不能与期前以物抵债协议中"原定给付不履行,则移转他种给付所有权"之约定相混淆。因此,期前以物抵债协议具有履行效力,其之履行不属于《合同编通则司法解释》第二十八条第二款第二句之适用范围,也不违反《民法典》中的"流质约款禁止规则"。

三、大陆法系民法视角下期后以物抵债协议的性质

在大陆法系民法理论中,除前述的代物清偿外,债的变更、债的更改、新债清偿等一系列概念,均包含有"以他种给付履行原债务"之内容,且其内在机理及法律后果迥然有异。那么,《合同编通则司法解释》第二十七条规定所提出的"期后以物抵债协议"之概念,在传统民法中应如何定位,便成了一个不能回避的问题。对这一问题的考察进路在于,当事人达成期后以物抵债协议后,除其所能引起的"以他种给付作为履行标的"之法律后果外,原债关系是否继续存续。换言之,期后以物抵债协议所导向的究竟是"一个债的改变",还是"两个债的并存"?

(一)期后以物抵债协议与债的变更

在当事人明确约定以他种给付"替换"原定给付的情况下,根据意思自治原则,该以物抵债协议的法律后果,或者是原债的给付内容发生改变,但并无新债之产生;或者是原债归于消灭,并由新债取而代之。在大陆法系民法理论中,前者为债的变更,即"当事人就合同

的内容达成修改和补充的变更协议"①；后者则为债的更改，即"成立新债务，同时消灭旧债务之契约"②。

在大陆法系民法理论中，债的变更与债的更改的区别，在于债之关系"是否丧失同一性"，即当事人之间的替换给付关系与原债关系，是否为同一法律关系。"合同的变更应使变更后的合同关系与原合同关系保持同一性，如不具有此种同一性，则不属于合同的变更，而属于合同的更改。"③进而，关于债的变更与债的更改的判断方法，理论上存在两种学说：一是"要素说"，即根据原债所改变的内容是否为"债的要素"，来对债的变更和债的更改加以区分。"债的要素变更，合同关系失去同一性，不再属于合同的变更，而应为合同的更改。与此相反，非要素的变更未使合同关系失去同一性，当然为合同的变更。"④在该学说之下，债的要素与非要素的区分标准，在于一般交易观念下债之内容的重要性。据此，标的物数量的增减、履行地点等改变为非要素变更，属于债的变更；而标的物种类的变更则为要素变更，构成债的更改。例如，甲从乙处购买 A 货物 10 件，若甲乙后来约定将购买的 A 货物数量增加至 12 件，其为债的变更；而若甲乙约定将所欲买卖的货物由 A 改变为 B，则为债的更改。二是"性质说"，即根据改变前后债的性质是否发生改变，作为厘定债的变更与债的更改的标准。"在不改变合同的性质而仅改变合同的内容时，变更前的合同与变更后的合同仍不失其同一性。"⑤依照该学说，标的物种类的改变，是否导致变更后的合同失去同一性，关键在于是否改变合同的性质。例如，甲从乙处购买 A 货物 10 件，无论甲乙后来是约定将购买的 A 货物数量增加至 12 件，还是将所欲买卖的货物由 A 改变为 B，因原买卖合同的性质并未改变，故均为债的变更。但倘若甲乙后来约定将欲购买 10 件货物改为租赁，则其为债的更改。可见，上述两种学说的本质区别，在于对"债的同一性"之认定的严格程度不同，而对这两种学说的取舍，则需要从债的变更与债的更改的区分意义的角度进行。详言之，区分债的变更还是债的更改，其法律意义在于确定当事人基于原债享有的从权利，如债权人的担保权、违约责任请求权及债务人的抗辩权等，在改变后的债之关系中能否继续存在。"合同的变更未使合同关系失去同一性，合同债权所附着的利益和瑕疵原则上继续存在，而合同的更改已使合同关系失去同一性，旧债权所附着的利益与瑕疵归于消灭。"⑥有鉴于此，采取"性质说"，对债的更改做狭义界定，更有利于债之双方当事人利益的保护。

从"性质说"出发，在当事人达成的期后以物抵债协议中，若明确约定以他种给付"替

---

① 韩松：《民法学》，中国政法大学出版社 2004 年版，第 512 页。
② 林诚二：《民法债编总论——体系化解说》，中国人民大学出版社 2003 年版，第 541 页。
③ 韩世远：《合同法总论》，法律出版社 2018 年版，第 590 页。
④ 韩世远：《合同法总论》，法律出版社 2018 年版，第 587 页。
⑤ 韩世远：《合同法总论》，法律出版社 2018 年版，第 590 页。
⑥ 崔建远：《合同法》，北京大学出版社 2021 年版，第 249 页。

换"原定给付的,因该以物抵债协议在内容上并不改变原债关系之性质,该以物抵债协议应界定为债的变更。这一观点在我国民事司法实践中也有所体现。"和田县绿源木业有限责任公司、南城弘天实业有限公司买卖合同纠纷案"的裁判文书表明,"以物抵债协议系诺成合同,以物抵债系债的变更而非债的更改"①。在此基础之上,作为债的变更性质的以物抵债协议与原债关系为同一法律关系,故原债中的担保权、违约责任请求权及抗辩权在该以物抵债协议中可得延续。

（二）期后以物抵债协议与新债清偿

债之双方达成的以物抵债协议,若仅约定"以他种给付履行原债务",但未明确以他种给付来"替换"原定给付的,应界定为新债清偿。新债清偿,是指当事人以清偿旧债为目的所缔结的新债关系。"债务人因清偿旧债务,与债权人成立负担新债务之契约……是为新债清偿。"②新债清偿协议达成之后,"旧债务并不当然因之消灭,但债务人如履行新债务时,其旧债务随之消灭"③。由此可见,新债清偿的要义在于通过新债的履行来实现原债的清偿,故与债的变更不同,其所导向的后果,并非原定给付被他种给付替换,而是他种给付和原定给付的并行。

从社会生活的实践来看,当事人所达成的以物抵债协议,往往只有"以他种给付履行原债务"的意思表示,通常不会对该他种给付与原定给付的关系做出约定。从当事人的交易目的出发,此种情形应推定当事人并无废止原债的意愿,而仅是将以物抵债协议视为原债履行方式的"变通"而非"替换"。将该种以物抵债协议界定为新债清偿,不仅更符合当事人的意思,且为大陆法系民法的通行做法。《德国民法典》第三百六十四条第二项规定:"债务人为使债权人受清偿而对债权人承担新债务的,有疑义时,不得认为债务人承担该债务以代替履行。"我国台湾地区所谓"民法"第三百二十条规定:"因清偿债务而对于债权人负担新债务者,除当事人另有意思表示外,若新债务不履行时,其旧债务仍不消灭。"由此可见,以"他种给付履行原债务"之交易的法律性质,以新债清偿为其最为一般的情形。"当事人约定负担新债务,其目的可能为更改、代物清偿或新债清偿,当事人之约定其性质究竟为何,应先以当事人之意思表示决定之,如当事人未有约定时,则依'民法'第320条之规定,视为新债清偿。"④需要指出的是,在我国(大陆地区)的民事司法实践中,上述观点也得到了体现。最高人民法院指导案例"通州建总集团有限公司与内蒙古兴华房地产有限责任公司建设工程施工合同纠纷案"的裁判要旨即明确表明,"基于保护债权的理念,债的更改一般需有当事人

---

① 新疆维吾尔自治区和田地区中级人民法院(2022)新32民终548号民事判决书。
② 邱聪智:《新订民法债编通则(下)》(新订一版),中国人民大学出版社2004年版,第453页。
③ 邱聪智:《新订民法债编通则(下)》(新订一版),中国人民大学出版社2004年版,第453页。
④ 林诚二:《民法债编总论——体系化解说》,中国人民大学出版社2003年版,第540-541页。

明确消灭旧债的合意,否则,当事人于债务清偿期届满后达成的以物抵债协议,性质一般应为新债清偿"①。

综上所述,我国的"期后以物抵债协议"概念,系以"他种给付履行原债务"为核心内涵,但从大陆法系民法理论以观,该以物抵债协议的性质却不可一概而论。当事人在以物抵债协议中明确约定以他种给付"替换"原定给付的,其协议为债的变更。随着该以物抵债协议的生效,在当事人之间仅存在一个变更后的债之关系。反之,当事人未约定以他种给付"替换"原定给付的,则为新债清偿。其所引起的法律后果是当事人之间以物抵债协议与原债的并行。而《合同编通则司法解释》第二十七条针对期后以物抵债协议的规定,区分"期后以物抵债协议"与"原债"。有鉴于此,《合同编通则司法解释》第二十七条规定所提出的"期后以物抵债协议"之概念,在传统民法中应定性为新债清偿。

（三）第三人与债权人达成的期后以物抵债协议之性质界定

《合同编通则司法解释》第二十七条的规定中,提出了"第三人与债权人达成的以物抵债协议"的概念。然而,该第三人与债权人达成的以物抵债协议的性质在我国司法实践中存在争议。有的裁判观点认为,第三人与债权人达成的以物抵债协议定性为债务加入。这一观点在"上海盛众房地产发展有限公司民间借贷纠纷"一案中有所体现,即从和解协议所明确载明的"以物抵债"等文字,以及盛众公司做出的如陈水滚未能按时将相关抵债房产、抵债车位转移登记给黄丽月则自己在财产价值内清偿债务的承诺,可认定盛众公司已作为债的相对方,加入了黄丽月与陈水滚之间的债权债务中去,成为共同债务人。因此,盛众公司的上述承诺实为债的加入,而非担保"②。笔者不认同该观点,在债务加入中,债权人、债务人和第三人之间仅存在一层法律关系,即债权人和债务人之间的债权债务关系。"债务加入没有在债权人与债务人之间的债的关系之外新增一种法律关系,仍旧是一层法律关系,只不过在债务人一侧新增了成员。"③与此不同的是,第三人与债权人达成的以物抵债协议与原债权债务关系为两层法律关系。基于此,第三人与债权人达成的以物抵债协议定性为债务加入不具备合理性。

有的裁判观点则认为,第三人与债权人达成的以物抵债协议的性质应当被认定为第三人代为履行。"乌鲁木齐市新市区广民建材经销部与奇台县鑫博燃气有限公司、李志成合同纠纷"一案体现了上述观点。该案二审法院认为,"鑫博公司代理人李志成与广民经销部经营者张喜民签订房屋购买协议书,鑫博公司将再建附属工程总面积297㎡门面房以物抵债

---

① 通州建总集团有限公司与内蒙古兴华房地产有限责任公司建设工程施工合同纠纷案,载《中华人民共和国最高人民法院公报》2017年第9期。
② 上海市青浦区人民法院(2020)沪0118民初6498号民事判决书。
③ 崔建远:《合同法》,北京大学出版社2021年版,第282页。

给张喜民,……鑫博公司与广民经销部之间应为第三人代为履行关系。"①该观点具有合理性。具体而言,首先,第三人基于以物抵债协议所为之履行,能否构成第三人代为履行。依笔者见,回答是肯定的。"第三人代为履行"之概念的内涵,在于第三人通过履行行为,清偿债务人对债权人的债务。至于第三人是否同时对债权人负担"代为履行之债务",则无碍于代为履行之成立。"债务人以外的第三人履行债务,……其原因具有多样性,既可能是基于单方面的表示,也可能是出于与债务人或债权人的约定以及法律的规定。"②因此,第三人基于与债权人的以物抵债协议而履行,相对于债务人之债务消灭的后果而言,仍属于第三人代为履行。其次,第三人以他种给付所为之履行,能否构成第三人代为履行。依笔者见,回答依然是肯定的。第三人与债权人之间的以物抵债协议,表明第三人他种给付之履行,具有与原定给付之履行相同的效力,即均可使债权人对债务人的原债权得以清偿,故第三人基于与债权人的以物抵债协议,以他种给付所为之履行,也无碍于代为履行之成立。

由此可见,在《合同编通则司法解释》第二十七条规定中,第三人基于与债务人的以物抵债协议所为的履行,性质为以他种给付为内容的第三人代为履行。这一观点在我国台湾地区所谓"民法"上有所体现,"丙对乙本无为原定给付(交付 A 画)之义务,至少于表示愿交付 B 画以代 A 画前,并无为他种给付(交付 B 画)之义务,就此点而言,与第三人清偿并无不同"③。由于其具有代为履行的性质,故应同时适用《民法典》第五百二十四条所规定的第三人代为履行制度。具体来讲,一方面,该条第一款所规定的"合法利益"之要求,在第三人以他种给付抵债中可以适用;另一方面,在第三人与债务人没有另行约定的情况下,具有合法利益的第三人以他种给付抵偿债务后,可以依据该条第二款之规定,基于债权人对债务人债权的享有,对债务人实行追偿权。

四、新债清偿性质的以物抵债协议与原债的关系

《合同编通则司法解释》第二十七条规制的新债清偿性质的以物抵债协议所导致的法律后果是该以物抵债协议与原债的并存,由此便会引起其两者间的关系问题。

(一)新债清偿性质的以物抵债协议与原债的效力关系

《合同编通则司法解释》第二十七条规定并未明确新债清偿性质的以物抵债协议与原债的效力关系问题,由此需要立足于"担保"理论进一步予以解释与完善。新债清偿性质的以物抵债协议是否具有担保功能,是否属于《民法典》第三百八十八条第一款所规定的"其

---

① 新疆维吾尔自治区高级人民法院生产建设兵团分院(2017)兵民再30号民事判决书。
② 中国审判理论研究会民事审判理论专业委员会:《民法典合同编条文理解与司法适用》,法律出版社2020年版,第112页。
③ 陈自强:《无因债权契约论》,中国政法大学出版社2002年版,第304页。

他具有担保功能的合同",需要以"担保"的本质界定作为考察进路。在我国民法学界,关于"何为担保"存在争议。"优先受偿权说"认为,当事人在交易中享有担保物交换价值的优先受偿权,该交易才可被认定为担保。"实质担保观并不拘泥于担保类型是否由法律规定,而是以交易的经济功能为标准认定担保,无论交易名称如何或债权人的名义权利如何,只要其目的在于获得对担保物交换价值的优先受偿权,即都构成担保。"① 与该观点不同,"额外保障说"则认为,担保的本质应在于为债权实现提供的"额外"保障,而与当事人是否享有优先受偿权无关。"担保应是其所保债务以外的、辅助性的'保障',即它是被附加上去的。"② 依笔者见,担保的本质应当在于"额外保障"而非"优先受偿权"。从《民法典》的典型担保体系以观,保证权并不具有优先受偿的效力,且交付定金一方的双倍返还定金请求权,也同样不具有优先受偿的效力,但这并不妨碍保证与定金的典型担保性质。因此,将"优先受偿权"作为担保的本质,与《民法典》对于担保的定义方式并不相符,只有在"债权之额外保障"的基础上界定担保的本质,方能与《民法典》的体系相协调。

从"额外保障"的担保观念出发,新债清偿性质的以物抵债协议所导致的"两债并存"之局面,意味着债权人在享有"原债给付请求权"的同时,还以"抵债物给付请求权"的享有作为额外之保障,故可认定其具有担保功能,属于《民法典》第三百八十八条第一款所规定的"其他具有担保功能的合同"。至于其缔结的时间在债务到期之后,与该项功能并无关联。犹如抵押合同的订立时间,在债务到期之后,也无碍于其所具有的担保合同之性质。

将新债清偿性质的以物抵债协议界定为"其他担保功能的合同",意味着从"功能主义"观念出发,一系列典型担保的规则可以适用于原债与以物抵债协议关系的界定。具体来讲:(1)根据担保合同的从合同性质,以物抵债协议具有效力上的从属性。原债无效或被撤销的,以物抵债协议也随之无效。以物抵债协议之目的本就在于清偿原债,故在原债无效或被撤销的情况下,因以物抵债协议的目的即不复存在,故从以物抵债协议效力上的从属性,得出以物抵债协议随原债的无效而无效的结论,符合以物抵债协议之当事人的交易目的。(2)根据担保合同的从合同性质,以物抵债协议具有移转上的从属性。一方面,原债债权转让的,债权人基于以物抵债协议而享有的抵债物给付请求权随之转让。既然以物抵债协议是为原债权所提供的"额外保障",那么在债权人转让原债权予受让人时,受让人理应同样获得该项"额外保障"。另一方面,债权人基于以物抵债协议所享有的抵债物给付请求权,则不得脱离原债权而单独转让。债权人保留原债权而单独转让抵债物给付请求权,将会导致该"额外保障"目的的缺失,进而使受让人单独享有的抵债物给付请求权丧失意义。由此

---

① 高圣平、谢鸿飞、程啸:《最高人民法院民法典担保制度司法解释理解与适用》,中国法制出版社2021年版,第2页。
② 程啸:《担保物权研究》,中国人民大学出版社2019年版,第5页。

可见，立足于担保合同转让上的从属性，对原债与以物抵债协议关系的上述界定，也符合当事人的交易目的。(3)根据以物抵债协议担保合同的性质，债务人对债权人的原债权享有抗辩权的，该抗辩权可延续至以物抵债协议。既然以物抵债协议是为了清偿原债，那么以物抵债协议之债务人的地位，便不应获得劣于其在原债关系中所处的地位。故将担保合同中的抗辩权延续规则引入以物抵债协议，同样符合当事人的交易目的。

（二）债权人原债请求权的行使条件

在新债清偿性质的以物抵债协议与原债并存的局面下，就债务人而言，由于无论履行以物抵债协议还是原债，债权人均可实现其债权目的，且债务人根据自己的履行能力而选择履行以物抵债协议还是原债，也有利于债务人利益之保护，故债务人既有权选择履行以物抵债协议，也有权选择履行原债，债权人均不得拒绝受领。"唯债务人或因支付能力有限，有时不能完全依债务的本旨履行，此时若仍绝对贯彻上述须依债务本旨履行而不得变更的思想，不取救济之道，则对债务人有些苛刻，对债权人的保护，也不见得有利，甚至可能导致债权无法实现的恶果。"[①] 再就债权人而言，基于诚实信用原则，既然债权人同意债务人以他种给付履行原债，那么债权人只可以以物抵债协议为依据，请求债务人履行以物抵债协议。需要指出的是，"债权人仅可请求履行以物抵债协议"与"债务人可选择履行以物抵债协议或原债"两个判断，逻辑上并不矛盾，只需确认债务人在面临债权人他种给付之请求时，享有形成权性质的"原债选择权"，即可协调上述两个判断之间的关系。

进而，债务人对履行以物抵债协议或原债的选择权，是否应受到限制？换言之，债权人可否在特定情形下，亦得享有请求债务人履行原债的权利？对于这一问题，在学理上存在不同的见解。有观点认为，只有在以物抵债协议构成履行不能、无效或被撤销的情况下，债权人方可享有原债请求权。"债权人请求债务人履行债务，应先请求履行新债务，必新债务不能履行、无效或撤销时，始能就旧债务请求。"[②] 然而，将债权人原债请求权的享有，限定在以物抵债协议无效、被撤销或履行不能的前提之下，范围明显过窄，同样可能在实践中形成法律漏洞，不利于债权人利益的保护。例如，债务人对债权人欠付金钱之债，因发生履行困难，双方缔结了以物抵债协议。在债务人拖延以物抵债协议的履行，且因应收账款的收回恢复了金钱之债的履行能力的情况下，按照上述观点，此时债权人仍只能请求债务人交付抵债物，而无法请求其偿还金钱，显然违背了正常的交易观念。有观点则认为，债务人未如约履行以物抵债协议，债权人即可享有原债请求权，《征求意见稿》第二十八条第一款便是采取这种观点。然而，该观点所界定的条件过于宽泛，可能发生法律漏洞。例如，原债履行困难

---

① 崔建远：《合同法》，北京大学出版社2021年版，第138页。
② 林诚二：《民法债编总论——体系化解说》，中国人民大学出版社2003年版，第541页。

的债务人,在以物抵债协议约定的履行期之次日向债权人交付抵债物,而债权人则以"债务人未如约履行以物抵债协议"为由,拒绝受领他种给付并请求债务人履行原定给付。这种情况下,债务人本来依照以物抵债协议制度即可得到维护的利益,却不得不通过《民法典》第一百三十二条"禁止权利滥用"之规定来寻求救济,徒增维权成本。在此基础之上,《合同编通则司法解释》第二十七条规定,债务人未如约履行以物抵债协议,且经债权人催告在合理期间之内仍尚未履行的,债权人即可享有原债请求权,这不仅有效地解决了上述因条件过于宽泛或苛刻所导致的法律漏洞,而且可最合理地平衡当事人的利益。

进而,债权人原债请求权之享有,是否应当以其解除权的行使为条件?对此,《征求意见稿》第二十八条第一款并未规定债权人需解除以物抵债协议后,方可享有原债请求权,且我国司法实践的相关判例,也采取相同的观点。在"通州建总集团有限公司与内蒙古兴华房地产有限责任公司建设工程施工合同纠纷"的司法裁判中,法院所表明的观点认为,"若新债届期不履行,致使以物抵债协议目的不能实现的,债权人有权请求债务人履行旧债务,且该请求权的行使,并不以物抵债协议无效、被撤销或者被解除为前提"①。依笔者见,上述观点可资赞同。如前所述,以新债清偿为性质的以物抵债协议订立后,债权人之所以需先行请求抵债物的给付,乃是基于诚信原则的考量。因此,阻碍债权人行使原债请求权的要素,并非以物抵债协议效力的存续,而是债权人对该以物抵债协议可得顺利履行的预期。倘若该预期不能顺利实现,债权人无需解除以物抵债协议,即可转而继续享有原债请求权,不仅符合以物抵债协议与原债关系的法律逻辑,而且因债权人同时保有以物抵债协议请求权,新债清偿性质的以物抵债协议之"保护债权的理念"也可得到充分的实现。因此,债权人原债请求权的行使,仅需以"经债权人催告在合理期间之内仍尚未履行他种给付"为前提,但无需以债权人行使以物抵债协议之解除权为条件。《合同编通则司法解释》第二十七条关于"债务人或者第三人经债权人催告后在合理期限内仍不履行以物抵债协议的,债权人可以选择请求履行原债或者以物抵债协议"的规定也认可前述结论。

(三)抵债物上的品质瑕疵担保责任

在上文论述的基础上,需要进一步讨论的问题就是,债务人在新债清偿性质的以物抵债协议中是否承担品质瑕疵担保责任。这一问题在《合同编通则司法解释》第二十七条规定中尚未明确得到解决,需要立足于民法理论进一步予以解释与完善。在民法理论体系中,标的物品质瑕疵担保责任的承担,通常是就有偿合同的债务人而言的,"瑕疵担保责任存在于除劳务合同以外的一切有偿合同中"②。在无偿合同中,债务人是否承担品质瑕疵担保责任,

---

① 通州建总集团有限公司与内蒙古兴华房地产有限责任公司建设工程施工合同纠纷案,载《中华人民共和国最高人民法院公报》2017年第9期。

② 崔建远:《合同法》,北京大学出版社2021年版,第453页。

则需要根据具体情况以断,此点后文将会论及。因此,欲探讨以物抵债协议的债务人是否承担品质瑕疵担保责任,需先明确以物抵债协议属于有偿合同还是无偿合同。

在民法学理上,以物抵债协议究竟为有偿合同还是无偿合同之判断,存在两种学说:一是"无偿合同说",即"新债清偿……因为系债之并存关系,并非有偿契约"①。由此可见,该种学说是根据以物抵债协议与原债之间是否具备对价关系,来认定以物抵债协议是否有偿。因新债清偿性质的以物抵债协议并不导致原债的消灭,故以物抵债协议与原债之间不具备对价关系,据此该以物抵债协议被认定为无偿合同。二是"原债决定说",即根据原债为有偿合同或是无偿合同,来明确以物抵债协议属于有偿合同或是无偿合同②。依据该学说,双方当事人因原债无法履行而达成以物抵债协议来实现债的清偿,故以物抵债协议是原债的一种履行方法。若原债为有偿合同,因"原债关系中债权人所负的对待给付义务"与"以物抵债协议中债务人所负的他种给付义务"之间便会形成对价关系,所以以物抵债协议便为有偿合同;反之,若原债为无偿合同,则以物抵债协议也为无偿合同。可见,上述两种学说的区别,在于对以物抵债协议之"对价"为何认定不一致。对这两种学说的取舍,则需要以划分有偿合同和无偿合同的理论标准为基础进行分析。"关于行为人承担的义务是有偿的义务还是无偿的义务的约定,涉及承担义务的'原因'。"③依"无偿合同说",债务人在以物抵债协议中承担他种给付之义务的原因,在于其在原债关系中所负的原定给付义务。但该学说所忽略的是,债务人负担原定给付义务的原因,则在于原债关系中债权人对待给付义务的负担。"债务人本应根据债的关系来进行给付(原定给付),但是其单方提出他种给付,债权人一经接受就消灭原债权债务关系。"④有鉴于此,采取"原债决定说"更符合法律逻辑,且有利于平衡双方当事人的利益。因以物抵债协议与原债的有偿性或是无偿性保持一致,债权人和债务人在以物抵债协议中的注意义务和瑕疵担保等责任与原债相同,债权人或是债务人均不会因以物抵债协议的成立而扩大或者缩小其责任或者权利范围。

由此出发,依"原债决定说",当原债为有偿合同时,以物抵债协议应当定性为有偿合同,债权人据此享有瑕疵担保请求权。"中国农业银行股份有限公司鞍山立山支行与国网辽宁省电力有限公司鞍山供电公司、中国电力财务有限公司东北分公司物权保护纠纷"案的判决即采用上述观点,即"鞍山供电公司对其用于抵债的房产应当负有权利瑕疵担保的责任,应当保证所抵房产权属合法且无瑕疵"⑤。但原债为无偿合同时,以物抵债协议应当定性

---

① 黄立:《民法债编总论》,中国政法大学出版社2002年版,第673页。
② 参见肖俊:《以物抵债裁判规则的发展趋势与建构方向——2011—2019年最高人民法院审判经验的考察与分析》,载《南大法学》2020年第1期。
③ [德]卡尔·拉伦茨:《德国民法通论(下册)》,王晓晔、邵建东、程建英等译,法律出版社2013年版,第446页。
④ 王利明:《合同法研究(第二卷)》(修订版),中国人民大学出版社2011年版,第281页。
⑤ 中华人民共和国最高人民法院(2015)民二终字第39号民事判决书。

为无偿合同,债权人据此是否享有瑕疵担保请求权,需要分情况进行讨论。

(1)"物的给付"之替代,即以物抵债协议的内容为以"他物"替代"原物"之给付。例如,当原债是赠与合同时,当事人为赠与义务之履行所达成的以物抵债协议,亦是赠与合同,仅是赠与的标的由"原物"变为"他物"。此时,根据《民法典》第六百六十二条之规定,因赠与人原则上对赠与物不承担瑕疵担保责任,故债权人不得以债务人他种给付上存在瑕疵为由,请求债务人承担瑕疵担保责任。但是,在附义务赠与、赠与人故意不告知瑕疵或是保证无瑕疵的特殊情形下则例外。

(2)"金钱给付"之替代,即以物抵债协议的内容为以"物"替代"金钱"之给付。例如,当原债是无偿借款合同时,当事人为本金债务之履行所达成的以物抵债协议;又如,当原债为无偿保管合同,保管人因故意或重大过失致保管物毁损灭失,依据《民法典》第八百九十七条之规定,应承担赔偿责任时,当事人就赔偿金之履行所达成的以物抵债协议。在上述情形下,因以物抵债协议系以"物"的价值来抵偿金钱债务,故若"物"存在瑕疵,则会妨碍债权人订立以物抵债协议之交易目的的实现。因此,债务人应当对他种给付承担瑕疵担保责任。

需要指出的是,在债务人需对他种给付之履行承担瑕疵担保责任的情况下,债权人主张瑕疵担保请求权时,应当认可债务人以存在瑕疵的他种给付与原定给付价值进行对比清算。例如,甲欠乙 100 万元,双方约定以 A 货物抵偿欠款。甲交付 A 货物给乙后,乙以 A 货物存在瑕疵为由,请求甲承担品质瑕疵担保责任,而若甲能够举证证明,纵然 A 货物存在瑕疵,其价值也不低于 100 万元,则可拒绝承担责任。其理由在于:既然以物抵债协议之目的在于实现原债中的债权,那么债务人所交付的瑕疵抵债物价值足以抵偿该债权时,债权人的交易目的依然可以实现,故债权人不应再享有品质瑕疵担保请求权。

五、结语

《合同编通则司法解释》第二十七条和第二十八条对以物抵债协议进行规范,但是其仍存在一系列问题需要解释与完善。由此立足于民法既有的规则及理论体系,对以物抵债协议这种民事交易中所涉及的法律问题进行诠释成为必要。将以物抵债协议的法律规则置于民法的规则及体系的基础之上,不仅是完善我国民事法律制度所必需,更是《民法典》所表征的我国民事法律规则体系化之要求的必然体现。

扩大我国非监禁刑适用的理论基础及路径

谢佑平　柴婧峰*

摘　要：扩大非监禁刑适用已经成为当今世界刑法改革的重大趋势，世界各国对此予以高度关注和积极推行。然而，通过对我国法院非监禁刑适用现状进行分析比较，发现目前我国的非监禁刑适用率仍然相对较低，与西方国家存在较大差距。这一现状的存在与长期以来的重刑化倾向密切相关，侧面上也体现了报应论对我国刑罚适用的深刻影响。笔者试图从刑罚的根据论入手，详细分析扩大非监禁刑适用的理论基础，以期能够找到其扎根的法理学土壤。在扩大我国非监禁刑适用的实施过程中，我国应坚持以一体式刑罚根据论理念为主导，在扩大非监禁刑适用的法律实践中，努力推进刑罚政策的轻缓化，全面贯彻一体式刑罚根据论理念，实现报应论与功利论的有机结合。同时还须控制自由刑适用比例，扩大和完善单处附加刑的适用范围，扩大社区矫正的适用范围，以及尝试监禁刑社会化执行模式并在其中加入非监禁化的执行措施。

关键词：扩大非监禁刑　刑罚轻缓化　行刑社会化　社区矫正

从世界刑罚发展趋势来看，刑罚轻缓化无疑是世界刑法制度发展的共同趋势。扩大非监禁刑的适用是刑罚轻缓化的必然途径。在刑罚的具体适用中，非监禁刑具有宽容、符合人性、经济性等优点，是实现刑罚的报应与功利价值、保护人权的又一重要途径。扩大我国的非监禁刑的适用一方面是顺应世界刑罚轻缓化和非监禁化的发展趋势[①]，另一方面，根据

---

* 作者简介：谢佑平，男，湖南大学法学院教授、博士生导师；柴婧峰，女，湖南大学刑法专业博士研究生。

① 参见陈兴良：《关涉他罪之对合犯的刑罚比较：以买卖妇女、儿童犯罪为例》，载《国家检察官学院学报》2022年第4期。

我国的犯罪治理现状，轻罪化是必然趋势。刑事法治的主要方向即为刑事立法和司法的双重轻罪化，预防犯罪成为刑罚惩戒的主要目标和需求，也取得了较为理想的轻刑化实际效果，严重暴力犯罪数量显著降低，轻罪的数量和比例逐年增加：截至 2020 年 10 月，"起诉严重暴力犯罪从 16.2 万人降至 6 万人，醉驾、侵犯知识产权、破坏环境资源等新型危害经济社会管理秩序犯罪大幅上升，被判处三年有期徒刑以下刑罚的轻罪案件占比从 54.4% 上升至 83.2%"[①]。由此可见，轻缓化的刑事政策的实施是契合近年来检察职能全面协调充分发展的重要方向和路径[②]。因此，笔者试图从刑罚的根据论入手，分析扩大非监禁刑适用的理论基础，并且基于此，笔者希望通过对报应论、功利论、一体式刑罚论进行深入探析，为扩大非监禁刑的适用提供新的解释思路。

一、我国非监禁刑适用之现状分析

非监禁刑与监禁刑是按照犯罪行为人是否被关押作出的刑罚类型划分。狭义的非监禁刑仅限于非监禁刑种，在我国有管制、罚金、没收财产、剥夺政治权利和驱逐出境第五种。广义的非监禁刑既包括非监禁刑种，也包括诉讼法中非监禁化的相关措施，如取保候审、监视居住[③]。狭义的非监禁刑未包含刑罚执行中的非监禁刑措施，范围太过狭隘。广义的非监禁刑将刑事诉讼中的非羁押措施包含在内亦有所不妥。因此，文中所探讨的非监禁刑，是立足于犯罪行为人能够得到教育矫正的刑罚理念基础之上，通过在监狱之外对犯罪行为人适用刑罚或者相关的措施，一方面惩罚其犯罪行为，另一方面通过教育矫正使其能够重新融入社会[④]。基于此，笔者对非监禁刑的界定包括两个方面：一是刑罚中的非监禁刑刑种；二是刑罚执行方式中的非监禁措施。为了便于研究，选取较为典型的缓刑、假释、单处罚金等非监禁刑刑罚及非监禁措施作为研究对象。

（一）缓刑适用率低

《中华人民共和国最高人民法院公报》显示：2013 年至 2022 年的近十年以来，全国法院每年判决的一审刑事被告人中，2014 年缓刑适用率最高（31.1%），2019 年缓刑适用率最低（24.6%），缓刑适用人数整体上呈现逐年上升趋势，但缓刑适用率却呈现出曲线下降趋势（见表 1）。在个体罪名方面，以故意伤害罪为例，2010—2019 年全国一审故意伤害罪被告

[①] 肖玉霞：《浅析认罪认罚从宽制度视阈下的错案防范》，载《唐山学院学报》2021 年第 4 期。
[②] 参见谢澍：《互联网时代金融检察的"全流程"改革》，载《暨南学报（哲学社会科学版）》2023 年第 6 期。
[③] 姚万勤：《我国非监禁刑司法适用现状及制度前瞻——以 A 省法院近 5 年的判决为分析样本》，载《法治论坛》2018 年第 2 期。
[④] 桑先军：《当代中国非监禁刑执行问题研究》，知识产权出版社 2014 年版，第 3 页。

人被判处缓刑的案件共 13 043 件,缓刑率达 25%(见图 1)①。

表 1 全国法院 2013—2022 年被判处缓刑人数及缓刑适用率②

年份	全国被判处缓刑人数/人	全年生效判决人数/人	缓刑适用率/%
2013	356 523	1 158 609	30.8
2014	368 129	1 184 562	31.1
2015	363 517	1 232 695	29.5
2016	366 321	1 220 645	30.0
2017	347 989	1 270 141	27.4
2018	401 127	1 430 091	28.0
2019	409 103	1 661 235	24.6
2020	401 697	1 528 034	26.3
2021	444 332	1 715 922	25.9
2022	399 042	1 431 585	27.9

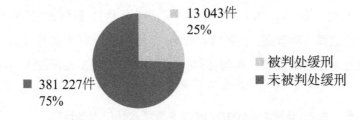

图 1 全国 2010—2019 年故意伤害罪缓刑案件数量及缓刑率

缓刑在域外其他发达国家的适用率非常高。美国普遍认为,缓刑是减少累犯最有效的手段之一,适用缓刑的初犯比假释犯的再犯罪率要低得多。2013 年美国判处缓刑数高达同年判处罪犯总数的一半以上③,美国联邦法务部的统计数据显示,截至 2016 年底美国社区服刑的人数达 453.7 万人,其中缓刑达到 357 万人左右④。德国根据成年刑法,2015 年有 2/3 的自由刑犯罪人被宣告附有保护观察的缓刑⑤。在日本,缓刑适用率在 60% 以上,甚至对于严重刑事犯罪,也尽量考虑适用缓刑,2012 年日本有 328 名杀人犯被判处有期徒刑,其中

---

① 中国政法大学刑事辩护研究中心:《文化程度与缓刑适用之大数据报告——基于故意伤害罪的实证分析(上)》,https://www.sohu.com/a/385133959_120058306,最后访问日期:2020 年 7 月 20 日。

② 参见 2013—2022 年全国法院司法统计公报,载《中华人民共和国最高人民法院公报》。

③ Stav·Ziv.Report:America's Prison Population Is Growing Again,http://www.newsweek.com/Americas-correctional-system-num-bers-293583,2015-1-22,最后访问日期:2020 年 7 月 20 日。

④ Danielle Kaeble,Mary Cowhig. Correctional Populations in the United States,2016. U. S. Department of Justice,Office of Justice Programs,Bureau of Justice Statistics,http://www.bjs.gov/,2020-7-1,最后访问日期:2020 年 7 月 20 日。

⑤ 张明楷:《应当提高缓刑的适用率》,载《人民法院报》2015 年 6 月 3 日第 6 版。

80人被宣告缓刑,占比24.4%[①]。上述数据充分表明了域外发达国家在司法实践中适用缓刑的比例很高,注重扩大非监禁刑的适用,契合轻缓化刑罚的发展趋势。

(二)假释适用率低

我国司法部于20世纪80年代对全国刑满释放三年内又重新犯罪的7 132人进行了调查,发现刑满释放后第一年内重新犯罪的占48%,第二年内重新犯罪的占32.3%,第三年内重新犯罪的占19.8%[②]。根据《中华人民共和国最高人民法院公报》数据,对我国2007年至2022年假释和减刑人数进行统计(见表2),可以看出2007年至2016年我国法院假释人数整体上呈波浪式逐年下降趋势,且总体呈现出假释的适用率低下的发展趋势。2017年至2022年最高人民法院公布的数据将减刑和假释的人数合并为"刑罚执行变更案件"数据,无法单独对假释的人数进行统计,但是可以明显看出,2017年以来我国假释和减刑人数较2017年之前呈腰折下降趋势。虽然无法单独看到假释的数据,但根据总数据推测,2017年至2022年我国假释人数仅有2017年之前的一半左右。我国的刑罚执行政策一直以来存在"侧重减刑、忽略假释"的倾向,如上海市监狱采用"减刑为主、假释为辅"的政策,即大多数犯罪行为人通过在监狱劳动改造,获取积分奖励,从而能够争取到减刑,这些犯罪行为人从监狱到刑满释放进入社会缺乏过渡期间,同时由于犯罪行为很多是流动人口所为,因此容易滋生新的犯罪。

表2 全国法院2007—2022年假释、减刑人数统计表[③]

年份	全国被假释人数/人	全国被减刑人数/人	全国假释减刑人数合计/人
2007	16 906	433 033	449 939
2008	30 274	502 192	532 466
2009	32 704	480 559	513 263
2010	35 724	524 006	559 730
2011	42 784	572 226	615 010
2012	46 995	603 159	650 154
2013	48 896	606 970	655 866
2014	37 254	575 018	612 272
2015	26 984	620 973	647 957
2016	23 021	649 372	672 393
2017			362 062
2018			430 103
2019			453 810

---

① 参见刘政:《扩张非监禁刑视野下的假释政策宽缓化初探》,载《法学论坛》,2016年第2期。
② 孙鹏庆、张印:《减刑、假释适用的结构性偏差及其系统性修正》,载《犯罪与改造研究》2023年第8期。
③ 参见2007—2022年全国法院司法统计公报,载《中华人民共和国最高人民法院公报》。

续表

年份	全国被假释人数/人	全国被减刑人数/人	全国假释减刑人数合计/人
2020			373 765
2021			306 608
2022			282 775

西方发达国家的刑法大多没有减刑的规定,且对减刑的适用很慎重,但大量适用假释。美国20世纪70年代假释犯占监狱服刑人数的70%,随后有所下调,到21世纪仍有40%左右,如1997年美国假释率约为44%,2006年美国假释率约为35%。同期英国假释率约为38%,我国的假释率仅为1.23%[①]。根据司法部公布的统计数据,2012年全国假释率平均为2.86%。据陈兴良教授《宽严相济刑事政策研究》一文引述,我国20世纪90年代假释再犯罪率为2%左右,而刑满释放人员再犯罪率已经超过10%,可见假释犯的再犯罪率明显低于刑满释放人员,假释的行刑效果要高于监禁刑。

（三）罚金刑作用异化

陈兴良教授在《刑法适用总论》一书中提道:"进入本世纪以后,罚金在刑罚体系中的地位不断上升,甚至大有取代自由刑而成为刑罚体系中心的趋势。"目前,罚金刑在世界各国的非监禁刑罚体系中的作用日益凸显,在司法实践中的适用范围不断扩大,适用率逐步上升,是刑罚趋向轻缓化的重要内容。西方大多数国家的刑事立法采用监禁刑和罚金刑占主导地位的轻刑结构,且在司法实践中大多数西方国家的罚金刑适用率都超过了60%,甚至个别国家达到了80%,比如德国罚金刑的适用比例高达78.31%,奥地利为70.61%,英格兰和威尔士为79.33%[②]。

我国罚金刑的设置理念与西方国家有所不同,主要目的不是促进刑罚轻缓化,而旨在惩罚贪利型犯罪,所以在立法中导致了"必并科"方式的泛滥。如《中华人民共和国刑法修正案（八）》《中华人民共和国刑法修正案（九）》《中华人民共和国刑法修正案（十一）》共增加了28个罪名的罚金刑,增加了6个罪名的没收财产刑,且是在原有刑种的基础上"并处罚金"。另外《中华人民共和国刑法修正案（十一）》对2个罪名的"可并处没收财产"修改为"并处罚金",将选择性附加刑修订为必并科附加刑,刑罚被加重。在立法本就较重的情形下,司法实践中单处罚金的适用率也非常低。根据《中华人民共和国最高人民法院公报》数据,笔者对我国2013年至2022年单处附加刑的相关数据进行了统计（见表3）。通过对表3的分析,可以看出单处罚金刑是单处附加刑的主要内容,单处罚金刑的适用率超低,且呈逐年下降趋

---

① 张东平:《论监狱行刑与社区矫正的一体化互动》,载《北京警察学院学报》2017年第3期。

② 转引自 Danielle Kaeble, Mary Cowhig. Correctional Populations in the United States, 2016. U. S. Department of Justice, Office of Justice Programs, Bureau of Justice Statistics, http://www.bjs.gov/, 2020-7-1, 最后访问日期:2020年7月20日。

势,从 2017 年的 1.81% 下降到 2022 年的 0.51%。

表 3　全国法院 2013—2022 年单处附加刑人数统计表[①]

年份	单处罚金人数/人	占比/%	单处剥夺政治权利人数/人	单处驱逐出境人数/人	合计人数/人	占比/%
2013					24 819	2.14
2014					23 951	2.02
2015					23 059	1.87
2016					23 859	1.95
2017	22 944	1.81	27	26	22 997	1.81
2018	9 733	0.68	12	11	9 756	0.68
2019	10 742	0.65	9	138	10 889	0.66
2020	8 345	0.55	20	122	8 487	0.56
2021	6 995	0.41	15	53	7 063	0.41
2022	7 383	0.51	33	35	7 451	0.52

单处罚金刑超低的适用率,从实践层面反映出:我国罚金刑的设置和司法适用,还远远不能发挥其在刑罚轻缓化进程中的应有作用。除此之外,必并科的罚金刑模式在现实中表现出了两个方面的弊病:一方面表现为实践中执行力度偏低,原因是某些地方法院在判处罚金刑时忽视犯罪行为人个人的经济承受能力,经常以罚金数额的上限为标准,从而导致犯罪行为人无法承担,进而导致该罚金刑判决得不到有力执行。另一方面,有的地方法院会要求犯罪行为人通过提前缴纳罚金来换取较低的主刑刑罚以及适用缓刑,这种做法会导致有钱缴纳罚金的犯罪行为人可以通过缴纳罚金获取较低的刑期或适用缓刑,而无力缴纳罚金的犯罪行为人大概率地被判处实刑和较高的刑期,让公众难免产生"以钱换刑"的感受,从而会影响犯罪行为人之后的改造和对社会公众的价值观、正义观形成冲击[②]。

(四)社区矫正制度适用范围受限

社区矫正依托社区的资源对犯罪行为轻微、具有较低社会危害性或者经过监管改造后确实有悔改表现的行为人进行具有针对性的监督管理和教育矫正,从而促使其回归社会,是当今世界各国刑罚非监禁化的重要发展趋势[③]。2003 年我国启动了社区矫正的试点工作,2009 年全面试行该制度,2019 年正式颁布《中华人民共和国社区矫正法》(简称《社区矫正法》)。到 2019 年底,我国的累计社区矫正对象达到 478 万人,累计解除人数达 411 万人[④]。

[①] 参见 2013—2022 年全国法院司法统计公报,载《中华人民共和国最高人民法院公报》。需要说明的是,2013 年至 2016 年最高人民法院对单处附加刑的数据并未分类公布,仅公布了单处附加刑的总数。
[②] 参见谢澍:《刑事诉讼主体理论的扬弃与超越》,载《中国法学》2023 年第 3 期。
[③] 王顺安:《论〈社区矫正法〉的五大立法目的与十大引申意义》,载《中国司法》2020 年第 5 期。
[④] 陈宏光:《聚焦〈社区矫正法〉》,载《上海法治报》2020 年 2 月 3 日。

2020年有文章披露:正在接受社区矫正的对象约为67万人,据统计社区矫正的人均成本仅为监狱执行成本的10%,同时接受社区矫正的行为人再犯罪率基本保持在0.2%左右[①]。然而,我国刑法规定的社区矫正的适用范围过窄,与国外的社区矫正范围还存在较大的差距。虽然《社区矫正法》将社区矫正的适用范围在刑法规定的管制、缓刑、假释的基础上增加了暂予监外执行,但是其他国家的社区矫正的适用范围更为广泛,如美国还包括审前转处、中间的惩罚、归假、工作释放、监督释放等。

二、非监禁刑适用的理论基础和价值考量

非监禁刑的产生和扩大适用固然有着一定的理论基础,但主要与刑事近代学派和学说的发展以及与对人权、自由、经济价值等的多重思考和利弊权衡相关。

(一)刑罚矫正理论的兴起

著名的意大利刑事司法学家龙勃罗梭在研究犯罪原因和犯罪现象的过程中,运用了实证科学的研究方法,因循这种方法提出了"天生犯罪人论",即犯罪行为本身是一种人格或生理方面的缺陷导致的,具有一定的必然性。尽管这种观点本身受到了诸多批判,但龙勃罗梭采用实证的科学方法来审视犯罪人和犯罪行为,这改变了传统的以抽象概念的形式研究犯罪行为的模式,某种程度上意味着刑法理论进入了实证研究的新领域。龙勃罗梭本人也成为关注犯罪生物学的先驱者,他提出:监狱中存在的交叉感染问题是引致累犯和惯犯层出不穷的重要原因,监禁是滋生犯罪的温床,所以应当谨慎使用监禁刑,同时需扩大非监禁刑的适用。他进一步认为,监禁刑只能在两种情况下使用,即一种是十恶不赦、罪大恶极的犯罪人,另一种则是天生犯罪人,对这两种类型的罪犯应该考虑不定期刑甚至是终身监禁。而对于其他类型的犯罪,都应该考虑适用非监禁刑罚,即主张非监禁刑的扩大化。龙勃罗梭认为,监狱的更重要的作用在于对罪犯进行施救,也正是基于此,他反对单纯为了惩罚和实施一关了事的监禁刑,提出并重视教育及感化对罪犯的改造和矫正作用,推崇运用心理学的原理对监狱实施改造,扩大监狱的开发性改造,把监狱变为改造和救治罪犯的场所,治愈犯罪人。由于以上理论即为非监禁和行刑社会化的思想起源,龙勃罗梭也因此被视为提出行刑社会化思想的第一人。

(二)社会防卫理论的发展

刑罚本身是一种对犯罪行为的反映,与人类进化与文明程度息息相关。随着社会经济的发展尤其是文明程度的显著提升,人类自身在对待犯罪行为上寻求轻缓的、更富有人性的制裁方式就成了一种必然选择和趋势,这从根本上是有益于整个社会的。19世纪30年代

---

① 姜爱东:《〈社区矫正法〉具有里程碑意义》,载《人民调解》,2020年第2期。

前后,注重个性化刑罚、推广缓刑、限制自由刑的新刑罚思潮兴起,强调要建立更为尊重人格和充分体现人格的刑罚制度。基于此,1945年"社会防卫研究中心"在意大利成立。该中心旨在强调:以人道思想为基础,维护个人自由和权利,反对不加选择的单纯打击和镇压,强调对犯罪人进行再教育和改造,最终使其具备重返社会的能力①。这标志着社会防卫学派的诞生。

社会防卫学派倡导对刑事立法制度、司法制度和整体社会环境进行系统化的改革,从某种意义上讲,也是行刑社会化思想日益成熟的标志。其最终目标是改造犯罪人,使其更好地重新回归社会回归正常生活。对刑罚制度的改造则体现在倡导反对剥夺人身自由的监狱刑,甚至提出了废除监狱刑的主张。要求尝试限缩监狱刑的适用范围,由普遍使用改为例外情形下方可适用。这是一种基于预防和治疗兼备以及推崇人道精神的考量,也正是这一理论的兴起在实践层面导致了西方国家刑罚制度层面尤其是监狱制度层面的积极回应。此后,非监禁化的行刑社会化思想经过不断地发展和完善,终于被世界刑罚发展的潮流接受,对世界各国的刑罚制度、刑事政策和社会政治制度产生了深远的影响。其促进人类整体进步的预防犯罪以及治理犯罪的思想理念始终是现代刑罚制度的根基所在。

(三)经济学视角下的行刑价值考量

刑罚制度作为一种司法制度,也需要遵循社会资源的基本配置要求—效率最大化原则,即投入有限的司法资源和行刑司法成本而创造效率的最大化以实现司法公正的基本目标。这里行刑司法成本主要是指支撑刑罚体系运作的全部费用和开支,主要包括立法、司法、刑罚执行等相关环节所耗费的各类人力、物力和时间成本。刑罚系统耗费国家的财政资源,其遏制及预防犯罪的效果可能并不明显,相反,在社会总体资源恒定的情况下,刑罚资源不恰当的使用、投入本身就是对社会资源的一种无谓消耗。有人认为,不考虑刑罚成本资源配置,必然导致"排挤效应",即以相应地减少其他公共福利支出和建设的方式,来保障刑罚运作②。所以,刑罚制度的运行必然要遵循效益最大化的经济性原则,换言之,用最小的刑罚代价、不用刑罚或其他刑罚替代性措施追求社会效益,以达到控制和预防犯罪的最终目标③。犯罪作为一种社会现象,从根本上讲是不可能通过刑罚来消灭的,刑罚目标仅仅是对犯罪行为进行预防和将其控制在不危害社会和公众根本生存环境的可以容忍的状态,换言之,没有必要浪费司法资源对犯罪行为进行无限围追堵截,而应当关注国家运用刑罚所取得的对犯罪行为的惩罚效益以及震慑社会主体不实施犯罪的效果与刑罚适用成本的比率关系,即刑

---

① 陆敏:《非监禁刑论纲:从刑事一体化的角度》,中国政法大学2005年博士学位论文。
② 黄东平:《论刑罚的局限及其补救》,载《法制与社会》2008年第26期。
③ 钱叶六、邓文莉:《非监禁刑的理论根基与中国扩大非监禁刑适用的必要性》,载《贵州民族学院学报(哲学社会科学版)》2007年第5期。

罚效益。

刑罚效益的实现需要在刑种、刑度层面进行筛选,确保尽量适用、配置低代价的刑种来取代高代价的刑种,这就要求摒弃单纯采取注重自由刑、生命刑的重刑原则进而忽略财产刑与非监禁刑的适用的做法,需要在考虑国家刑罚总体成本和刑罚效益的基础上探讨非监禁刑的适用维度和空间。所以,用经济论衡量刑罚适用,一方面为近现代刑罚制度的改革奠定了基础,另一方面也为非监禁刑以及刑罚的轻缓化指明了方向。

三、扩大我国非监禁刑适用的刑罚理论根据

有学者认为刑罚的根据即能够证明该刑罚具有正当性的理由和依据[①],那么扩大非监禁刑适用的刑罚理论根据即为能够证明其具有正当性的理由和依据。从古至今,在整个刑法思想史上,众多的刑法学家对"刑罚根据论"作出了不同的解读,从而形成了报应论与功利论两种学说的对垒。因此,我们在刑罚根据论视角下研究扩大非监禁刑适用的问题,须在报应论与功利论各自的理论视野中分别进行论述。

(一)报应论视野中的扩大非监禁刑适用

报应论具有古老的历史渊源,其发源于远古时期的"复仇",从原始的私力救济演进为法律制裁,经历了从神意报应逐步演进到法律报应的过程。从报应的外在表现形式上,其历经了等害报应—等价报应—该当论三个阶段。等害报应最为直观的表现即为"以牙还牙",如《汉谟拉比法典》对"以眼还眼"有详细的规定。黑格尔构建的"等价报应"主张报复是对侵害行为进行侵害,报复与侵害行为的价值是等同的。最后到20世纪70年代初,等害报应、等价报应被"该当论"取代,其主张应在某些原则上限制国家的刑罚权,同时对于即将受到刑罚的人必须赋予其尊严[②]。因此,报应论的核心观点是,刑罚是由犯罪所引发的直接后果,即犯罪是导致刑罚的原因,刑罚是犯罪导致的后果,无犯罪无刑罚。因此,学界普遍认为报应论针对的刑罚对象是已经存在或者已经实施的犯罪[③]。

报应论视野中的罪刑关系实际上是以牙还牙原始观念的具体表征,如在西方国家的早期刑法中,虽然对死刑的适用进行了相应的限制,但是自由刑仍然充当了主要刑罚。中国从古至今的刑罚史都崇尚"重刑","治乱世用重典"的思想理念根深蒂固。在刑法学界,目前对于报复主义和重刑主义思想一般都予以批判和否定,然而"重罪重判""有罪必罚"的原则仍然广泛存在于理论和实践中,因此重刑主义在一定程度上成为一种固定的思维模式,并且充分体现在了刑事政策中。在重刑主义思维模式的影响下,监禁刑的适用有着广泛的法律

---

① 邱兴隆:《关于惩罚的哲学——刑罚根据论》,法律出版社2000年版,第20页。
② 邱兴隆:《关于惩罚的哲学——刑罚根据论》,法律出版社2000年版,第21页。
③ 季晓军:《刑罚根据论的界定》,载《法学论坛》2006年第2期。

基础,而非监禁刑的适用面临非常大的理论和现实困境①。有学者认为报应论的核心内涵就是公正的体现,报应论认为公正具有高于维护社会秩序的价值。报应论在一定程度上对于个人自由的保护也有所涉及,但由于其过分强调"报应"而导致对宽容的忽视,从而使自由没有得到充分的保障。

(二)功利论视野中的扩大非监禁刑适用

刑罚功利论是以社会秩序为本位来解释刑罚正当性的理论。该理论认为,刑罚存在的合理性在于其有服务于社会的工具价值,核心观点即为刑罚存在的根据在于预防犯罪。其内部又分为一般预防论与特殊预防论。一般预防论强调刑罚对社会中潜在的犯罪行为人的预防与威慑,可见,一般预防论侧重于关注未然之罪;特殊预防论主张采取相应的措施来预防和限制犯罪行为人再次实施犯罪,若存在可以改善的情形,采取促使犯罪行为人回归社会的措施②。可见,特殊预防论仍关注未发生的犯罪行为,其研讨的对象和目的区别于一般预防论。

受传统的重刑主义思想的影响,人们往往过于强调刑罚的一般预防作用,重视刑罚的威慑、恐吓效应,因此在判处刑罚时,不仅要考虑该犯罪行为造成的危害后果和行为人自身的人身危险性,还会将社会威慑效果等纳入考量,这种做法可能致使犯罪行为人承受加重的刑罚。因此这种为了对潜在犯罪行为人进行威慑,从而实现一般预防目的的做法是不公正的,其很大程度上让犯罪行为人承担了加重的刑罚,不利于保护其人权和尊严③。"在一个只依靠威慑力的社会中,犯罪就会多得像所有的人都得了精神病一样"④,同时,由于一般预防论主张最为关键的是预防犯罪和维护社会秩序,因此其会在一定程度上牺牲正义和自由。从古至今,中国的刑事立法与司法受到重刑主义思想的影响颇深,加重刑罚很多时候被认为可以强有力地遏制和预防犯罪。然而实际上,目前学界并没有可靠的实证研究能够证实加重刑罚必然会促使犯罪率降低,因此,重刑主义不宜被盲目运用于刑罚的理论指导。特殊预防论最大的弊端是导致不公正刑罚,其是与报应论相对立的。报应论强调的是已经发生或者存在的犯罪,是对之前犯罪的一种回顾;而特殊预防论则侧重于强调可能实施而还未实施的一种未然犯罪,因此特殊预防论可能会致使行为人无罪被判刑罚,出现轻罪重罚等不公正刑罚。因此,在功利论视野中,无论是一般预防还是特殊预防都无法为扩大非监禁刑的适用找到刑罚理论根据。

---

① 刘晓山:《报应论与预防论的融合与分配———刑罚正当化根据新论》,载《法学评论》2011年第1期。
② 刘晓山:《报应论与预防论的融合与分配———刑罚正当化根据新论》,载《法学评论》2011年第1期。
③ 钱叶六、郭健:《"宽严相济"刑事政策与我国非监禁刑种立法完善论要》,载《法治研究》2009第8期。
④ 谢晶:《儒法之间的刑罚根据论:清律窃盗罚则的古今之维》,载《学术月刊》2019第8期。

(三) 一体式刑罚根据论视野中的扩大非监禁刑适用

报应论、功利论由于其各自的局限性都无法对刑罚根据进行完整阐释,因此20世纪60年代以来各国刑法陆续采用了二者折中的一体论作为刑罚根据。一体式刑罚根据论的核心观点为刑罚的正当根据不仅要回顾已然之罪,而且要关注未然之罪,要实现二者的兼顾,将报应论与功利论有机结合起来。即功利刑论不等同于预防主义,预防主义只是对刑罚预防犯罪功能的强调,它容易使人忽视单纯的预防犯罪可能带来的负面价值[①]。

报应兼顾功利。根据报应与功利统一兼顾的原理,刑罚从创设到实施不仅要考虑报应论的规定,同时须考虑功利论的规定。对于犯罪行为人适用非监禁刑,其处罚的根据在于其实施了某犯罪行为,并且损害了相应的法益,因而必须承担其犯罪危害后果导致的刑法的惩罚,所以按照报应论的要求必须对其施以刑罚;同时,通过对犯罪行为人适用刑罚,也可以对普通民众产生一定的警醒、威慑,使其不敢犯罪,从而起到预防犯罪的作用;另外,由于犯罪行为人具有一定的人身危险性,需要通过适用刑罚来消除其再次犯罪的可能。而对于犯罪情节轻微的行为人来说,非监禁刑的刑罚方式不仅可以有效地鼓励其进行改造,而且可以使之早日重新回归社会。因此,这三者的统一,最终成为处罚的刑罚根据。

报应限制功利。在报应限制功利原则的指导下,对犯罪行为人是否适用非监禁刑既要考虑该刑罚对已然犯罪行为的报应性,又要考虑刑罚对于未然犯罪行为的功利性,做到在报应基础上体现保护人权,避免报应与功利两种刑罚理论的偏失,从而建立公正有效的刑罚机制。因此,刑罚不仅要契合报应论的内涵,给予犯罪行为人相应的报应,还须符合功利论的要求,但是不能够过于放任,要防止因强调社会的功利而牺牲个人的自由与权利[②]。无论何时,都不得超出报应所允许的限度而对个人施加刑罚,因为超出报应允许限度而作出的刑罚是有失公允的。对于一些犯罪行为较为轻微的行为人,如果对其适用非监禁刑就能够实现报应和预防的目的,就没有必要对其适用监禁刑。

四、扩大我国非监禁刑适用的现实要求和有效路径

《2020年全国法院司法统计公报》的数据显示,全国判处有期徒刑三年以下刑罚的"轻罪案件",2018年在全部犯罪案件中占比86%,2020年的占比为83%[③]。中国人民公安大学犯罪学学院统计研究表明,近年来我国刑事犯罪呈现出几个方面的特点:一是严重暴力犯罪案件和传统刑事犯罪案件持续减少,如截至2021年全国已经连续五年没有暴恐案件发生,报复社会的个人极端暴力型犯罪减少;二是扫黑除恶常态化背景下,黑恶势力犯罪大幅

---

① 马乐:《纯粹功利刑论之提倡》,载《东方法学》2014年第3期。
② 杨锦芳:《论刑罚"报应限制功利"在自首量刑中的实现》,载《广西民族大学学报(哲学社会科学版)》2012年第2期。
③ 刘强:《推进社区矫正委员会制度建设和立法完善》,载《中国司法》2022年第6期。

度减少，2021年全国法院判决的涉黑涉恶被告人人数18 360人，同比下降100%；三是以网络为依托的犯罪、涉未成年人犯罪以及轻罪案件高发等^①。由此可知，我国的犯罪结构在近年来已经发生重大变化，从某种意义上说，我国进入轻罪化时代，这对进一步扩大非监禁刑适用提出了更高的制度要求，同时也对扩大非监禁刑适用提出了路径的依赖。

（一）扩大非监禁刑适用的现实要求

1. 扩大非监禁刑适用是犯罪分层治理的必然产物

国家在治理犯罪时根本的落脚点是实现社会秩序的长治久安，这就要求有健全的刑事司法制度与之相匹配，同时也要求运用最新的大数据、高科技等手段，当然最为重要的是有能够实现对犯罪行为精准匹配和精准控制的犯罪治理手段，即犯罪分层制度。目前各国都争相采用犯罪分层理论改进自身的司法实践。迄今为止，我国立法仍未对犯罪分层作出实质性反应，这和我国处罚偏重的刑法传统文化密切相关^②。

2019年1月，习近平总书记在中央政法工作会议上明确指出，要深化诉讼制度改革，推进案件繁简分流、轻重分离、快慢分道^③。犯罪分层制度强调在司法权一元论的视角下，在治理环节予以区别对待，并最终达到对不同性质、不同种类、不同危害性的犯罪施行不同的处置的目标。我国出于规制警察权而保护公民自由的考虑，有将部分治安类案件划归为刑事案件的趋势，导致轻罪情形日益扩大。但我国没有相应地配置犯罪分层制度，无法对轻重犯罪进行区别对待，在一定程度上既导致了刑法体系的混乱，也影响了刑罚本身的矫治功能。目前，我国的非监禁刑比例占比极低，与轻微犯罪占绝大多数的现状严重不符，导致了大量的轻微犯罪被迫一律适用监禁刑。如2022年监禁刑适用率高达72%，非监禁刑中缓刑和管制适用率分别为27.87%、0.001 7%^④。这反映了我国目前犯罪治理的理念和方式与刑罚轻缓化的时代要求严重不符，从另一方面也反映出在我国将非监禁刑运用到比例，正在上升的绝大多数轻微犯罪中，仍有大量的适用空间。犯罪治理体系应着眼于治理现状，汲取恢复性理念改良犯罪治理模式，破除重刑主义治理模式存在的弊端^⑤。概言之，面对轻罪化的犯罪趋势，应当辅之以轻刑化的犯罪治理模式，进一步扩大非监禁刑的适用比例，对于应对和实现刑罚轻缓化显得尤为重要。

---

① 参见靳高风、张雍锭、郭兆轩：《2021—2022年中国犯罪形势分析与预测》，载《中国人民公安大学学报（社会科学版）》2022年第2期。

② 刘传稿：《犯罪化语境下的轻罪治理——基于刑法修正案（十一）的分析》，载《北京联合大学学报（人文社会科学版）》2021年第2期。

③ 卢建平：《推进盗窃罪治理模式的现代化——评〈新时代背景下盗窃罪治理模式研究〉》，载《人民检察》2022年第9期。

④ 《2022年全国法院司法统计公报》，载《中华人民共和国最高人民法院公报》，http://gongbao.court.gov.cn/Details/20587eaef248beb61ed6596018865c.html? sw=全国法院司法统计公报

⑤ 周峨春、郭子麟：《刑事治理现代化背景下微罪体系的构建》，载《行政与法》2023年第5期。

2. 扩大非监禁刑适用是一般性预防犯罪之刑罚目的的基本要求

刑罚的目的应当是实现对全体公民的平等保护，包括犯罪行为人在内的基本人权都应得到最大限度的尊重，最终实现减少犯罪的刑罚目标。首要的就是量刑基准的认定，即任何人的犯罪成本均要大于因犯罪产生的收益。犯罪成本没有显著高于犯罪收益，有利于减少犯罪人对抗社会的心理态度，没有超额的制裁也会减少再次犯罪的概率，这就要求在轻缓类的犯罪行为上扩大适用非监禁刑的比例。这样一方面有利于减少因报复社会而产生的累犯，另一方面避免因监禁刑导致的犯罪行为人与社会的脱节以及交叉影响产生的再次犯罪的比例。

学界对监禁刑的认识日趋完善，其刑罚制度本身的弊端越来越明显。在刑罚执行层面，监禁刑需要耗费大量的财政资金，这既是沉重的财政负担也是对司法资源的无谓浪费，尤其是对轻罪犯罪人科处监禁刑。同样地，在行刑效果评估层面，对轻罪犯罪行为人判处短期监禁刑的弊病十分明显，如服刑人员在监禁场所容易交叉感染，服刑期间丧失工作机会，以及服刑期满后可能遭受社会排斥。轻罪犯罪人在服刑期满以后需要面临伴随一生无法洗刷的案底污点，根本上丧失了正常融入社会的功能，不仅没有缓和社会矛盾，还会进一步激化矛盾。非监禁刑的适用可以及时回应外界对扩大犯罪圈的做法可能导致"过度刑法化""难以出罪"的担忧[①]，从而避免矫枉过正对刑罚制度本身的反噬作用。根据党中央宽严相济的刑事政策以及世界刑罚轻缓化的潮流趋势，我国有必要进一步扩大非监禁刑的适用范围，推动行刑社会化，让更多的轻罪犯罪行为人得到人性化的处遇和犯罪后再社会化的机会。

（二）拓展非监禁刑的有效路径

1. 限制自由刑适用比例，提高缓刑适用率

提高缓刑的适用比例。有学者认为若行为人的犯罪行为较为轻微，对其判处非监禁刑就能够达到惩罚犯罪和预防犯罪的目的，那么就可对其采用非监禁刑代替监禁刑[②]。理由是在一定程度上可以将其与其他犯有严重罪行的行为人区分开来，避免"交叉感染"，而且非监禁的刑罚可以促进被追诉人的再社会化，减少监禁费用支出等。西方国家普遍认为监禁刑在很大程度上不会使犯罪行为人的社会处境发生任何变化，也不会起到很好的改造作用。

有学者通过选取某地区被判处三年以下有期徒刑分别被采取监禁刑或适用非监禁刑的犯罪行为进行比较研究，结果表明，前者在服刑完之后再犯罪率高达10%以上，而后者在考验期届满之后再犯罪率基本为0[③]。现代司法实践研究表明，目前世界各国都在逐步扩大缓刑的适用范围，短期自由刑并不能使改造罪犯达到预期的效果，而缓刑不仅能够使行为人意识到自己行为所造成的损害，而且能够促使其再回归社会，这样既可以达到惩治和教育的目

---

① 段陆平：《健全我国轻罪诉讼制度体系：实践背景与理论路径》，载《中国刑事法杂志》2021年第2期。
② 姚万勤：《刑法轻缓化与扩大非监禁刑适用》，载《检察日报》2020年2月19日第3版。
③ 姚万勤：《刑法轻缓化与扩大非监禁刑适用》，载《检察日报》2020年2月19日第3版。

的,也能够给予犯罪行为人一个改过自新的机会,使其能够继续为社会服务[①]。

提高假释的适用比例。提高假释的适用比例,扩大假释的适用范围,可以有效地鼓励犯罪行为人积极进行改造,帮助其重新融入社会。同时,对于在服刑期间经过改造极大地降低其人身危险性的犯罪行为人,应当给予其更多的机会,转化适用非监禁化的刑罚执行措施。理由是虽然该犯罪行为人的犯罪行为造成了严重的危害结果,其具有一定的人身危险性,但是随着服刑时间的推移和服刑期间的综合表现,其人身危险性大大降低,因此可以对其适用假释。在一体式刑罚根据论的视野下,西方国家的刑罚政策呈现出"宽松"与"严厉"两种不同的分化趋势。

纵观当今世界各国刑罚政策和假释政策两极化趋势可见,不同的国家由于其法治背景、社会犯罪率等存在差异,因此其非监禁化措施的适用也存在不同。如我国现行的刑罚执行政策存在"侧重减刑、忽略假释",假释适用范围"门槛高"的倾向,这些都侧面反映了报应刑论对我国刑罚的深刻影响。因此,我国的假释制度应始终坚持以一体式刑罚根据论为指导,在扩大非监禁刑的法律实践中,努力推进刑罚政策的轻缓化和宽缓化。尤其是要在调整假释适用范围的过程中,全面贯穿综合刑理念,实行刑罚报应与刑罚功利的有机结合,充分体现宽严相济的刑事政策,提高假释的适用比例[②]。

2. 扩大和完善单处附加刑的适用范围

我国司法实践中,单处附加刑的比例非常低,且单处附加刑的主要形式是单处罚金。"恤刑"制度就是允许"老弱""妇女""废疾"等特殊人群通过赎刑方式免除刑罚,这可以理解为是罚金刑作为替代刑在我国古代的运用[③]。目前我国的单处罚金刑的适用比例非常低,与整个刑罚制度的轻缓化并不匹配,因而可以从两个方面进行扩充和完善:一是提升单处罚金刑的主刑地位及扩大其适用比例;二是完善单处资格刑的类型范围。

首先,提升单处罚金刑的主刑地位及扩大其适用比例。罚金刑作为一种独立适用的附加刑,其非自由刑,因而在很大程度上能够克服自由刑的弊端。为充分发挥罚金刑在刑罚轻缓化中的重要作用,可以从立法和司法两个方面入手。一是在立法上,将罚金刑在刑罚体系中的地位提升至主刑,同时扩大其适用范围。由于目前的立法将罚金刑置于附加刑的地位,因此其一般仅适用于经济性质的犯罪,然而西方国家对罚金刑的适用范围则不局限于此,其适用范围非常广泛[④]。因此在进行非监禁刑改革时,应当适当考虑将罚金刑升格为主刑,从而凸显其在报应论和功利论中的重要地位,同时将其适用范围从经济性质犯罪扩展到轻

---

① 杨红文:《非监禁刑乃刑罚轻缓之必然》,载《学术交流》2007年第3期。
② 刘政:《扩张非监禁刑视野下的假释政策宽缓化初探》,载《法学论坛》2016年第2期。
③ 严正宇:《我国古代"恤刑"主义思想及其对当代刑事政策的启示》,载《山西青年职业学院学报》2023年第3期。
④ 钱叶六,郭健:《"宽严相济"刑事政策与我国非监禁刑种立法完善论要》,载《法治研究》2009年第11期。

微犯罪行为,且要增加单处罚金刑的刑法条文的比例①。二是在司法适用上,通过思想理念重塑、内部考核等方式,引导办案检察官、法官增加对单处罚金刑的适用比例。尤其是对于经济类、侵财类的犯罪,可以适用罚金刑为主。正如贝卡利亚主张的,"法律应该规定为让人停止实施违法行为的思想动因",即剥夺犯罪行为人的再犯罪能力是刑罚的最终目的。对经济类和侵财类的轻罪行为人单处罚金刑可以达到切断其犯罪能力的刑罚目的。再者,在罚金刑执行方式方面,司法实践中基本采取"一次性缴纳",对于"分期缴纳"方式并不青睐。在犯罪行为人人身危险性不大、再犯罪可能较小的情况下,可以根据犯罪行为人的经济状况,人性化地给予其"分期缴纳"的机会,以免导致一些经济状况较差的轻罪行为人被升格科处刑罚的情况发生,避免因犯罪行为人财产多寡而导致刑罚适用不平等的现象。

其次,完善单处资格刑的类型范围。我国刑法中仅规定了剥夺政治权利这一项资格刑的条款,且在司法实践中极少被单独适用。为完善我国资格刑类型单一的现状,结合国外相关立法经验,可以增设对单位犯罪的资格刑。在经济高速发展的当下,单位犯罪与个人犯罪应当摆在同样重要的位置上来看待,以往对单位处以财产刑的刑罚措施已经无法完全隔断单位再犯罪的可能。针对单位犯罪,可以增设限制其经营范围等为内容的资格刑,切断单位再犯罪的可能性。

3. 扩大社区矫正的适用范围

与西方国家已经经历了几百年的行刑演变不同,社区矫正的试点研究在我国发展的时间也就20多年。"社区矫正"此概念在澳大利亚、加拿大、美国等主要指代假释、缓刑和其他可以在社区执行的刑罚②。当然,尽管起步较晚,但社区矫正却绝不应该是停留在纸面上的理论研究,而是要运用在我国刑罚执行实践中的一项重要制度③。

鉴于社区矫正在降低再犯罪率、促使犯罪行为人有效回归社会方面的突出效果,很多学者建议要扩大社区矫正的适用范围。如有学者建议对于不满16周岁不予刑事处罚的未成年人实行社区矫正,更多的专家学者建议将审前羁押程序纳入社区矫正中来④。遗憾的是,我国《社区矫正法》并未对以上建议进行有效的回应,而是着重对部分实践中的社区矫正项目和机构予以规范化和立法化。值得期待的是,待到社区矫正体制机制发展得更为成熟,社区矫正队伍更加具有规范性和专业性,关于扩大社区矫正适用范围的立法自然会被提上日程⑤。

---

① 阮齐林:《再论财产刑的正当理由及其改革》,载《法学家》2006年第1期。
② 杨雪:《社区矫正的惩罚性悖论与社区行刑正当化危机解构》,载《法治现代化研究》2022年第6期。
③ 吴宗宪:《中国社区矫正规范化研究》,北京师范大学出版社2021年版,第2页。
④ 王顺安:《论〈社区矫正法〉的五大立法目的与十大引申意义》,载《中国司法》2020年第5期。
⑤ 何显兵:《社区矫正合规模式的制度偏离与匡正》,载《江西社会科学》2023年第10期。

就设立社区矫正的初衷而言,即对未被判处监禁刑和未被依法关押的犯罪行为人给予社会内处遇的方式,以帮助其顺利回归社会,对于未被依法关押的犯罪行为人都可以适用社区矫正。可以将社区矫正的适用对象范围扩展至被判处单处罚金、剥夺政治权利以及被判处没收财产的犯罪行为人。甚至有学者主张将社区矫正作为主刑纳入我国的刑罚体系中,一方面能够一定程度上缓和我国刑罚的封闭性和严厉性的格局状态,另一方面可以更加有效地发挥社区矫正的独特功效①。笔者赞同此种观点,在传统的未被判处监禁刑的犯罪行为人之外扩大社区矫正的适用范围,对监外执行犯适用社区矫正有一定的需求和可能性,可以最大化实现社区矫正体系的功能,且在一定程度上对暂予监外执行犯辅助实施社区矫正,可以更加人道、文明地开展暂予监外执行工作和对监外执行犯实施管理。

4. 尝试监禁刑执行社会化模式

监禁刑执行社会化,是指在监禁刑执行过程中,从有利于罪犯再社会化的目的出发,通过刑罚执行机关的各种社会化措施使罪犯与社会保持更多联系,并调动社会力量参与矫正过程,为罪犯营造类似正常的社会环境②。行刑社会化强调罪犯的再社会化,认为罪犯改造的目标是重新成为合格的公民,回归正常的生活。为了实现这一目标,实证犯罪学派提出了根据不同的犯罪而分别予以惩罚的观点,行刑社会化尤其是监禁刑社会化由此正式兴起③。监禁刑执行社会化的内容中包含了一部分非监禁化的执行措施,如美国的家中监禁、中间监所、间歇监禁等,英国的社区服务、复合命令、宵禁令等,以及日本的社区矫正和开放式监狱。

基于监禁刑执行社会化中包含了诸多非监禁化的执行措施,扩大了我国非监禁刑的适用,也应当将其抓手延伸至监禁刑社会化执行措施当中来。就我国现状而言,首先,要从立法上加以完善,规范制度流程,保障罪犯被平等公正地适用非监禁化的社会化执行措施,减少制度不健全可能引发的司法腐败。其次,推动监狱监管制度改革,按照罪犯服刑期间的表现,对其人身危险性和再犯罪可能进行评估,划分警戒程度,比如高、中、低三等。对于警戒级别低的被监禁罪犯,转化为假释、暂予监外执行、管制、社区矫正等非监禁化执行措施;对于警戒级别中等的被监禁罪犯,可以转化为劳动释放、学习释放、归假、周末监禁等"半监禁化"的执行措施。真正确立监禁刑的执行社会化理念,才能从根本上标志着刑罚的执行制度从"一味监禁"向"执行社会化"方式转变,对于罪犯的改造也可以从"单纯物理隔离"过渡到"刑满释放后再度回归社会"。这样才会从根本上实现改造与惩戒罪犯、降低行刑运行成本以及预防再度犯罪的社会治理目标。

---

① 钱叶六、郭健:《"宽严相济"刑事政策与我国非监禁刑种立法完善论要》,载《法治研究》2009年第11期。
② 刘倩:《监禁刑执行路径探索的文献综述》,载《辽宁公安司法管理干部学院学报》2020年第1期。
③ 王牧、陈立娜:《中国社会化行刑措施的体系性完善》,载《社会科学战线》2020年第9期。

论行政权的信用规制*

孟 融**

摘 要：社会信用体系中有关政务诚信建设的制度规范发挥着规制行政权的作用。在国家治理现代化的框架下，基于治理政府违法失信的需要和法治政府评估的推动，行政权的信用规制通过国家机关和社会主体对行政处理、行政服务、行政合同以及公务员的约束展现出来。行政机关内部压力的传导、其他国家机关和社会主体外部监督的促进是行政权信用规制的策略，事前预防和事后惩戒则构成行政权信用规制的方式。社会信用体系是一种国家治理的简约机制，其通过对依法行政的吸纳和行政效能的强化促动着行政权的规范运行。鉴于社会信用体系对行政权的较强规制作用，有必要将这一作用充分发挥，秉持"以依法行政为基础，以行政效能为关键"的思路实现对行政权信用规制的优化。

关键词：社会信用体系 政务诚信 行政权 信用规制 行政自制

一、问题的提出

近年来，我国社会信用体系建设正如火如荼地开展，针对个人进行的信用评价、失信惩戒成为该制度的主要表现形式，以失信"黑名单"为代表的惩戒措施成为政府规制个体的新型工具。但需要注意，从国家的顶层设计来看，我国试图建构的是一个全方位、全覆盖以及涉及多领域的社会信用体系，其内容包括政务诚信、商务诚信、社会诚信和司法公信四个方

---

* **基金项目**：教育部人文社会科学研究青年基金项目"国家治理视野下共同富裕实现的法治保障研究"（项目号：22YJC820025）。

** **作者简介**：孟融，吉林大学法学院副教授。

面。在这一框架结构下,既然社会信用体系中有关"社会诚信"的制度规范能够对个人行为发挥规制作用,那么在该体系中居于首位的"政务诚信"的制度规范也应当能够对政府行为产生一定的规制效果。通过考察实践中的制度设计可知,作为我国社会信用体系的重要组成部分,政务诚信建设的制度规范的确具有约束和规制行政权的作用,其构成了对行政权开展信用规制的制度基础。应当说,厘清行政权信用规制的基本意涵,充分发挥政务诚信建设的制度规范对行政权的规制作用,对于我国政府践行诚实信用原则乃至整个法治政府和信用社会的构建均具有十分重要的意义。

本文是以我国社会信用体系中的政务诚信建设为基础,进而对"行政权的信用规制"这一命题展开分析的一个尝试。从实践来看,政务诚信建设在我国的地位愈发重要,中共中央印发的《法治中国建设规划(2020—2025年)》以及中共中央、国务院公布的《法治政府建设实施纲要(2021—2025年)》均将"政务诚信"纳入其中,将其作为未来法治中国和法治政府建设的重要内容。2022年11月,《中华人民共和国社会信用体系建设法(向社会公开征求意见稿)》发布,其将"政务诚信建设"摆在了社会信用体系建设的突出位置,并专门用一章的内容规定政务诚信建设的要求与措施。从国内学术界对社会信用体系建设的研究看,对"政务诚信"的关注度与其在实践中的重要性似乎并不匹配。学术界对社会信用体系的研究主要集中在"社会诚信"领域,关注的重心为失信惩戒等措施对个人规制所导致的权益减损及合法性问题[1]。其中,关于"政务诚信"的学术研究主要包括以下三个方面的内容:第一,关于"政务诚信"应然层面的探讨,即论述政务诚信的概念、意义和原则,并试图提出构建政务诚信的路径[2];第二,关于某一领域"政务诚信"问题的分析,如分析"公私合作"与"政府信息公开"中的政务诚信,或讨论政务诚信立法问题[3];第三,关于"政务诚信"实然层面的描述,即阐释政务诚信建设现状、框架及面临的挑战等问题[4]。虽然现有研究为观察我国的政务诚信建设提供了不同视角,但其一方面缺乏从社会信用体系的角度分析政务诚信建设中的相关问题,另一方面又未能对政务诚信建设进行法律理论层面的总结,更未提炼出制度设计背后所蕴含的"行政权的信用规制"这一法理命题,因而存在进一步拓展研究的空间。

---

[1] 参见沈岿:《社会信用体系建设的法治之道》,载《中国法学》2019年第5期;戴昕:《理解社会信用体系建设的整体视角——法治分散、德治集中与规制强化》,载《中外法学》2019年第6期;王瑞雪:《政府规制中的信用工具研究》,载《中国法学》2017年第4期;沈毅龙:《论失信的行政联合惩戒及其法律控制》,载《法学家》2019年第4期;孟融:《国家治理体系下社会信用体系建设的内在逻辑基调》,载《法制与社会发展》2020年第4期。

[2] 参见刘松山:《论政府诚信》,载《中国法学》2003年第3期;潘荣伟:《政府诚信——行政法中的诚信原则》,载《法商研究》2003年第3期;闫尔宝:《政府诚信论纲》,载《北方法学》2008年第4期。

[3] 参见卢护锋:《公私合作中政府信用缺失的法律对策探讨》,载《行政论坛》2017年第5期;王伟国:《诚信体系建设法治保障的探索与构想》,载《中国法学》2012年第5期;陈翠玉:《政府诚信立法论纲》,载《法学评论》2018年第5期。

[4] 参见胡俊超:《社会信用体系"领头羊"——政务诚信理论与实践》,中国金融出版社2020年版,第33页以下。

从本质上看,在当前社会信用体系建设的背景下,我国政务诚信建设所触及的核心问题便是将行政权的运行纳入社会信用体系之中,通过社会信用体系的制度规范以实现对行政权的信用规制。基于此,本文对"行政权的信用规制"这一命题的论述,旨在解决如下三个问题:第一,社会信用体系中有关"政务诚信"的制度规范是如何对行政权进行规制的,即行政权信用规制的主体、内容、策略和方式表现在哪些方面;第二,由于社会信用体系是国家治理体系的关键一环,因此在国家治理现代化的框架下,行政权信用规制的基本法理是什么,其背后的基本逻辑或基础原理是什么;第三,在未来实践中,应如何充分发挥社会信用体系制度规范对行政权的规制作用,其在理论上应秉持何种完善思路。概言之,本文拟通过对行政权信用规制的动力、实践、基本法理等问题的分析,以揭示我国社会信用体系制度规范规制行政权的一般规律和原理。

二、行政权信用规制的动力基础

社会信用体系中的政务诚信建设是基于我国当前特定背景而展开的,这些特定背景构成了行政权信用规制的动力基础。具体来说,我国当前社会信用体系中的政务诚信建设是在推进国家治理现代化的顶层设计下进行的,其是实现国家治理现代化的必然要求。在实践中,基于治理政府违法失信的现实需要,也迫切需要将行政权运行纳入社会信用体系的制度框架予以规制。另外,近年来各地政府经由法治指数设计而开展的法治评估活动,进一步促动着政务诚信建设的开展,推动着社会信用体系制度规范对行政权运行的规制。

(一)推进国家治理现代化的顶层设计

党的十八大以来,推进国家治理现代化业已成为我国的一项重要议题。党的十九届四中全会在推进国家治理体系和治理能力现代化若干重大问题的决定中提出了健全覆盖全社会征信体系的基本目标[①];在此基础上,党的二十大报告又一次重申了实现国家治理现代化的基本任务,并进一步明确了我国在未来一段时期完善社会信用等基本制度的发展方向[②]。社会信用体系建设是完善国家治理体系的重要组成部分,其在推进国家治理现代化的顶层设计下迅速开展起来。既然要加快社会信用体系建设,那么必然要加大社会信用体系的覆盖面,使更多领域受到社会信用体系的规范,行政权的运行也不例外。换言之,社会信用体系既要对社会领域的个体进行规制,也要实现对政府权力的规制。另外,国家治理现代化的本质是要实现国家治理法治化[③],而国家治理法治化则又包含着法治政府、诚信政府建设的

---

① 参见《中共中央关于坚持和完善中国特色社会主义制度 推进国家治理体系和治理能力现代化若干重大问题的决定》,载《人民日报》2019年11月6日第1版。

② 参见习近平:《高举中国特色社会主义伟大旗帜 为全面建设社会主义现代化国家而团结奋斗——在中国共产党第二十次全国代表大会上的报告》,载《人民日报》2022年10月26日第1版。

③ 参见张文显:《法治与国家治理现代化》,载《中国法学》2014年第4期。

内容。国家治理法治化的实现,其中一个核心问题就是要实现政府权力的规范化,而政府权力的规范化则又要求政府守规则、讲诚信。因为从理论上看,诚信是政府合法性的道德基础①,法治政府必然是诚信和负责任的政府②。在推动法治政府建设过程中,行政机关须遵循诚实信用、信赖保护等基本原则③,这既是法治政府的要求,也是政务诚信的主要内容。可以说,社会信用体系建设是在国家治理现代化的顶层设计下开展的,国家治理法治化的基本要求对行政权信用规制的开展起到了一定的推动作用。

(二)治理政府违法失信问题的需要

行政权信用规制的另一动力基础是治理政府违法失信问题的现实需要。在实践中,政府是我国推进国家治理现代化的核心主体,因而政府信用的建立对于其他领域的诚信建设具有较强的引领作用和示范作用。但正如有学者所指出的,在我国推进法治建设的过程中存在着一个"悖论",即作为法治建设主导者的政府却经常出现违法失信的现象④。常见的政府违法失信行为包括"数字造假""决策的科学性不足""政策缺乏连续性和稳定性""任意毁约"等情形⑤。这些政府的违法失信情形反映出其背后的一个共性问题,即缺少一个行之有效的常态化机制对政府的违法失信行为进行有效监督和规制,从而确保政府法定义务和约定义务的及时、准确履行。基于此,在我国大力推进社会信用体系建设的背景下,充分发挥社会信用体系的作用,将行政权运行纳入社会信用体系之中予以有效规制则变得尤为重要。例如,为了加大对政府违法失信问题的治理力度,由国家发展改革委负责在全国范围内开展了政务失信专项治理工作⑥;国家"信用中国"网站开辟了"政务失信专项治理"栏目,一些地方政府也通过网站公布了关于政府失信专项治理工作进展的情况或报告⑦。由此观之,针对政府违法失信问题的治理需求推动着一套行之有效的社会信用体系制度规范的建立,从而在客观上促进了对行政权的信用规制。

(三)法治政府评估活动的推动效果

法治政府评估活动也能够对政务诚信建设起到一定的推动效果,从而促进社会信用体系对行政权的信用规制。法治政府评估依赖于一系列指标体系的设计,通过指标内容来考核政府行为以判断其是否符合法治政府的要求。早在2006年,余杭法治指数评估的兴起正

---

① 参见曹鎏:《论我国法治政府建设的目标演进与发展转型》,载《行政法学研究》2020年第4期。
② 参见马怀德:《法治政府特征及建设途径》,载《国家行政学院学报》2008年第2期。
③ 参见刘旺洪:《法治政府的基本理念》,载《南京师大学报(社会科学版)》2006年第4期。
④ 参见陈翠玉:《政府诚信立法论纲》,载《法学评论》2018年第5期。
⑤ 参见邹东升:《政府诚信缺失与重建探究》,载《重庆大学学报(社会科学版)》2004年第3期。
⑥ 参见《全国深化"放管服"改革转变政府职能电视电话会议重点任务分工方案》(国办发〔2018〕79号)。
⑦ 例如,"信用中国(山西阳泉)"网站公布了阳泉"失信政府机构专项治理"的情况。参见阳泉市发展和改革委员会:《阳泉市政府失信专项治理工作进展情况说明》,http://credit.yq.gov.cn/zwcx/42525.jhtml,最后访问日期:2023年2月14日。

式拉开了我国"量化法治"的序幕①,国内多地开展了对法治评估活动的探索。2019年5月,中央全面依法治国委员会办公室印发《中央全面依法治国委员会办公室关于开展法治政府建设示范创建活动的意见》,决定通过"自愿申报—初审推荐—第三方评估"方式开展法治政府建设的示范创建活动,而"政务诚信"便是其中一项重要内容。2021年8月,中央全面依法治国委员会办公室印发《市县法治政府建设示范指标体系》(2021年版),这套指标体系共包含9项一级指标、32项二级指标、100项三级指标,多项指标涉及政务诚信建设。其中,"优化法治化营商环境"这项二级指标与政务诚信直接相关,第14项三级指标规定了政务诚信的基本要求②。另外,中国政法大学法治政府评估课题组自2018年以来,将"优化营商环境"作为一项单独的指标体系开展评估活动,"政府诚信状况"是其中的重要内容③。可以说,法治政府评估活动在无形中为政府行为施加了压力,对各级政府的政务诚信建设能够起到一定的推动效果。

三、行政权信用规制的实践表达

《中华人民共和国社会信用体系建设法(向社会公开征求意见稿)》提出了我国政务诚信建设的总要求,规定了政务诚信建设的六个重点领域。但这些规定具有原则性,政务诚信的有效开展还应有具体的实施方案。事实上,此前国务院的行政法规和各级政府的规范性文件均对政务诚信建设提出了具体要求:《优化营商环境条例》提出了加强社会信用体系建设与持续推进政务诚信建设的内容,涉及政务服务、监管执法等多方面;《社会信用体系建设规划纲要(2014—2020年)》(国发〔2014〕21号)和《国务院关于加强政务诚信建设的指导意见》(国发〔2016〕76号)也为地方政府通过政务诚信建设以规制行政权提供了指引。另外,一些地方政府还纷纷在此基础上通过印发规范性文件的形式公布了本地区政务诚信建设的"实施方案"或"实施意见",由此形成了我国政务诚信建设的法律政策体系,这也为行政权信用规制的开展提供了规范依据和制度基础。从上述依据出发,可以总结出我国行政权信用规制的主体、内容、策略和方式。

(一)行政权信用规制的主体

就行政权信用规制的主体而言,其是指到底哪些主体可以通过社会信用体系的制度规范来实现对行政权的规制。具体来看,行政权信用规制的主体表现为以各级政府为主导,以其他国家机关和社会主体为补充。透过行政权信用规制的上述规范依据可以发现,作为

---

① 参见钱弘道:《中国法治评估的兴起和未来走向》,载《中国法律评论》2017年第4期。
② 第14项三级指标的内容为:"全面推进政务诚信建设,严格兑现向行政相对人依法作出的政策承诺。认真履行在招商引资、政府与社会资本合作等活动中与投资主体签订的各类合同,不存在以政府换届、领导人员更替、行政区划调整、机构职能调整等理由违约毁约的情形。"
③ 参见成协中:《优化营商环境的法治保障:现状、问题与展望》,载《经贸法律评论》2020年第3期。

行政权信用规制主体的政府主要分为两种类型,即"本级政府"和"上级政府"。本级政府主要以政务信用管理体系为基础,通过加强各部门公务员的诚信教育、健全政务信用记录、推进政府部门和公务员的信用信息共享应用、强化失信惩戒等方式来规制行政权的运行①。上级政府则主要通过政务诚信监督体系中的"政务诚信专项督导机制"发挥对行政权的规制作用,该机制要求上级政府对下级政府实施督导并进行定期的考核评价②。除各级政府外,政务诚信监督体系中的"横向政务诚信监督机制"也规定了同级人大及其常委会对政府的监督职能;"建立社会监督和第三方机构评估机制"部分还规定了社会舆论、信用服务机构等社会主体的监督作用③。在所有主体中,政府构成了通过社会信用体系规制行政权的主导,其他国家机关和社会主体则构成了通过社会信用体系规制行政权的重要补充。

(二)行政权信用规制的内容

以国务院的行政法规和各级人民政府发布的关于政务诚信建设的规范性文件为基础,可以发现我国行政权信用规制的具体内容。其中,既包括对政府行政处理行为的规制,也包括对政府提供行政服务与缔结行政合同行为的规制,还包括对作为行政权具体实施者的公务员的规制。可以说,通过这四个方面的内容,行政权的信用规制在实践中不断展开。

首先,社会信用体系制度规范对行政处理的规制。行政处理是行政权运行的一种表现形式,针对行政处理的信用规制主要表现在两个方面:其一,社会信用体系通过对行政处理中某个环节的约束,以实现对行政处理的规制。例如,根据《中华人民共和国行政许可法》第五十三条第一款的规定,凡涉及行政许可中的"特许事项"(如公共资源配置),须以招标、拍卖的方式作出许可决定,而"招投标领域"正是我国政务诚信建设的一个重要领域。如在《沧州市加强政务诚信建设的实施方案》(沧政字〔2017〕29号)中,就规定了在招投标领域中政府所负有的诚信义务,包括建立健全招投标信用评价指标和标准体系、健全招投标信用信息公开和共享制度、完善招标投标诚信档案等内容。可见,这是通过对行政许可某一环节的规制以保证行政许可决定的正确作出。其二,社会信用体系还通过强化政务公开的方式以增进行政处理的公开、透明,从而起到规制行政权的效果。例如,温州等地以施行"阳光行政"为原则,在行政活动中大力推行行政许可和行政处罚的"七日双公示"④,这将在一定程度上增强行政处理作出的科学性与合理性。应当说,强化政务公开有助于形成社会充分

---

① 例如,《宿迁市政府办公室关于加强政务诚信建设的实施意见》(宿政办发〔2017〕113号)从"加强公务员诚信教育""建立健全政务信用记录""推进政府部门和公务员信用信息共享与应用""健全守信激励与失信惩戒机制""健全信用权益保护和信用修复机制"五个方面规定了本级政府加强政务诚信建设的内容。

② 例如,福建、湖南等地方政府均要求建立政务诚信专项督导机制。参见《福建省加强政务诚信建设实施方案》(闽政〔2017〕40号)、湖南省人民政府《关于加强政务诚信建设的实施方案》(湘政发〔2018〕18号)。

③ 参见《国务院关于加强政务诚信建设的指导意见》(国发〔2016〕76号)。

④ 参见《温州市加强政务诚信建设实施方案》(温政办〔2017〕71号)。

监督的体制机制,能够提升社会治理的理性化程度①,从而增进政府的公信力。

其次,社会信用体系制度规范对政府提供行政服务的规制。在实践中,提供优质高效的行政服务是当前行政机关开展公共行政活动的一项重要内容。从我国历次行政管理体制改革的情况来看,其背后遵循着"从注重管制向注重服务的转变"这一内在逻辑,建设服务型政府也构成我国行政管理体制改革的一项重要目标②。具体到我国社会信用体系建设中,有关政务诚信建设的内容对政府行政服务的提供提出了更高要求,其中一些制度设计反映了对政府提供行政服务活动的规制。如《成都市人民政府关于加强政务诚信建设的实施意见》(成府发〔2018〕12号)中便有多处内容涉及对政府提供行政服务活动的规制,包括:加强行政审批流程优化,减少办事环节和简化办事程序;为公民提供政务服务热线和网上政务服务,并将其作为政务诚信考核的重要内容;加强街道和乡镇在就业、物业、就学、养老、助残、扶贫、医保等民生方面的基础性服务,并将各项工作的守信践诺情况纳入绩效考核体系③。据此,社会信用体系能够通过政务考评等措施以提高行政机关提供公共服务的质量和水平,进而推进行政权运行的规范和高效。

再次,社会信用体系制度规范对政府缔结行政合同行为的规制。行政合同是政府治理社会的一种新型方式。针对行政合同的界定问题,于立深教授提出"公权力的作用"标准,并将之作为判断行政协议的核心依据④。之所以强调行政合同中的公权力因素,原因在于行政机关可基于公共利益需要而行使行政优益权。因此,能否对行政合同中所蕴含的"公权力因素"进行规范和约束,则构成行政合同能否顺利履行乃至政府公信力建立的基础。对此,社会信用体系中有关政务诚信建设的制度规范也可以实现对政府缔结行政合同行为的有效规制。如江苏、江西等地方政府主张建立"政府和社会资本合作(PPP)"的失信违约记录,并通过"项目责任回溯机制"明确行政机关在项目识别、准备、采购、执行等环节的诚信义务和责任;还要求在招商引资过程中不得以"政府换届"和"相关责任人更替"等理由毁约失信⑤。由此观之,社会信用体系更为侧重从内部约束角度对政府缔结行政合同的行为加以规制,这将有助于政府在公私合作中信守承诺⑥,从而确保其行政合同义务的履行。

---

① 参见王锡锌:《政府信息公开制度十年:迈向治理导向的公开》,载《中国行政管理》2018年第5期;何玲、孟佳惠:《"双公示"引擎——我国开展行政许可和行政处罚信息"双公示"工作扫描》,载《中国信用》2019年第6期。

② 参见周光辉:《从管制转向服务:中国政府的管理革命——中国行政管理改革30年》,载《吉林大学社会科学学报》2008年第3期。

③ 另外,内蒙古赤峰市也有关于对政府提供行政服务活动规制的类似规定。参见赤峰市人民政府《关于加强政务诚信建设的实施方案》(赤政发〔2018〕12号)。

④ 参见于立深:《行政协议司法判断的核心标准:公权力的作用》,载《行政法学研究》2017年第2期。

⑤ 参见《江苏省政府关于加强政务诚信建设的实施意见》(苏政发〔2023〕55号)、《江西省加强政务诚信建设的实施方案》(赣府字〔2017〕94号)。

⑥ 参见卢护锋:《公私合作中政府信用缺失的法律对策探讨》,载《行政论坛》2017年第5期。

最后,社会信用体系制度规范对公务员的规制。公务员作为行政权的具体实施者,其自身良好的伦理和道德形象对于提升政府的公信力具有重要意义①。我国社会信用体系中的政务诚信建设同样加强了对公务员的规制,其试图通过对公务员行为的规范从而促进政府的守信履约,具体包括两个方面的内容:其一,对公务员准入的规制,即对从事公务员这项职业施加一定的限制性条件。例如,修订后的《中华人民共和国公务员法》第二十六条增加了一项内容作为公务员录用的限制性条件,即"被依法列为失信联合惩戒对象的"不得录用为公务员。除此之外,还有一些地方政府在公务员的初任培训和任职培训中增加了"信用教育"的内容,以此提升公务员的守法履约能力②。其二,对公务员日常行为的规制,即对公务员在日常行政执法中出现的违法失信行为予以记录和惩戒。如国内多地均探索建立"公务员诚信档案",并强调对公务员的违法违规、失信违约等行为进行记录,将诚信同干部的考核、奖惩和任用挂钩③。由此可见,社会信用体系包含对公务员规制的内容,即通过对公务员职业的准入和日常行为的规范以实现对行政权的信用规制。

(三)行政权信用规制的策略与方式

特定主体经由社会信用体系对行政权的信用规制以一定的策略和方式来实现。基于主体的不同,行政权信用规制的策略也不相同。就各级政府而言,其主要通过行政机关内部压力的传导来实现对行政权的规制;而对其他国家机关和社会主体来说,其主要通过外部监督的促进以规范行政权运行。在这一过程中,社会信用体系对行政权的信用规制既包括事前的预防方式,也包括事后的惩戒方式。

1. 行政权信用规制的策略

其一,行政机关内部压力的传导。行政机关内部压力的传导是各级政府通过社会信用体系规制行政权的基本策略,是行政机关进行自我规制的思路或方案,具有明显的"行政自制"色彩。从"行政自制"的角度看,行政的自组织功能可以有效实现对行政权的约束④,这种约束主要借助纵向上的科层制管理来实现⑤。科层制是现代国家实现行政管理的基本形式,用韦伯的话来说,科层制是"合法型统治的最纯粹类型",是"借助官僚体制的行政管理班子进行的统治"⑥。在我国政务诚信建设的实践中,"守信践诺""失信惩戒""政务失信记录"等诸多机制的运行均是借助科层制来实现的。科层制运转以一定"正式权威的等级结

---

① 参见唐土红:《公信政府何以可能——行政伦理之于政府公信力的功能探析》,载《伦理学研究》2016年第3期。
② 参见《吉林省政务诚信建设实施方案》(吉政办发〔2017〕75号)。
③ 关于国内多地探索建立公务员诚信档案的内容,参见阚枫:《多地探索建公务员诚信档案 公务员失信如何惩戒?》,https://www.chinanews.com/gn/2017/08-11/8301901.shtml,最后访问日期:2023年2月16日。
④ 参见崔卓兰、于立深:《行政自制与中国行政法治发展》,载《法学研究》2010年第1期。
⑤ 参见崔卓兰:《行政自制理论的再探讨》,载《当代法学》2014年第1期;于立深:《现代行政法的行政自制理论——以内部行政法为视角》,载《当代法学》2009年第6期。
⑥ [德]马克斯·韦伯:《经济与社会》(上卷),林荣远译,商务印书馆1997年版,第245页。

构"为基础①,上下级机关之间能够形成一种"层级控制"关系。例如,"政务诚信专项督导机制"要求上级政府定期对下级政府进行诚信方面的督导与考评,从而将"层级控制"体现得更为明显。在上下级政府之间,可以基于监督或考评而形成一定的"压力",这种压力来源于上级政府对政务诚信建设的督导和检查,并经由科层制在行政系统内有效传递。可以说,行政机关能够借助科层制形成内部压力的传导,从而推动行政权运行的规范化。

其二,其他国家机关和社会主体外部监督的促进。除行政机关外,同级人大及其常委会等国家机关,社会舆论、信用服务机构等其他社会主体外部监督的促进是其通过社会信用体系规制行政权的另一策略。就其他国家机关而言,其主要是基于权力属性和分工的不同来实现对行政权的规范和约束。例如,同级人大及其常委会可以利用听取和审议政府专项工作报告、开展法律法规实施情况检查的机会来促进政府守信履约,从而达至监督与规制行政权运行的效果。除此之外,《国务院关于加强政务诚信建设的指导意见》(国发〔2016〕76号)还将行政机关对人大代表建议的"办理和落实情况"作为政务诚信建设的内容。这里的"办理和落实情况"有两层含义:第一层含义是指行政机关对人大代表建议的"办复率";第二层含义则是在"办复率"的基础上,行政机关办理人大代表建议的"满意度"②。这些均构成政务诚信建设的重要指标,也构成其通过社会信用体系规制行政权的实践策略。从社会主体外部监督的促进来看,除社会舆论和人民群众的监督外,更为重要的是要发挥信用服务机构、高校科研院所等第三方评估的作用,其遵循着"以评促建"的策略,即通过第三方主体的评估来实现对行政权运行的约束。

2. 行政权信用规制的方式

在上述策略的基础上,以行政机关违法失信行为的发生为时间节点,可以发现社会信用体系制度规范对行政权的规制包括"事前预防"和"事后惩戒"两种方式。所谓"事前预防"方式,是指通过社会信用体系中的常态化机制实现对行政机关日常行为的监督和规范,以及对作为执法者的公务员进行日常的诚信教育等。事前预防的重点为"预防",其目的是通过常态化的督导与约束机制促进行政机关依法行政,从而避免政府违法失信现象的出现。例如,我国政务诚信建设中的"守信践诺机制"以及纵向的"专项督导机制"和横向的"政务诚信监督机制"均是实现行政权信用规制的事前预防机制③。"事后惩戒"方式则是指在行政机关违法失信行为发生后,经由社会信用体系进行的事后惩戒和补救。事后惩戒的重点在于"惩戒",遵循的是以惩戒的不利后果来促进政府守信履约和依法行政的思路。从各地实

---

① 参见[美]安东尼·唐斯:《官僚制内幕》,郭小聪等译,中国人民大学出版社2017年版,第42-48页。
② 参见黄玉熹等:《清城区召开市区两级人大建议、政协提案办理工作督办会,力争办复率和满意率均达100%》,载《南方日报》2018年3月22日第PC03版。
③ 参见《国务院关于加强政务诚信建设的指导意见》(国发〔2016〕76号)。

践来看,同社会公共信用领域的惩戒机制类似,政务诚信中的"失信惩戒"包括对政府的声誉贬损、资格剥夺等措施,如"曝光失信行为"、针对失信情况"作出书面说明"和"限期整改""通报批评"以及"取消荣誉评选资格"等①。可以说,"事前预防"和"事后惩戒"是行政权信用规制的具体路径或方式,其能够在一定程度上保证政务诚信的各项机制在实践中有效运转和实施,从而达至规范与约束行政权的现实效果。

四、行政权信用规制的法理意涵

通过对上述主体、内容、策略和方式的阐明,可以获知社会信用体系中有关政务诚信的制度规范对行政权进行规制的整体样态。从实践来看,推进国家治理现代化是新时代中国特色社会主义建设的重要内容,而社会信用体系同时又是国家治理体系的重要组成部分和关键环节。因而对社会信用体系的分析既不能孤立进行,又不能局限于对其实践样貌的基础性认知,而是要结合当下国家治理现代化的实践语境和理论框架予以理解,从本质上把握行政权信用规制的"法理"意涵,探寻社会信用体系规制行政权的本质性和规律性因素②。

(一)作为国家治理简约机制的社会信用体系

从国家治理的框架出发审视社会信用体系制度规范对行政权的规制,可以发现社会信用体系是作为一种国家治理的"简约机制"而存在的。任剑涛教授在对国家治理的论述中提出了"国家治理的简约主义"思路:现代国家需要处理复杂化的公共事务,但是国家在治理理念、制度安排和具体举措等方面却不能随之复杂化,唯有遵循"简洁明了"的原则,才能促进"善治"之实现③。基于此,国家治理的"简约主义"包含了"以简驭繁"和"删繁就简"两条定理,其核心就是要通过一种简约的治理机制以应对复杂的社会问题;由于政府是国家治理的重要主体,因而"简约主义"还要求打造一个"有限"且"有效"的政府,凡不符合此要求则须用"奥卡姆剃刀"予以剃除④。可见,国家治理的"简约主义"是应对复杂社会的一种治理思路,其具有"规制"和"自我规制"的双重意涵:一方面,作为国家治理主体的政府需要借助一种简约的治理机制以实现对复杂社会的有效规制;另一方面,该机制也能对政府行为产生自我规制的效果,从而使政府符合"有限"且"有效"的基本要求。具体到我国政务诚信建设的实践中,社会信用体系便是这样一种简约的治理机制,符合国家治理简约主义

---

① 参见《辽宁省加强政务诚信建设的实施方案》(辽政发〔2017〕19号)、《四川省人民政府关于加强政务诚信建设的实施意见》(川府发〔2018〕7号)、《杭州市加强政务诚信建设的实施方案》(杭政函〔2017〕130号)。
② 参见张文显:《法理:法理学的中心主题和法学的共同关注》,载《清华法学》2017年第4期。
③ 参见任剑涛:《国家治理的简约主义》,载《开放时代》2010年第7期。
④ 所谓"奥卡姆剃刀"意指"一种简练的认识与行为原则",在国家治理领域寓意为"建构国家治理的简约主义方案"。关于"奥卡姆剃刀"以及国家治理"简约主义"定理和内涵的论述,参见任剑涛:《国家治理的简约主义》,载《开放时代》2010年第7期。

的理念和思路。

之所以将社会信用体系视为一项国家治理的简约机制,原因在于,其既可以对复杂的社会问题予以有效应对和治理,同时又反向对政府自身进行规制和塑造,从而使政府符合"有限"且"有效"的"简约主义"原则。具体而言:第一,社会信用体系是国家应对日益复杂化的社会的一种重要机制。随着经济的发展,社会功能的不断分化,社会分工也逐步细化,实践中日趋多样的违法失信现象频繁出现[①]。然而,社会信用体系便是有效应对这些违法失信现象的治理机制,其可以通过对"守信/失信"的界定将纷繁复杂的社会现象转化为简单的治理性问题。第二,社会信用体系还具有"规制—自我规制"的双重指向。作为一种国家治理机制,社会信用体系将规制的权力指向社会,对复杂的"公共信用"问题进行规制;同时还将规制的权力指向政府自身,通过政务诚信建设以加强对行政权运行的规范,即在对社会进行塑造的同时,也塑造着政府自身。第三,社会信用体系对政府的规制和塑造,一方面是基于"限权"的维度,即促进行政权的规范运行;另一方面则是基于"有效"的维度,即保证国家制度能力的有效输出,通过社会信用体系塑造行政机关清晰、透明地执行政策和法律的能力[②]。由此可见,社会信用体系作为一种国家治理机制发挥着沟通政府和社会的功能,而"简约"不仅体现为社会信用体系能够将实践中复杂的违法失信现象转化为简单的治理性问题,更表现为通过"两条定理"的遵循以实现对"有限"且"有效"政府的塑造,以政府的"有限"且"有效"来应对纷繁复杂的社会问题。

(二)社会信用体系对依法行政的吸纳

通过上述分析可以发现,作为一种国家治理的简约机制,社会信用体系通过对行政权的规制所试图打造的是一个"有限"且"有效"的政府,"有限政府"和"有效政府"则构成蕴含在行政权信用规制实践中的两条核心的逻辑思路。就社会信用体系对"有限政府"的打造而言,实践中的政务诚信建设包含着法治政府建设的内容,社会信用体系将法治政府建设中的依法行政原则吸纳至政务诚信建设的基本要求之中。换言之,我国社会信用体系对"有限政府"的打造是通过对依法行政原则的吸纳来实现的,并将其作为政务诚信建设的基本原则,以此加强了对行政权的实体规制和程序规制。

第一,社会信用体系将"依法行政"作为政务诚信建设的基本原则。从"政务诚信"和"依法行政"的关系来看,两者在内容上具有一致性。在理论上,依法行政要求行政机关严格依照法律规范开展行政活动,而行政机关对法律规范的严格执行,从另一侧面便是对人民

---

① 参见翟学伟:《中国社会信用:理论、实证与对策研究》,中国社会科学出版社2017年版,第3页。
② 参见[美]弗朗西斯·福山:《国家构建:21世纪的国家治理与世界秩序》,郭华译、孟凡礼校译,学林出版社2017年版,第19页。

意志的遵从和对政治契约的信守,从而有助于政府赢得人民的信任①。例如,有学者认为"依法行政"是我国政务诚信建设的核心要求与内容,政务诚信建设需要将法律贯穿于政府行为的全过程之中,健全权力运行的制约和监督体系等②。换言之,只有将行政权力的运行纳入法治框架才有可能使权力转换为权威,从而树立起政府的公信力,进而产生使相对方信从的影响力③。从我国政务诚信建设的实践来看,社会信用体系将"依法行政"纳入政务诚信建设,并将其作为政务诚信建设的首要原则。在这一原则指导下,各级政府和公务员须严格依法办事,切实履行"法定职责必须为、法无授权不可为"的要求④,实践中的诸多规范和举措也均是围绕这一原则而展开的。

第二,社会信用体系加强了对行政权的实体规制。社会信用体系将依法行政作为政务诚信建设的首要原则,必然要加强对行政权的实体规制。在政务诚信建设实践中,这种实体规制是通过"清单化"来实现的。《国务院关于加强政务诚信建设的指导意见》(国发〔2016〕76号)在对"依法行政"原则进行规定时提出,行政机关应按照权力和责任清单制度的要求开展决策或执行等活动。之所以将"清单化"视为对行政权的"实体"规制,原因在于各种形式的"权责清单"或"政务服务清单"是对"法无授权不可为"理念的践行和落实⑤,其重心是对行政机关所涉各类"职权"和"职责"事项的规定,凡涉及行政机关"职责"和"职权"行使的规定均为实体性规范⑥。在具体实践中,各级政府均将完善各类权责清单作为政务诚信建设的内容。如吉林省要求加强"政务清单"和"信用清单"建设,杭州市明确提出推进"四张清单一张网"机制建设,安庆市则要求推进"3+2"的清单制度建设⑦。这些清单的具体内容涉及行政许可、行政处罚、行政确认等事项及其法律依据,行政机关在清单规定的各类事项基础上来行使行政职权。由此可见,社会信用体系中的政务诚信建设利用"清单化"制度进一步明晰了行政机关的职责和职权,从而加强了对行政权的实体规制。

第三,社会信用体系加强了对行政权的程序规制。除实体规制外,社会信用体系对行政权的规制还体现在程序方面。政务诚信建设的目标包含着行政机关在行使职权过程中对正当程序的遵循,因为政府公信力的树立也在一定程度上取决于正当程序。从国务院以及地方各级政府政务诚信建设的情况来看,大都包含了对行政权进行程序性规制的内容,并特别

---

① 参见刘莘:《诚信政府研究》,北京大学出版社2007年版,第78页。
② 参见张丽丽、章政:《政府信用内涵与我国政务诚信建设的路径选择》,载《征信》2020年第3期。
③ 参见俞可平:《权力与权威:政治哲学若干重要问题》,商务印书馆2020年版,第7-19页。
④ 参见《国务院关于加强政务诚信建设的指导意见》(国发〔2016〕76号)。
⑤ 参见康琳娜:《行政权力清单制度新探》,载《北方法学》2019年第2期。
⑥ 参见关保英:《权力清单的行政法价值研究》,载《江汉论坛》2015年第1期。
⑦ 参见《吉林省政务诚信建设实施方案》(吉政办发〔2017〕75号)、《杭州市加强政务诚信建设的实施方案》(杭政函〔2017〕130号)、《安庆市加强政务诚信建设实施方案》(宜政秘〔2017〕271号);江南:《浙江推进"四张清单一张网"改革:政府更高效,百姓更满意》,载《人民日报》2016年9月28日第2版。

指出了依法决策所必须遵循的程序性要求。例如,《贵州省人民政府关于加强政务诚信建设的实施意见》(黔府发〔2017〕22号)重申了国务院《重大行政决策程序暂行条例》的内容,强调将公众参与、专家论证、风险评估、合法性审查、集体讨论决定作为重大行政决策的必经程序,以此作为政务诚信建设的内容从而加强对行政权的规制。由此可以看出,社会信用体系对依法行政原则吸纳的意义在于,其能够通过"政务诚信"的机制设计以实现对行政机关依法行政的强化。在实践中,无论是实体规制还是程序规制,均是社会信用体系促进行政权运行"制度化""规范化"和"标准化"的重要方式①。可以认为,社会信用体系将"依法行政"作为政务诚信建设的首要原则,能够起到强化行政机关依法行政的功效,从而促进政府公信力的提升和整个信用社会的构建。

(三)社会信用体系对行政效能的强化

除对"有限政府"的打造外,基于国家治理"简约主义"的基本定理,社会信用体系还通过对行政效能的强化推动着"有效政府"的构建,将强化行政效能作为政府信用的组成部分。从理论上看,现代公共行政不仅对行政权的规范维度提出了要求,而且还强调行政权运行的效率维度。特别在西方福利国家兴起之后,能否通过行政权的积极、主动运行对社会关系以及公共事务加以调整,能否为社会公众提供便捷、高效的公共服务则成为国家治理的关键问题②。就我国而言,随着改革开放的不断深化以及社会主义市场经济的发展,政府一方面需要尊重市场的自我成长,尊重市场运行的基本规则,另一方面也需要通过行政权的积极与主动运行以提供便捷、高效的公共服务,促进市场主体的发展。这就要求,行政机关在日常的公共管理中坚持依法行政的同时,还须遵循"行政效能"原则。沈岿教授在论述行政效能原则的过程中,从制度建构角度阐释了行政效能原则的规范内涵,包括"市场或社会自治优先原则"和"管理或服务制度的效益最大化原则"③。具体到政务诚信建设的实践中,从社会信用体系对行政效能强化所提出的要求来看,也可从这两项内容出发开展分析。

在我国政务诚信建设实践中,一方面,社会信用体系对行政效能的要求体现了对市场或社会自治的尊重。对市场或社会自治的尊重,意味着政府要尊重市场和社会的运行逻辑,充分发挥市场在资源配置中的决定性作用。对此,习近平总书记指出,政府"应该有所为有所不为,减少对微观事务的管理,把不该由政府管理的事项转移出去,把该由政府管理的事项管住管好,努力做到不越位、不错位、不缺位"④,其中就包含政府对市场或社会自治尊重的

---

① 参见[美]贾恩弗朗哥·波齐:《国家:本质、发展与前景》,陈尧译,上海世纪出版社集团、上海人民出版社2007年版,第30-34页。
② 参见章剑生:《现代行政法基本原则之重构》,载《中国法学》2003年第3期。
③ 参见沈岿:《论行政法上的效能原则》,载《清华法学》2019年第4期。
④ 中共中央宣传部:《习近平总书记系列重要讲话读本》,学习出版社、人民出版社2014年版,第89页。

意涵。在地方各级政府印发的关于政务诚信建设的"实施方案"或"实施意见"中，也体现了政府应对市场或社会自治尊重的要求。例如，上海提出要坚持"勤政高效"原则，其中一项工作便是要"清理、削减和调整行政审批事项"①。然而，对行政审批事项的清理、削减和调整，就是对《中华人民共和国行政许可法》第十三条"可以不设行政许可"四类事项的践行。这体现了政府对市场或社会自治的尊重，有助于调动市场和社会主体的积极性，从而增进其对政府的信任。另一方面，社会信用体系对行政效能的强化还体现为增进行政管理或服务效益的目标。增进行政管理或服务效益，充分发挥行政管理或行政服务制度的功效是践行行政效能原则的又一项重要内容，社会信用体系制度规范通过强调政府管理或服务效益进而对行政权的运行提出了更高的要求。例如，洛阳市和芜湖市在政务诚信建设实施方案中推行的"互联网＋政务服务"、网上政务平台建设，珠海市推行的"一门式、一网式"的改革模式以及提供的"最多跑一次"服务，均是为增进行政管理或服务效益而采取的措施②。由此观之，社会信用体系对行政权的规制不仅是要使行政权的运行受到限制，而且还要求发挥行政权运行的积极性和主动性，充分发挥行政权为社会提供公共服务的水平和能力，通过对"有效政府"的打造来提升政府的公信力。

五、行政权信用规制的优化思路

鉴于社会信用体系制度规范能够对行政权运行发挥较强的规制作用，因此有必要在将来促进这一作用的充分发挥。基于此，应结合我国当前政务诚信建设的实践现状，明晰行政权信用规制的优化思路，促进社会信用体系规制行政权的完善。经前述分析可知，社会信用体系对政府信用的塑造是通过对依法行政的吸纳和对行政效能的强化来进行的，因此我国的政务诚信建设从根本上触及"依法行政"和"行政效能"之间的关系问题。行政权信用规制的优化思路须遵循这两项基本原则，只不过应针对这两项原则的特点而有所区别与侧重。换言之，社会信用体系对行政权规制的优化应处理好依法行政与行政效能之间的关系，政府信用的塑造应坚持"以依法行政为基础，以行政效能为关键"这一基本思路。

秉持"以依法行政为基础，以行政效能为关键"这一基本思路意味着应将各级政府依法行政作为塑造政府信用的基础，行政权受法律的严格控制是政务诚信建设的"基本盘"。因为只有行政权严格依法运行才能使社会公众对政府产生基础的信任。但是，如果仅坚持以依法行政为主要内容的"规范主义"思路则并不能够对政府信用产生巨大的提升效果，权力受到限制也并不意味着政府能够同社会公众产生积极、良好的互动，这便凸显了公共行政中

---

① 参见上海市人民政府《关于本市加强政务诚信建设的实施意见》（沪府发〔2017〕92号）。
② 参见《洛阳市加强政务诚信建设实施方案》（洛政〔2017〕45号）、《芜湖市加强政务诚信建设实施办法》（芜政〔2018〕37号）、《珠海市加强政务诚信建设实施方案》（珠府〔2018〕76号）。

管理维度的地位①，即需要加强行政效能在政务诚信中的作用。如果说依法行政是政务诚信建设的"基本盘"，那么行政效能便构成政务诚信建设的"加分项"。原因在于，行政效能的强化并不仅仅是一个自上而下的过程，而且还是政府同社会之间的积极与良性互动过程，由此在国家和社会之间形成一种"正和博弈"关系②。换言之，除依法行政外，政府信用更建立在政府对社会问题的有效回应并提供优质公共服务的基础之上。政务诚信建设中对行政效能的要求带有一定的"功能主义"风格，即政务诚信的制度规范设计应当保证"有效运作的政府可以提供一种有效和公正的结构来促进公共福利"，其重心也需要"从控制和权利引向功能和效率"③。可以说，在坚持依法行政原则的基础上强化行政效能，将有助于在政府和社会公众间建立良好的沟通和互动关系以提升政府信用。具体而言，秉持"以依法行政为基础，以行政效能为关键"的思路，可在实践中从以下三个方向展开。

其一，提升行政程序在政务诚信建设中的地位和作用。秉持"以依法行政为基础，以行政效能为关键"的思路，应首先保证行政机关在日常活动中的依法行政。就构建政府信用而言，除需要行政机关对实体法规则的严格遵循外，更要注重对行政程序的构建。因为完备、健全的行政程序更能促进行政权运行的规范化，守住政务诚信建设的"基本盘"。除此之外，作为程序的一种类型，行政程序在本质上还体现出任何程序都具备的"过程性"和"交涉性"的特点，是交涉过程的"制度化"④。"交涉性"意味着行政决定的作出不仅包括政府对法定时限和时序的遵循，而且包括社会公众的参与，以及其同政府开展的商谈与沟通。社会公众可经由行政程序进行意见表达而参与到决策的过程中，从而促进行政权运行的规范与高效，提升行政决定的可接受程度⑤。基于此，在行政程序的设计方面，既要考虑程序设计对政府行为的规范，又要考虑其对社会公众需求的满足⑥。例如，实践中应突出对重点领域或关键环节行政程序的构建与遵从，如严格践行重大行政决策、行政规范性文件的制定等程序规则，强化行政处理和其他行政决定作出过程中的听证程序或公众参与程序，在规范政府行为的同时，通过程序规则的设计与践行以增进政府同社会公众之间的沟通与互动。

其二，提升行政机关提供公共服务的能力和水平。为实现社会信用体系规制行政权的优化，既要牢牢守住政务诚信建设的"基本盘"，又要攻克政务诚信建设的"加分项"。这便

---

① Brack Brown, Richard J. Stillman II, Dwight Waldo. A Conversation of with Dwight Waldo: An Agenda for Future Reflections. Public Administration Review, Vol.45, No.4, 1985, p.463.
② 参见李剑：《转变中的"强"国家——国家能力的理论逻辑及其演进》，载《国外理论动态》2014年第6期。
③ [英]马丁·洛克林：《公法与政治理论》，郑戈译，商务印书馆2021年版，第235、288页。
④ 除对"过程性"和"交涉性"特点进行论述外，季卫东教授还分析了程序与权威的关系，即经过正当化过程的决定更容易获得权威性。参见季卫东：《法律程序的意义——对中国法制建设的另一种思考》，中国法制出版社2004年版，第32-33、89-93页。
⑤ 参见章剑生：《现代行政法基本理论》（下卷），法律出版社2014年版，第500页。
⑥ 参见谭宗泽、付大峰：《从规范程序到程序规范：面向行政的行政程序及其展开》，载《行政法学研究》2021年第1期。

要求在今后的政务诚信建设中,应着力突出行政权运行的便捷与高效,提升政府提供公共服务的能力与水平。例如,行政机关在实践中可通过灵活多样的监管手段和制度设计,在提升监管效率的同时也为相对方提供更为优质与便捷的公共服务。以国务院近年来一直推行的"告知承诺制"为例。告知承诺制是行政机关采取的一项灵活的制度设计,其一方面简化了相对人办理行政事项的手续,通过行政机关的"一次性告知"和相对人"承诺"的方式有效提升了行政权的运行效率,也提高了公共服务的质量。从制度运行的效果来看,告知承诺制以相对人信用作为担保,不仅突出了相对人信用的地位,更重要的是,在相对人作出承诺的前提下,行政机关应简化手续为相对人办理相应的行政事项,这同样提高了公共服务的效率和质量,有助于政府信用的树立。基于此,行政机关应加强对灵活多样监管手段和制度设计的运用以提升公共服务的水平,以此来推动政务诚信建设。

其三,完善政务诚信建设中的内部监督和外部监督体系。除上述措施外,还应进一步优化社会信用体系的机制设计,以保证行政权的规范与高效运转。在实践中,社会信用体系中有关政府的内部和外部监督体系能够对行政权产生较强的规制作用,因而在今后应进一步完善社会信用体系中有关政府的内部和外部监督体系。一方面,政府内部和外部监督机制的设立应当围绕"依法行政"和"行政效能"而展开,健全行政机关依法行政与增进行政效能的常态化机制。就内部监督机制而言,应当加强对"守信践诺"机制的健全,在政府履行法定义务的基础上践行其所作出的行政服务"质量承诺""期限承诺"以及"保障承诺"等[①]。从外部监督机制来看,还需要在加强其他国家机关对行政权监督的基础上强化社会监督。例如,从当前对政府信用进行第三方评估的实践来看,政务诚信指标包含在法治政府指标体系中,或构成优化营商环境指标的一部分。对此,可以考虑将政务诚信建设的指标细化,或围绕"以依法行政为基础,以行政效能为关键"构建单独的政务诚信指标体系,从而充分发挥社会信用体系制度规范对行政权的规制作用,增进政务诚信建设的针对性与科学性。

六、结语

我国的社会信用体系在对个体进行规制的同时,其中有关政务诚信的制度规范发挥着规制行政权的作用。社会信用体系是规制行政权的一种新型方式,其是在国家治理现代化的顶层设计下展开的,基于对政府违法失信的治理需要和法治政府评估的推动而不断深化。在实践中,行政权信用规制的主体表现为以各级政府为主导,以其他国家机关和社会主体为补充;行政权信用规制的内容包括对行政处理、行政服务、行政合同与公务员的规范和约束。行政机关通过其内部的压力传导、其他国家机关和社会主体通过外部监督的促进,以事前

---

① 参见罗培新:《社会信用法:原理·规则·案例》,北京大学出版社2018年版,第177页。

预防和事后惩戒方式规范着行政权运行。在国家治理现代化的框架下，社会信用体系是一种国家治理的简约机制，其在应对复杂社会问题的同时，也将政府塑造为一个"有限"且"有效"的政府，依法行政与行政效能成为社会信用体系规制行政权的主要原则。鉴于此，为充分发挥社会信用体系对行政权的规制作用，需要秉持"以依法行政为基础，以行政效能为关键"的思路，实现行政权信用规制的优化与完善。

加强对行政权的规制一直以来都是理论界和实务界的一项重要议题，社会信用体系中政务诚信建设的开展，为我们提供了一种规制行政权的新思路。社会信用体系对行政权的规制在本质上反映的是一个国家治理问题，政府信用的建立与提升不能只关注对公权力的控制以保证其"有限性"，更要在法治框架下提高行政权的效率与质量以突出其"能动性"。这意味着，在将来的政务诚信建设与法治政府构建中，既要增强行政权运行的法律约束，又不能忽视行政效能的作用，并应在实践中着力加强行政权所具有的公共服务功能。

涉固定金额法律规范的动态数额设定机制研究[*]

张马林[**]

摘　要：法律规范在把固定金额作为构成要件或法定处罚的情形下，不可避免会出现固定金额设定过时的问题。在法律规范中表示财产金额的数字已经超出了其原本的数学范畴，发挥着现实设定法律责任、分配法律上权利及义务的功能。但涉固定金额法律规范所普遍隐含的财产金额价值不变的错误假定往往容易为立法者所忽略。这一假定无视社会情境无时无刻不在发生的变动与变化，导致法律规范的实际适用结果可能严重偏离原本的立法目的。解决此问题，需要从涉固定金额法律规范在立法时的目的出发，妥当选择最相近的"标准时"和"关键参数"，在规范中的财产金额与实时生活数据之间，从学科交叉的视角尝试建构一种法定数额的动态设定机制，以增加法律规范的自身弹性，实现法律规范和其适用结果的实质稳定。

关键词：固定金额法律规范　立法思路　动态设定机制　关键参数

引言

固定金额在法律规范中的应用具有悠久的历史。早在古巴比伦王国时期制定的《汉谟拉比法典》(The Code of Hammurabi)正文示范判决的第198条、第209条、第211至214条

---

[*] 基金项目：江苏省社科基金重点项目"PPP模式下公共工程强制招标法律边界研究"（项目号：7513050086）的阶段性成果。

[**] 作者简介：张马林，法学博士，工程项目管理学博士后，东南大学法学院副教授。

等多个条文中，就已经使用了以"谢克尔银币"（Shekel of Silver）为货币计量单位的固定金额①。"法的关系根源于物质的生活关系。"②作为反向的回应，现实社会、经济中物质生活关系的改变也必然影响围绕社会现实所展开的法律关系。确保利益衡量与价值判断的公平稳定性是法律规范制定和适用时的基本要求。而我国现涉固定金额法律规范令人不易觉察地隐含财产金额价值不会发生改变的错误假定，这一假定没有注意到财产实际价值的必然变动，势必导致规范的实际适用结果与原本规范目的之间出现偏离，并消耗可观的社会公平及其他制度成本。虽然这一问题在诸如侵权法上的人身损害赔偿、税法上个税起征门槛金额等立法活动中得到零散注意，但作为一个系统性存在的问题，其并未得到重视，亟待对此问题进行检讨，对思路进行重构。

一、问题：现有固定金额立法方式的构造性缺陷

（一）涉固定金额法律规范及其类型

"法为治世之具。"③但法律运行不是法律规范本身的自发运行，而是法律规范在现实的、具体的社会情境中，与其他社会现实因素交互作用、相互影响的互动过程。对法律规范的适用对象而言，财产权利是其最为重视的主要权利之一。法律规范为了实现其规制社会关系的目的，常常会把一定的财产金额作为特定法律规范的构成要件和标准，以鼓励、限制或禁止某类法律行为。而这也是本文所讨论问题的缘起。

法律规范把财产金额作为构成要件主要存在两种情形：一种是不具体确定固定的财产金额，只原则性或概括性描述财产金额的规范。如刑法中以"数额较大""数额巨大""数额特别巨大"等描述量刑等级的规范就属于此种类型。另一种是直接确定具体量化的财产金额的规范，也即本文所称的"涉固定金额法律规范"。如《中华人民共和国刑法》（简称《刑法》）第一百四十条规定销售伪劣产品金额达到5万元以上的，即构成销售伪劣产品罪。作为一种立法思路，涉固定金额法律规范在我国从公法到私法、从实体法到程序法的多个领域广泛存在，包括但不限于刑法、公司法、民事诉讼法、税法、反垄断法、反不正当竞争法、治安管理处罚法、消费者权益保护法、政府采购法、招投标法等。就单个部门法的使用频次而言，在我国《刑法》的452个条文中，有26条法律规范直接在犯罪构成要件或量刑标准中规定了固定金额；我国《刑法》除总则、附则外共计350条，涉固定金额法律规范占比达7.4%④。

在法律规范中采取"固定金额"的主要优势在于，其增加了法律规范适用的可操作性和

---

① Yuval. N. Harari. Sapiens: A Brief History of Humankind. Vintage, 2011, pp.119-120.
② ［德］马克思、［德］恩格斯：《马克思恩格斯选集》（第四卷），人民出版社1972年版，第82页。
③ 张晋藩：《中国法制史》，高等教育出版社2003年版，第2页。
④ 参见《刑法》（2023年修正）第一百四十条等。

判断标准的明确性,可以避免因个案的复杂计算而可能产生的时间成本和计算错误。但法律规范的适用不应是一个只注重便利性的操作问题,而是在规范制定层面关涉立法是否科学,在理论上更是涉及法的安定性、规则的实质稳定性等一系列法的政策问题。"固定金额"立法方式的缺陷在于:作为法律规范规制对象的社会现实无时无刻不在发生变化,涉固定金额法律规范在对财产金额进行固定的同时,导致了法律规范在适用时的机械和固定。固定了特定量化财产金额的法律规范,在本身的构造上无法因应规制对象的客观变动而进行实时调整,这是明显的构造性缺陷。

以规范的目的和功能为分类标准,涉固定金额法律规范又可以主要分为"责任型固定金额规范"和"资格型固定金额规范"两种类型;其中以前者为主要表现形式。"责任型固定金额规范"是指在满足法定的金额构成要件时设定一定义务,或处以一定责任的规范,以刑法、行政法、经济法等公法属性的规范居多,如纳税义务人的纳税起征金额、刑法上的入罪与量刑金额、治安处罚法上的行政处罚金额、反垄断法和反不正当竞争法上的处罚金额等规范。"资格型固定金额规范"主要是指法律设定一定的财产金额"门槛"或"阈值"作为前提条件,以确认法律主体从事特定法律行为的行为能力或资格,或作为启动一定程序的法定条件,如住建部建筑工程施工总承包一级资质标准中对企业净资产的要求是必须达到1亿元以上的特定金额,再比如政府投资的施工单项合同估算价在400万元以上的项目必须招标等规范①。

"固定金额"在不同部门法中所发挥的具体功能比较复杂,因部门法而异。以《刑法》中的涉固定金额法律规范为例,"我国《刑法》中存在着大量的数额犯"②。"数额犯是指刑法分则明文规定以一定的经济价值量或者行为对象的物理量作为犯罪构成要件的犯罪类型。"③"在我国刑法中,关于犯罪数额的立法形式比较多,种类多样。我国刑法条文中有关数额的实体法规定,在入罪、此罪与彼罪、量刑等多个方面发挥作用。"④ 具言之,在我国《刑法》的452个条文中,有26条法律规范直接规定了固定金额。在固定金额发挥的功能上,分两种情形:一种是以固定金额作为特定罪名入罪的犯罪构成要件标准,如《刑法》第一百四十条规定的"生产、销售伪劣产品罪"和《刑法》第二百零三条规定的"逃避追缴欠税罪"。另一种情形是以固定金额进行罚金的量刑;我国《刑法》中除第一百四十条和第二百零三条

---

① 参见住房和城乡建设部《建筑业企业资质标准》(建市〔2014〕159号)第一部分、国家发展和改革委员会2018年《必须招标的工程项目规定》(第16号)。

② 王华伟:《数额犯未遂问题研究——从最高人民法院第62号指导性案例切入》,载《法律科学(西北政法大学学报)》2019年第5期。

③ 陈兴良:《刑法的明确性问题:以〈刑法〉第225条第4项为例的分析》,载《中国法学》2011年第4期。需注意,规定了一定经济价值量的涉固定金额法律规范只是我国刑法中"数额犯"的一种类型;除此以外"数额犯"还包括以一定"行为对象的物理量"作为构成要件的犯罪。

④ 涂龙科:《犯罪论中数额的地位》,载《法律科学(西北政法大学学报)》2012年第4期。

之外的其他24条涉固定金额法律规范均属此后种情形，而且各条罚金的量刑"位阶"亦"神奇"地一致，均为1万元至10万元、2万元至20万元、5万元至50万元，即同一量刑等级中金额的上限与下限之间的幅度差"碰巧"均为10倍。这样的"高度一致"是否经过充分的论证和科学的测算，当不无疑问。

（二）错误假定下的涉固定金额法律规范的构造性缺陷

法律适用的本质，无非把鲜活的生活事实尽最大可能准确地涵摄到现有法律规范的构成要件当中，然后得出法律适用的结果。每一独立的法律规范都可以理解为巨大社会机器运转中的一个环节，这一环节的流畅和公正运作不能脱离周边的环境事实而完全自行进行。因此，如果涉财产金额法律规范本身金额固定、构造僵化而缺乏弹性，则必然会存在难以因应社会现实变化的明显的构造性缺陷。涉固定金额法律规范的弊端虽未在立法中得到系统性重视，但也曾引起部分部门法学者的警觉。以刑法领域为例，陈兴良教授在讨论《最高人民法院　最高人民检察院关于办理贪污贿赂刑事案件适用法律若干问题的解释》时，具体针对2015年《中华人民共和国刑法修正案（九）》中贪污受贿罪定罪与量刑的数额标准指出："原刑法第383条将一般情况下贪污受贿罪的定罪数额确定为五千元。这个定罪数额在1997年刑法修订时也许是合适的。但从1997年到2016年，已经将近二十年时间，仍然维持五千元的定罪数额，确实已经落后于社会发展。这也正是在刑法中具体规定犯罪数额所带来的弊端，即不能随着时间的推移而保持法律的稳定性。"[①]

从整体上看，现有涉固定金额立法规范大都只考虑到了"立法时点"的社会经济现实，而并未把未来的可能变动纳入立法时的重点考虑要素范围。确定一个"固定数额"的立法方式对法律适用可操作性和确定性的促进毋庸置疑，但在社会经济情境发生巨大变动时，这种法律适用效率上的提高，却不可避免地会牺牲实质公平和法律规范的实质稳定，导致同案同法但实质不同判的司法适用结果。

为调整、适应变动后的社会现实，这种固定金额法律规范方式下的涉固定金额法律规范只能被动但又缺乏规范性地变更和调整。长期来看，把某一固定的"财产价值或数额"作为法律适用的构成要件，虽然在表面上保持着法律规范稳定"不变"的外在形式，但在这不变的表象之下，实际上却在一直发生着法律适用结果的一再变化。落地到司法实践终端，最终实际分配的权利和义务结果，很有可能已经与法律规范制定时的立法目的相去甚远。

为确保社会成员对其行为能够有一定时间内的合理预期，法律秩序必须具有基本的稳定性。但法律规范的稳定性并非绝对，最高人民法院、最高人民检察院等"两高"的司法解释、各级法院的审判纪要，乃至正式的法典修订等都是对这一稳定性的突破。一方面，法律

---

① 陈兴良：《贪污受贿罪数额的合理调整》，载《人民法院报》2016年4月19日第2版。

规范具有稳定性的要求,另一方面,法律规范又必然指向未来,对将来发生的社会现实进行规制;而这两者之间构成明显冲突。法律规范这一本身内涵的矛盾属性,从结构上决定了涉固定金额法律规范在因应现实情境变动方面永远缺乏效率。而通过重构法律规范中弹性财产金额的"计算方式"、把建立与社会现实重要参数互动的动态设定机制作为立法思路,既可以有效维持法律规范在形式上的稳定要求,又可以增加法律规范"与时俱进"的适用弹性,以解决涉财产金额法律规范的前述适用困境。

（三）构造性缺陷所产生的立法偏差和社会成本

把复杂事情简单化是人类的天性,而专业化、技术化处理方式给人的第一直觉是会增加"恼人"的麻烦。但是,错误、不当的简单化处理往往会产生成本。法律规范的规制方法和手段应服从于法律规范内在的规范目的。操作上的便利性往往是采用固定金额方式立法的核心理由。但不能因为追求操作上的简单、确定、易行,而由此倒置法律规范之"规范目的"和"规制手段"两者之间的主次定位关系。这一问题的取舍背后在更深层次上隐含着当司法效率与司法公正两者发生冲突时,应如何进行价值选择与平衡的问题。不充分尊重实质公正而一味追求效率,肯定不属于传统的法律价值[①]。从结果上看,固定金额缺陷所产生的立法偏差和社会成本是显而易见的。

可罚的举动往往具有某种社会意义。以此为思路,作一假定:甲国刑法采固定金额方式立法,在其制定于2000年的刑法典中规定盗窃金额达到100万该国货币的盗窃罪的量刑标准为10年有期徒刑;假定在100万该国货币这一固定金额确定前,甲国立法者的主要立法考虑包括了被盗窃金额在2000年对受害人实际购买力和基本居住权的损害等现实法益的受损因素;又假定,2000年在甲国公寓售价为每平方米1万该国货币,100万该国货币可购买100平方米的公寓一处。确定100万盗窃金额,该国须科处10年有期徒刑的量刑标准,立法者主要是考虑该盗窃损害了受害人100平方米的基本居住权等要素。其后,2000年至2020年10年间,假定甲国该条法律规范未作任何修订,而其间平均通货膨胀率达10%,综合其他因素影响,2020年100万该国货币所能在该国实际购买的公寓面积骤降至10平方米。如果A在2000年盗窃某C受害人拟用于购房的房款100万该国货币,B在2020年同样盗窃受害人某D拟用于购房的房款100万该国货币,则同一法律规范适用的结果必然是A和B均被甲国法院判处10年有期徒刑。从法律适用的角度去看,这样的结果不存在任何错误;但从实质正义的标准去审查,这样的结果对B无疑显失公平。换言之,这一结果在形式公平和实质公平之间产生了令人难以接受又不可归咎于法律适用的巨大偏差。这一偏

---

① 参见[德]汉斯-贝恩德·舍费尔、[德]克劳斯·奥特:《民法的经济分析》,江清云、杜涛译,法律出版社2009年版,第51页。

差产生的根本原因就在于法律规范本身"固定金额"的构造性缺陷。

在上述假定的案例中，同样的违法行为的违法成本在经历通货膨胀后要显著低于原有立法中的违法成本；而这显然不利于对违法行为的震慑与禁止。"经济分析的个人主义在预测法律规范的影响时，它假设个人往往追求自己的利益，而不为道德观念或使命感所左右。"① 存在构造性缺陷的固定金额，尤其在经历长时间不予修订的情况下，所形成的立法规范原意和适用实际结果之间的偏差是明显的；而这一偏差无疑会带来法律适用不平衡的巨大社会成本。

如果机械地固守"固定金额"的立法方式不变，只有可能通过间歇性、阶段性修订法律规范来予以调整。这其中，尤其针对基本法律位阶的法律规范的修订，必然会消耗掉大量的人力、时间和程序成本。法律规范中的金额关系到了当事人权利、义务、责任的现实分配。但实际上，除去在侵权责任法中的人身损害案件、道路交通事故案件、劳动法中的工伤和社保争议等案件所涉的法律规范外，法学界及立法者似乎认为法律规范中的"金额"是一件不值得仔细思量、深入探究的小事，其特定金额的确定过程未经过真正科学严谨的考量与测算。

二、成因：涉固定金额法律规范构造性缺陷的形成

（一）隐藏的错误假定

"世易时移，变法宜矣。"② 现有涉固定金额法律规范的本身结构中潜藏着作为规制对象的社会现实不变的错误假定。这一假定在通货膨胀等特殊情况发生时，法律适用的实际结果与立法的原本目的之间势必发生较大幅度的偏离。社会经济情境无时无刻不处于变动之中。涉固定金额的原有立法思路未将这一常理事实纳入立法考量，这种"疏忽大意"的过失过于简单，但又确实存在。

以社会经济情境中常见的通货膨胀作为变动的一种情形予以说明。理论上的通货膨胀通常包含四种类型，即爬行的通货膨胀、温和的通胀膨胀、奔腾的通货膨胀和恶性通货膨胀。其中，爬行的通货膨胀率处于2%~3%的区间，能适度润滑经济运行；温和的通货膨胀率为5%~10%，不会显著影响货币的价值和购买力；奔腾的通货膨胀率位于10%以上，货币贬值、购买力明显下降；恶性通货膨胀率高达100%以上，则可能导致经济危机。有研究资料显示，在1985年至1995年之前，我国通货膨胀率走势一直呈现高位波动的特征，自1996年市场经济体制建立后至2016年，我国通货膨胀率基本上维持在5%左右。但从1985年至

---

① 参见[德]汉斯-贝恩德·舍费尔、[德]克劳斯·奥特：《民法的经济分析》，江清云、杜涛译，法律出版社2009年版，第3页。

② 《吕氏春秋·察今》。

2016年的整个历史阶段去看,我国三个高位通货膨胀率分别是 1995 年的 24.1%、1988 年的 18.7% 和 1989 年的 18.3%,三个低位通货膨胀率(通货紧缩)分别是 1998 年的 –0.8%、1999 年的 –1.4% 和 2009 年的 –0.7%[①]。根据以上数据分析,我国通货膨胀率在 1995 年 24.1% 的最高值和 1999 年 –1.4% 的最低值之间波动达到 25.5%。这也就是说,自 1985 年至 2016 年的同样货币金额的货币价值一直在发生变动,而且变动的落差峰值达到 25.5%。

社会经济情境一直在发生的上述变动,实际上通过对实际财产价值的变化也改变了原有涉固定金额法律规范在立法时所择定的价值判断与利益衡量标准。通过通货膨胀对私法上债权人和债务人的影响,美国经济学家萨缪尔森、诺德豪斯曾敏锐地洞察到:"突如其来的通货膨胀往往会将财富从债权人手中重新分配给债务人,通货膨胀往往有利于债务人而有害于债权人。但假如通货膨胀出现不可预期的下降,那么所产生的效应就正好相反。通货膨胀对分配的影响是由于人们所持有的资产与负债的种类存有差别而造成的。如果欠别人的钱,那么价格急剧上升对他们来讲就是一种意外收益。"[②]在发生恶性的通货膨胀时,财产权利在实质上发生上述的隐形重新分配更为突出。在这种情况下,在现实的司法实践当中的公法和私法案件的处理中,表面上没有发生变化的原有涉固定金额法律规范,现实的法律适用标准与结果很可能已经远远背离了其立法时的立法意图和目的。

(二)主观判断的"虚构"

主观判断会经常发生对客观事实的偏离。如果把对社会经济情境不变的错误的假定形容为立法者"疏忽大意"的过失,那么主观判断上的"虚构"则属于过于依赖自己的主观判断的"过于自信"的过失。错误的主观判断的结果往往是虚构的。诺贝尔经济学奖获得者丹尼尔·卡尼曼认为:"主观"性的认识,在社会生活中发挥着特殊的功能;人们的判断、决定,甚至是针对理由的说明,往往都是基于主观判断。但是,容易让人忽略的真实情况是,主观概率(subjective probability)常常对客观概率(objective probability)存在客观且难以完全避免的偏差[③]。现有大部分涉固定金额法律规范中的固定的数字金额,多数是缺乏实证证据和科学规范论证的主观性判断,在程序上的主观会导致立法的客观性欠缺。法律条文的精准设定不能过于依赖主观判断和学术设想,而要"做到客观地而不是主观地、发展地而不是静止地、全面地而不是片面地、系统地而不是零散地、联系地而不是孤立地推进全面依法治国,使各项具体工作有机统一、形成合力,深入推进国家治理体系和治理能力现代化"[④]。

[①] 霍忻、刘黎明:《基于 ARIMA 模型的中国"十三五"时期通货膨胀率波动趋势研究》,载《新疆社会科学》2017 年第 5 期。

[②] [美]保罗·萨缪尔森、[美]威廉·诺德豪斯:《经济学》,萧琛等译,华夏出版社 1999 年版,第 470 页以下。

[③] 参见[美]丹尼尔·卡尼曼等:《不确定状况下的判断:启发式和偏差》,方文等译,中国人民大学出版社 2008 年版,第 32 页。

[④] 周佑勇:《不断巩固和增强法治优势》,载《人民日报》2020 年 2 月 28 日第 9 版。

而且，上述涉固定金额法律规范中这些固定金额的原始确定与嗣后修订存在较大的"虚构"嫌疑。当然，此处所指"虚构"是指未经科学的测算和规范的论证，而并不是说立法时没有经过任何考虑或分析。经济学家辛格曾经讨论过未经科学测算和规范论证的数字对正确判断所产生的影响[1]。通过上文这些实证的立法例修改分析可以发现，我国现有绝大多数财产性法律规范中关于涉固定金额标准的确定，在立法时并没有足够的技术思维意识，立法步骤上没有真正科学、严谨的精细化确定程序，实际过程中也缺乏规范的论证和科学的测算。多数的立法即便存在向社会公开征求意见的程序，对相关规范中固定金额的确定客观上说大多只能达到第一直觉层次的"差不多"或"毛估估"的程度，缺乏尽量追求精确的严肃态度与程序。

涉固定金额法律规范中的金额在社会现实发生变动后，已经很难准确反映法律规范制定时的立法原意和社会对法律规范适用结果的真实预期。规范先后适用表面和形式金额上的一致，实质上隐藏着其对权利、义务、责任完全不同的分配结果。僵化固定的金额标准已经经由"稳定不变"的表象外观、外部经济要素变动的影响，而实质篡改了法律规范立法的本来目的和机制。此法已非彼法，甚至可能沦落为脱离社会一般公平认知的"假法"。反讽之处在于，固定金额的立法方式原本是为了维持法律规范的稳定，但实际却恰恰导致了法律适用结果在不同时点的适用差别和不稳定。

（三）价值判断与技术理性的混同

王锡锌教授认为，对法律规范中的数字金额进行科学的测算和规范论证的必要性在于，虽然法律规范中的价值判断主要应由法律学者完成，但就立法时的技术操作问题，则必须充分尊重其他专门科学，并认识到只有正确的技术方法才能解决。法律规范涉及立法价值目标的准确设定和技术实现方案的选择；前者主要涉及价值偏好，而后者则主要涉及技术理性。法律规范制定时，需要区分价值取向问题和技术操作问题。在技术和事实问题上，（法律学者之外的）专家掌握的系统化、规范化的实证知识对于做出理性的决定具有不可或缺的重要意义，并可在促进理性的基础上证明法律规范本身的合理性[2]。而我国现有涉固定金额法律规范在制定时，立法观念上缺乏对"价值理性"和"技术理性"的区分，对规范中技术理性的部分也未体现足够的技术理性思维。

就经济学方法、观念对法律活动的作用而言，著名的法经济学教授波斯纳曾经一针见血地指出，在法律案件的裁决过程中，经济方面的思考总是在发挥着或明或暗的影响功能。即使这种作用不太明确甚至鲜为人知，法院和立法机关也应该更明确地运用经济理论以促进

---

[1] 参见［美］丹尼尔·卡尼曼等：《不确定状况下的判断：启发式和偏差》，方文等译，中国人民大学出版社2008年版，第445页。

[2] 参见王锡锌：《行政法治的逻辑及其当代命题》，载《法学论坛》2011年第2期。

法律制度得到优化①。因此，在制定涉财产金额法律规范时，必须突破法学的窠臼，关注实时变动着的社会情境，以客观实时经济等的数据为基础，精细化科学测算，规范化充分论证，坚持动态性原则，合理选定相关参数，建立特定财产金额标准与相关经济数据挂钩的联动机制。

三、对策：对固定金额的动态设定与关键参数选择

（一）涉固定金额法律规范的动态设定机制重构

通过上文的分析可以看到，涉固定金额法律规范的构造性缺陷在于，以一个确定和固定的财产金额作为该规范适用的条件或结果，而无法随时因应社会现实的变动。与之相较，更接近实质正义，并能够真正维持法律规范稳定的方案之一是，在诸如上一年度国家统计机构公布的数据集合或其他可选数据中，合理选定一个或几个"近相关"的关键数据作为参数，在一个或几个参数间合理设定或分配各参数的权重系数并建立算法，从而确定具体案件在实践中具体适用时的合理数额规范标准。实际上，部分务实的西方国家已经贯彻了这一思路，在涉及社会保障，甚至是商事法律适用的一些方面建立了"浮动"的指数化等动态设定机制。在美国，"过去人们曾经以为通货膨胀会损害寡妇和孤儿的利益，但今天他们所得到的社会保障金根据消费价格被指数化了，所以不再与通货膨胀有许多瓜葛；而且，有许多债务（如浮动利率抵押借款）的利率也按规定随着市场利率上下变动；并且，该方法实际上已延伸并早已运用到了合同签约、票据贴现、期货市场等方面"②。

在动态金额设定的方法上，先以一个假定的刑法上盗窃罪的入罪金额为例：假定江苏省某案，2010 年盗窃罪入罪的起点金额规定为盗窃公私财物 1 000 元。由于盗窃罪侵害的是受害人的财产权利，其直接社会危害后果在于损害了受害人受侵害时点之后的可支配性支出。因此，受害人当年的可支配收入应与盗窃罪入罪起点金额的设定之间存在较近的相关关系。假定立法时设定的该入罪起点金额 1 000 元是合理的，那么这一金额应与 2010 年的江苏省城镇居民可支配收入构成确定的比例关系。由于经济数据的官方统计具有延后性，为避免司法的不确定性，就近合理选择 2009 年度的官方统计数据。2009 年度江苏省城镇居民可支配收入为 20 552 元③。那么，2010 年就盗窃罪的起点金额立法时所设定的 1 000 元固定金额与上一年度 2009 年江苏省城镇居民可支配收入 20 552 元之间的比例约为 4.9%。因为已经假定 1 000 元的盗窃罪起点金额是合理的，而每一年度的参数数据又是客观确定的，所以在不考虑其他影响因素的情况下，在 2010 年之后的年度，具体发生的盗窃罪起点金

---

① 参见［美］理查德·A.波斯纳：《法律的经济分析》，蒋兆康译，中国大百科全书出版社 1997 年版，第 2 页。
② ［美］保罗·萨缪尔森、［美］威廉·诺德豪斯：《经济学》，萧琛等译，华夏出版社 1999 年版，第 470 页。
③ 参见江苏省统计局网站，http://www.jssb.gov.cn/jstj/jsnj/2010/nj01/nj0110.htm，最后访问日期：2019 年 5 月 17 日。

额应占该年度之上一年度的城镇居民可支配收入的4.9%就是合理的。

按此往前推导,那么在初始立法、首次制定盗窃罪的涉起点财产金额法律规范时,就不应该采用固定金额"1 000元"的僵化立法方式,而应该代之以"上一年度城镇居民可支配收入数据的4.9%"这一弹性动态设定结构。

具体的动态设定机制在一定程度上可以参考和借鉴数学中的函数思路。函数(Function)的基本定义是给定一个数集A,假设其中的元素为x,对A中的元素x施加对应法则f,记作$f(x)$,得到另一数集B,假设B中的元素为y,则y与x之间的等量关系可以用$y=f(x)$表示。函数结构中含有三个要素:定义域A、值域C和对应法则f。其中核心是对应法则f,它是函数关系的本质特征[①]。现假定须确定的年度盗窃罪起点金额为X;Y_0为初始立法年度的城镇居民可支配收入,T_0为初始立法年度的盗窃罪起点金额,Y_n为须确定的年度,Y_{n-1}为须确定年度的上一年度的城镇居民可支配收入。"T_0除以Y_0"为初始立法年度的盗窃罪起点金额T_0所占初始立法年度的城镇居民可支配收入Y_0的比例。上述盗窃罪例证中确定起点金额的过程用函数算法表达就是:

$$f(X)=Y_{n-1}*(T_0/Y_0)$$

为了简明引出基本的动态设定思路,上述只选择了1个参数、只计算了1个系数的盗窃罪假定例证无疑是简化的。一般而言,类似函数的动态设定结构中须含有三个要素:定义域(参数)、值域和对应法则(算法及系数)。所以,在真实的立法实践中,要做到真正科学地确定某一财产金额规范的计算方法,必须在动态设定机制的准确建构过程中重点考虑以下四个方面:第一,确定相关性。即明确所拟法律规范的价值目标和其旨在保护的法益,以确定在选择参数时的基本"相关性",和总体把握后续设定金额算法时的基本原则。第二,选择关键参数。即根据第一步所确定的"相关性",遴选和确定与法律规范的价值目标之间具有直接相关性的一个或几个统计数据作为关键参数。第三,确定动态设定算法。即确定已选不同参数之间的权重系数,以及其与目标待定金额值之间如何具体计算,即算法关系。第四,进行必要的校正。即综合考虑关键参数之外的其他影响因素,对结果进行必要的验证和调校。而科学、规范地解决这一系列关键的技术性问题,客观地说,这绝非法学方法所能单独完成的。涉某一特定金额法律规范动态设定机制如何建构、关键参数如何选择、权重系数如何配置等一系列复杂的技术问题,在具体立法时仍必须通过法学和经济学、统计学、社会学等学科,从理论到方法上进行协作才能完成。

为进一步说明动态设定机制的具体建构,再以2011年《中华人民共和国个人所得税法》(简称《个人所得税法》)中的个税起征点的测算实际过程为例予以说明。在我国《个人

---

① 参见周阳:《数学的起源与发展》,现代出版社2013年版,第17页。

所得税法》2018 年把个人所得税起征点设定为每月 5 000 元前，我国《个人所得税法》曾在 2011 年进行修正，把个税起征点从 1993 年的每月 800 元提高到 2011 年的每月 3 000 元[①]。针对 2011 年 3 000 元个人所得税起征点的确定过程，已公开披露的确定思路和测算过程为：财政部和国家税务总局认识到规定个税起征点的目的是体现居民基本生活费用不纳税的原则；强调确定个税起征点的标准和减除费用的标准必须以客观数据作为依据和支撑，不能跟着"感觉"走。在调整工薪所得减除费用的标准上，2011 年起征点调整仍然选用"城镇居民消费性支出"这一指标进行测算。选择该项指标的合理性在于："城镇居民消费性支出"既包括"基本生活支出"，也包括"非基本生活必需品的其他支出"；既包括"价格上涨因素增加的支出"，也包括"因生活水平提高而增加的支出"。因此，消费性支出要大于基本生活支出。此外，根据当时国家统计局统计数据计算，2010 年我国城镇就业者人均负担的消费性支出为 2 167 元/月，2011 年按增长 10% 测算，城镇就业者人均负担的月消费支出约为 2 384 元。在此基础上，再综合考虑 2011 年居民消费性支出情况和此后几年居民消费性支出可能的增长趋势，最终，2011 年《个人所得税法》修正时，将个税起征点标准（即减除费用标准）提高到 3 000 元/月[②]。

由此过程，可以把 2011 年个税起征点的参数选择及动态设定的方法简要归纳为：其基本原则为体现居民基本生活费用不纳税（确定起征点时应从个人收入中减除基本生活费用）。其关键参数为"城镇居民年人均消费性支出""每位就业者人均供养家庭人数（1.93）"。其动态设定机制最终为：$f(X) \approx$（立法时城镇就业者人均负担的消费性支出基点数据 2 167 元）$* (1+10\%)^n$；其中参数 n 为年数。具体计算为：2010 年度我国城镇居民人均消费性支出为 1 123 元/月，按平均每一就业者负担乘以 1.93 人的系数计算，城镇就业者人均负担的消费性支出为 2 167 元/月；2011 年按城镇就业者人均负担的消费性支出平均增长 10% 测算，城镇就业者人均负担的月消费性支出约为 2 384 元。在此基础上，考虑参数后续年度 10% 的增长及综合其他因素予以适当校正，最终个税起征点设定为 3 000 元。

（二）涉固定金额法律规范的关键参数选择

"任何法律制度的建构都体现了特定的利益分配格局。"[③] 正是财产金额对所规制的法律关系的特殊意义，这些法律规范才把财产金额作为判断标准和责任的承担方式。在比较与择定一个或一组涉财产金额法律规范的具体关键参数时，只有充分认知和了解法律规范的价值所指和目标数据背后所蕴藏的实际社会价值和意义，才能增加此类参数选择的科学

[①] 我国个税起征点数次调整，但在公开资料上只能检索到财政部和国家税务总局关于确定 2011 年个税起征点的过程说明，所以此处选择 2011 年个税起征点测算过程予以说明。

[②] 参见廖文根、李丽辉：《财政部、税务总局详解个人所得税法修正案草案》，载《人民日报》2011 年 5 月 23 日第 3 版。

[③] 薛军：《第三人欺诈与第三人胁迫》，载《法学研究》2011 年第 1 期。

性,并最终增加涉财产金额法律规范动态设定机制的科学性。不同法律部门的不同法律规范具有不同的保护法益和价值。因此,法律规范在选择参数时,必须从不同法律规范的规范价值和目的出发,合理选择与该规范目的最具相关性的参数或参数的组合,并尽量科学地确定各参数的权重(系数)和算法。因此,涉固定金额法律规范的关键参数选择应合理注意以下几项规则。

1. 明确特定规范的价值目标

首先须明确该法律规范所旨在保护的法益和法律价值,以界定参数选择时的"相关性"。如人身损害赔偿法律规范的主要目标在于保护因侵权行为遭受直接人身损害的受害人及由其承担扶养义务的被扶养人、死亡受害人的近亲属等,以及受害人因人身侵权而导致的收入减少、伤残时自身工作能力和对被扶养人的扶养能力减弱、死亡后正常生命年限的工作收入灭失等项法益。人身损害赔偿的法律规范必须贯彻侵权法中的"填补损失"或者"损害填平"的原则。具体而言,这里主要的相关性就是指,与受害人被侵权后"收入"受损或"生活受到影响"能够直接构成因果关系的数据属性。

2. 合理选择最近相关性参数

以第一步确定的"相关性"为标准,尽可能选择具有"最近"相关性的数据作为参数。所谓"相关性"可以是指事实上的因果关系、数理上的逻辑关系等多个方面,具体应该视拟制定的法律规范而定。而所谓"最近相关性"则是指所统计数据的统计时点(标准时)、统计地域、所涉行业、职业等统计基础应尽可能做到与特定金额规范所涉事实之间具有最直接的关联关系。

例如,以《最高人民法院关于审理人身损害赔偿案件适用法律若干问题的解释》在制定受害人相关赔偿标准时,分别用对"人均可支配收入""人均消费性支出""职工平均工资"三个参数的不同选择,来说明事实因果关系方面的相关性。基于人身损害赔偿案件已经确定的主要价值目标在于确保受害人因人身权受到侵害而产生的实际损失得到充分弥补。因为受害人残疾或死亡的事实必然导致受害人"可支配收入"的降低,所以可支配收入的统计数据与计算因残疾或死亡降低的"可支配收入"之间存在事实上的因果关系。因而,残疾赔偿金和死亡赔偿金的金额规范应选择"城镇居民人均可支配收入或者农村居民人均纯收入标准"作为关键参数进行计算。同时,受害人伤残或死亡的事实必然导致受害人扶养能力降低或丧失,进而导致其被扶养人的基本生活难以为继。因此,人均消费性支出的统计数据与计算被扶养人因受害人残疾或死亡降低的"生活消费性支出"之间存在事实上的因果关系。因而,被扶养人生活费的金额规范应选择"城镇居民人均消费性支出和农村居民人均年生活消费支出标准"作为关键参数进行计算。同理类推,在受害人不能证明其最近三年的平均收入状况时,计算受害人误工费的金额规范,应选择其所在"相同或者相近行业上一年度职工平均工资标准"作为参数计算。在确定上述数据的相关性之后,现有立法进一步规定采集上述数据的统计时点,如规定"上一年度数据"中的"上一年度"是指一审法庭辩论终结时的上一个统计年度;将数据的统计覆盖范围限定在"省一级行政区域以及经济特区和计划单列市"的范围;对于工资标准数据,限定其必须选自相同或相近行业的统计数据等。这些进一步的具体限定,都是在确定基本相关性参数的基础上,对选择"最近相关性"数据所做出的努力。

在数理逻辑的相关性方面,比如住房和城乡建设部于 2014 年 11 月 6 日通过的《建筑业企业资质标准》所设定的建筑工程施工总承包一级资质标准中,企业净资产必须达到 1 亿元以上;同时规定具有建筑工程施工总承包一级资质标准的施工企业方可承担"高度 200 米以下的工业、民用建筑工程"[①]。该条净资产要求的目的应该在于防止一级资质的施工企业在承揽承包范围内的工程时因资金不足而影响施工。在基本确定了此条规范的规范目的之后,那么如何科学设定建筑工程施工总承包一级资质所需的"净资产"门槛金额呢?按照参数选择的数理逻辑的思路,这个"净资产"金额不能凭空想象设定,它应该根据建筑工程施工总承包一级资质所允许的最大工程承包范围,即施工完成"高度 200 米以下的工业、民用建筑工程"所需的底限金额参数来予以测算确定。那么,一般"高度 200 米以下的工业、民用建筑工程"的施工至少需要施工企业投入多少资金呢?建筑工程是人工、建筑材料和机械台班等要素的客观物化,因此,这应该根据此类工程一般所需投入的人工、建筑材料和机械台班社会平均成本费用来测算一个大概数据。而人工、机械台班是有政府定期公布的定额标准的,建筑材料也是有政府阶段性的信息价格数据的,因此,一个类似工程项目的施工作业底限资金投入金额就能大概确定。在此基础上,再综合考虑企业的净资产可抵押融资的市场一般融资率、单个企业允许同时施工的类似项目数、市场中常规的业主付款进度比例等数据,就可以比直接的"净资产 1 亿元以上"相对更为科学地确定建筑工程施工总承包一级资质标准中企业净资产的资金门槛。在上述过程中,所选择的人工、机械台班定额、建筑材料信息价格、抵押市场平均融资率等数据都与建筑工程施工总承包一级资质所需企业净资产资金之间存在组成数据与汇总数据的数理计算逻辑关系。

3. 参数标准时的合理选择

不同的时间点,同一参数会存在统计数据上的差异。所谓参数选择的标准时,就是指具体选择哪一时点的参数数据作为规范中计算财产金额的标准。以侵权责任法为例,侵权损害赔偿计算的标准时,就是指计算损害赔偿金额时,具体选择哪一个时间点的参数数据为标准进行计算。参数标准时的意义在于,即便在一个具体案件中,因从案件事实发生至案件判

---

① 参见住房和城乡建设部《建筑业企业资质标准》(建市〔2014〕159 号)第一部分。

决作出，往往会存在数月，乃至数年长度不等的时间间隔[①]，不同时间点的参数也就会存在程度不等的金额差异。时间点的选择因此也就涉及侵权人与受害人之间"你多我便少"的不同利益分配结果，牵涉当事人之间"分配正义"的问题。侵权损害赔偿计算的标准时主要有三个时间点作为选择：其一，是侵权行为发生时点；其二，是侵权结果发生时点；其三，是双方诉请、事实和理由已基本固定后的法庭辩论环节终结时，或选择其他最近相关又存在数据支撑的时间点，如作出司法判决时的时间点等。

对此项问题的处理，现有侵权法立法对"财产性侵权"和"人身性侵权"进行了不同的标准时间点选择。针对"财产性侵权"所致损失的标准时，《中华人民共和国民法典》第一千一百八十四条规定："侵害他人财产的，财产损失按照损失发生时的市场价格或者其他合理方式计算。"针对"人身性侵权"所致损失的标准时，在被侵权人和侵权人就赔偿数额协商不一致时，《中华人民共和国民法典》第一千一百八十二条只是规定了"由人民法院根据实际情况确定赔偿数额"的基本原则，并未明确损失计算的标准时。但在最高人民法院制定的原《最高人民法院关于审理人身损害赔偿案件适用法律若干问题的解释》中，为了"充分体现填补受害人损失的民事损害赔偿理念"，明确了损害赔偿计算的"标准时"，即具体确定了该解释所选择的"上一年度城镇居民人均可支配收入、农村居民人均纯收入、城镇居民人均消费性支出、农村居民人均年生活消费支出、职工平均工资"等参数，是指"一审法庭辩论终结时的上一统计年度"这一标准时[②]。之所以作这一标准时的选择，是因为人身损害赔偿所选参数主要涉及的内容是受害人残疾赔偿和死亡赔偿，其对赔偿权利人利益损失的填补主要是指向未来，因此确定以最接近实际填补时间的庭审辩论终结这一时点作为损害赔偿计算的标准时[③]。而且该解释在规定"残疾赔偿金、被扶养人生活费、残疾辅助器具费"等定期金的支付时，更是在立法中旗帜鲜明地规定："执行期间有关统计数据发生变化的，给付金额应当适时进行相应调整。"该条规范是现有立法中明确注意到"期间（经济）统计数据"对"法律正义分配"存在实质性影响的一个殊为难得的立法例。

4. 目标参数不能限于法律实践本身的数据范围

在进行关键参数选择时，法律实践中不同案件发生的类型和数量、争议焦点的分布、司法资源的配置等数据固然可以作为重要的目标参数以供选择，但不关注真正的"实证性的事实依据"，而局限于法学的框架范围内，仅对法学内部的参数进行选择，仍将影响涉固定金额法律规范制定时的科学性。例如，有学者在讨论贪污受贿罪定罪量刑数额标准的实证性

---

① 按照《中华人民共和国民事诉讼法》（2023年修正）第一百五十二条规定，适用普通程序审理的民事一审的审理期限最长可至12个月。且由于司法鉴定等耗时可以从审判期限中扣除，实践中审理时间长达数年的绝非个案。
② 参见《最高人民法院关于审理人身损害赔偿案件适用法律若干问题的解释》（法释〔2003〕20号）第三十五条。
③ 参见陈现杰：《关于人身损害赔偿司法解释中损害赔偿金计算的几个问题》，载《法律适用》2004年第4期。

事实依据时,认为"较为合理的做法是根据某种犯罪的实际状况,并结合相关犯罪的量刑平衡,以及刑事打击策略等确定一个相对合理的案件量刑分布比例。可以将贪污案件按照一定的比例较为均衡合理地配置在不同的量刑区间。这个数额标准在实行了若干年以后,当以上三个层次的犯罪之间的比例发生重大变动时,就应当对数额标准进行适当的调整,而调整的根据仍然是实际案件的分布与比例。调整的结果既可能是数额标准的下移,也可能是数额标准的上升,这将主要取决于案件变动的实际状况。在这种情况下,只有刑罚分配的比例是人为确定的,因此也是可以根据犯罪形势和打击需要进行检讨的。而具体数额标准就不是主观设定的,而是基于既定的刑罚分配比例根据案件的实际分布情况计算出来的"[1]。应当认为,这种做法意识到了固定金额不能"拍脑袋"决定,而要找寻"实证性的事实依据"的正确性,但是,犯罪的本质为对社会"法益"的严重侵害[2]。犯罪对社会的危害性和危害程度必须结合犯罪时的社会现实才能实现具体化,因此,所谓"实证性的事实依据"也只能从社会事实中广泛找寻,而不能囿于法律框架本身。前述认识仍然局限于"就法论法",思维还是没有突破法学的壁垒,没有体现社会系统性思维。每一个定罪金额或量刑金额背后隐藏的是国家或公民的具体法益在客观上受到损害的程度,即犯罪人主观过错应受责罚的程度,而不仅仅是为了法律本身的均衡、实际案件的发生比例或量刑的分布比例。

四、问题的应对:动态设定金额结果的校正和域外法经验

（一）潜在的质疑和回应

动态数额设定机制作为一种具有一定创新性的立法技术,不可避免地会对现有的法律规范体系构成冲击和影响。"对于法的安定性而言,实证性意味着法律概念和概括条款的确定性,从而确保法律条文的明确性,避免法律内涵的歧义和争执。"[3]由于该机制的"动态性"设定特征,法律规范中的法律概念和概括条款的确定性不可避免地受到影响;针对该机制的质疑可能主要来自其对规则稳定性、内涵确定性等法安定性方面的损害。

法律的安定性不仅应当重视法律规范在形式上的安定性,而且更应当重视法律规范在实际适用结果上的安定性。法律规范的形式安定性主要是基于对社会合理预期和社会稳定秩序的保护,而要求法律规范非客观必要不得随意变更和调整。法律规范的实质安定性则是指,针对在不同时间的做出相同行为的不同适法对象,法律规范在处理结果实质上的一致性。本文所尝试建立的对法律规范中财产金额的动态设定机制,因为在立法时就已经把一种动态、弹性的计算结构纳入法律规范之内,所以在现实数据因社会发展而发生变化时,就

---

[1] 陈兴良:《贪污受贿罪数额的合理调整》,载《人民法院报》2016年4月19日第2版。
[2] 参见马克昌:《犯罪通论》,武汉大学出版社2003年版,第3页。
[3] 戴建华:《论法的安定性原则》,载《法学评论》,2020年第5期。

不需要单因此而对法律规范本身再进行频繁修正。这正是动态数额设定机制对法律规范形式安定性的促进的一方面。另一方面，由于动态数额设定机制的主要作用在于确保不同时间法律适用的实际结果不因通货膨胀等而出现实质性差异，因此动态数额设定机制本身应当也有助于实现法的实质安定性。

（二）动态设定金额结果的反向检查和校正

此外，即便是一个如上文所述的最简单情形下金额的动态设定，也必然涉及具体社会现实数据的遴选与择定，乃至更为复杂的数据间计算方法的确定问题。由于不同的数据选择和不同的动态计算方法直接关涉不同人群的切身法律利益，这些问题在变量参数界定高度抽象的条件下，在现实的立法具体操作中必然产生较多不同观点和分歧。针对这些立法过程中争议的解决与观点的取舍，同样必须遵循对价值判断与技术操作进行区分的思维。价值判断主要应由法律学者完成，但就立法时的技术操作问题，则必须尊重其他专门科学，只有借力于其他专业力量的辅助才能科学完成。

而且，由于法律规范本身影响因素的高度复杂性和法律规范适用后果的社会性，在关键参数及参数之间的基本关系初步确定后，立法机构对参数及算法进行反向检查，并对算法及结果予以修正或校正是必需的。对结果的反向检查包括常识性错误反向检查和验证、法律体系内的不同规范之间的协调与衔接、民意舆情对规范接受度的评估等。作为社会性规范的一种，制定法律规范的影响因素是多元且复杂的，但技术性的方法往往是单纯的，因此，纯粹的技术性方法有时也会产生违背常识的误差。所以，对技术性计算的"常识性校正"往往是必要的。

另外，需要注意的是，具体案件事实的发生年度与作为上述参数数据的采集年度并非同一年度，上一年度数据与当年年度数据之间如果发生特殊事件，则完全可能造成数据适用上的误差。如在经济发展发生大幅波动的相邻年度，可视案件发生时当年年度统计数据与上一年度统计数据之间的误差程度，进行事后调整。这些特殊事件如 2019 年底开始的全球性新冠疫情危机等等。这些社会非正常因素事实的介入，不可避免地会改变一般正常状况下的逻辑，使得建立在金额规范与上一年度相关参数之间的前述系数或算法可能出现明显的不合理。此时进行适当的调整就是必要的。

所谓动态设定法律规范中的财产金额，本质就是采用动态的立场和方法来确定法律规范中的财产数额。针对涉财产金额法律规范，尝试科学规范地建立与社会现实关键数据联动的动态设定机制，可以促进法律规范面对变动事实时的"自适性"，并避免涉财产金额法律规范因经济状况的波动而变动过于频繁或缺乏章法。在一定程度上，这种思路与法律机制的本来含义不谋而合，因为在系统论学者看来，"所谓'机制'，就是系统本身渗透在各个组成部分中并协调各个部分，使之具有按一定方式运行的自动调节、自组织、自增长、自催化的功能"①。理想的法律规范立法机制应该可以在社会现实发生不确定的变动时体现出良好的弹性与适应。

（三）涉财产金额法律规范的域外模式启示

从世界范围来看，在刑事等法律规范中设定具体固定金额的立法并非通行做法。从检索到的刑事立法资料来看，其他国家更多采用的是"立法定性、司法定量"的财产金额确定模式；亦即，在法律规范构成要件中排除具体或财产金额的确定，而交由司法机关在具体个案司法程序中根据司法当时的实际情况，进行实时裁量。无疑，这一框架性的个案司法裁量的安排增加了法律规范本身的弹性。

对这一中西之间的立法方法差异，刑法学界在讨论"数额犯"时多有涉及。"在英美法系国家，即使在成文法的规定中，对犯罪也只做行为类型的定性描述，而不在刑法条文中设置具体数量的要求。英美法系国家的解决办法是'立法定性、司法定量'。即基于根深蒂固的司法能动主义观念，司法机关常常运用自由裁量权与衡平权对具体行为的可罚性进行量上的衡量。"②不但英美法系国家，大陆法系国家亦然。除了在个别刑罚分则条文关于犯罪的规定中偶尔有关于罪量要素的规定外，大陆法系国家主要是将罪量要素等刑罚处罚问题交由司法机关裁量。但在我国，则把这一本来应当完全交给司法机关裁量的内容在刑法中加以规定，而这种规定又并非绝对具体，而是以"情节严重"或者"数额较大"这样一种框架性模式出现，至于其具体标准，则由最高司法机关通过颁布司法解释的方式予以明确③。因此，"立法定性、司法定量"是世界各国较为普遍的一种做法。我国刑事立法中同时规定了定性与定量两方面的因素，是相对特殊的立法例。在数额作为刑法条文明确要求的行为入罪条件，也就是数额犯中，对其中的数额如何理解，就成为一个有特色的中国式问题④。

从我国立法实践来看，尽管从国家到地方的司法机关通过频繁地出台司法解释、会议纪要、审判纪要等形式，尽可能对涉财产金额法律规范在实践中的适用弹性进行弥补，但如果基本法律规定中已经确定了一个固定的财产金额，这个固定金额也就成为下位的司法解释、会议纪要、审判纪要等活动所不能逾越的刚性边界。再比如，我国现有绝大多数涉固定金额法律规范以"上限金额"与"下限金额"等结构予以规定，这种在"上限金额"与"下限金额"之间的微弱规范弹性仍旧不能解决上下限金额的"大"边界被机械固化的构造性缺陷问题。因此，只有在立法时就注意到固定金额天生的构造性缺陷，在整体上系统性采取本文所指的动态设定的基本方法或借鉴域外"立法定性、司法定量"的大程序架构，问题才能得以根本

---

① 乌杰：《系统哲学》，人民出版社2008年版，第68页。
② 涂龙科：《犯罪论中数额的地位》，载《法律科学（西北政法大学学报）》，2012年第4期。
③ 陈兴良：《刑法的明确性问题：以〈刑法〉第225条第4项为例的分析》，载《中国法学》2011年第4期。
④ 涂龙科：《犯罪论中数额的地位》，载《法律科学（西北政法大学学报）》，2012年第4期。

解决。但是，如果采用后一种方法，司法裁量的实践基准问题就会成为突出的重要问题。

五、结语

对法律活动而言，最重要的可能并不是理论性难题，而是现实法律实践中真实问题的解决[①]。在法学学科与经济学科的边缘应该进一步强化学科交叉的相互借力。通过不同的学科专业碰撞，才能增加问题的思路和方法，也才能更准确地解决法学上的很多实践问题。本文的价值和目标在于建议把针对法定金额的动态设定机制引入涉固定金额法律规范的立法中，并将其确定为一种基本的立法思路和方法，以维护法律规范的实质稳定性，增进法律规范适用时的实质正义。当然，立法的完善不是单纯改变法律规范条文那么简单，还需要分析规则变化的系统性影响；即便是一个简单的动态设定过程，在变量参数界定高度抽象的条件下，现实中如何具体操作、是否会产生争议、产生争议后又如何处理等一系列问题必须针对具体的法律规范进一步个别研究方能确定。同时，必须承认，本文仅在于尝试创新一种针对涉固定金额法律规范的立法思路。本文在一些论证中没有，也不能达到理想中的精准程度。但从客观上说，这也不是单纯的法学方法所能完成。具体到涉某一特定金额法律规范中的动态设定机制如何建构、关键参数如何选择、权重系数如何配置等一系列复杂的技术问题如何把握，在具体立法时仍必须依靠法学和经济学、统计学、社会学乃至其他学科的共同努力和相互协作才能科学完成。

---

① ［美］斯蒂文·G.米德玛：《科斯经济学：法与经济学和新制度经济学》，罗君丽等译，上海三联书店2007年版，第3页。

宪法中"国家所有"的规范内涵及实现机制

纪林繁*

摘　要：宪法中"国家所有"的"所有"同私法体系中的所有权有着不同的规范内涵。宪法中的"国家所有"作为一种公有制的实现形式，具有显著的政治属性，其目的在于通过建立全民所有的生产资料所有制为人民民主专政的社会主义政权提供经济基础。同时，国家通过"国家所有"的形式构建起对重要资源的主权支配，并在此基础上实现对公共资源的合理配置和有效利用。从规范的视角而言，宪法上的"国家所有"所形成的是一种客观的法秩序，而不宜作为一种可资请求的主观权利。"国家所有"的实现机制是多元的，具体如何实现这种公有制的形式则需要根据社会情况由立法形成。

关键词：国家所有制　所有权　客观法秩序　立法形成机制

一、所有权与国家所有

所有权的概念起源于私法，是物权的一种类型，意指权利所有人依法对自己的财产所享有的占有、使用、收益和处分的权利。在私法体系中，所有权被称为一切立法的核心，所有

---

* 作者简介：纪林繁，青岛大学副教授，中国政法大学博士后。

权对社会大众而言，其作用不仅仅是一种财产权利，而且是一种基本人权①。所有权是对生产劳动的目的、对象、手段、方法和结果的支配性力量。所有权的标的指向的是物，一种财产②，因此，所有权就其性质而言是一种财产权③。

在大陆法系国家的私法体系中，并没有严格的财产权术语，而往往代之以物权的称谓。在这种语境下，所有权就被归类为一种物权，是"全部支配性的物权"④，质言之，所有权是所有人对所有物全面支配的权利，它是物权中最基础也是最完整的一项权利，具有绝对性、排他性、弹力性和永久性的特征⑤。与我们通常所理解的所有权不同，私法框架下的所有权就概念的外延来讲被有效地限缩了，这样所有权概念对应的只是有体物。尽管如此，所有权的存在已具观念化，即所有人不以对物的现实支配为必要。从以往的所有到强调占有，这种支配观念的转变使得传统的所有权概念发生了一些变化，即不再一味地强调对物的静态控制，而是把所有权行使带来的利益看得更为重要，这样，所有权就具有了"所有人实现利益之观念"的意义了。

所有权作为一种私法中的权利，其秉承了私法的平等原则。也就是说，无论谁是所有权人，其法律地位都应当无差别地受到法律的保护，从这个意义上讲，所有权是一个很中性的概念，并未包含多少价值判断的成分。可以说，在私法框架下，所有权既没有阶级对立下的政治色彩，也没有民族国家界别下的主权观念。

值得注意的是，所有权是有关财产归属的制度安排，具有定分止争、维系社会生存的作用。而财产的归属关系，尤其是重要财产，例如土地及自然资源的归属，不仅直接决定着一个国家的基本经济制度，同时也间接决定着一个国家的基本政治制度⑥。可以说，财产所有权制度构成了一国所有社会制度的基石，因此财产的所有制必然反映到一国的根本法之中。在资本主义国家，其所依赖的经济基础决定了生产资料的私人所有，因此，宪法往往会以"私有财产神圣不可侵犯"或是"财产权"的方式将所有权的形式规定下来。与之不同，社

---

① 孙宪忠：《中国物权法总论》，法律出版社2009年版，第122页。
② 按照大陆法系的观点，传统意义上的所有权的标的一般是作为物的财产。
③ 确切地讲，所有权是一种物权，权利的标的是物。而财产权的标的则更为广泛，不仅包括物，还包括智力成果。但是，我们却不能将权利人对无形的智力成果的占有、使用、收益和处分称为所有权。参见郑成思：《知识产权法》，法律出版社2003年版，第9-19页。严格地讲，所有权是物权的一种，而物权的标的是物，权利或者智力成果都不属于物权之客体，所以，私法中的所有权不包括对无形的智力成果的享有和控制。参见陈华彬：《物权法原理》，国家行政学院出版社1998年版，第49页；孙宪忠：《中国物权法总论》，法律出版社2009年版，第32页以下。当然，在民法学界，最近出现了物权客体广义化的趋势，认为只要将物权理解为一种法律权利或法律规范，那么物权的客体有形抑或无形就无关紧要了。实际上，物权本质上应当理解为权利主体对某客体的一种排他性支配权，至于客体是否有形体并不重要，重要的是权利人可以直接支配或直接实现某种利益。不过，广义的物权只是为了在统一的私法体系中建构财产权利，它并没有成为通说。参见高富平：《物权法原理》，法律出版社2014年版，第208-209页。
④ 孙宪忠：《中国物权法总论》，法律出版社2009年版，第122页。
⑤ 梁慧星、陈华彬：《物权法》，法律出版社2003年版，第97-100页。
⑥ 梁慧星、陈华彬：《物权法》，法律出版社2003年版，第101页。

会主义国家的经济基础在于生产资料的公共所有,宪法通常会规定以公有制为基础的经济制度,以此实现全体社会成员对于生产资料的管理和控制,其中的一项重要表述就是生产资料的"国家所有"。生产资料的占有形式对于一国社会经济制度具有着不可估量的价值,所以宪法必须将重要生产资料的归属以规范的形式确认下来,由此而形成了宪法规范中的所有制,在社会主义国家主要表现为"国家所有"。

不过,尽管宪法中的"国家所有"与私法中的所有权都包含有"所有"的用语,但这并不意味着两者具有相同的制度目的、内涵以及功能,也不必然表明宪法语境下的"国家所有"就是私法体系下的"国家所有权"。

二、"国家所有"内涵的分歧及认识论根源

宪法上的"国家所有"是否拥有同私法上的"所有权"一样的规范内涵呢?对此,学界存在认识分歧,并形成了两种基本的观点:一种观点认为,同一秩序下法律用语应当具有一致性,所以需要将宪法上的"国家所有"同私法理论上的"所有权"概念做一体化的理解①;另有观点则认为,"国家所有"所表达的是一种所有制,而非权利,所以不能将它同私法上的"所有权"概念相混淆②。

之所以存在这种分歧,其原因在于对宪法的性质与调整范围的认识差异。在大陆法系的宪法学知识谱系中,宪法一方面被视为国家的根本法,构成了所有部门法的基础与效力渊源;另一方面宪法因其所调整对象主要是纵向上的关系,具有控制公权力的功能,宪法又被归入公法的范畴。但是,作为公法的宪法与作为根本法的宪法在内容上并不总能协调一致,在某些情形下甚至会存在逻辑上的冲突。

受到大陆法系公私法划分传统的影响,公法的宪法观认为:宪法主要是调整国家与公民之间关系的法律规范,兼具控制公权力的作用,在性质上属于公法的范畴。与之相对,私法规范则主要调整私人之间的社会关系,属于私法的范畴。宪法与私法是相互区别、并列存在的法律体系。有鉴于此,宪法应严守公法的界限,不能直接调整私人之间的关系,私人之间的事务应当留给私法去调整。在实践中,当存在私法立法的空缺,无法应对多样的社会事

---

① 程雪阳:《中国宪法上国家所有的规范含义》,载《法学研究》2015年第4期,第105-126页。
② 薛军:《自然资源国家所有权的中国语境与制度传统》,载《法学研究》2013年第4期,第71-74页;徐祥民:《自然资源国家所有权之国家所有制说》,载《法学研究》2013年第4期,第35-47页;巩固:《自然资源国家所有权公权说再论》,载《法学研究》2015年第2期,第115-136页;李忠夏:《宪法上的"国家所有权":一场美丽的误会》,载《清华法学》2015年第5期,第63-84页。这些文章虽然在论证和表述上有所不同,但都认为宪法中的"国家所有"是一种所有制,其与民法中的所有权理论是有区别的。还有一些学者认为,"国家所有"可以作为一种财产权利,但却不同于民法体系中的所有权。参见林来梵:《宪法规定的所有权需要制度性保障》,载《法学研究》2013年第4期,第63-64页;张翔:《国家所有权的具体内容有待立法形成》,载《法学研究》2013年第4期,第62-63页。

实时，司法机关需要通过私法原则所蕴含的价值来加以裁量解决，而不是直接适用宪法[①]。因此，公法的宪法观认为，宪法与民法在整个法律体系中分处不同的领域，具有同等的价值意义。由这种理论而证成的结论是，宪法规范所确认的权利与私法规范中的权利有着本质上的区别，职是之故，尽管宪法中使用了国家所有的用语，但这并不意味着宪法规范中的所有权与私法规范中的所有权分享着相同的内涵。宪法中国家所有的规定是从公法角度所进行的确权或制度设计，这显然不同于私法中关于所有权的规定。

与此不同，另一种宪法观则认为，宪法是一国的根本法，在此基础上主张宪法在法律体系中的统领作用，提出宪法是"母法"。也就是说，宪法不仅规范国家权力，而且为规范整个国家共同体的法律秩序提供正当性源泉[②]。因此，作为根本法的宪法，调整范围涉及整个法律领域，它不仅仅是个人与国家间的行为准则，同时也是处理个人之间关系的行为准则。宪法既是公法的基础，又是私法的基础，它统领着整个法律秩序。正因为如此，其他部门法只不过是立法机关根据宪法的委托而产生的法律，它们必须体现宪法的精神内涵。在这个意义上讲，宪法规范的效力不仅针对个人与国家，还能够直接适用于私人之间，通过私法的具体化，私人之间的权利义务关系只是宪法规范效力的实现形式之一[③]。据此，可以认为，宪法的权利体系与私法的权利体系是相通的，正因为如此，在解释论上，宪法中所有权的用语与私法中的所有权应当具有相同的规范含义。

事实上，对于宪法上"国家所有"的认识分歧正是根源于两种宪法观的逻辑分疏。值得注意的是，宪法是国家的根本法的命题固然意味着作为一国法律体系之基础的宪法应当深入社会生活的方方面面，对普通公民的日常生活发挥实际作用，但是这并不是说宪法应当对社会生活巨细无遗地作出规定。托克维尔认为："在美国，几乎任何一个政治问题都可能转化为法律问题，最终在法院得到解决。"同样地，几乎任何一个法律问题都可能转化为宪法问题，只要它关涉的权利不可克减[④]。尽管在可能性上，宪法的调整范畴包含了社会生活的方方面面，但是宪法具有宏观性与价值性，常被用于处理一些涉及价值判断的问题，一般不应用于处理那些具体化的事务。

从传统上讲，现代宪法起源于1215年的英国《大宪章》（拉丁文为Magna Carta），这项文件在历史上第一次限制了封建君主的权力，日后成了英国君主立宪制的法律基石。随后，各国制宪运动沿袭了这种立宪主义的精神，将宪法作为一种约束和限制政府权力的特别法。即使在那些实行议会制的国家里，宪法对议会的立法活动同样有着调控作用："宪法是通过

[①] 纪林繁：《基本权利第三人效力的法理逻辑与实现路径》，载《北方法学》2021年第5期，第133-134页。
[②] 夏正林：《从基本权利到宪法权利》，载《法学研究》2007年第6期，第132页。
[③] 纪林繁：《基本权利第三人效力的法理逻辑与实现路径》，载《北方法学》2021年第5期，第132-133页。
[④] 张千帆：《宪法学导论——原理与应用》，法律出版社2008年版，第30页。

否定立法权的正当性产生的,是一种约束'立法权'的'法'。也就是说,宪法是为立法者所立的'法',而不是一般意义的'法'。[①]

这样,宪法就形成了以"制约性"为逻辑基础的三项要素:多元化的国家机关如何组织起来、国家机关的各自权限是什么、各种权限以何种方法得到实施[②]。由于宪法是作为对国家权力的约束而存在的,因此在更多的时候,宪法被称为"公法"。

立宪主义的核心思想在于,尊重和保障人的基本权利。而宪法所调整的对象是个人与国家之间的关系,事实上,宪法不同于以往其他一切法律形式的根本特征在于,它作为法规范,使得国家以及作为国家的象征的统治者也必须服从宪法之规定,因此,宪法真正使得法律具有了超越国家权力之上的权威[③]。这就是说,宪法关系的本质在于个人与国家的对立构造下的权利义务互动关系,国家权力所及之处,就有对人的基本权利的侵犯之虞,所以宪法规范并没有硬性的作用域,只要国家权力所能渗透的地方,就应当成为宪法调控的领域。这说明,如果一个国家的宪法不能切实发挥规范作用,那么国家的公权力就很难被驾驭和约束,私法规范中对私权利的保护将形同虚设。只有宪法的规范切实发挥作用,公权力才能受到制约而不至被滥用,私法自治的理念才能得到贯彻和落实,这才是宪法被视为根本法的逻辑基础。宪法构成一部基本法绝不是说凡是宪法所规范的,私法都必须要进行具体化的规定。

而在另一方面,沿着这种功能主义的进路,我们可以发现一种有意思的现象,即规定国家的所有权并非立宪主义的初衷。立宪主义导向下,宪法是以限制国家权力、保障公民权利来获得其独立存在的规范价值的[④]。权利的主体通常是指公民,而不是国家。因为制宪者规定国家所有的行为,就国内法而言,其实不是为国家而进行的设权行为。"对个别法条之规范意义的认识离不开对于该条款所处之法规范的具有统一性的整体的认识。"[⑤]同样地,对于宪法规范中国家所有的理解也不能脱离开宪法所蕴含的基本精神。而立宪主义的精神就在于合理地授予国家权力,使国家权力之运行有章可循;同时规定限制国家权力行使的原则与程序,确定权力的活动界限[⑥]。这说明,现代宪法的指导思想是规制国家权力,因此将宪法中国家所有的规定解释为一种国家所享有的权利拆解了立宪主义的基本内核,这或许背离了宪法的主旨。

---

① 莫纪宏:《实践中的宪法学原理》,中国人民大学出版社2007年版,第55页。
② C. F. Strong. Modern Political Constitutions, 6th ed., London, Sidgwick and Jackson Limited, 1963, p. 12.
③ 莫纪宏:《宪法学原理》,中国社会科学出版社2008年版,第196-198页。
④ 莫纪宏:《现代宪法的逻辑基础》,法律出版社2001年版,第145页。
⑤ 白斌:《宪法教义学》,北京大学出版社2014年版,第152页。
⑥ 胡锦光、韩大元:《中国宪法》,法律出版社2007年版,第32-33页。

三、"国家所有"的性质与功能

按照规范法学的要求,同一法秩序下的概念用语应当被设定为具有相同的法律内涵。有学者认为,需要将宪法中的国家所有之"所有"理解为民法所有权中的"所有"。

对宪法规范中"国家所有"用语的理解必须结合中国的具体语境来进行。根据我国现行宪法的规定,中国实行社会主义制度,经济基础在于公有制。《中华人民共和国宪法》(简称《宪法》)第六条规定:"中华人民共和国的社会主义经济制度的基础是生产资料的社会主义公有制,即全民所有制和劳动群众集体所有制。社会主义公有制消灭人剥削人的制度,实行各尽所能、按劳分配的原则。

国家在社会主义初级阶段,坚持公有制为主体、多种所有制经济共同发展的基本经济制度,坚持按劳分配为主体、多种分配方式并存的分配制度。"因此,在所有制的实现形式上,以全民所有制为基础的公有制构成了国家存在的根本命脉。这表现在宪法中,就是以规范的形式对国家所有给予肯定。事实上,之后《宪法》第七条至第十二条都是围绕第六条的内容展开的。当然,宪法中的这种所有制所规范的是否就是通常意义上的财产权与所有权呢?这并非不可以讨论的。

现代宪法中的财产权观念发端于法国大革命时期的《人权和公民权宣言》(简称《人权宣言》),这一文献宣布自由、财产、安全和反抗压迫是天赋的不可剥夺的权利,并提出了法律面前人人平等和私有财产神圣不可侵犯的原则,后来,《人权宣言》第17条所规定的"私人财产神圣不可侵犯,除非当合法认定的公共需要所显然必需时,且在公平而预先赔偿的条件下,任何人的财产不得受到剥夺",被现代的制宪活动广泛确认而成为定制。从《人权宣言》的文本来看,财产权明显带有抵抗权力侵害的特性,而宪法原理中的财产权也确实被视认为一种防御权。

事实上,财产权之所以构成一种防御权,是由宪法的逻辑结构所决定的。宪法往往被定义为规定国家组织结构和公民基本权利的根本法,据此,国家与公民的二元对峙构成了宪法规范的基础,其归宿则在于尊重和保障基本人权。而为了实现这一目的,主要在国家权力的拘束与公民权利的保护两个向度上进行了制度的设计。而恰恰因为宪法中国家与公民的这种对峙构造的思维导致了早期宪法对基本权利的规定往往在于防御权力为害的倾向,即宪法中的基本权利是针对国家可能的不法侵害而设计的。于是,就形成了以防御为基础的公民权利体系。

但是,国家能否构成基本权利体系中财产权的权利主体是存在疑问的。从逻辑上讲,财产权是为防御国家权力而设计的权利规范,这一概念中隐含了一种对立的观念,其所针对的对象乃是国家,所以其权利主体就不应当再是国家了,否则就会陷入"国家防御国家"的逻辑谬误。由此可以反推，宪法规范中的国家所有权与宪法理论中的财产权并非主体上的简单转换，事实上，两者在性质上截然不同。所谓的国家所有权并不是一种基本权利，也不是传统上带有防御性质的财产权。既然如此，在宪法规范中为什么要引入国家所有的概念以造成权利类型的混淆呢？这也许应当回归到制宪的指导精神与国家主权的要求中来寻找答案。

尽管我们经常强调宪法的规范品格，但是不可否认，宪法确实具有一定的政治色彩，而在宪法文本中申明国家所有的对象范围与宪法的政治性有着密切的关联。现实中，中国是由中国共产党领导的、以马克思主义思想作为指导的社会主义国家。现行宪法在第一条就开宗明义地指出了："中华人民共和国是工人阶级领导的、以工农联盟为基础的人民民主专政的社会主义国家……"

马克思主义的一个基本特征就在于，在社会生活领域强调经济基础对上层建筑的决定性作用。按照马克思主义的基本原理，要建立和巩固社会主义制度就必然确立生产资料的公有制，而生产资料的全民所有是最为彻底的一种公有制形式。在宪法中，生产资料的全民所有常常被表述为"国家所有"[1]。尽管自1982年以来对现行宪法的几次修改中，我们一直致力于实现对私有财产的同等保护，但是从宪法表述上来看，对国家所有以及公有制的保护始终被置于优先的地位[2]。

基于此，在经济关系上确立生产资料的公有制是建立和巩固社会主义制度的基础。因此，《宪法》第六条明确规定了生产资料的社会主义公有制，这意味着，中国作为一个人民民主专政的国家，实行社会主义制度，而构成这一政治制度的经济基础则在于生产资料的公共所有。因此，在制宪者做出了"人民民主专政的社会主义"的政治抉择之后，宪法规范必须为建基于公有制的上层建筑提供强有力的制度性保障。通过这些宪法法规，可以为社会主义经济制度提供一种特殊的保护，借此防止政府通过普通立法来实施可能破坏这种经济制度的行为。于是，《宪法》从第七条至第十条分别对公有制经济的表现形式进行了确认，并在第九条和第十条着重强调了国家所有的实现方式。

不可否认，第九条和第十条规定中所使用的"国家所有"的用语也具有私法所有权"定分止争"的功能，但这不是究竟之所在，其更为重要的意义则在于以规范的形式确立了全民所有的经济制度，并在生产资料公有制的基础上保障人民主权的政权存在。宪法"国家所有"在分配、保护以及利用等方面承载了职责的因素，最终形成了国家管理权[3]。通过对重要

---

[1] 例如，《宪法》第九条第一款规定："矿藏、水流、森林、山岭、草原、荒地、滩涂等自然资源，都属于国家所有，即全民所有……"

[2] 李林：《法治与宪政的变迁》，中国社会科学出版社2005年版，第333页。

[3] 王广辉、谭家超："'国家所有'的本质回归及其现代法理"，载《学术研究》2018年第1期，第74页。

资源的掌控为社会主义奠定公有制的经济基础。就此而论，宪法中的国家所有权规范带有明显的政治倾向，"国家所有在宪法上意指公有制的一种特定形式，即国家所有制或全民所有制"[1]，这与私法理论中所主张的所有权中性的观念有着很大的差别，不能视同一律。

当然，有人可能会提出这样的诘难：宪法在规定了一系列"国家所有"，特别是在第十二条申明了"公共财产神圣不可侵犯"之后，在第十三条继而规定"公民的合法的私有财产不受侵犯"，这种行文的逻辑不正说明"国家所有"与"私人所有"具有同质性吗？对此，我们认为还是要回归到对这两种"所有"构造的分析。"无论是第9条自然资源国家所有，还是第10条土地国家所有，其义务主体为任何组织或个人，即不特定的人。而第12条第2款也表明了公共财产的义务主体为任何组织或个人。"[2] 相反，第十三条所谓的私有财产主要是一种宪法上的财产权，特别是其中的第三款明示了此项权利所指向的义务主体是国家权力。由此可见，就规范的逻辑构造而言，"国家所有"不同于"私人所有"，它不是一项基本权利，也不具有基本权利所具有的防御权功能。

"国家所有"的概念还承担着国际法方面的主权功能，具有界别国与国之间权力范围的作用。当宪法宣称国家对某种财产享有所有权时，其实是本国对外国所做的一种主权方面的声明或宣示，以此来说明自己的主权权力所支配的范围。易言之，在一些情况下，宪法规范中的国家所有是同国际法相联系的，蕴含着某种身份性的要求，它是基于时空的联系而形成的、为抵御外国的主权而对那些基于国际法或惯例本应属于本国控制的财产所形成的一种独占性和排他性的主权要求。在国际法层面上，主权国家都是平等的主体，因此，这时的"国家所有"带有权利的属性。但是，这种权利仅仅以国家主权所支配的时间与地域范围为界，这与国内法秩序下的民事权利在属性上是不同的。

"国家"概念的性质决定了某些特定资源的"国家所有"只能限于名义上的所有。事实上，国家所有所传递的主旨乃是，某些具有稀缺性的资源不应该为任何私人所独享，而应该增进全体人民的共同福祉[3]，并通过宪法对其进行规定确立社会主义公有制的经济基础。由此可见，"国家所有"在规范的性质上应当属于宪法的制度性保障，它是为了防止普通立法可能架空宪法的重要内容而出现的[4]。其实，每一部宪法都包含着不能被简单多数决所废除的基本核心，它们列举出了不容侵犯的各种制度。这些制度必须由宪法加以保障，而不能被立法任意修改。这也就决定了国家所有的概念所保护的不是权利主体，而是制度本身。因为按照经典的宪法制度性保障的理论，受益的是制度本身，其目的在于保障这些制度，并

---

[1] 谢海定：《国家所有的法律表达及其解释》，载《中国法学》2016年第2期，第86-104页。
[2] 李忠夏：《宪法上的"国家所有权"：一场美丽的误会》，载《清华法学》2015年第5期，第63-84页。
[3] 张千帆：《城市土地"国家所有"的困惑与消解》，载《中国法学》2012年第3期，第183页。
[4] 那艳华：《制度性保障宪法理论的流变及现代价值》，载《北方法学》2016年第2期，第135-144页。

非保障这些制度的使用人①。例如西方标榜的大学自治制度，它所保护的是高校体系和学术自由得到保障，而非特指高校的教师和科研人员的权利得到保障。在宪法所确立的大学自治制度的框架下，国家必须通过建立完善的高校管理体系来保障科学研究的氛围、实现学术研究的目标，并保障教师及科研工作者的各项权利。同样地，宪法规定的国家所有或全民所有，并不单纯是为了指出某些物的所有权人是国家，而是旨在塑造一种制度框架来实现人民的财产权，并防止不当的立法对其进行篡改而削弱公有制的基础。

不仅如此，从规范分析的角度出发，现行《宪法》第九条和第十条规定的国家所有都具有防止权利滥用的功能，就此而言，其与《宪法》第五十一条有着暗合之处，可以被视为对《宪法》第五十一条的一种变相的保障措施。"权力导致腐败，绝对权力导致绝对腐败"，不唯权力如此，权利也不例外。像土地及自然资源这类不可再生的稀缺之物，如果没有确定的权利主体，就极有可能造成个人在其力所能及的范围内无限度地占有或使用它们，引发"公地悲剧"。所以，宪法规范将这类资源公有化，纳入国家财产的范畴，以国家的所有对抗个人因私利而导致的盲目使用。可以说，宪法中国家所有的规范还发挥着防止权利滥用的功能，它是对《宪法》第五十一条的具化与保障。

综上可知，宪法规范中所表述的"国家所有"之"所有"在性质上并不等同于私法框架下的所有权，它更多地承担着政治性的功能，其创制的目的是：一方面要奠定一种公有制的经济关系，并以此构建起社会主义政权的经济基础；另一方面则是基于主权权力而排斥他国主权，同时实现对公共资源的合理配置和有效管理。

四、"国家所有"的指向及对国家所有权泛化的批判

在现代社会中，国家的活动渗透到了社会生活的各个方面，国家不仅承担着政治统治和社会管理的公共职能，而且在一些时候也会参与到经济活动之中。国家身份与其所承担职能的复杂性也导致了对"国家所有"认识的模糊与混乱。

（一）"国家所有"指向的对象

由于宪法规范所表述的国家所有承担着政治性的功能，起着厘定主权边界、确立公有制的作用，因此其所指向的客体并不像传统私法中的所有权局限于物，而是十分广泛的，具有多样性。在国内法上，"国家所有"所要表达的是一种公有制的所有制形式；在国际法上，"国家所有"所要传递的是一国主权控制的边界范围。

在新的时代背景下，一些新的生产要素和资源的出现，使得"国家所有"的客体也在不

---

① 李建良：《"制度性保障"理论探源》，载《公法学与政治理论：吴庚"大法官"荣退论文集》，元照出版公司2004年版，第222页。

断增加。特别是数字时代的数据作为一项重要的新型资源，需要法律的保护，但是，它本身又不符合民法中物的特征，难以同私法所有权的观念相兼容。这时，对于数据这种资源就很难通过传统物权的观念予以保护。一种可行的方式就是先通过所有制的形式将其确定下来，而后再以责任保护的方式针对个案中的诉求予以具体的保护。尽管在宪法"国家所有"的规范中并未涉及对数据的权利问题，但由于"国家所有"所表达的是一种所有制形式，因此，数据可以通过法解释学的方式被纳入"国家所有"的范围。这一方面为数字经济时代巩固公有制的基础提供了制度保障，另一方面也是确保数据合理使用的关键举措。必须强调的是，数据的"国家所有"并不等同于国家对数据享有所有权。事实上，针对数据这种新兴事物的所有权归属问题，学界多有讨论，至今尚未形成通说性的意见。尽管如此，一种显而易见的共识在于，不能再依赖于传统民法中所有权的概念来规范对数据的权利[①]。否则，完全按照传统所有权的框架来界定数据权利，可能会作茧自缚，阻碍对数据要素的合理、有效使用[②]。从所有制的角度来看待数据等重要生产资料的国家所有，既能避免数据要素因缺乏法律保护而造成的规范失序，又可以为在这一方面的后续立法预留出足够的空间。

从所有制的角度理解宪法中的"国家所有"可以更好地应对一些新兴事物及现象对法律的挑战。但是，倘若生搬硬套地拿私法中的所有权概念来理解"国家所有"，则可能会出现所有权泛化的现象，这会引起传统所有权理论的困局，并在实践中招致一系列棘手的问题。

（二）国内法中国家所有权泛化带来的问题

通常，国家财产被作为一个笼统的概念来使用。在国内法体系中，国有财产往往不是被国家直接占有、使用、收益或处分的，而是以法定的方式委托或转授给法人或组织来控制管理。就国家所设立的私法人而言，国家出资成立国有公司，并以股份制的形式对其进行股权控制。有时，我们会说该公司的财产属于国家所有。但这种说法并不严谨，这并非私法意义上的所有权，其实，国家所享有的只是股权而已。就国家所设立的公法人而言，国家依照法律成立行政管理单位，并通过财政手段由国库负担其日用开支，当国家财政将钱款物资分配或拨付给单位之际，这些财产实际上就成了单位所有的财产。

有观点认为，全民所有表示国家所有的概念具有两层法律含义，它不仅蕴含了行政法意义上的公共国有财产管理权，而且蕴含了民法意义上的国家所有权，这两种不同性质的财产

[①] 王利明：《数据何以确权》，载《法学研究》2023年第4期，第56-73页；周汉华：《数据确权的误区》，载《法学研究》2023年第2期，第3-20页；申卫星：《论数据产权制度的层级性："三三制"数据确权法》，载《中国法学》2023年第4期，第26-48页；熊丙万、何娟：《数据确权：理路、方法与经济意义》，载《法学研究》2023年第3期，第54-72页。

[②] "不是文明发展了法律，而是法律限制着文明"，法律制度构成了文明发展的茧房，这种法律与文明关系的论断来自梅因。参见[英]梅因：《古代法》，沈景一译，商务印书馆1959年版，第16页以下。

权构成了我国国家所有权制度的基本立法结构[①]。这种观点虽然意识到了"国家所有"带有公权力的特殊性,但是认为国家所有具有民法意义上所有权的内涵则忽略了国家作为一个不能特定化的主体很难成为私法意义上所有权人的现实。按照民法理论的内在逻辑,"全民所有"只能是一个经济或社会意义上的概念,不能成为特定个体权利上的法律概念[②]。

不仅如此,宪法中的国家所有与私法中的所有权,虽然都强调"所有"的观念和对物的控制和支配,但是两者在支配的性质上还是有着根本的差异。私法中所谓的所有权所支配的范围可以超越主权的界限,宪法中"国家所有"所支配的范围则必须以主权为界。例如,中国的公民饲养了一条猎犬,这条猎犬无论是在国内还是国外,该中国公民都可以主张对猎犬的所有权。但是,所谓的"国家所有"则不具有这种特征。例如,一匹野生天鹅在中国领土上栖息时,中国政府可以将其认定为国家所有的自然资源,并根据主权对其进行管理和保护,甚至可以将其视为重要的生态资源,设立自然保护区进行保护。但是,当野生的天鹅飞到印度境内的时候,中国是不可以将其作为国家财产而主张所有权的。对于一些河流资源也是如此,尽管《宪法》第九条第一款规定,"矿藏、水流、森林、山岭、草原、荒地、滩涂等自然资源,都属于国家所有,即全民所有;由法律规定属于集体所有的森林和山岭、草原、荒地、滩涂除外",但是这里的"国家所有"绝不意味着国家对河流等自然资源享有私法意义上的所有权。事实上,当一些国际河流流入他国境内时,中国是不可能基于对河流的所有权而请求该外国返还这些水资源的。因此,宪法中的"国家所有"并不意味着国家的所有权,其在性质上属于一种基于主权而产生的公权力。

从归责的视角出发,我们也可以看出这一区分。一条猎犬咬人之后,猎犬的所有权人要承担侵权责任,但是野生动物致人损害之后,国家则不会出来承担责任。其中的原因在于,尽管它们可能被宪法规定为属于国家所有,但是在私法上并不认为国家享有其所有权,这些野生动物往往被视为"无主物"。更为贴切的一个例子就是,河流被宪法明确规定为属于国家所有,但是河水泛滥形成水患之时,法律并不会将水流视为国家的所有物而支持以此为诉因所提起的侵权之诉。这可以说明,在中国的法律体系中,并没有将宪法中的所有与私法中的所有做一体化的阐释。

而且,《宪法》第九条第一款在规定了自然资源属于国家所有之后,在其第二款又规定:"国家保障自然资源的合理利用,保护珍贵的动物和植物。禁止任何组织或者个人用任何手段侵占或者破坏自然资源。"结合第二款的规定,我们可以看出国家将自然资源归属于国家所有除了维护公有制的经济制度以外,还有出于保障自然资源合理使用的政策考虑。事

---

① 马俊驹:《国家所有权的基本理论和立法结构探讨》,载《中国法学》2011年第4期,第89-102页。
② 王利明:《物权法论》,中国政法大学出版社1998年版,第454页。

实上，国家对于其管辖领土范围之内的物（包括自然资源）都享有主权权力，规定"国家所有"是为了将一些不能被私人占有和支配的无主物转由国家控制，以定分止争、防止私权的滥用，而并非为了赋予国家以私法上的所有权。

所以，有学者指出所有权应分为宪法层面和私法层面两种类型，宪法上的所有权是所有权人和国家之间发生的公法法律关系，它所注重的是对客体的控制管理以及保护的资格。私法上的所有权是所有权人和其他私法主体之间发生的民事法律关系，它所注重的是权利所指向的具体客体[①]。

（三）国际法中国家所有权泛化的不利影响

在国际法层面，国家所有主要达到的法效果是在同他国的交往中划定本国的主权边界，它主要起到一种标识主权的作用；它不是在私法意义上彰示国家对这些财产享有占有、使用、收益、处分的权利。一般而言，国际法上的国家主权是以地域为界的，领土是国家主权活动和行使排他性权力的空间，国家在其领土范围内享有主权。尽管很多时候国家对其领土范围内的事物享有主权，并基于主权可以进行处置性的活动，但是这种活动不能等同于私法上所有权所具有的权能。宪法涉及山岭、草原、荒地、滩涂、水流、岛屿、空域等方面的"国家所有"除了所具有的国内法上的意义以外，在国际法层面也是为了宣示主权，表明本国在同他国的对外关系中主权所及的范围。

将宪法中的"国家所有"的所有制与私法中的所有权相混淆，可能引起在国际民事诉讼和执行中对"国家财产"识别的泛化，导致将本不应该由私法关系支配的"主权财产"纳入私法的支配范围，造成对国家主权的损害；同时，也容易造成国家的主权财产与具有独立人格的法人财产的混同。

在国际社会中，基于平等者之间无管辖权的要求，国家所有的财产享有主权豁免。但是，随着国际实践的发展，国家越来越多地介入商业活动，国家财产的用途也发生了相应的变化。国际社会逐渐形成了一种共识：对于国家以类似私人的方式开展的活动在诉讼中不得援引管辖豁免，对于用于非主权目的的国家财产在执行中也不得援引管辖豁免。2023年9月通过的《中华人民共和国外国国家豁免法》采纳了限制豁免的制度，已经接受了这种做法。这样，国家就有被诉的风俗，且其所有的财产就有被执行的风险[②]。当一个国家在他国法院被诉，继而遭受执行措施的时候，对于国家财产的认定就十分重要。法院地国在认定被诉国的国家财产时，需要考虑被诉国的国内法规定，以此来识别到底哪些财产属于被诉国的国有财产，哪些财产不属于此列。而被诉国法律体系中有关国有财产的宪法规定对于法院

---

① 徐涤宇：《所有权的类型及其立法结构》，载《中外法学》2006年第1期，第44-51页。
② 纪林繁：《不得援引国家豁免的商业交易诉讼研究》，法律出版社2016年版，第199页以下。

识别被诉国的国有财产而言无疑是一个极有价值的参考资料。如果被诉国的宪法将"国家所有"等同于私法中的"所有权",而这种"国家所有"的规定又是宽泛的,那么无异于扩大了法院有权执行被诉国的财产的范围。

具体而言,如果将中国宪法中的"国家所有"与私法中的"所有权"混为一谈,那么可能导致的一个结果是:当中国在国外被诉而财产面临执行时,外国法院会根据中国法律的指引来认识中国的国家财产范畴[①]。本来民法中国家的"所有权"含义是相对狭窄的,而将其与宪法中的"国家所有"作一体化认识,会扩大国家财产的范畴,从而给予外国法院对"国家所有"的财产做扩大解释的机会。在有些国家的司法实践中,法院在其本国找不到可供执行的外国国家的财产时,会把该外国国有企业的财产也解释为它的国家财产,而去执行这些国有企业的财产[②]。一些国家的国有企业法人治理结构并不完善,国有企业的产权不明晰,因此,在某些国家的司法审判中,法院为了保护当事人的利益,就倾向于将国有企业的财产认定为国家的财产,尽管这样的认识逻辑忽视了在私法体系中国有企业是拥有独立财产和人格的法人。事实上,国有企业是公有制经济组成中不可或缺的要素。从这层意义上讲,《宪法》第七条中的"国有经济"以及第十二条中的"公共财产"应当包含着国有企业的财产,所以,如果我们将宪法中的"国家所有"视为私法中的"所有权"的话,就会造成概念上的混淆和国家财产的泛化。在概念识别的过程中,外国法院会根据宪法中"国家所有"的规范来判定到底什么是中国的国家财产,就存在将本该属于国有企业所有的财产也解释为国家的财产之虞,导致在国际诉讼中本国利益受到损害。

宪法文本中的国家所有具有特定的规范内涵,其宗旨在于确立社会主义公有制,防范社会两极分化背景下富者足可以敌国而穷者无立锥之地的暌违现象,维护公平正义的客观法秩序。国家所有作为一种基本经济制度,并不导向特定的法权结构。国家所有物权化的倾向,既可能减损国家综合使用和规制特定资源的权能,亦可能抑制国家对特定资源的宪法保障义务[③]。因此,国家所有一词不应当被泛化,否则,不仅会导致国内法层面上的适法混乱,而且在国际法层面也有损害国家主权财产之虞。

五、宪法中"国家所有"的实现方式

在宪法规范中,"国家所有"又被称为"全民所有",它是公有制的一种实现形式,这一规范表述的逻辑基础在于"公民的身份性"。宪法规定了人民主权的原则,而全体公民又共同

[①] 这涉及冲突法中的识别问题。在解决识别冲突的问题上有一种观点就主张"每一条法律概念或规则都依其所属的法律体系来识别"。相关问题的评论参见肖永平:《法理学视野下的冲突法》,高等教育出版社2008年版,第91页以下。

[②] 李华成:《国家侵权的国际私法问题研究》,法律出版社2016年版,第149页。

[③] 成协中:《城市土地国家所有的实际效果与规范意义》,载《交大法学》2015年第2期,第73页。

构成了主权者。因此,"国家所有"必须以全体公民为构成主体,整体中的任一公民都是"国家所有"中的成员,共同享有对于公有物的主权权力,这就保证了没有公民能够凭借自身的政治或财力优势而凌驾于其他公民之上,从而可以消灭因生产资料的私人所有而导致的剥削现象。当然,这种"国家所有"并不是私法意义上的"共同所有",因为其逻辑基础在于公民的身份性,而这种身份性是不能剥离的。也就是说,"对构成'全民'的任一公民来说,它不能凭其自身意志放弃与公有物的归属关系,否则'公有'便不复存在,宪法中的国家所有也就形同虚设;它也不能单个主张行使对'公有物的所有权'或'所有权份额',这种公有归属关系是一种整体上的抽象的描述和规定"①。在私法中的所有权理论中,权利主体是可以凭借自己的意志从共有关系中脱离出来的,可见,"国家所有"的关系是基于一种身份而具有的,这种身份性排除了个人意志的行使。"国家所有"的身份性特征决定了它不能构成一种私法意义上的所有权,因为在"国家所有"的概念框架下无法形成一个真实的权利主体来有效地行使对公有物的支配②。

当然,有学者试图将宪法中的"国家所有"与私法中的所有权作一体化的解释,并希望发展出一种解释方案,以便在"国家所有"问题上形成一种以宪法为统领的和谐的知识体系和规则体系③。不过,按照逻辑学的原理,概念是反映对象特有属性的思维形式,只有一个用语能够符合某项概念的含义和构成特征,我们才会说该用语可以纳入这个概念的解释框架中④。相反,我们不会因为一个用语的特殊性而去生硬地改变概念的内涵和特征以使其能够包含该用语。但是,有些学者为了能够解释"国家所有"的现象,不断地调整所有权的理论——恣意扩大私法体系中所有权概念的内涵,导致所有权理论丧失了其在规范上的严谨性。

事实上,在理解宪法上的"国家所有"时,我们应当将其作为一种宪法意欲建立的客观法秩序,而不是一种主观的权利。宪法对土地、自然资源做出归"国家所有"的制度安排意味着全体公民以法律的形式排除了任何个人对土地、自然资源等的所有权主张,确立起了社会主义公有制的法秩序。在公有制的背景下,一些稀缺的资源不能为少数人所独占而造成新的剥削和压迫,为此,宪法必须将它们排除出私法的调整范畴,以免使其成为私人所有权的对象。这样,通过"国家所有"的规范,将土地、自然资源等排除出了私法的调整范畴,任何人都不能对其主张所有权,从而为确立和实现公有制提供重要的保障。这说明,"国家所

---

① 谢海定:《国家所有的法律表达及其解释》,载《中国法学》2016年第2期,第86-104页。
② 孙宪忠:《统一唯一国家所有权理论的悖谬及改革切入点分析》,载《法律科学(西北政法大学学报)》2013年第3期,第56-65页。
③ 程雪阳:《中国宪法上国家所有的规范含义》,载《法学研究》2015年第4期,第105-126页。
④ 陈波:《逻辑学导论》,中国人民大学出版社2006年版,第282页以下。

有"所规范的是经济基础范畴的国家对经济运行的控制力,而不是上层建筑领域的法律权利的设计。按照立宪主义的思想,国家是一种"必要之恶",传统的财产权主要是为了防止公权力的侵害而设定的。在现代社会,财产权仍起到了维护社会系统之间分化的功能,避免政治系统不当地侵入经济系统。倘若认为宪法上的国家所有是指国家一项权利,那么势必会导致国家"凭借基本权利而加强其政治上的优势地位,从而对经济系统的自主性构成威胁"[1]。

宪法规定"国家所有"是为了奠定公有制的经济形态,但是,"国家所有"并不是要将土地、矿藏、水流等稀缺性的资源搁置起来,完全排斥对它们的利用,而是要合理地分配和使用它们以造福于社会。因此,国家需要将这些资源通过一定的方式分配给特定的主体去实现它们的价值。这就涉及了公有制的实现方式问题。对于公有制的实现方式,中国宪法并没有做出十分明确的规定,但是我们不能寄希望于宪法对社会生活中的所有问题都做出巨细无遗的规定。显然,任何国家的宪法,对于其所规定之事项,都不可能在这部宪法内毫无保留地、巨细靡遗地规定,而是赋予立法者制定法律来达成之[2]。一般而言,立法承担起了具体化宪法规定的任务。立法对"国家所有"的实现有多重表现形式。

所有权是所有制的一种基本的实现方式[3],在这个意义上讲,我们可以通过立法的形式将宪法"国家所有"的公有制规范具体化为私法意义上的所有权。这涉及了不同于"国家所有"的另一个概念"国家所有权"。宪法规范中的"国家所有"所表达的公有制的所有制形式可能会以国家所有权的方式来实现,但国家所有权的概念仅仅是创建了"国家所有"之物权实现机制的前提性步骤[4]。当然,从现代社会的生产方式来看,除了所有权以外,我们也不能排除其他的所有制实现方式。例如,通过股权控制的方式来实现公有制,在这种模式下,国家所控制的也不再是具体的物,而是控制着生产经营。企业法人拥有具体财产的所有权,并以此作为扩大再生产的物质基础,国家则藉由对企业的股权控制,实现对企业生产经营的间接影响,进而掌握着国民经济的命脉。可见,公有制作为一种经济上的所有制形态,其可以借助包括所有权在内的多重方式予以实现,但是所有权并非实现公有制的必要条件。宪法在使用"国家所有"的用语时,主要目的在于通过确立国家经济基础的所有制问题来明确主权范围内重要财产归属的基本框架,但这并不是要构建起国家对一些重要资源以占有、使用、收益和处分为目的的所有权体系。因此,那些将所有制与所有权认作一个问题的两个方面、可以等同视之的观点是值得商榷的。

---

[1] 李忠夏:《宪法上的"国家所有权":一场美丽的误会》,载《清华法学》2015年第5期,第77页。
[2] 陈新民:《法治国公法学原理与实践》(上册),中国政法大学出版社2007年版,第1页。
[3] 孙宪忠:《中国物权法总论》,法律出版社2014年版,第142页。
[4] 王怡:《土地国家所有法权秩序的内在逻辑与实现机理》,载《法商研究》2022年第5期,第153页。

同时，对于一些重要的自然资源开发利用、公共资源分配等问题，国家不便直接介入，可以采取行政许可的方式将特定的权利赋予相关的单位或组织，委托它们分配和利用这些资源。这也可以视为立法对"国家所有"设定的一种实现方式。这时，被许可人所享有的既可能是所有权，也可能仅仅是使用权，由此也可以看出对"国家所有"这种所有制的实现并不总是以赋予所有权的方式来达成的。

除此之外，立法的另一种隐微表达则是本国的诉讼法体系中构建起以保护公共财产为目的的公益诉讼制度，对"国家所有"这种公有制的保护借助公益诉讼的方式来实现。这种公益诉讼主要是通过督促国家机关履职来确保"国家所有"的公有制落实的。"国家所有"这种所有制的形式赋予了国家对重要资源的控制权，从而避免因对一些资源的不合理使用而造成公地悲剧的现象，在这种控制权背后其实也在公法意义上对国家课以了监督管理的义务。如果国家不去履行对一些重要资源的监管职责，就会对全体公民的利益造成损害；而全体公民并不能具体化为一个权利主体，其中的每个个体也难以单独行使诉权。因而，公益诉讼就有独立存在的必要。当政府对"国家所有"的实现不作为抑或对削弱公有制基础的行为怠于监管时，那么享有法律监督权的检察机关就有权以诉讼的方式对这种不作为予以监督。例如，《中华人民共和国行政诉讼法》第二十五条第四款规定："人民检察院在履行职责中发现生态环境和资源保护、食品药品安全、国有财产保护、国有土地使用权出让等领域负有监督管理职责的行政机关违法行使职权或者不作为，致使国家利益或者社会公共利益受到侵害的，应当向行政机关提出检察建议，督促其依法履行职责。行政机关不依法履行职责的，人民检察院依法向人民法院提起诉讼。"

其中涉及国有财产保护、国有土地使用权出让等问题可以视为对"国家所有"的一种特殊实现形式，当然这种实现方式归根到底也是借助于有关公益诉讼的立法规定来完成的。

六、结论

宪法上的"国家所有"规范所形成的主要是一种客观的法秩序，其意图不在于要求国家主张财产权利，而是要通过确立国家对一些重要资源的控制建立起以公有制为基础的社会主义经济形式，实现对资源的合理分配与有效利用。"国家所有"是以全体公民的身份为前提而设定的借此全体公民实现了对重要资源的排他性控制，这也就为人民民主专政的社会主义政权提供了经济基础。在规范属性上，可以将"国家所有"视为一种制度性保障。同时，它也为国家在国际法层面的主权行使范围设定了边界。"国家所有"的实现方式是多样化的，具体如何实现这种公有制的形式则需要根据社会情况由立法形成。所有权作为法律权利可以是所有制的实现方式，实践中，所有权可以成为贯彻公有制的重要途径，但是，"国家所有"的实现并不以所有权的立法模式为定式，它可以有多重选择。

民法典保障基本权利的内在机理、路径与限度*

周 航**

摘 要：民法典的颁布实施是我国法治发展史上极为重要的一步。基于民法典的地位和作用以及具体规定、我国宪法的主要实施方式以及公私法逐步交融等因素，民法典对于实现基本权利规范的具体化和确保基本权利的落实具有重要价值。但也应当认识到，要全面保障基本权利仅依靠民法典还存在不足，民法典无法覆盖所有的基本权利，民法典并未涉及整体性国家权力配置，且民法典对基本权利的保障从根本上来说无法脱离宪法的规定。要实现民法典对公民权利的有效保障从根本上而言应回归宪法的框架和限定，通过保证宪法的全面实施进而推进民法典实施，以宪法统合民法典及其他规范，将宪法的基本权利规范通过适当方式引入民事审判之中，以确保宪法对民事审判的实质性约束。

关键词：民法典 民法典实施 权利保障 宪法功能

引言

民法典的出台标志着中国特色社会主义法治体系的进一步完善。编纂一部能够适应新时代中国特色社会主义发展要求，符合我国国情和实际，体例科学、结构严谨、规范合理、内

---

* **基金项目**：湖南省社科基金项目"党内法规效力与党内法规体系化的关系研究"（项目号：22YBQ047）。
** **作者简介**：周航，湘潭大学法学院讲师。

容完整并协调一致的法典,是一项系统的、重大的立法工程①。民法典的出台是我国立法史上极为重要的一步,早在清末修律过程中,最为重要的就是要拟定一部符合中国社会要求的民法典②。法典的编纂不仅是立法技术的进步和法律体系化的提升,事实上"透过法典编纂所营造的'法的安定性',即因此种安定性本身(撇开其他因素不谈),而通常含带着强烈的政治关注"③。作为新中国成立以来法律条文最多和制定耗时最长的一部法律,民法典的历史地位毋庸多言,而其中的政治考量和政治期待也相当多。作为"市民社会基本法""市场经济基本法",民法典规定了较为完善的民事权利类型,人们对民法保障公民权利寄予厚望,认为民法典是"民事权利的保障书和宣言书",它开启了"权利保护的新时代",这些因素不仅是民法典得以出台的政治考量,也是民法典对于政治关注所应有的回应。

总体来看,我国基本权利的保障水平还有待进一步提升,相关体制机制还需进一步健全,依靠民法典来保障基本权利在相当程度上成了一种较为普遍的期待。由此引发的疑问包括:本应由宪法充当主角的基本权利保障功能为何会被寄托于民法典之上?民法典基于何种缘由并在何种程度和范围上能保障基本权利?民法典保障基本权利存在哪些困境?在强调宪法全面实施的大背景下如何充分发挥民法典在基本权利保障方面的作用?诸多理论和实践问题有待厘清。

一、民法典何以能担当基本权利保障的重任

在一国法律体系和法治实践中,宪法理应承担着保障基本权利的最基本的功能,这是宪法最重要的任务,中国宪法也有与此相同的使命。然观察中国理论界,经由民法以及其他普通法律保障公民的基本权利是较为流行的观点,这种观点的产生有一定理论基础、现实环境以及法律实践背景。

(一)基于对民法地位和作用的认识

一般而言,在有成文宪法的国家,宪法在法律体系中具有最高地位,是一国的根本法和高级法,对其他法律具有实质性的制约和统领作用。而有观点认为,民法和宪法均是一国的根本法,共同发挥着根本法的作用,能够担当起保护基本权利的重任,理据主要在于:

其一,市民社会和政治国家的界分。20世纪90年代,有学者基于传统民法理论而将整个社会分为市民社会和政治国家两个不同的部分,认为宪法所调整的是政治国家中存在的关系,而民法所调整的市民社会领域是同政治国家对立的另一部分,所以民法是同宪法并列

---

① 王晨:《关于〈中华人民共和国民法典(草案)〉的说明:二〇二〇年五月二十二日在第十三届全国人民代表大会第三次会议上》,载《人民日报》2020年5月23日第6版。
② 参见黄源盛:《中国法史导论:简体版》,广西师范大学出版社2014年版,第389页。
③ [德]马克斯·韦伯:《法律社会学:非正当性的支配》,康乐、简惠美译,广西师范大学出版社2011年版,第282页。

的法律,民法的地位高于其他法律,也是国家的根本法之一①。也就是说,民法和宪法是两类性质不同的法律制度,两者在法律地位和效力上是平等的,并无高下之分,因此,准确的定位是"宪法是公法的基本法,而民法则是私法的基本法"。相对于宪法而言,民法是以自治为核心的规范体系,具有更为基础性的地位②。也有观点基于政治国家和市民社会的分立,认为私法自治划定了国家权力作用的边界,这就意味着民法典事实上在承担划定国家权力边界的宪法功能,从而能承担宪法的功能③。而在现代社会,市民社会与公权力不断交融,宪法和民法的结构性分离已经成为历史,基本权利的范畴不断扩展,从原来的以消极权利为主扩展到经济、社会、文化等方面的权利,民法对此也作出了必要回应,相当一部分民法规则体现了社会本位的要求。于此情形下,民法也承担起了宪法的部分功能④。

其二,为了维护民法的独立性。这种独立性依然立基于所谓的民法的特殊性和规定内容的根本性。民法产生于公私法的二元划分,在发展上具有独立性,民法也具有独立内涵。从域外民法发展史看,在德国,"私法是在立宪君主制框架之内作为一个法官制定的法律的领域和法理学的领域而发展起来的。由于没有受到民主宪法秩序的构成性影响,在整个19世纪,也就是说一直到1900年资产阶级法典编纂为止,私法都具有一个独立的、自足的法律领域所具有的那种系统封闭性"⑤。我国有学者认为,民法是在市民社会中形成的"自发型法"或者说是回应社会发展而形成的"自动回应型法",从根本上说,如果将民法置于宪法之下,是对宪法和民法实质关系的错误理解,将会使民法的独立地位受到威胁⑥。唯有固守公私法的划分,才能"为市民社会构筑一道防御外来侵犯的坚固屏障"⑦。进一步而言,坚守公私法的界分,进而实现维护民法的独立性就是维护市民社会的独立性,防止公权力不当扩张给公民权利产生不利影响。

其三,认为私法应当优越于公法。其原因在于私法优于公法体现的是法治进步和社会发展要求。梁慧星教授认为,公法和私法在地位上何者为优位彰显的是历史的进步和时代变迁。公法优位是国家中心主义的法律观,表现为国家的全能、国家利益绝对优于个人利益和对个人利益的压制,体现的是专制国家的法制。而私法优位表现为尊重意思自治,尊重个体意志和经济发展规律,公法之所以设立,其目的在于保障私权,实质为法治国家的制度⑧。

---

① 参见徐国栋:《市民社会与市民法——民法的调整对象研究》,载《法学研究》1994年第4期。
② 赵万一:《从民法与宪法关系的视角谈我国民法典制订的基本理念和制度架构》,载《中国法学》2006年第1期。
③ 参见林来梵、龙卫球、王涌等:《对话一:民法典编纂的宪法问题》,载《交大法学》2016年第4期。
④ 参见刘志刚:《民法典的宪法使命及其实现》,载《政法论丛》2019年第4期。
⑤ [德]哈贝马斯:《在事实与规范之间:关于法律和民主法治国的商谈理论》,童世骏译,生活·读书·新知三联书店2011年版,第491页。
⑥ 参见龙卫球:《民法依据的独特性——兼论民法与宪法的关系》,载《国家检察官学院学报》2016年第6期。
⑦ 赵万一:《从民法与宪法关系的视角谈我国民法典制订的基本理念和制度架构》,载《中国法学》2006年第1期。
⑧ 参见梁慧星:《民法总论》,法律出版社2017年版,第35-36页。

通过此番对比，理想的状态应当是私法优位于公法。在梁慧星教授的论述中，民法为私法，宪法为公法，其实质主张就是民法对于宪法具有优越地位。这一观点并不新鲜，早在德国民法典编纂之时，就有此种论述，德国学者认为私法通过组织一个非政治化的、排除国家干预的经济社会，因而维护了法律自由之原则和法律主体的消极自由地位，而公法则在法律分工上属于专制国家领域，以便制衡公权力[①]。亦有论者认为民法中的权利神圣、契约自由等理念构成了宪法上的人权保障、有限政府、权力制约等基本原则的文化源泉，宪法只是以根本法的形式对民法的基本原则作了必要的确认、移植和升华[②]。从根本上而言，民法具有基础性地位，优于公法。于飞教授认为，公私法的划分，明确了公权力以确保私权完整的行使范围和良好的行使环境为义务，确立了私法的优位[③]。王涌教授也认为，即使是在有宪法的时代，民法依然具有母体法的特点，宪法所规定的权利的逻辑母体、结构母体是在民法中完成的[④]。由此就使得民法具有母体性和具体化的双重优越性。从社会发展和个人权益保障来说，以私法为优先，是因为私法以个人自由决定为特征，公法则以强制为内容，基于对个人自由权利的保障，应当以私法为优先，主要理由在于个人是自己事务的最佳判断者，选择自由有助于促进社会进步和经济发展[⑤]。

其四，民法能保障基本权利。有论者认为民法具有类似于宪法一样的功能，可以实现基本权利保护，甚至可以替代宪法，"民法典作为市民社会的基本法，在历史上长期起到了实质宪法的功能"。民法典限制公权力和保障私权利这一功能可以超越时空而存在，这是民法典最核心和固有的宪法功能[⑥]。如有观点指出"民法可以为人权提供基础性保障"，民事权利中的"生命权"就是宪法中"生存权"的基础，"自然人的人身自由"就是"基本自由"的基础等等[⑦]。这一观点是将民法所规定的权利和自由作为宪法上规定的基本权利的基础。宪法是以国家权力的构造和限制来实现人权保障的根本法[⑧]，民法能够实现基本权利保障，其原因在于民法典可以实现权力控制这一本应由宪法承担的使命。也就是通过划定"不受国家直接干预的领域，实现市民的权利与国家权力之间的平衡"，进而满足市场经济的发展要求[⑨]。总之，民法的功能较为广泛，尤其是在苏俄宪法和德国《魏玛宪法》产生之后，公私法截

---

① 参见[德]哈贝马斯：《在事实与规范之间：关于法律和民主法治国的商谈理论》，童世骏译，生活·读书·新知三联书店2011年版，第491-492页。
② 郝铁川：《〈物权法（草案）〉"违宪"问题之我见》，《法学》2006年第8期。
③ 参见于飞：《公序良俗原则研究——以基本原则的具体化为中心》，北京大学出版社2006年版，第149页。
④ 参见林来梵、龙卫球、王涌等：《对话一：民法典编纂的宪法问题》，载《交大法学》2016年第4期。
⑤ 参见王泽鉴：《民法总则》，北京大学出版社2009年版，第15-16页。
⑥ 谢鸿飞：《中国民法典的宪法功能——超越宪法施行法与民法帝国主义》，载《国家检察官学院学报》2016年第6期。
⑦ 参见梁慧星：《民法总论》，法律出版社2017年版，第37页。
⑧ 秦前红：《新宪法学》，武汉大学出版社2015年版，第8页。
⑨ 参见徐国栋：《民法典与权力控制》，载《法学研究》1995年第1期。

然分离的时代已经成为过去，公私法的划分并不具有绝对性，公法和私法本是同胞兄弟，尽管二者所负有的职责有差异，但并非像敌人般对立，二者终究要汇聚在一起为共同的事业奋斗①。

其五，基于早期民法典功能的判断。从发生学角度看，实质意义上的民法的产生要早于宪法，近代意义的宪法肇始于英国"光荣革命"、美国独立战争和法国大革命，这三次革命促进了政治结构的转变、人们采用成文宪法以及将权利法案纳入成文宪法之中②。在成文宪法未产生或者说宪法的根本法地位未得到确立之前，民法典在一定程度上发挥着限制公权力和保障基本权利的功能。这一功能相当程度上取决于民法的规定和地位，从早期民法典的内容看，民法典将19世纪的自由主义价值观念转述为一串有序的条文，民法典由此也就获得了"宪法性"的含义，这是因为民法典不仅限于规定简单的技术性内容，而且也采纳并且确定了资产阶级革命的哲学③。早期民法典的产生同样承担着深刻的政治使命，18世纪和19世纪的民法典，最主要的动力几乎都是借统一的国法来巩固民族国家，强化王权④。在法国，宪法在相当长的时期内并未确立自身最高法的地位，于此情形下，民法典因其规定的内容和本身的形式，在一定程度上发挥着宪法的功能，也使民法典享有宪法那般崇高的地位⑤。其发挥的宪法功能包括民法典规定了个人自由、意思自治，只要不违反法律的强行性规定和公序良俗，就可以自主决定自己的事项，这就可以排斥包括国家在内的第三方的不当干涉，也能据此要求国家尊重公民个人的自主性，国家非基于正当理由并有法律规定，不得侵入此领域⑥。这种宪法功能主要是保护公民的消极自由，如此可在一定程度上实现限制公权力的立宪目的。在现代社会，宪法是政治共同体的基本法秩序，宪法确立了政治统一体应如何构建以及国家任务应如何实现的指导原则⑦。近现代民法之所以产生，一个重要使命就是实现国家认同的建构，"相同的制定法会产生相同的道德和习俗，这样的一致性对于民众之间的友爱和忠诚有着神奇的影响"⑧。并且，在近现代民法学者的眼中，良好的私法必须同时具有足够深的地基和足够高的穹顶，以使所有特别法都能被容纳在它的思想建构之中，而

---

① 参见[德]奥托·基尔克:《私法的社会使命》，杨若濛译，商务印书馆2021年版，第53页。
② Andrea Buratti. Western Constitutionalism: History, Institutions, Comparative Law. Springer. 2016, p.19.
③ 参见[意]那塔利诺·伊尔蒂:《解法典的时代》，薛军译，载徐国栋:《罗马法与现代民法》(第四卷)，中国人民大学出版社2004年版，第82-83页。
④ 参见苏永钦:《寻找新民法》，北京大学出版社2012年版，第29页。
⑤ 参见魏磊杰:《欧陆民法与宪法关系之演变：基于立法史的考察》，载《地方立法研究》2020年第1期。
⑥ 参见谢鸿飞:《中国民法典的宪法功能——超越宪法施行法与民法帝国主义》，载《国家检察官学院学报》2016年第6期。
⑦ 参见韩大元:《1954年宪法制定过程》，法律出版社2022年版，第623页。
⑧ [德]蒂堡:《论统一民法对于德意志的必要性》，载许章润:《民族主义与国家建构》，法律出版社2008年版，第224页。

其实现路径就是要将共同体精神彻底地渗入私法之中①。德国民法典生效之际,《德国法学家杂志》以"一个民族、一个帝国、一部法律"为杂志的封面,而将法典定在1900年元旦生效的象征意义更是明显:这是德国人值得自豪的"世纪之作",也是国家统一的结果和象征②。作为私法领域基本法的民法,规范共同体成员的基本行为、构筑统一的交易规则、形成较为一致的权利义务观念、形塑共同的价值观念,这些功能可以在一定程度上助力于实现政治共同体的建构和维系,也属民法承担宪法功能的范畴。

(二)公法和私法界限的相对模糊化

一般来说,规定行使公权力的法律为公法,其规范的关系为公法关系,否则为私法,其调整的关系为私法关系③。公私法的划分是法学发展上的一大创举,韦伯甚至认为现代法律理论和法律实践中的最重要区别之一就是区分公私法④。区分公私法的思想由来已久,但真正将法律严格划分为公法和私法主要产生于"'国家'和'社会'在政治上发生了抵牾的时代,(只有)在这个时代实际上才会有公法和私法的划分,而这种划分恰恰也体现了政治领域的分离"。"基本权利的保障、法律保护的发展、主张国家不干预经济领域发展的经济学信条,这些都要求公法和私法拥有明确的界限,以便能划出保护不经议会批准就不受侵犯的领域。"⑤公私法划分的重要使命是划定公权力的边界,基于个人意志的财产权和契约自由等均交由公民自主决定,政府之权不得随意侵入公民自治的领域,更极端一点的观点甚至认为,"在私法范畴,政府的唯一作用就是承认私权并保证私权的实现"⑥。但是,公私法并不是一直都有清晰的界限,拉伦茨形象地指出:"在公法与私法之间,并不能用刀子把它们精确无误地隔开,就像我们用刀子把一只苹果切成两半一样。"⑦

从划分标准来看,公私法的划分在不同时期呈现出不同的特点和立基于不同的标准⑧,尤其是随着人类社会进入工业时代,并随着大工业的发展,放任自由的经济发展模式产生了相当多的社会问题,劳资纠纷频发、贫富差距过大,不利于社会稳定和可持续发展,这就逐步出现了"私法公法化"的现象,公私法逐渐交融。正如基尔克所说的,"在我们的公法中必须吹

---

① 参见[德]奥托·基尔克:《私法的社会使命》,杨若濛译,商务印书馆2021年版,第22页。
② 参见[德]莱勒·苏尔茨:《法典编纂、法典解构、法典重构——德国法的历程》,蒋凤莲译,载张礼洪、高富平:《民法法典化、解法典化和反法典化》,中国政法大学出版社2008年版,第243页。
③ 参见施启扬:《民法总则》,三民书局2014年版,第22页。
④ 参见[德]马克斯·韦伯:《经济与社会》(第二卷)上册,阎克文译,上海人民出版社2010年版,第782页。
⑤ [德]米歇尔·施托莱斯:《德国公法史:国家法学说与行政学(1800—1904)》,雷勇译,广西师范大学出版社2021年版,第30-31页。
⑥ [美]约翰·亨利·梅利曼、[委]罗格里奥·佩雷斯·佩尔多莫:《大陆法系》,顾培东、吴获枫译,法律出版社2021年版,第107页。
⑦ [德]卡尔·拉伦茨:《德国民法通论》,王晓晔等译,法律出版社2003年版,第9页。
⑧ 如利益说、隶属说、主体说、自由决策说,参见李永军:《民法总则》,中国法制出版社2018年版,第31-33页。

进一丝自然法之自由空间的气息，在我们的私法中则必须滴上一滴社会主义的润滑油"①。并且在垄断资本主义时期出现了诸如经济法、劳动法等全新的法律部门，拉德布鲁赫认为："在新产生的法律领域中，如经济法和劳动法，人们既不能将其说成是公法亦不能将其说成是私法。""由于对社会法的追求，私法与公法、民法与行政法、契约与法律之间的僵死划分已越来越趋于动摇，这两类法律逐渐不可分地渗透融合，从而产生了一个全新的法律领域，它既不是私法也不是公法，而是崭新的第三类：经济法与劳动法。"②从法治实践来看，原本属于契约自由范畴的劳动合同，出现了相当多的国家干预规定，政府在矫正不对等的劳资关系中享有较大裁量权以保护经济上的弱者，同时，大量原本纯属私人的权利开始负担社会义务，如财产权的行使应当负担社会义务，私人财产权的实现应当有助于实现公共利益③。公法已经在相当程度上以或隐或现的方式"遁入"私法之中，理想状态中"纯洁"的民法已无可能维系。20世纪的民法典在体系化上碰到的最大困难，应该就是反映国家管制和私人自治之间越来越复杂的关系，公与私的规范明显纠缠不清，这也导致民法中的"市民"角色经常会和公法中的"公民"角色重叠④。从法律方法上来说，公私法交融的结果就包括要求公法和私法的判决均符合宪法上关于基本权利的要求⑤，不能因为认为宪法是传统意义上的公法就让作为私法的民法典游离于宪法之外。

就我国而言，如果说西方的社会国（福利国）理念是为了维系其自身的存在，缓和社会与阶级矛盾，那么以社会主义为根本制度的中国更应当贯彻社会本位的理念，不仅"生产发展速度应该高于资本主义"⑥，在济弱扶倾、实现社会公正等方面也理应比资本主义国家做得更好。作为国家根本法的宪法规定了大量关于社会主义的内容，由此就决定了"民法的体制中立性毕竟不是绝对的，尤其当宪法已经就国家经济、社会体制作了若干基本决定，使得体制的左右摆荡有其不可跨越的界限时，民法也不可能是纯然的技术规则，某些不可让渡、必须护持的价值，正是基于宪法财产权、营业自由等基本决定的要求"⑦。而由于宪法对于民法的优先性和优越地位，这就决定了基本权利的规范性内容应当通过积极的立法部门而展开于司法领域本身之内⑧。如《中华人民共和国民法典》（简称《民法典》）第三十二条规定："没有依法具有监护资格的人的，监护人由民政部门担任，也可以由具备履行监护职责

---

① ［德］奥托·基尔克：《私法的社会使命》，杨若濛译，商务印书馆2021年版，第18页。
② ［德］拉德布鲁赫：《法学导论》，米健、朱林译，中国大百科全书出版社1997年版，第77页。
③ 参见张翔：《财产权的社会义务》，载《中国社会科学》2012年第9期。
④ 参见苏永钦：《寻找新民法》，北京大学出版社2012年版，第77页。
⑤ Hugh Collins. Private Law, Fundamental Rights, and the Rule of Law. West Virginia Law Review, Vol.121, 2018, p.4.
⑥ 邓小平：《邓小平文选》（第二卷），人民出版社1994年版，第312页。
⑦ 苏永钦：《走入新世纪的私法自治》，中国政法大学出版社2002年版，第8页。
⑧ 参见［德］哈贝马斯：《在事实与规范之间：关于法律和民主法治国的商谈理论》，童世骏译，生活·读书·新知三联书店2011年版，第492页。

条件的被监护人住所地的居民委员会、村民委员会担任。"第三十四条第四款在原《中华人民共和国民法总则》的基础上进一步规定:"因发生突发事件等紧急情况,监护人暂时无法履行监护职责,被监护人的生活处于无人照料状态的,被监护人住所地的居民委员会、村民委员会或者民政部门应当为被监护人安排必要的临时生活照料措施。"这同宪法上的获得物质帮助权具有类似功能,它要求政府承担最低生活保障义务。

并且,在合宪性审查制度能切实运作的情况下,合宪性审查机构对于所有法律和公权力行为均应当一体审查,公私法之间的界限也变得更加模糊,二者的交融变得不可避免,这也使得私法中会融入更多的包括宪法在内的公法性规定,作为私法的民法规定了更多诸如"不得""禁止""必须"之类的带有强制色彩的公法性规定。

(三)立基于我国宪法的主要实施方式

基本权利主要有两种保障方式:其一是绝对保障方式,该种方式是对于宪法规定的基本权利,其他法律不得加以任意限制或例外规定的情形;其二是相对保障方式,也就是允许其他规范对宪法规定的基本权利加以直接限制或客观上存在该种可能性的方式,该方式又被称为"依据法律的保障"方式[①]。基本权利保障方式同宪法实施方式密切相关。从我国宪法实施而言,统编的"马工程"《宪法学》认为,"法律得到实施,便意味着通过法律得到具体化的宪法实质上也得到了实施"[②]。宪法相当一部分条文能够变为行动中的规则就在于有立法的规定,而宪法的部分规定未能得到实施和遵守往往也会被归咎于人大立法的缺位。以立法方式实施宪法的观念在我国可谓源远流长。当然,这并不是说立法是实施宪法的唯一途径,人大的合宪性审查、宪法监督等均构成了宪法实施的路径,只是这些方式在我国的活跃度有待进一步提升。

举例而言,在国家机关职权中,落实宪法对于全国人大职权规定的有《中华人民共和国全国人民代表大会组织法》,落实宪法对于国务院职权规定的有《中华人民共和国国务院组织法》,落实宪法对于审判机关职权规定的有《中华人民共和国人民法院组织法》和《中华人民共和国法官法》等。在基本权利保障领域同样如此,基本权利的实现需要普通立法加以细化,如宪法中规定的"被告人有权获得辩护",就通过《中华人民共和国刑事诉讼法》和《中华人民共和国律师法》等普通法律具体化,也就是通过立法对基本权利的保障方式包括将抽象的基本权利具体法定化为不同类型的法律权利,通过立法完善基本权利的积极保障制度,设定基本权利保障的法律界限等[③]。当然,此处的立法是广义的,并不仅仅是全国人大及其常委会的立法,还包括国务院依照宪法和法律制定的行政法规等。通过民法典可以较为

---

① 参见许崇德:《宪法》,中国人民大学出版社2009年版,第172-173页。
② 《宪法学》编写组:《宪法学》,高等教育出版社2011年版,第296-297页。
③ 参见翟国强:《中国宪法实施的双轨制》,载《法学研究》2014年第3期。

具体地规定宪法上财产权、人格权以及婚姻自由等权利和自由的内涵以及保护方式，在一定程度上可以满足对基本权利保障的要求。所以，通过民法典保障基本权利，既有理论上的主张，亦有我国宪法实践的因素和基本权利保障方式的共同需求。

（四）保证宪法全面实施的制度体系需进一步健全

作为公民权利的保障书，宪法的全面实施对于实现公民权利保障具有根本性作用。基于"五四宪法"的历史教训，现行宪法在序言最后一段确认了宪法的根本法和最高法地位，并规定全国各族人民，一切国家机关、武装力量、各政党和社会团体以及各企事业组织均负有保障宪法实施的职责。为了保证宪法的权威性和根本法地位以及促进宪法实施，宪法还规定了宪法监督机制和较为刚性的修改条件①。总体而言，我国宪法的实施状况还有待进一步提升，"保证宪法实施的监督机制和具体制度还不健全，有法不依、执法不严、违法不究现象在一些地方和部门依然存在；关系人民群众切身利益的执法司法问题还比较突出；一些公职人员滥用职权、失职渎职、执法犯法甚至徇私枉法严重损害国家法制权威；公民包括一些领导干部的宪法意识还有待进一步提高"②。因此，要"健全保证宪法全面实施的制度体系，不断提高宪法实施和监督水平"③。在宪法实施保证制度体系中，合宪性审查被普遍认为是最重要的保障制度④，但我国合宪性审查的规则基础和实践运行还有较大提升空间。对于基本权利保障的需求是不断发展的，如果在宪法实践中不能得到保障，就可能会促使人们寻求一种可替代的方案来实现权利保障，毕竟，立法从本质上来说是对社会秩序的一种需要和表达⑤。权利保障在法律上长期处于缺位状态将导致公民在权利受损之时无法有效获得救济，实践中的权利需求和保障不力之间的张力不可能长久持续，这种规范和现实之间的不一致将会极大影响宪法权威的树立和维持。

从比较的视野来看，各国民法典均较为全面地规定了权利的类型、保护方式、侵权责任等，我国民法典更是创造性地将人格权单独列为一编，较为全面地规定了生命权、身体权、健康权、隐私权等同个人生存和发展密切相关的权利，唯恐挂一漏万，还在《民法典》第九百九十条兜底性地规定了公民基于人身自由、人格尊严而享有的某些人格权益。人格权编的部分权利于宪法上并无明确的根据，这体现了我国民法典编纂者意图以民法典担当宪法功能的雄心，早在民法典起草过程中就有学者认为："民法典是一项神圣的事业，不仅是政治意义上的，也是哲学意义上的。""如果民法典编纂走得再远一点，还应当有一点野心，

---

① 参见肖蔚云：《我国现行宪法的诞生》，北京大学出版社1986年版，第63-65页。
② 习近平：《论坚持全面依法治国》，中央文献出版社2020年版，第10页。
③ 习近平：《谱写新时代中国宪法实践新篇章——纪念现行宪法公布施行40周年》，载《人民日报》2022年12月20日第1版。
④ 参见林来梵：《宪法学讲义》，清华大学出版社2023年版，第440页。
⑤ 参见朱振：《立法的法理学——一种社会理论的进路》，上海三联书店2021年版，第132页。

那就是发挥一定程度的宪法功能。……在宪法未全然发挥威力时,民法典需要发挥更大的威力。"① 从民法典的内容来看,其多是关于私主体权利的规定,属于私法范畴,并未直接涉及国家权力的构造和限制。如果要完整规定后者势必会在民法典之中引入大量的公法条款,这同我国《民法典》第二条规定的调整平等主体之间的人身关系和财产关系这一调整对象不符,将导致整个民法典体系的融洽度下降。所以,此处所说的民法典发挥宪法功能更多地应当指的是民法典对公民权利的保障这一面向。民法典这一私法规范通过规定公民的权利,即可在一定程度上发挥宪法保障公民权利的功能,承担宪法"未尽之功"。

二、民法典保障基本权利的进路

民法典能担当权利保障重任的关键是对宪法所规定的权利有形成和实施功能,并且在民事审判中,通过司法判决可以将宪法规定的基本权利导入民事判决中,以此实现宪法所规定的基本权利。

（一）民法典对基本权利的形成功能

"'与生俱来的天赋权利',乃是自然法上的权利,能够取得'权利'意指实定法上的权利。"② 只有将观念中的权利转变为实定法上的权利,才能为权利保障提供最坚实的基础。在早期的法治实践中,由于成文宪法的最高法地位尚未完全确立,部分国家的民法典往往发挥着基本权利保障的功能,如在法国,民法典被誉为"法国真正的宪法"③。这种"真正的宪法"不仅在于公民权利保障方面所发挥的实际作用,还包括对于民族国家的阐释和建构④。民法典的这种功能在法治发展早期具有一定必然性和必要性,而在宪法获得根本法地位以及确定由宪法担当人权保障根本任务的时代,宪法理应担当人权保障排头兵的重任。然而,宪法的抽象性和原则性等特点,决定了宪法的部分规定往往难以直接适用,所以,"为了使基本权利的功能能够得以发挥,因此,绝大部分基本权所应保障的生活领域与生活关系,都需要法律上的形成。这种形成主要是立法任务"⑤。典型的如德国基本法第14条的规定:财产的内涵由法律规定之。这在我国同样如此,民法典对宪法规定的基本权利予以细化以及明确保护范围,是民法典的必要使命和功能,民法典的这一作用可以强化民法典的宪法功能,也能使民法典的功能得以最大化⑥。

---

① 王涌:《私权的分析与建构:民法的分析法学基础》,北京大学出版社2020年版,第426页。
② [日]星野英一:《私法中的人》,王闯译,中国法制出版社2004年版,第24页。
③ 石佳友:《人权与人格权的关系——从人格权的独立成编出发》,载《法学评论》2017年第6期。
④ 参见[德]茨威格特、[德]克茨:《比较法总论》(上),潘汉典等译,中国法制出版社2017年版,第174页。
⑤ [德]康拉德·黑塞:《联邦德国宪法纲要》,李辉译,商务印书馆2007年版,第247页。
⑥ 参见谢鸿飞:《中国民法典的宪法功能——超越宪法施行法与民法帝国主义》,载《国家检察官学院学报》2016年第6期。

在我国学界，于相当长的一段时期内，极为强调合宪性审查对于人权保障的作用，宪法审查作为一种救济机制对于基本权利保障具有极为重要的作用，并且从域外经验看，有的审查机关已经由传统的主要审查政治争议向保障人权转变①。但是，司法审查只是基本权利保障的方式之一，事实上，即使在奉行司法审查保护人权的国家也有学者认为合宪性审查虽然是保护人权所必需的，但并非唯一的机制。"如果一个国家的民主制度和政治传统足以保护人权和维护法律秩序和谐统一，那么司法审查存在与否就并非一个特别重要的问题。"②英国学者也认为，"如果认为对人权的保护只能交给法院，那将是危险的"③。对于基本权利的保障而言同样如此，不能将希望仅仅寄托于某一种方式之上，在合宪性审查机制尚不健全、合宪性审查机构权威有待进一步提升之时更是如此。如就人格权而言，宪法规定了人格尊严不受侵犯，但是对于人格权具体有哪些内涵、如何保护等内容，宪法不可能事无巨细地加以规定，只能交由立法去形成。宪法上的社会经济权利更是如此。宪法的规定不仅是明确公民享有此般基本权利，也是课予立法者义务，以明确的法律实现宪法的规定。当然，立法者于此方面享有较大的裁量权，得以自认为合适的方式并于合适的时机满足宪法的要求④。事实上，不仅是积极权利如此，传统上的消极权利也需要国家的积极作为才能实现，如对于住宅不受侵犯这一典型的消极权利，倘若没有高素质和较强法治观念的公务员队伍，可以说很难实现，因为执法者可能难以把握合理执法和非法侵入的界限。因此，才有学者认为积极权利和消极权利的划分是徒劳的，并认为宪法上的"所有权利都是积极权利"，"所有法律上实施的权利必然是积极权利……几乎每一项权利都蕴含着相应的政府义务"⑤。

当然，对于宪法上的基本权利，并非在所有方面私法都可以涉及，私法只能具体化某些方面的基本权利。如：对于宪法上规定的平等，《民法典》规定"民事主体在民事活动中的法律地位一律平等""自然人的民事权利能力一律平等""民事主体的财产权利受法律平等保护"；财产权是一种较为典型的民事权利与基本权利内涵相同的权利，从域外经验看，都是在民法上发展出成熟的财产权理论和规范后，才有宪法上的财产权之规定，所以宪法上的财产权概念必然会吸收传统民法上的财产权的概念体系与构造方法⑥。在宪法对于整个法律体系具有根本性影响之时，民法典也应当回应宪法的规定，因此，民法典可以对宪法上的基本权利作出必要的具体规定。《民法典》规定了民事主体的财产权利受法律保护，任何组

---

① 参见胡锦光、韩大元：《中国宪法》，法律出版社2016年版，第137页。
② 程雪阳：《荷兰为何会拒绝违宪审查——基于历史的考察和反思》，载《环球法律评论》2012年第5期。
③ ［英］韦农·波格丹诺：《新英国宪法》，李松锋译，法律出版社2014年版，第114页。
④ 参见许育典：《宪法》，元照出版公司2018年版，第80-81页。
⑤ 参见［美］史蒂芬·霍尔姆斯、［美］凯斯·R.桑斯坦：《权利的成本——为什么自由依赖于税》，毕竞悦译，北京大学出版社2004年版，第19-26页。
⑥ 参见张红：《基本权利与私法》，法律出版社2020年版，第85页。

织或者个人不得侵犯,并较为明确地规定了物权类型、保护方式,以及对债权的保护等事项。所以,在宪法规定了基本权利的情况下,立法应当积极作为,通过科学、合宪的方式将宪法的规定具体化,增强其可操作性,尤其是在我国宪法尚未能直接进入司法适用领域的情况下,更应该通过良法指引和规范司法判决,以个案的推动作用来实现人权的有效保障。如对于公民合法的私有财产不受侵犯之规定,财产权具体包括哪些类型,在社会主义语境下财产权应当受到何种限制、应当承担何种义务均有待立法予以明确。

（二）通过民事判决确保基本权利的实效

任何法律只有进入社会生活中才能成为活法,才能将纸面的规则转变为行动中的法律。民法典的出台可以最大限度地理顺不同民事法律之间的关系,使其成为和谐一致的规范体系。民法典总结了我国司法实践的经验,制定民法典的目的之一是实现民事裁判统一,消弭司法审判乱象。民法典不仅可以规范民事审判,还可以在民事审判中对基本权利的保障和发展产生积极影响。

"民事案件同人民群众权益联系最直接最密切"[1],民事审判可以助力将基本权利转变为实有的权利。权利观念以及具体权利均产生于特定的历史条件之下,也会随着实践的发展而变化。而权利的保护依赖于一系列条件的支撑,对新兴权利来说更是如此。由于立法要经历严格的审议程序,各种利益博弈和会期限制等因素使立法在应对权利保护过程中可能无法作出及时回应。而对于司法机关而言,法官不得拒绝裁判,不能以法律未规定为由而拒绝解决纠纷。可行的解决路径是在司法审判中通过法律解释来应对情况变迁。从域外经验来看,有的司法机关将宪法上的人格权具体化为姓名权、隐私权以及信息自主权等,并对宪法上的人格权展开保护,就政府限制的公共利益和人格权保护作比例原则上的衡量,取得了不错的成效[2]。在我国,在涉及宪法上的平等权方面,人民法院已经进行了有益的探索,如在村民代表大会决议涉嫌违反宪法规定方面,在苏某某与陕西省延安市宝塔区姚店镇赵刘村村民委员会侵害集体经济组织成员权益纠纷一案中,原告苏某某虽已离婚,但户口依然在赵刘村,且依然通过该村缴纳医保,但被告以户口在村的离婚媳妇不享受分配为由拒不给原告分配土地征收补偿款,人民法院经审理后认为村民讨论决定的事项不得与宪法、法律、行政法规和国家政策相抵触,不得有侵犯村民的人身权利、民主权利和合法财产权利的内容。并依照《中华人民共和国宪法》(简称《宪法》)第三十三条及其他有关法律判决被告向原告支付征地补偿款[3]。在广东法品律师事务所与中国平安财产保险股份有限公司佛山市南海支公司财产保险合同纠纷一案中,针对被告辩称原告是律师事务所,驾驶员黄某某为该所负

---

[1] 习近平:《充分认识颁布实施民法典重大意义 依法更好保障人民合法权益》,载《求是》2020年第12期。
[2] 参见王泽鉴:《人格权法:法释义学、比较法、案例研究》,北京大学出版社2013年版,第94-95页。
[3] 参见延安市宝塔区人民法院(2021)陕0602民初2007号民事判决书。

责人,为法律一线从业人员,具备对各种法律法规的专业知识,其理应知道无有效驾驶证不能驾驶车辆的违法事实,然原告作为专业的法律主体无视法律的规定,公然允许不合法的驾驶员违反法律规定驾驶车辆带头违法,被告依法有权不承担保险责任,并请求法院依法驳回原告的诉讼请求。法院认为根据我国《宪法》第三十三条第二款的规定,"中华人民共和国公民在法律面前一律平等",虽然黄某某是原告广东法品律师事务所的负责人,从事法律工作,但在法律面前不能对其有高于普通人的要求,同样应当平等对待,认定被告的抗辩理由不成立,并判决被告承担责任①。通过这些判决就可以在相当程度上实现在民事审判中的基本权利保障和依照宪法进行判决②。

总之,通过普通法律(民法典)和宪法的对接,要求法官在审判过程中兼顾宪法关于基本权利的规定,在权利保障中通过以宪法增强说理以及提升法律解释的合宪性等方式来保障民事判决的合宪性,同时还能促进宪法的实施并促使宪法"飞入寻常百姓家"。

(三)规范公权力运行以保障基本权利

立宪主义的关键往往并不在于制定一部名为"宪法"的文件,而是主张必须对专断的政治权力加以控制和约束,立宪主义所表达的关键是一种从根本上否定专断权力、主张权力应受约束的观念。宪法和民法均是法律体系的组成部分,必然分享某些共同的价值,就不应当人为区分公法和私法,只要能体现权力制约的立宪主义观念,私法也有适用的余地③。从功能上看,民法规定了市民社会自我调节的范围,维系着公民自主的空间。随着社会的发展,民法典也开始直接承担起部分公法的功能,相当一部分宪法规定直接出现在民法之中,这在我国民法典中表现得尤为突出。习近平总书记指出:"民法典是全面依法治国的重要制度载体,很多规定同有关国家机关直接相关,直接涉及公民和法人的权利义务关系。国家机关履行职责、行使职权必须清楚自身行为和活动的范围和界限。"④我国《民法典》中规定了相当多的公法性条款,《民法典》第三条规定:"民事主体的人身权利、财产权利以及其他合法权益受法律保护,任何组织或者个人不得侵犯。"从体系解释的角度看,此处的组织包括公权力组织,此条是对公权力组织不得侵犯民事权利的概括性规定。在其他领域,如在不动产登记方面,《民法典》第二百一十条第一款规定:"不动产登记,由不动产所在地的登记机构办理。"该条明确了不动产登记属于不动产所在地登记机构的职权。第二百一十二条规定了登记机构的具体职责,也就是登记机构在办理登记之时必须履行的义务。第二百一十条第二款规定不动产统一登记的范围、登记机构和登记办法,由法律、行政法规规定;第

---

① 参见佛山市南海区人民法院(2015)佛南法民二初字第644号民事判决书。
② 值得注意的是上述案件中人民法院在援引宪法条款之时均使用的是"依照《宪法》的规定,判决如下"。
③ 参见薛军:《私法立宪主义论》,载《法学研究》2008年第4期。
④ 习近平:《充分认识颁布实施民法典重大意义 依法更好保障人民合法权益》,载《求是》2020年第12期。

一百一十六条规定物权的种类和内容,由法律规定,这同宪法上规定的"由法律规定"或"以法律规定"具有类似的规范内涵,一方面表明在不动产登记以及确定物权种类方面可以适用其他规定,另一方面也是对立法机关或国务院课予义务,即这些国家机关有义务在相关规定缺位时依照宪法和民法典的规定制定相应的法律或行政法规,且不得以其他类型的规范加以规定。这些规定为公权力的运行提供了方向性指引,在一定程度上可以规范公权力的运行,也可以为实现权利保障提供完善的规则支撑,进而实现对基本权利的保障。

我国《民法典》中也存在相当一部分以直接或间接方式规定社会主义或以维护社会利益为导向的规则[①]。《民法典》合同编第四百九十四条规定国家根据抢险救灾、疫情防控等要求下达订货任务、指令性任务的,有关民事主体不得拒绝合理的订立合同要求。这一规定明确了国家可以对有关民事主体下达订货任务和指令性任务,同时也明确了限定条件,即唯有在抢险救灾、疫情防控等条件之下,方可下达这些命令,在一定程度上有助于公权力的规范行使。在对财产权的限制方面,我国宪法规定国家为了公共利益的需要,可以依照法律规定对公民的私有财产实行征收或者征用并给予补偿。《民法典》更进一步,明确规定为了公共利益的需要,依照法律规定的权限和程序征收、征用不动产或者动产的,应当给予公平、合理的补偿。在民法上,征收是导致物权变动的情形之一,将直接导致标的物所有权的取得和丧失[②]。因此,征收问题看似属于私法应当予以规范的范畴,但从根本上而言,征收的本质不在于对私有权利的强制的合理性,而是限制国家对于私人财产权可能造成的限制和剥夺[③]。所以,这一问题更多地涉及不对等主体之间的关系,本质上是如何限制公权力对私有财产权的不当干预。《宪法》和《民法典》的规定构成了较为完整的对国家征收权的限制,尤其是对行政机关权力的限制,即征收必须基于公共利益的需要,要依照法律规定的权限和程序为之,还应当给予公平、合理的补偿,这些规定均构成了对国家权力的直接限制。从一定程度上而言,其发挥了宪法对公权力限制的作用,具有规范公权力合法、合理行使的功能,通过对限制民事主体财产等权益的再限制,能在一定程度上实现基本权利保障的目标。

三、民法典对基本权利的保障无法超越宪法

作为民事权利保障法的民法典保障基本权利,既有必要性,也能在一定程度上满足现实需求。但也应当看到,依靠民法典保护基本权利可能并没有人们想象中的完美和有效,从根本上来说,无法越过宪法之门。

---

① 参见秦前红、周航:《〈民法典〉实施中的宪法问题》,载《法学》2020年第11期。
② 参见最高人民法院民法典贯彻实施工作领导小组:《中华人民共和国民法典总则编理解与适用》(下),人民法院出版社2020年版,第586页。
③ 参见朱广新:《物权法不宜规定征收、征用制度》,载《云南大学学报(法学版)》2006年第3期。

（一）民法典并未涵盖所有的基本权利

权利是私法无可争辩的核心概念①。宪法更是权利保障的根本法，立宪的根本目的是通过规范限制公权力而实现对公民基本权利的保障。二者的规定和要实现的目标具有类似之处，然而，宪法规定的权利和民法典所规定的权利并不完全一致。宪法上的基本权利大致可以分为平等权、政治权利、精神自由、人身自由和人格尊严、社会经济权利以及获得救济的权利，而民法典所规定的权利主要是人身权和财产权。总体来看，基本权利和民事权利的区别在于：一是权利的义务主体不同，基本权利所对抗的主要是国家公权力，民事权利是保障权利免受私主体的侵害；二是权利的内容范围不同；三是权利的实现和救济方式存在差别②。

基本权利的范围较之民法典规定的民事权利更为宽泛。在民法典制定中，立法决断者也明确指出人格权是民事主体对其特定的人格利益所享有的权利，但是人格权并不涉及公民政治、社会等方面的权利③。公民的政治权利依赖于一国民主政治的发展程度、公民的政治意识和政治生态。如公民言论自由的实现，言论自由往往同其他公民的名誉、政府的信息控制等密切相关，在对言论自由容忍度较高的国家可能更能容忍非恶意但并不完全真实的言论，而在其他国家并不完全真实的言论可能被认定为非法。在社会经济权利方面，我国《宪法》第四十二条第二款规定国家通过各种途径，创造劳动就业条件，加强劳动保护，改善劳动条件，并在发展生产的基础上，提高劳动报酬和福利待遇。第四十五条第一款规定了国家发展为公民享受这些权利所需要的社会保险、社会救济和医疗卫生事业。这些权利的实现更是依赖于国家经济的发展、财政分配。此外，还有一些基本权利在公法中发挥着极为重要的作用，但是在私法领域的作用极为有限，如逮捕之权以及获得公平审判的权利等，这些权利主要是为了防止公权力滥用。当然，获得公平审判的权利可以帮助私人获得更加公平的审判和更有效的救济，但在这种情况下，公平审判权为私法制度的有效运作提供了背景条件，而非确定实质私法权利的内容之来源④。

可见，部分权利并不适合由作为私法的民法典规定，民法典也无力回应这些权利的需求。并且，部分权利的保障已经由传统的由普通法律保障逐步发展为依靠宪法，因为对于权利的侵害不仅来自私人，更来自公权力，这一演变不仅扩大了基本权利的种类，也促进了法秩序的发展⑤。民法典只对同自身法性质密切的基本权利（如财产权、人格权等）作出具体规定，那种意图将所有的基本权利均纳入私法之中的做法将是民法典不能承受之重。

---

① 参见[德]迪特尔·梅迪库斯：《德国民法总论》，邵建东译，法律出版社2000年版，第62页。
② 参见秦前红：《民法典编纂中的宪法学难题》，载《国家检察官学院学报》2016年第6期。
③ 参见王晨：《关于〈中华人民共和国民法典（草案）〉的说明：二〇二〇年五月二十二日在第十三届全国人民代表大会第三次会议上》，载《人民日报》2020年5月23日第6版。
④ Hugh Collins. Private Law, Fundamental Rights, and the Rule of Law. West Virginia Law Review, Vol.121, 2018, p.7.
⑤ 参见王泽鉴：《人格权法：法释义学、比较法、案例研究》，北京大学出版社2013年版，第60-61页。

从某种意义上而言,包括基本权利在内的所有权利均可以由普通法律加以规定,之所以将涉及对公民具有根本重要性的权利确认为基本权利,并赋予其更高的地位乃是为了保障这些权利的优越地位,使其免受包括立法权在内的公权力的侵扰。法国1791年宪法就明确规定:"立法机关不得制定任何法律来损害或妨碍本篇所载并为宪法所保障的那些自然权利和公民权利的行使。"美国联邦宪法第一修正案同样具有此功能,它限制国会制定确立国教或者制定剥夺公民言论自由的法律。如果我们将所有基本权利的实施和保障委诸普通法律,那将是一件极为危险的事情,因为立法机关在将基本权利具体化的过程中,也可能对其进行不当的限制[①]。可以说,基本权利的规定和具有实效性合宪性审查制度的建立,在相当程度上正是为了抵御立法权对基本权利的不当干涉。

（二）民法典对基本权利的保护无法脱离宪法

民法典所能保护的权利是所有法定权利中的一部分,即使是民法规定的权利和法律关系,民法典也不可能在所有情况下均能有效保障。在民法典产生的初期,资本主义发展尚处于起步阶段,人与人以及人与组织之间的关系较为简单,民法规定的契约自由、所有权绝对和过错责任等原则足以应对社会生活的需求。而在人类社会进入垄断资本主义后,忽视缔约人背后实质差异的契约自由将导致更多的不平等,民法所倡导的契约自由会产生实质上的不自由。如一些垄断经济组织利用自己强大的经济实力在签订劳动合同过程中排除对方权利,增加对方义务同时免除己身之责任,如此就会导致更多的不平等,使契约变成一种事实上限制人身自由的方式。如此,就有必要对民法中的财产权、契约自由等作必要的限制,这就要求作为国家根本法的宪法有所回应,《魏玛宪法》第152和153条规定:"所有权,受宪法之保障。其内容及限制,以法律规定之。公用征收,仅限于裨益公共福利及有法律根据时,始得行之。重利,应禁止。"

并且垄断经济组织的出现使得一些经济组织对个人权利的影响并不逊于公权力机关,这种影响事实上形成了一种社会公权力,也就是"社会中的私主体凭借其占有的政治、经济、社会、文化等资源优势对其他特定或者不特定的多数私主体所具有的压制性和支配性的力量。社会公权力和国家权力同属于权力,都具有公共性,影响其他多数人的利益"[②]。无论我们将这种影响力定位为何,均表明非公权力主体对公民和社会的影响之大。作为调整平等主体之间人身关系和财产关系的法律立基于主体间的自由意志而形成法律关系,如果这种自由意志在不对等的双方间受到了压制,单靠民法是无法有效予以调整的。

事实上,不仅是在不对等的主体之间的民事关系需要宪法保障,即使在平等主体间的关

---

① 参见林来梵:《转型期宪法的实施形态》,载《比较法研究》2014年第4期。
② 李海平:《基本权利间接效力理论批判》,载《当代法学》2016年第4期。

系中也需要宪法的介入，如不同的民事法律之间是否存在位阶的高低，对此法律并未明确，只能诉诸宪法的规定①。这一问题并不会随着民法典的制定而终止，大量的单行立法和特别立法与民法典的关系如何处理，应当在以宪法为统领的整个法秩序之内寻找法律问题的解决方案。

（三）民法典未涉及整体性的国家职权的规定

宪法的原始词义为组织制度和章程，甚至有学者认为："如果说宪法只规定一项内容，那就是规定政府权力的范围，国家机关的设立、组织及其职权，以及各国家机关之间的关系。"②在早期立宪史上，如何规定公权力是宪法最重要的内容。美国制宪过程中，如何建立一个有效又有限的联邦政府是制宪的核心议题③。法国1791年宪法共有三万余字，其内容除了作为序言部分的《人权和公民权宣言》外，正文包括宪法所保障的基本条款、王国的区划及公民的资格、国家权力、武装力量、赋税、法国与外国的关系、宪法的修改和其他规定。"由于该宪法所要解决的首要问题是君主权力，因此，第三章国家权力是该宪法的核心部分，占总篇幅的三分之二左右。"④可以说，有关国家机关的规定是宪法的基础性内容，唯有合理规定国家机关的权力才能把这一"利维坦"关进制度的笼子里，从而尽可能"驯化"国家。古往今来，不同时期的思想家提出了多种方案，而只有进入近代以后，人们才通过深思熟虑和自由选择找到了限制公权力的有效方法，而不再仅仅依靠机遇和强力。在权力控制中，依靠人民是最主要的方法，但是也要依靠权力的监督与制约这一辅助性防御措施，用"野心来对抗野心"⑤。这在我国同样如此，虽然我国的权力监督与制约更加注重权力分工与集中统一基础上的权力的相互监督⑥，而实现这一目标只能依靠宪法。

观诸民法，其并不涉及国家机构设置和不同机构之间权力的配置问题，即便认为民法典是真正宪法的学者也只能论证民法典是市民社会的宪法，而非政治领域的宪法。此外，民事法律规范的法典化可以缓解民事法律领域法律渊源的混乱问题，但导致法律渊源混乱的政治性根源却非民法典力所能及⑦。因此，对于政治国家架构安排的问题民法典并未涉及，更无力涉及。这种规定的特定性和有限性决定了民法典对于基本权利的保障具有有限性。如果民法以技术中立为名，拒斥宪法的必要介入，否定宪法对民法的影响，将在事实上导致民法无法实现其所期待的"中立"；如果包括全国人大在内的立法机关可以摆脱宪法关于立法

---

① 参见杜强强：《合宪性解释在我国法院的实践》，载《法学研究》2016年第6期。
② 蔡定剑：《关于宪法是什么》，载《中外法学》2002年第1期。
③ 参见王希：《原则与妥协：美国宪法的精神与实践》，北京大学出版社2014年版，第106页。
④ 顾銮斋：《西方宪政史》（第四卷），人民出版社2013年版，第94页。
⑤ 参见[美]汉密尔顿、[美]杰伊、[美]麦迪逊：《联邦党人文集》，程逢如、在汉、舒逊译，商务印书馆1980年版，第305页。
⑥ 参见《宪法学》编写组：《宪法学》，高等教育出版社2020年版，第103页。
⑦ 参见石佳友：《民法典的"政治性使命"》，载《山东法官培训学院学报》2018年第1期。

的限制而制定民事法律,我们就不能奢望立法机关一定会遵循私法自治的要求,不会制定抵触私法自治的法律[①]。只有宪法才能合理规限立法权,确保私法自治得以实现,刻意将宪法排斥于私法领域既不现实更无必要。

四、回归宪法统领下的基本权利保障

在立宪主义时代,保障公民的基本权利是宪法的根本使命,而不可过多假手于他者。就我国现实而言,基本权利的保障需要宪法的统领和宪法作用的充分发挥,也需要其他部门法将宪法的规定具体化,即法律对基本权利的形成功能,以形成基本权利保障中的宪法和部门法的互动。对于民法典保障基本权利而言,应当由宪法统合民法典的规定,形成更高位阶的价值支撑。宪法还应当以妥善的方式进入民事审判之中,发挥宪法对民事审判的制约作用。

(一)以宪法的全面实施推动民法典实施

法律的权威和生命力在于实施,"实施好民法典是坚持以人民为中心,保障人民权益实现和发展的必然要求"[②]。法律有权威,从根本上而言需要宪法有权威,"宪法的生命在于实施,宪法的权威也在于实施"。一部法律要有权威,首先要求其本身制定得良好,能够合理地规定权利义务、用词准确、权责分配合理,但唯有实际运行、能走进人民日常生活的宪法才能真正树立起权威。从域外经验看,只有在宪法本身具有实际生命力,并通过宪法实施机构实施宪法,不断发展和完善宪法之时,作为根本法的宪法才能真正担当起确保整个法律体系合法性的基石,来整合现代社会不可避免出现的法律体系中的价值观分歧[③]。推进宪法全面实施、树立宪法权威看似老生常谈,但在本文的语境之下依然有其必要性。在宪法未能全然发挥自己实效之时,以民法典来代替宪法实现基本权利保障的目标看似是一条可行之路,实则可能产生南辕北辙的效果。如果作为根本法的宪法不能发挥应有的功能,期待能实现私法自治、以民法典保障基本权利和规范公权力运行等目标,无疑是不切实际的,更是舍本逐末。中国法治的发展是宪法功能不断发挥,宪法实施不断强化的过程,对于中国民法而言亦是如此,民法的产生、调整范围的变迁、基本法地位的确立等等,均同宪法的规定密切相关,宪法确认了国家发展市场经济,这为民法的产生提供了经济基础;宪法也规定一切公权力均应当遵守宪法和法律,明确了国家机关的权力范围,为民法"守护"自己的调整范围提供了根本规范保证。

从法秩序角度来看,民法典之所以被制定和具有效力,是因为它是根据特定的规则被

[①] 参见叶海波:《"根据宪法,制定本法"的规范内涵》,《法学家》2013年第5期。
[②] 习近平:《充分认识颁布实施民法典重大意义 依法更好保障人民合法权益》,载《求是》2020年第12期。
[③] 参见薛军:《"民法——宪法"关系的演变与民法的转型:以欧洲近现代民法的发展轨迹为中心》,载《中国法学》2010年第1期。

创造的,"创造规范的权力从一个权威被委托给另一个权威;前者是较高的权威,后者是较低的权威"①。民法典的制定权限和效力来源于宪法,从理论上而言,其权威立基于宪法的权威,如果没有作为上位法的宪法的全面实施和权威性支撑,民法典势必难以实施得良好,能实现自己的立法目的。因此,若想充分发挥民法典的功能,就应当从整个法治体系入手,助力宪法功能的发挥,如果意图单纯以民法来实现宪法功能,将极有可能导致民法功能的异化,使政治系统过多且不当地侵入社会自治领域。基于此,更为关键的是要充分实施宪法,充分发挥宪法的功能,如就立法者来说,应当依宪立法,"必须用科学有效、系统完备的制度法规体系保证宪法实施"②。如果立法者在形成私法秩序之时能依据宪法全面履行其义务,法官在民事审判中直接援引宪法上基本权利规范的动机和可能性就越小③,如此也就越能维护私法的独立性和自主性。从民法典实施层面看,"严格规范公正文明执法,提高司法公信力,是维护民法典权威的有效手段"④。司法权作为中央事权,由宪法明确规定和保障,司法公信力的提升关键是要落实宪法上关于人民法院依法独立行使审判权的规定,并依法加强对司法活动的监督,依法保护公民、法人和其他组织的合法权益。所以,关键就是要确保公权力能在宪法和法律框定的范围内运行,一切违宪行为均能得到纠正,这才能为民法典的全面实施提供必要的前提,并为基本权利的有效保障提供更为坚实的后盾。

当然,这种影响并不是宪法对民法单向的,民法典由全国人大制定,是最高权力机关依照宪法行使职权的产物,相当多的条款是对宪法的具体化,从本质上来说,体现的是人民的意志。因此,民法典的全面实施有助于落实宪法的规定,也能以司法实践明晰较为抽象的宪法条文的含义。如现代宪法中关于财产权保障的内容及效力范围,必须在考虑到现代市民社会中财产权所具有的社会和经济功能之后才能被正确地确立出来⑤,从法律的角度而言,这些功能所能被揭示的方式包括依据民法解决财产权纠纷。从宪法发展和完善的角度看,普通法律也应当发挥自己在推动宪法完善方面的功能。如就人格尊严来说,通说认为我国《宪法》第三十八条规定的人格尊严主要包括姓名权、肖像权、名誉权、荣誉权和隐私权等⑥,并不具备德国基本法上"人的尊严"所具有的统领性的基础价值。基于人格尊严的重要价值和社会发展的需要,可以考虑在民法典的规定和司法实践经验积累的基础上,适时充实我国《宪法》第三十八条的规定,使其内涵更为丰富或者成为对其他基本权利具有统领性地位

---

① 参见[奥]凯尔森:《法与国家的一般理论》,沈宗灵译,商务印书馆2013年版,第177-178页。
② 习近平:《谱写新时代中国宪法实践新篇章——纪念现行宪法公布施行40周年》,载《人民日报》2022年12月20日第1版。
③ 参见奚若晨:《基本权利私法效力的界限》,载《当代法学》2023年第4期。
④ 习近平:《充分认识颁布实施民法典重大意义 依法更好保障人民合法权益》,载《求是》2020年第12期。
⑤ 参见[德]康拉德·黑塞:《联邦德国宪法纲要》,李辉译,商务印书馆2007年版,第31页。
⑥ 参见《宪法学》编写组:《宪法学》,高等教育出版社2020年版,第209-210页。

的规则。

（二）发挥宪法的规则统合功能

民法典系统规定了公民的人身权利和财产权利。但这些权利并不是凭空产生的,而是有着更高位阶的规范支撑。在早期民法典发展史上,基于社会经济发展的情况、法律体系的复杂程度以及民主政治的发展状况等因素,民法典并不必然同宪法以及民主政治勾连。而在宪法的根本法和最高法地位已经获得普遍承认和确立了有效保障机制的情况下,宪法应当充分发挥对所有法律的统合作用,对于我国的立法体制而言,这一必要性更为突出。

民法典作为民事领域的基础性规范,其规定的各种权利之间可能会出现不一致乃至冲突的情形,如财产权中的所有权和租赁权。并且作为私权的民事权利还可能会同社会公共利益以及国家长远利益不一致,如民法典规定的民事主体从事民事活动不得违反法律,不得违背公序良俗。国家为了公共利益的需要,依照法律规定的权限和程序,可以征收集体所有的土地和组织、个人的房屋以及其他不动产。这些规定均表明不能将民事权利推向绝对,其存在应当有助于实现社会的整体进步。所以在处理公私利益冲突以及权利冲突之时,不仅要在民法典之中寻找答案,还应当将问题置于整个法律体系之中,更要发挥宪法作为法治基石和统合法制秩序的功能,以宪法弥合规范以及价值冲突。在权利创设方面,宪法创制的基本权利不同于传统类型的基本权利,如对人格权的确认,更能维护人性尊严和促进人格自由,而强化基本权利的价值秩序,对私法上人格权的发展产生了极为重要的影响[①]。这些均表明唯有在宪法的统合之下,权利才有可能得到保障和发展。

《民法典》是我国民商事领域的基本法律制度和行为规则,属于我国《宪法》第六十二条规定的基本法律。民法典的出台是完善民事权利保障的重要举措,但不是终点,习近平总书记指出:"民法典颁布实施,并不意味着一劳永逸解决了民事法治建设的所有问题,仍然有许多问题需要在实践中检验、探索,还需要不断配套、补充、细化。""对同民法典规定和原则不一致的国家有关规定,要抓紧清理,该修改的修改,该废止的废止。"[②] 学界有观点认为,全国人大地位高于全国人大常委会,全国人大制定的基本法律之地位也应当高于全国人大常委会制定的基本法律以外的其他法律[③]。《民法典》的地位应当高于全国人大常委会制定的"特别法"。基于社会生活的复杂性,在法典化的同时我们也面临着"解法典化"的难题,大量单行法涌现,逐步侵蚀了民法典存在的根基,掏空其内容,民法典逐渐沦为"剩余法",也

---

① 参见王泽鉴:《人格权法:法释义学、比较法、案例研究》,北京大学出版社2013年版,第94页。
② 习近平:《充分认识颁布实施民法典重大意义 依法更好保障人民合法权益》,载《求是》2020年第12期。
③ 参见韩大元:《论全国人民代表大会之宪法地位》,载《法学评论》2013年第6期。

就是在特别法未规定之时,方才适用民法典的规定①。这事实上也导致"民法典的功能一直在减少"②,这一问题在域外更多涉及法律技术的问题,而在中国还关涉宪法的规定和全国人大地位的维护。如果任由全国人大常委会以特别法的方式排除民法典的适用,不仅会难以实现民法典的立法目的,更会从实质上侵犯全国人大的立法权,因为全国人大常委会以制定特别法的方式使其出台的法律优先于《民法典》的适用,从根本上而言,不符合维护全国人大最高国家权力机关的要求。从国家机关的权力配置和地位上来说,"任何宪定机关的权力都有边界"③,如果全国人大制定的法律事实上被其他主体制定的规范排除适用,无疑是对全国人大地位的侵犯,也会造成全国人大常委会权力的不当扩张。解决这一问题的终极办法还需诉诸宪法的规定,让合宪性审查制度能够真正运行,切实成为法治国家建设的有力守护方式,在确保法律能及时回应社会需求的同时,能够维护《民法典》的基本法律地位。

(三) 宪法对民事审判的前见约束

在法律规定缺位之时应当如何保障基本权利几乎是所有国家所共同面临的问题。在西方法治实践中有着自然法的浸润,可以通过诉诸人的理性道德,从而为权利保障提供某些超验的依据;作为国家和社会理性集中体现的宪法产生之后,法官的首要选择必然是诉诸宪法的规定,以符合宪法精神和规定的方式确保权利获得救济。立基于宪法的规定保障公民权利和规范审判实践中的法律解释在我国表现得更为必要,我国的法治发展历程同西方国家差异较大,并未经历自然法的发展阶段,而要求助更高的理性和实现更高程度的正义只能在法律体系之内寻求。宪法是唯一选择,也是宪法使裁判机关拥有了"处置社会正义观念"的可能性④。因为按照法治的基本要求,宪法是一国的根本法,应当约束立法、行政以及审判行为,法官应当处于宪法之下,如果法官从自己所服膺的价值秩序和正义观念出发来解释宪法,那么不管他是有意还是无意,都会导致法官成为"宪法的主人"。宪法的规定使得尊重特定价值和意义关联成了一种义务⑤。宪法虽然较为抽象,政治色彩较浓,但依然是成文法,理应具有规范效力。从宪法角度论证,既可以发挥宪法的作用,也是法院这一公权力主体"承担宪法义务的基本方式"⑥。

在民事审判中,法院不可避免地要妥善处理各种权利冲突和进行利益衡量,在一般情况下,可以根据权利的重要性明确哪些权利应当获得优先或者更高程度的保护。但是,基于社

---

① 参见[意]那塔利诺·伊尔蒂:《解法典的时代》,薛军译,载徐国栋:《罗马法与现代民法》(第四卷),中国人民大学出版社2004年版,第100-107页。
② 苏永钦、方流芳:《寻找新民法——苏永钦、方流芳对话中国民法法典化》,元照出版公司2019年版,第102页。
③ 黄明涛:《"最高国家权力机关"的权力边界》,载《中国法学》2019年第1期。
④ 参见[德]默勒斯:《法学方法论》,杜志浩译,北京大学出版社2023年版,第586页。
⑤ 参见[德]卡尔·拉伦茨:《法学方法论》,黄家镇译,商务印书馆2020年版,第454-455页。
⑥ 张翔:《两种宪法案件:从合宪性解释看宪法对司法的可能影响》,《中国法学》2008年第3期。

会生活的复杂性和易变性以及人们观念、社会境况的差异,不同的权利冲突和纠纷解决往往难以事先确定优先级,只能根据具体情况进行判断。那么,法官的论证说理和法律解释工作就变得更为重要,从一定意义上说,权利冲突的解决和经由民事审判保障基本权利就是一个宪法解释或者说是如何对待宪法的问题。最高人民法院于2009年发布的《最高人民法院关于裁判文书引用法律、法规等规范性法律文件的规定》规定可以引用的法律规范并未包括宪法,2016年发布的《人民法院民事裁判文书制作规范》再次重申裁判文书不得引用宪法作为裁判依据,但其体现的原则和精神可以在说理部分予以阐述。宪法的规定多数为不完整法条,但是,即便是不完整法条,它们依然是法条,这也就意味着宪法的规定可以分享法律的效力①。在解释或者理解民事法律之时,有必要导入宪法的规定,立基于宪法解释民事法律,以宪法约束法官的解释,防止以法律解释之名任意扩大裁量权乃至进行事实上的立法,也能在相当程度上使法律解释和民事判决更加符合法治要求。并且,从宪法角度论证还有助于确保相关民事判决的合宪性,通过这一方式"将宪法的要求辐射至部门法中,既有助于法制统一,也使得宪法有机会在实践中发展"②。同时,在价值多元的当下,疑难复杂案件往往会引起社会的高度关注,对这些案件的判决也容易引起争议,法官以适当方式在判决中援引宪法将在相当程度上增强判决的说服力,这既能实现适用宪法的目标,也能提升民事判决的权威性。

（四）宪法在民事审判中的合理适用

如上文所述,宪法被认为是公法,一般情形下不可适用于私法自治领域,否则会导致国家权力的不当扩张,侵蚀私法自治的空间。但是,我国宪法并未限定自身在何种领域适用,反而规定了大量针对个人的条款,宪法"并非一个价值中立之秩序,基本权利的规定,就是要建立一个客观的价值秩序,以强化基本权利的适用力。对立法、司法及行政都有拘束力"③。在德国宪法学理论中,有基本权利第三人直接效力论和第三人间接效力论两种,第三人直接效力论主张宪法可以直接适用于私人之间,直接对第三人产生效果。但是,这一观点并未在德国实践中获得主流地位,在"吕特案"中联邦宪法法院确立了第三人间接效力论④。第三人间接效力说主张,基本权利作为一种主观权利并不具有对私人间争议的直接效力,但作为一种客观价值对私人有辐射性的效力,可以通过诸如公序良俗等概括性条款进入民法之中,进而实现对民法解释、民法适用的指导,从而解决私人间的争端⑤。

---

① 参见[德]卡尔·拉伦茨:《法学方法论》,黄家镇译,商务印书馆2020年版,第327页。
② 冯健鹏:《我国司法判决中的宪法援引及其功能:基于已公开判决文书的实证研究》,载《法学研究》2017年第3期。
③ 陈新民:《德国公法学基础理论》(增订新版·上卷),法律出版社2010年版,第364页。
④ 参见张翔:《德国宪法案例选释》(第一辑),法律出版社2012年版,第37页。
⑤ 参见李海平:《基本权利间接效力理论批判》,载《当代法学》2016年第4期。

但是，这一方式并非毫无争议，"以适用民法条款为名而实际运用宪法条款，又似有掩耳盗铃、自欺欺人之嫌。因为这种情况下与基本权利发生'直接效力'没有根本上的区别"①。这是因为民法上诸如公序良俗、诚实信用之类的高度概括性规定对于解决私人间争议依然过于"空洞"，没有具体的裁判规范功能，即便适用依然还是要借助其他条款加以确定，因此，直接适用基本权利条款解决民事纠纷，结果与宪法的间接适用并无实质上的差异。所以，基本权利条款以间接方式进入私法之中并无绝对的合理性，只是用一种较为迂回的方式来实现宪法进入私法中的目的。就我国法治发展历程、法治实践来说，我国并无西方那种公私法划分的历史，并未严格区分公法和私法的规定，民法典之中规定了相当一部分公法性质的条款。宪法所规定的对公民基本权利的保障不仅仅是针对公权力机关，还有的直接对私人课予义务。如在宗教信仰自由方面，《宪法》第三十六条第二款规定："任何国家机关、社会团体和个人不得强制公民信仰宗教或者不信仰宗教，不得歧视信仰宗教的公民和不信仰宗教的公民。"从文义解释的角度而言，其适用于私人之间并无特殊障碍。从宪法发展趋势看，基本权利对于私人间的效力已经在部分国家的宪法上得到了明确，《瑞士联邦宪法》第35条规定：（1）基本权利应当在整个法律秩序中得到实现；（2）履行国家公职的人员有尊重公民的基本权利，并促进其实现的义务；（3）国家机关确保基本权利在适当的范围内适用于私人之间的关系②。从该条规定看，国家机关有权在适当的范围内并以适当方式将传统上适用于公权力和私人之间的基本权利扩展至纯粹的私人之间，并且在能否适用方面，有关国家机关具有较大的裁量权。

当然，本文并不主张宪法应当在任何时候无条件地适用于私人领域，保持市民社会必要的自治、避免公权力的不当扩张，对于市场经济的发展、基本权利保障等依然具有积极意义。在民事审判中，只有在主体之间的权利义务以及实力严重不对等的情况下，宪法才有直接适用的必要，并且法官也应当作出严密且充分的论证和说明。而在各种权利发生冲突之时，应当诉诸宪法的规定，通过宪法增强判决说理的力度③。通过诉诸宪法上的价值体系，对民法上的一般性条件作价值补充，可以使相关民事判决具有更加坚实的价值共识基础，也具有更为坚实的正当性支撑。也正是通过诉诸宪法的价值体系和合宪性解释，宪法上的价值和理念可以导入民法之中，也在相当程度上可以改变民法典的面貌和重塑民法理论④。

从民法典制定之时的"依据宪法，制定本法"发展为依据宪法适用民法典，依据宪法之

---

① 张翔：《基本权利在私法上效力的展开——以当代中国为背景》，《中外法学》2003年第5期。
② 《世界各国宪法》编辑委员会：《世界各国宪法》（欧洲卷），中国检察出版社2012年版，第563页。
③ 参见张红：《不表意自由与人格权保护——以赔礼道歉民事责任为中心》，载《中国社会科学》2013年第7期。
④ 薛军：《"民法—宪法"关系的演变与民法的转型——以欧洲近现代民法的发展轨迹为中心》，载《中国法学》2010年第1期。

规定和法理作出法律解释,尤其是在存在数种解释可能的时候,应选择最符合宪法的方向解释,就宪法和民法的调和来说,也是朝着最符合宪法的价值规范去解释民法的规定[①]。这一方式并不必然会妨害私法自治,我们不应当将宪法视为私法潜在的威胁者。宪法和民法作为法治体系的共同组成部分,有着共享的价值,也承担着共同的使命,因为宪法是保障基本权利抵抗公权力不当干涉的根本法,具有最高规范效力和正当性,以宪法为民事立法和民事审判提供价值和规范支撑将使民法典保障基本权利获得更高层次的正当性。

五、结语

有效保障基本权利是法治建设的永恒课题。民法典的出台必然会对我国民事审判规则适用的统一和民事权利保障产生积极影响,有助于增强对民事权利的保障,也能在一定程度上促进基本权利的落实。民法和宪法的交融已经不可避免,二者的截然分离难以为继,也不符合现实。"私法公法化"业已成为民法发挥自身功能和维持自身地位不可回避的方式,只有能直面现实的法律才能获得持久的生命力。对基本权利的保障单靠一部民法典难免捉襟见肘,尚需在宪法的指引之下形成各个部门法的合力。在我国宪法实施有待进一步加强的情况下,不能因为实施状况不佳而忽视宪法应有的作用,否则将使宪法更难以发挥其应有的保障公民基本权利的作用,部门法在权利保障中也将失去根本法支撑的根基。在"民法典时代",我们应当深化对基本权利保障的认识,在宪法和民法典的互相影响和互动中构筑符合中国国情的基本权利保障机制。

---

① 参见苏永钦:《寻找新民法》,北京大学出版社2012年版,第345-356页。

我国监狱执行刑罚行为的可诉性研究[*]

宋久华[**]

摘　要： 我国法院大多以监狱执行刑罚行为系依照《刑事诉讼法》明确授权而实施的行为为由，将服刑人员对监狱提起的行政诉讼排除在受案范围之外，这一做法有待商榷。监狱对狱内犯罪案件实施的侦查行为是基于《刑事诉讼法》明确授权而实施的行为，除此之外的其他执行刑罚行为则应定性为行政行为，因为监狱属于行政机关，具有行政职能，其执行刑罚行使的是行政职权，在此过程中与服刑人员形成了行政法律关系。为了满足服刑人员权利救济的需要，同时将监狱置于司法审查与监督之下，实现公共权力与个人权利的平衡，应从立法层面明确监狱执行刑罚行为的可诉性，并通过司法解释进一步明确此类案件的诉讼条件。

关键词： 监狱　执行刑罚　可诉性　行政行为

监狱执行刑罚行为是否具有可诉性？服刑人员如认为其合法权益遭遇监狱的不法侵害，能否通过诉讼方式寻求司法救济？对此，法律并无直接规定，实践中各级各地法院做法也不统一。近年来，有学者开始关注刑事执行权的性质、服刑人员的司法救济权等相关课题。关于刑事执行权的性质，出现了司法权、行政权以及兼具司法权与行政权三种学说之争。其中，主流见解依据刑事执行程序是《中华人民共和国刑事诉讼法》（简称《刑事诉讼法》）的

---

[*] 基金项目：2021年度中央司法警官学院博士科研启动经费专项项目"罪犯基本权利保护制度研究"（项目号：BSQDW202104）。

[**] 作者简介：宋久华，中央司法警官学院讲师，法学博士。

组成部分、刑事执行权是刑罚权的有机组成部分,认为其性质属于司法权[①];也有学者根据刑事执行的具体内容对该权力进行划分,得出二者兼而有之的结论[②];少数学者结合司法权和行政权各自的性质对刑事执行权进行检视,认为该权力具有执行管理而非判断的属性,应定位为行政权的一种[③]。而关于服刑人员司法救济权的研究则较为单薄,仅仅概括性地强调司法救济权的重要性,宏观性地呼吁应赋予服刑人员该项权利[④]。然而,能够做到理论与实践相结合,立足我国服刑人员维权现状,对监狱执行刑罚权及执行刑罚行为的性质进行理论探讨,进而从立法层面构建相关权利保障制度的文章著述较为少见。随着国家法治建设进程的加快,服刑人员的法律意识、维权意识逐渐增强,监狱因其执行刑罚行为不当而被诉诸法院的情况必然会随之增多,因此,对监狱执行刑罚行为是否可诉这一问题予以明确,不仅能够从理论上澄清该行为的法律性质,而且有利于司法实践中相关纠纷的妥善解决。

一、实证考察:法院是否认可监狱执行刑罚行为的可诉性

研究监狱执行刑罚行为的可诉性,就是研究如果服刑人员对监狱执行刑罚行为提起行政诉讼,法院如何处理。在对该问题进行应然层面的探析之前,笔者先对相关司法实践进行了实证研究,从中国裁判文书网收集相关文书共计 226 份,涉及案件 181 起[⑤]。这些案件的诉讼请求分为以下类型:一是要求监狱履行法定职责[⑥];二是要求监狱撤销一定的行为[⑦];三是要求对监狱所实施行为的合法性进行审查并确认违法[⑧];四是要求监狱承担行政赔偿责任[⑨]。当然也有一些案件同时提出上述多项请求。

就一审而言,法院针对上述案件共有五种处理结果:一是不予立案,共 57 起;二是立案后准许撤诉,共 15 起;三是裁定驳回起诉,共 95 起;四是判决驳回诉讼请求,共 13 起;五

---

① 俞静尧:《刑事执行权机制研究》,群众出版社 2005 年版,第 79 页;张绍彦:《刑罚权与行刑权的运行机制探析》,载《法学评论》1999 年第 3 期。
② 柳忠卫:《论刑事执行权的性质》,载《刑法论丛》2007 年第 2 期。
③ 王辉:《监狱刑罚执行性质的多维度思索》,载《河北法学》2010 年第 3 期;徐然:《刑事执行权的行政权定位及其影响》,载《山东警察学院学报》2014 年第 3 期。
④ 参见冯建仓:《中国监狱服刑人员基本权利研究》,中国检察出版社 2008 年版,第 260-262、267-270 页。
⑤ 相关裁判文书的收集日期截至 2023 年 9 月。具体收集方法为:在中国裁判文书网"高级检索"选项卡中的"案由"部分选择"行政案由","案件名称"部分输入"监狱",这样会检索出监狱所涉的各类行政案件法律文书。对这些文书逐一进行辨识,仅选择本文所涉的服刑人员起诉监狱案件。
⑥ 例如,原告要求判令监狱提供其父在狱中病亡的相关档案信息。参见郭某诉镇江监狱案,江苏省镇江市中级人民法院(2017)苏 11 行终 2 号行政裁定书。
⑦ 例如,原告要求判令监狱撤销《吉林省四平监狱关于对赵某英信访事项的答复意见》。参见赵某阳诉四平监狱案,吉林省四平市中级人民法院(2016)吉 03 行终 212 号行政裁定书。
⑧ 例如,原告要求确认监狱唆使、纵容其他服刑人员对其殴打致伤的行为违法。参见吴某法诉洪泽湖监狱案,江苏省宿迁市宿城区人民法院(2019)苏 1302 行初 117 号行政裁定书。
⑨ 例如,原告因其子在服刑期间参加劳动改造过程中违章操作致死,要求判令监狱予以赔偿。参见季某燕、李某美诉烟台监狱案,山东省烟台市中级人民法院(2015)烟行终字第 162 号行政裁定书。

是支持原告的诉讼请求,仅有 1 起。可见,对于绝大多数案件,法院认为不属于行政诉讼的受案范围,或不予受理,或受理后说服原告撤诉,或驳回起诉。尽管这些案件中,绝大多数当事人进行了上诉、申诉,但二审或再审法院亦持同样的立场。实践中也有少数法院肯定监狱执行刑罚行为的可诉性,对案件进行了实质审理。根据前述统计结果,共计 14 起案件属于这种情况,遗憾的是其中 13 起被法院以"证据不足、理由不成立"为由驳回诉讼请求,能够获得法院审理并支持的案件仅 1 起,占比极低①。而至于法院在何种情形下认可监狱执行刑罚行为的可诉性,其实并无规律可循。同一起案件,同一个诉讼请求,一审法院进行实体审理并因证据不足判决驳回诉讼请求,二审法院却否认其可诉性②;同样是要求公开服刑人员多年前在狱中死亡的原因及病历材料,有的法院裁定驳回起诉,有的法院却支持原告的诉讼请求③;甚至在个别案件的办理过程中,最高人民法院不同部门之间也提出了不同的意见。以刘某龙诉陕西省监狱管理局一案为例④,最高人民法院行政审判庭作出《关于罪犯在监狱劳动中致伤、致残所引起的国家赔偿如何救济问题的答复》(以下简称《答复》):罪犯在监狱劳动中致伤、致残所引起的国家赔偿应当按照《中华人民共和国国家赔偿法》(简称《国家赔偿法》)规定的程序处理。而这里的"规定的程序",是指《国家赔偿法》中规定的行政赔偿程序⑤。为了加强论证,《答复》还引用了最高人民法院研究室发布的《关于犯罪嫌疑人

---

① 该案情况如下:原告要求判令被告河南省监狱管理局公开其父于1984年在狱中死亡的原因及相关病历资料。法院判决:被告应于本判决生效后15个工作日内对原告提出的信息公开申请作出答复。参见张某聚诉河南省监狱管理局案,郑州铁路运输中级法院(2018)豫7101行初420号行政判决书。

② 例如,原告请求法院确认监狱未按照医嘱依法履行职责而致使其近亲属在服刑期间因病死亡的行政行为违法。一审法院认为证据不足,判决驳回诉讼请求。上诉后,二审法院认为本案不属于行政诉讼受案范围,一审法院适用法律错误,故裁定撤销原判,驳回起诉。参见刘某艳、王某宝诉金昌监狱案,甘肃省兰州市中级人民法院(2015)兰行初字第54号行政判决书,以及刘某艳、王某宝诉金昌监狱案,甘肃省高级人民法院(2016)甘行终103号行政裁定书。

③ 例如,郭某诉镇江监狱案,江苏省镇江市中级人民法院(2017)苏11行终2号行政裁定书;张某聚诉河南省监狱管理局案,郑州铁路运输中级法院(2018)豫7101行初420号行政判决书。

④ 案情如下:刘某龙在崔家沟监狱服刑期间发生工伤,刑满释放后向监狱申领医疗费、补助费等24 500元。然而刘某龙领款后反悔,多次向陕西省监狱管理局上访,提出治疗费不够,要求重新处理。陕西省监狱管理局致函崔家沟监狱按照《中华人民共和国监狱法》(简称《监狱法》)第七十三条妥善处理。刘某龙在没有结果的情况下,向陕西省监狱管理局申请复议,陕西省监狱管理局以超出复议期限为由作出了对该行政复议申请不予受理的通知。刘某龙不服,向法院提起行政诉讼,请求撤销陕西省监狱管理局对行政复议申请不予受理的通知,依照《监狱法》第七十三条重新处理其工伤事宜。在审理中,陕西省监狱管理局又根据司法部2003年1月3日给重庆市司法局作出的司复〔2003〕1号《司法部关于对罪犯劳动致伤残的补偿决定不服不能申请行政复议的批复》的规定(监狱组织罪犯生产劳动,是依据刑法、刑事诉讼法和监狱法的有关规定进行的执法活动,监狱对罪犯在劳动中致伤、致残或死亡的补偿决定行为,不属于司法行政机关行政复议的范围,当事人不能提起行政诉讼),作出了撤销《对刘某龙行政复议申请不予受理的通知》的决定。刘某龙收到该决定后表示不撤诉。蔡小雪:《监狱就罪犯在劳动中致伤、致残所作的医疗费、补偿金等处理行为是否属于行政诉讼的受案范围》,载中华人民共和国最高人民法院行政审判庭:《行政执法与行政审判》2011年第2集(总第46集),中国法制出版社2011年版,第60-61页。

⑤ 蔡小雪:《监狱就罪犯在劳动中致伤、致残所作的医疗费、补偿金等处理行为是否属于行政诉讼的受案范围》,载中华人民共和国最高人民法院行政审判庭:《行政执法与行政审判》2011年第2集(总第46集),中国法制出版社2011年版,第64页。

在看守所羁押期间患病未得到及时治疗而死亡所引起的国家赔偿应如何处理问题的答复》（法研〔2005〕67号）作参考①。其后相关法院又就该案征求最高人民法院研究室意见。研究室则认为监狱依法组织服刑人员从事生产劳动，属于依《刑事诉讼法》授权实施的执行刑罚行为，不应纳入行政复议及行政诉讼的受案范围②。这两种截然相反的处理意见，应以何者为准，目前尚无更高效力层级的法律文件规定。

司法的不统一很大程度上可归结于对监狱执行刑罚行为性质的认识分歧。目前仅有个别法院认为"监狱履行保护服刑人员在刑罚执行期间人身安全的法定职责行为，属于行政职责行为"③。而实务界普遍性的观点则是主张监狱是根据《刑事诉讼法》的明确授权执行死刑（缓期两年执行）、无期徒刑、有期徒刑（剩余刑期三个月以上）的刑罚执行机关，因此，其对服刑人员在服刑期间实施的行为均属于依《刑事诉讼法》授权的刑事司法行为。根据相关司法解释规定，服刑人员针对监狱执行刑罚行为提起的诉讼，不属于行政诉讼受案范围④。换言之，法院关于监狱执行刑罚行为的法律性质认定，是排除其可诉性的根据。

二、理论求证：监狱执行刑罚行为的法律性质

监狱执行刑罚，顾名思义，是指监狱将法院生效裁判所确定的刑罚付诸实施的活动，根据《中华人民共和国监狱法》（简称《监狱法》）的规定，其外延应当包含"刑罚的执行""狱政管理""改造"三部分内容。本文在此意义上展开讨论。

（一）监狱执行刑罚行为是否属于依照《刑事诉讼法》授权实施的行为

判断监狱执行刑罚行为是否属于依照《刑事诉讼法》明确授权实施的行为，关键在于确定监狱执行刑罚的权力和职能是如何产生的，以及是否依附于《刑事诉讼法》而存在。

1. 事实维度的考察——监狱执行刑罚权的起源

监狱作为国家机器的重要组成部分，是阶级矛盾不可调和的产物和表现，是随着国家的产生而产生的，且自产生后便以刑罚的存在为前提，没有刑罚就没有监狱⑤。在漫长的奴隶社会和封建社会里，因死刑和肉刑在刑罚体系中占据主导地位，所以监狱仅仅是一个待

---

① 2005年5月8日，最高人民法院研究室《关于犯罪嫌疑人在看守所羁押期间患病未得到及时治疗而死亡所引起的国家赔偿应如何处理问题的答复》指出：《中华人民共和国看守所条例》规定，看守所是对被依法逮捕的犯罪嫌疑人予以羁押的法定场所，并负有保护羁押人在羁押期间人身安全的法定职责和义务。看守所履行上述职责的行为，是行政法赋予的行政职责行为，不是《刑事诉讼法》规定的行使国家侦查职权的司法行为。因此，犯罪嫌疑人在看守所羁押期间患病未得到及时治疗而死亡所引起的国家赔偿，应当按照《中华人民共和国国家赔偿法》规定的行政赔偿程序处理。

② 石磊：《最高院研究室关于服刑人员在劳动中致伤致残或者死亡如何处理问题的研究意见》，载张军：《司法研究与指导》（总第1辑），人民法院出版社2012年版，第148-151页。

③ 例如，马某忠诉湖州监狱案，浙江省安吉县人民法院（2010）湖安行初字第4号行政判决书。

④ 此观点见诸笔者收集的大多数裁判文书，例如，宁某庆诉齐州监狱案，山东省济阳县人民法院（2016）鲁0125行初10号行政判决书。

⑤ 刘洪：《论监狱的功能——以监狱的社会属性为研究视角》，载《犯罪研究》2009年第4期。

审、待决场所。至18世纪末19世纪初,随着资本主义经济的发展和启蒙思想的传播,人们认识到"对人类心灵发生较大影响的,不是刑罚的强烈性,而是刑罚的延续性。处死罪犯的场面尽管可怕,但只是暂时的,如果把罪犯变成劳役犯,让他用自己的劳苦来补偿他所侵犯的社会,那么,这种丧失自由的鉴戒则是长久的和痛苦的,这乃是制止犯罪的最强有力的手段"①,自由刑才逐渐取代死刑和肉刑成为对付犯罪的常规方法,而自由刑的执行需要一定的场所或机构,监狱正是以执行自由刑为主旨的一种特殊的物化设施②。因此,监狱的功能也随之演变为自由刑执行场所。尽管其后随着刑罚执行理念的嬗变,特别是教育刑的发展,监狱不再是消极的拘禁人的场所,其在管理中开始注重服刑人员的教育改善和再社会化③,但是其将刑罚付诸实施的基本功能从来不曾改变。

据此,伴随着自由刑走上历史舞台,监狱天然地承担起执行刑罚的使命,执行刑罚是监狱工作的基本内容,也是监狱存在的价值所系。正是因为监狱将刑罚付诸执行,服刑人员需要遵守监狱法律、规则和纪律,服从工作人员的命令和指示,缺乏甚至没有个人的隐私和选择,不能与家人团聚,不能从事社会交往活动④,刑罚的惩罚天性才能得到淋漓尽致的实现。如果失去了执行刑罚的权力,那么监狱将不再成为监狱。因此,从事实维度来讲,监狱执行刑罚的权力与近现代自由刑相伴而生,相互依存,不可分割,监狱执行刑罚行为并非依附于某一部部门法的授权而得以产生并存续。

2. 法律维度的考察——我国监狱执行刑罚权的依据

在法治国家,任何一种公权力的行使都必须有法可依。《监狱法》第二条规定:"监狱是国家的刑罚执行机关。依照刑法和刑事诉讼法的规定,被判处死刑缓期二年执行、无期徒刑、有期徒刑的罪犯,在监狱内执行刑罚。"根据该条所载的"依照刑法和刑事诉讼法的规定",是否意味着监狱的执行刑罚权来自《刑事诉讼法》的"授权"呢?毕竟后者在第二百六十四条中对监狱执行刑罚行为进行了规定⑤。笔者将对此开展分析。

首先,从"授权"的含义展开分析。按照《现代汉语词典》的解释,"授"的意思为"交付、给予","权"为"权力",二者结合而成的"授权"即"将权力委托给他人或机构代为执行"⑥。当然,此处的"委托"描述的是权力转移的状态,与行政法规范中所涉及的"委托"不同,后者是指某一行政主体将某项行政职权交由其他特定的主体代为行使,但是由此产生的法律责任仍由该行政主体承担。对于被授权一方而言,其本来是没有某项权力的,只不过因对方

---

① [意]贝卡里亚:《论犯罪与刑罚》,黄风译,商务印书馆2018年版,第47页。
② 刘洪:《论监狱的功能——以监狱的社会属性为研究视角》,载《犯罪研究》2009年第4期。
③ 廖斌:《监禁刑现代化研究》,中国政法大学2005年博士学位论文,第28页。
④ 吴宗宪:《当代西方监狱学》,法律出版社2005年版,第32-34页。
⑤ 参见《刑事诉讼法》第二百六十四条。
⑥ 中国社会科学院语言研究所词典编辑室:《现代汉语词典》(第7版),商务印书馆2016年版,第1208、1081页。

的明确授予才获得了行使该项权力和职能的资格。也就是说,"授权"意味着权力从有权机构向无权机构转移,是一种发生在两个机构之间的行为。授权之后,该权力为被授权方所独享,以自己的名义行使权力并承担责任①。因此,依照《刑事诉讼法》授权实施的行为,并非指权力由《刑事诉讼法》转移至被授权方,而是指通过《刑事诉讼法》这一媒介由某一机构转移至被授权方。就监狱而言,其行使的何种权力系通过《刑事诉讼法》这一媒介的明确授权转移而来呢?笔者认为当属《监狱法》第六十条规定的监狱对服刑人员狱内犯罪案件的侦查权。这是因为《刑事诉讼法》第三条规定了侦查、检察、审判权由专门机关依法行使,根据该原则,侦查权归属于公安机关。但是,出于刑事诉讼的需要,该法又对本无侦查权的其他机关行使侦查权的情形进行了特别规定,即分别授予国家安全机关、军队保卫部门、中国海警局、监狱对一定范围内刑事案件的侦查权②。包括监狱在内的这些部门侦查刑事案件的行为,才真正属于公安、国家安全等机关依照《刑事诉讼法》的明确授权实施的行为,其以被授权单位自己的名义实施并自行承担责任。

除对狱内犯罪的侦查权外,监狱实施的其他执行刑罚行为,则是来源于《中华人民共和国宪法》(简称《宪法》)的"授权"。《宪法》第二十八条规定:"国家维护社会秩序,镇压叛国和其他危害国家安全的犯罪活动,制裁危害社会治安、破坏社会主义经济和其他犯罪的活动,惩办和改造犯罪分子。"其中的"惩办和改造犯罪分子"奠定了《监狱法》的基础,可以说是制定监狱法律规范的起点。监狱执行刑罚的权力,正是以《宪法》第二十八条为根本来源和依据的;《监狱法》关于监狱法律性质的规定③,正是对《宪法》"惩办和改造犯罪分子"这一总体要求的具体落实。值得注意的是,此"授权"实际上是《宪法》的制定主体——全国人民代表大会通过《宪法》对国家权力所作的分配,如同规定检察机关是国家的法律监督机关,法院是国家的审判机关一样,本质上属于立法行为,与前述"依照《刑事诉讼法》授权实施的行为"中的"授权"并非一个层面的含义。

其次,从监狱执行刑罚行为的特点展开分析。监狱并不是简单、被动、消极地执行刑罚。从时间上,包括从入监到出监的整个过程;从空间上,主要是在狱内,而不仅仅局限于狱内;从内容上,是在依法惩罚的基础上融入更为先进的改造内涵,强调依法治监,更加注重对服刑人员合法权利的保护,同时也更为人道。这就决定了刑罚执行活动的复杂性与多维性,需要专门的法律法规加以规范④。在统一的刑事执行法尚付阙如的情况下,不论是过去效力

---

① 朱学磊:《"法律、法规授权的组织"之身份困境及其破解:以行政诉讼为展开视角》,载《江汉学术》2015年第6期。
② 参见《刑事诉讼法》第四条、第三百零八条。
③ 《监狱法》第二条:监狱是国家的刑罚执行机关。依照刑法和刑事诉讼法的规定,被判处死刑缓期二年执行、无期徒刑、有期徒刑的罪犯,在监狱内执行刑罚。
④ 史殿国:《监狱学基础理论》(第二版),法律出版社2023年版,第55页。

层级相对较低的《中华人民共和国劳动改造条例》，还是如今全国人大常委会颁布的《监狱法》，都是在特定历史条件下对监狱执行刑罚工作所作的专业性、系统性、权威性规定，监狱刑罚执行工作主要由监狱法律规范来专门调整。虽然刑事实体法和刑事程序法中有少量条款涉及刑罚执行，但这并不意味着其"授权"监狱实施执行刑罚的行为，而仅仅表现为刑事法律之间的一种内在联系或有机衔接。也就是说，《刑事诉讼法》中关于监狱执行刑罚权力的规定，仅仅起到提示、强调与衔接作用。在《宪法》的权力分配模式之下，即使没有该规定，监狱仍会行使其执行刑罚的职能。

综上，总体而言，监狱执行刑罚的权力从根源上可溯及自由刑的产生，且以《宪法》为根本、以监狱法律法规为依据，有且只有"对狱内犯罪案件的侦查权"才是基于《刑事诉讼法》的授权而存在及发挥作用的。因此，应当对监狱执行刑罚行为的性质加以区分。实践中法院径直将服刑人员对监狱提起的行政诉讼排除在受案范围之外的做法，是对监狱执行刑罚行为性质的错误解读。

（二）监狱执行刑罚行为是否属于行政行为

监狱执行刑罚行为是否具有可诉性，根据《中华人民共和国行政诉讼法》（简称《行政诉讼法》）第二条的规定①，仍需进一步确认该行为是否属于行政行为，具体而言，需要考察以下几个方面的问题。

1. 关于监狱属性的界定

行政行为的主体应当拥有行政职权。监狱作为国家的刑罚执行机关，是否具有行政职权，需考察其在性质上是否属于行政机关。如属于行政机关，其便当然具有国家行政职权。遗憾的是，对于该问题，并没有法律明文规定，只能从相关立法中寻找解释。根据《中华人民共和国刑法》（简称《刑法》），监狱中负有监管职责的工作人员，属于司法工作人员，在履职过程中如实施特定行为，有可能构成私放在押人员罪、失职致使在押人员脱逃罪，以及徇私舞弊减刑、假释、暂予监外执行罪等主体要件为司法工作人员的罪名②；根据《国家赔偿法》，监狱及其工作人员在行使职权时如有侵犯人身权、财产权的法定情形，受害人有权获得刑事赔偿而非行政赔偿③。那么，这些规定能否作为认定监狱具有司法机关属性的依据呢？笔者认为不能贸然得出结论。在上述法条中，与监狱并列规定的，还有行使侦查、检察、审判职能的机关。其中，行使侦查职能的机关，主要指公安机关，同时也包括特定情形下的国家安全机关、军队保卫部门、中国海警局、监狱。如果仅仅根据上述有关工作人员以及赔偿责

---

① 《行政诉讼法》第二条第一款：公民、法人或者其他组织认为行政机关和行政机关工作人员的行政行为侵犯其合法权益，有权依照本法向人民法院提起诉讼。
② 参见《刑法》第九十四条、第四百条、第四百零一条。
③ 参见《国家赔偿法》第十七条、第十八条。

任的规定直接推导相应机关的司法属性,那么公安机关、国家安全机关、军队保卫部门、中国海警局、监狱与行使检察、审判职能的检察院、法院一样,均属于司法机关,这显然是荒谬的。那么,监狱的性质应如何界定呢?

笔者认为,监狱作为国家机关,其定位应从所属的组织架构中寻求依据。在我国,司法部设置监狱管理局,作为管理和领导全国监狱的职能部门,省、自治区、直辖市监狱管理局在省、自治区、直辖市司法厅(局)的领导下,管理和领导本地区的监狱工作。而司法部是国务院组成部门,省、自治区、直辖市司法厅(局)是省、自治区、直辖市政府组成部门,因此,从组织结构上来看,监狱属于国家行政机关。然而,需要注意的是,与其他行政机关相比,监狱具有一定的特殊性。这是因为监狱作为国家的刑罚执行机关,其最基本的职能是执行刑罚。与法院、检察院针对具体案件所开展的定罪量刑活动不同,它仅仅是将法院的相关生效判决付诸实施,从而保障司法机关的司法权最终得以实现、司法权威最终得以维护。因此,监狱是与司法机关有着千丝万缕联系、以辅助司法机关实现司法权为目的的特殊行政机关,当然具有行政职权。

2. 关于监狱行使职权性质的界定

在我国现行法律体系下,同一机关完全可以从事不同性质的职能活动,同一性质的职能活动也完全可能由不同机关来分别从事。因此,判断监狱执行刑罚行为是否行使了行政职权,不能仅仅依据权力行使主体的性质,还必须对照权力本质和行为本身进行实质性判断。

传统行政法学理论认为,行政是组织的一种职能,任何组织(包括国家)要生存和发展,都必须有相应的机构和人员行使执行、管理职能(行政职能)。在现代社会,行政的内涵和实质都发生了深刻的变化。如旧时行政的主要目标是秩序,故特别强调对相对人的"管",不服管则罚。而现代行政的目标除了维护秩序之外,更多的是强调为相对人服务,以人为本。因此,行政不再仅仅是行政主体对行政相对人实施的单方行为、不再以强制性为其基本特征,而是侧重于公共治理。但是,无论理论和实践如何发展,管理和执行都是行政的重要内容,行政权通常情形下体现为执行、管理权[①]。其中,"执行"是相对于"决策"而言,"管理"是相对于"运作"而言,运作是组织为生存和发展进行的各种活动,管理则是为保障运作符合决策所确定的目标、纲领、方案而对运作进行的规划、指挥、组织、协调、控制等[②]。那么,监狱所实施的"刑罚的执行""狱政管理""改造"三种行为是否体现了上述行政职能呢?

(1)关于"狱政管理"的职能界定

"狱政管理",是监狱为了维护正常的监管秩序而对服刑人员的日常生活起居所实施的

---

① 姜明安:《行政法》,北京大学出版社2017年版,第6-9页。
② 姜明安:《行政法与行政诉讼法》(第七版),北京大学出版社2019年版,第1页。

管理工作，具体包括分押分管、警戒、戒具和武器的使用、通信、会见、生活、卫生、奖惩、对狱内犯罪的处理等事项。除了对狱内犯罪的处理涉及刑事案件侦查权之外，狱政管理其他各项内容均体现为典型的管理职能：一方面，积极组织、协调监狱各项事务，为服刑人员依法行使权利提供服务，确保监狱正常运转、服刑人员的生活秩序井然，从而为实现改造宗旨奠定坚实的基础；另一方面，狱政管理是监狱作为刑罚执行机关的基本职责所在，以国家强制力为后盾，因而具有强制性，服刑人员必须服从管理、履行各项义务、遵守监管秩序，否则，监狱可依法对其实施强制或制裁。

（2）关于"改造"的职能界定

"改造"，是通过监管、教育、生产劳动等手段，使服刑人员转化思想、矫正恶习、增长知识、掌握劳动技能、成为守法公民所进行的一系列活动。在现代社会，监狱执行刑罚不是单纯地将刑罚付诸实施，也不是消极地确保服刑人员在服刑期间遵守监规监纪，而是从预防重新犯罪的高度对服刑人员的人身危险性进行评估，从服刑人员未来生存的角度对其个性化需求作出回应，在考虑其改造与回归的基础上行刑。因此，需要监狱充分发挥主观能动性，依职权积极主动地对改造工作进行宏观设计，并制定差异化的改造方案，从而保障监狱工作方针和宗旨的实现；同时，改造工作贯穿于监狱行刑的全过程，监狱行刑的日常即体现为组织服刑人员参加教育、劳动等改造活动，而参与这些活动对于服刑人员而言既是权利，又是义务，如其消极抗改，依法将受到相应处罚。因此，改造工作究其本质，既是对"惩罚与改造相结合，以改造人为宗旨"的监狱工作方针的贯彻执行行为，也是在"将监狱服刑人员改造为守法公民"的宗旨指引下，对服刑人员个体的思想行为进行矫正和重塑、对服刑人员群体的服刑生活进行规划和组织的管理行为，体现了传统行政的管理、执行特征。同时，这种执行、管理行为的目的不仅仅是维护监管秩序，更重要的是帮助服刑人员回归社会，因而具有现代行政以人为本的特征。

（3）关于"刑罚的执行"的职能界定

"刑罚的执行"即监狱在审判程序结束之后，依法定职责主动开启执行程序，与公安、法院等机关配合办理交接手续，对服刑人员实施收监、监禁、释放等行刑行为，根据《监狱法》的规定，具体包括收监、释放、暂予监外执行、减刑、假释以及对申诉、控告、检举的处理。其中，收监、释放是非常典型的执行行为，执行的依据是法院的生效裁判文书，执行的过程由一系列程序性动作组成，执行的目的是将判决付诸实施，具有鲜明的行政色彩。而在罪犯提出控告、申诉、检举的情况下，监狱的职责主要是将相应的诉求和材料及时转递至有关部门，通过转递，确保服刑人员的诉求及时得到处理，从而安抚情绪、保障权利、维护监管秩序，这也是践行监狱改造宗旨的内在要求，因此，转递活动本质上是监狱主动依职权对监狱事务进行管理的体现。当然，也有一部分控告、检举需要监狱自行处理，但是这种情况下监狱并非作为中立的第三方处理服刑人员与监狱人民警察之间的纠纷，而是通过行政手段对内部事务所进行的处理，目的是对监狱人民警察进行规范管理、确保监管活动规范有序进行，因而也是一种内部管理行为。至于暂予监外执行，则是在服刑人员符合法定条件的情况下，由监狱提出书面意见，提请省、自治区、直辖市监狱管理机关批准，整个过程由监狱系统内部完成，未涉及司法机关和司法程序，是依法依规对服刑人员的服刑活动进行管理的行政管理行为。

这里需要重点讨论的是，在减刑、假释活动中，监狱究竟行使的是司法权还是行政权。在通常意义上，司法被理解为法的适用，即国家司法机关依据法定职权和法定程序，具体应用法律处理案件的专门活动①。那么，司法权就是运用法律的权力。受该理论影响，我国语境下的刑事司法活动通常被认为由涉及法律适用的侦查、起诉、审判、执行活动所构成，相应地，负有侦查、检察、审判、监管职责的工作人员，均被《刑法》规定为司法工作人员。然而，该种理解重在强调司法的主体为"国家司法机关"，但是哪些机关属于"国家司法机关"呢？宪法和法律层面未作出明确规定。事实上，只有回归司法的本质属性，才能清晰地界定出司法权的权力特征。具体而言，从司法区别于其他活动的特性来看，其是针对法律上的具体争讼，适用法规范并对法律上的争讼作出裁断②。从司法活动的运行过程来看，它是享有司法权的机构、组织或个人，针对申请者向其提交的诉讼案件，按照事先颁行的法律规则和原则，作出一项具有法律约束力的裁决结论，从而以权威的方式解决争议各方业已发生的利益争执的活动③。由此，司法的本质是运用法律或者法律渊源以纠纷解决为目标，进行终局的、权威的判断④。当前，我国推进以审判为中心的诉讼制度改革，推动实行审判权和执行权相分离的司法体制改革，目的便是使司法权回归审判权这一本质，从而进一步提升司法质量。从这个意义上，司法权具有被动性、独立性、中立性等特征。

具体到减刑、假释，根据相关法律法规，由监狱或监狱管理机构提请法院裁定。该项活动涉及刑罚的变更或者刑罚执行方式的变更，而变更的原因在于服刑人员的自身表现、服刑期限等满足了法定条件，监狱内部依职权主动启动程序，逐级报送至法院。对于监狱而言，并不存在需要其裁断的争端，也不需要服刑人员申请启动程序，监狱充当的并非被动的、独立的、中立的裁判者角色。因此，监狱在办理减刑、假释事宜中所运用的权力，明显不符合司法权的特征，其不是裁断权，而是建议权，是依据法定条件和程序，积极主动地干预服刑人员的服刑生活，并对其权利义务产生影响的行政权的体现。

---

① 沈宗灵：《法理学》（第二版），高等教育出版社2004年版，第349页。
② ［日］南博方：《行政法》（第六版），杨建顺译，中国人民大学出版社2009年版，第3页。
③ ［日］南博方：《行政法》（第六版），杨建顺译，中国人民大学出版社2009年版，第34页。
④ 章安邦：《司法权力论：司法权的一般理论与三种形态》，吉林大学2017年博士学位论文，第32页。

3. 监狱与服刑人员之间的法律关系性质界定

除了对狱内犯罪进行侦查之外,监狱在日常的狱政管理、改造以及执行刑罚的过程中,与服刑人员之间形成了监狱行刑法律关系,那么该法律关系的性质应如何定位呢?对此,理论界有不同的观点:有学者认为二者之间是一种相对独立的特殊刑事法律关系[1];有学者认为其兼具刑事法律关系和行政法律关系的性质,但又不是完全的刑事或行政法律关系[2];还有学者认为其属于行政法律关系[3]。由此可见,争议的焦点在于监狱行刑法律关系是刑事法律关系还是行政法律关系。

从法理学角度来看,法律关系是根据法律规范产生的以主体间权利与义务关系的形式表现出来的特殊社会关系[4],社会关系接受部门法调整和规范之后必然形成相应的法律关系[5]。由此,判断法律关系的性质,首先要看相关法律规范的性质。监狱行刑法律关系,是由监狱法律规范所确认和调整的。而关于监狱法律规范的定位,一般认为,刑事法律体系是由刑事实体法、刑事程序法和刑事执行法三部分组成的,而监狱法律规范是刑事执行法的重要组成部分,因此,监狱法律规范属于刑事法律。但是,笔者认为,法律规范的性质取决于其所调整的具体内容,而不能因为其所涉内容属于刑事司法活动的一环便直接认定其刑事法律属性。刑事实体法是规定犯罪和刑罚的法律规范;刑事程序法是关于犯罪立案、侦查、起诉、审判、执行的法律规范,解决的是诉讼活动的程序问题。这二者属于典型的刑事法律,但监狱法律规范则与之截然不同,其主要是围绕监狱如何惩罚和改造服刑人员展开的,对监狱和服刑人员的权利和义务进行了明确规定,重点在于规范监狱的刑罚执行权,而监狱是行政机关,刑罚执行权属于行政职权,因此,规范行政机关如何行使行政职权的监狱法律规范,应当定位为属于行政法律规范的范畴,而非刑事法律规范。

此外,从法律关系的产生方面来看,刑事法律关系是刑法规范所调整的国家与犯罪人之间的一种关系。这种关系,从国家的角度来看,是在一定范围内行使刑罚权,并通过刑事诉讼程序得以实现;从犯罪人的角度来看,是在一定程度上承担刑事责任,并在国家行使刑罚权的具体活动中实现。国家与犯罪人之间形成了国家有制约地行使刑罚权与犯罪人有限度地承担刑事责任的关系[6]。因此,刑事法律关系围绕刑罚权的行使而形成和展开。而监狱行刑法律关系始于入监、终于释放,并涉及狱政管理、改造、刑罚执行等事项,在此过程中,除狱内犯罪的侦查行为之外,监狱行使的权力均是行政权,监狱行刑法律关系是基于监狱行使行

---

[1] 史殿国:《监狱学基础理论》(第二版),法律出版社2023年版,第80页。
[2] 姜小川:《略论监狱法律关系》,载《法律适用》1996年第7期。
[3] 于世忠:《监狱法是我国行政法律体系的组成部分》,载《行政与法》1996年第1期。
[4] 章海:《刑事诉讼法律关系若干问题探讨》,载《法商研究(中南政法学院学报)》1995年第5期。
[5] 李福林:《论行政法律关系的秉性与特质》,载《深圳社会科学》2019年第1期。
[6] 张小虎:《论刑事法律关系的内容》,载《中国刑事法杂志》2000年第2期。

政职权而形成的法律关系,因而严格区别于基于刑罚权而存在的刑事法律关系,属于行政法律关系。

综上,监狱与服刑人员形成的监狱行刑法律关系,由行政法律规范调整,基于行政职权而产生,在性质上属于行政法律关系。在该法律关系中,监狱是行政主体,服刑人员则是行政相对人,二者的地位是恒定的、不能相互转化的,同时也是不平等的:监狱代表国家执行刑罚,是主动行使惩罚与改造权的一方,而服刑人员则是被动地接受惩罚与改造;监狱在行刑过程中是以国家强制力做后盾的,服刑人员则必须履行接受惩罚与改造的义务,否则就要受到惩罚,属于被强制的一方。

通过上述分析,监狱在性质上是行政机关,除狱内犯罪的侦查活动之外,监狱执行刑罚行使的是行政职权,与服刑人员之间形成了行政法律关系。由此,监狱在执行刑罚的过程中,针对特定服刑人员所实施的影响其权利义务的行为,构成具体行政行为,具有可诉性。如服刑人员认为该行为侵犯了其合法权益向法院提起诉讼,在符合法定起诉条件的情况下,法院是应当受理的。

三、制度设计:在法律规范中明确监狱执行刑罚行为的可诉性及起诉条件

鉴于除狱内犯罪侦查之外的监狱执行刑罚行为的法律性质为行政行为,应当对实践中长期以来的认识和做法进行反思,还司法救济权给服刑人员,使监狱这样一个特殊的行政机关能够像其他行政主体一样接受司法的审查与监督,在审查与监督中提升规范化、法治化水平,更好地完成执行刑罚、惩罚和改造服刑人员的使命。基于此,笔者建议从以下几个方面进行监狱执行刑罚行为可诉性的制度构建。

(一)在法律层面明确监狱执行刑罚行为的可诉性

根据前文所述,实践中,法院普遍对监狱执行刑罚行为的可诉性加以否定和排除。然而,难能可贵的是,也有个别法官对此问题坚持己见,在裁判文书中认可监狱行刑行为的行政属性[①]。通过这些星星之火,可以管窥司法工作者为维护服刑人员权利所进行的挣扎和努力以及所面临的巨大阻力。如何改变现状,引导司法朝着更加符合理论和实践需求的方向发

---

① 例如,马某忠诉安吉县公安局、长兴县公安局、湖州监狱案,浙江省湖州市中级人民法院(2011)浙湖行终字第10号行政判决书。在该案中,原告要求确认三被告未对其疾病进行及时治疗以及拒绝治疗的行政行为违法。一审判决书载明:"根据《监狱法》的规定,监狱是对被判处死刑缓期二年执行、无期徒刑、有期徒刑的罪犯的刑罚执行机关,同样负有保护罪犯在刑罚执行期间人身安全的法定职责和义务。监狱履行保护罪犯在刑罚执行期间人身安全的法定职责行为,属于行政职责行为。因此湖州监狱是本案适格被告。"只不过因被告确实不存在未及时治疗行为而判决驳回原告的诉讼请求。二审对于一审结果予以了认可。又如,刘某艳、王某宝诉金昌监狱案,甘肃省兰州市中级人民法院(2015)兰行初字第54号行政判决书。在该案中,原告要求确认被告未按医嘱将服刑人员王某转送外院进一步检查、治疗从而造成王某死亡的行政行为违法。一审判决书显示法官认可监狱的行为属于行政行为,但因原告不能提供相应证据加以证明,故驳回诉讼请求。

展,对此,德国的做法对我国具有一定的启发意义。20世纪60、70年代,德国发生了著名的"犯人通信案"①,在该案中,监狱基于州司法部部长委员会会议所颁布的《罪犯服刑与刑罚执行条例》对服刑人员的信件进行了拦截,而联邦宪法法院在裁判中明确指出"即使是犯人的基本权利也只能由法律或是基于法律而受到限制",从而引发了对当时盛行的"特别权力关系"理论的检讨、反思与批判。人们开始认识到以"权力主体拥有概括的权力,相对人承受不特定的义务,前者可以不受法律保留原则限制而制定规则,其所采取的公权力措施不得被诉至法院"为特征的特别权力关系,背离了现代法治国家的基本精神②。按照联邦宪法法院的要求,德国于1977年制定通过《监狱行刑法》,该法最重大的意义在于承认服刑人员为享有宪法上人权保障的主体与确认服刑人员的法律地位,并且保障了其向法院提出诉讼的权利救济途径③。具体而言,其在第109至120条中规定了服刑人员的权利在有所争执的情况下得通过正规法院的权利救济途径来加以实践。根据第109条④,在行刑关系内,涉及监狱为规范个别事务所做之处分、拒绝受刑人要求或不作为,均可以作为诉讼标的;而得提出诉讼者也不限于服刑人员,凡是该处分、拒绝或不作为效力所及的当事人,均可依法提起诉讼。同时,为最大限度地保护服刑人员利益,该法第114条第2项还规定了暂时保护请求和暂时处分命令⑤。此外,在穷尽所有法律途径后,服刑人员还可以像其他公民一样在联邦宪法法院提起诉讼;在穷尽国内的法律救济后,还可以向欧洲人权法院提起诉讼⑥。在这样的立法支持下,姑且不论实际效果如何,至少畅通了服刑人员寻求司法救济的渠道,这也是符

---

① 具体案情:原告被关押在策勒监狱。1967年11月,原告给他人写信,信中涉及已经离职的监狱长以及他认为的监狱长更迭的重要背景。文字显示原告对前监狱长充满了蔑视,认为懦弱和无能是其不再担任监狱长的原因。后来,该信被监狱方查阅和拦截,认为其包含着侮辱性内容,并涉及与服刑人员本人毫无关联的监狱管理关系。拦截信件的依据是州司法部部长委员会会议所颁布的《罪犯服刑与刑罚执行条例》第155条第2款:监狱长可拦截包含侮辱、犯罪或是损害监狱内容的信件。这一规定同样适用于包含明显虚假内容,或是谈及根本无关犯人本人的刑罚以及监狱关系的信件。原告向州高等行政法院提起诉讼,认为其言论自由受到侵犯,州高等行政法院驳回诉讼请求。后原告向联邦宪法法院提起宪法诉讼,宣称其基于《基本法》享有的人性尊严、言论自由、通信自由与秘密被侵犯。赵宏:《犯人通信案》,载张翔:《德国宪法案例选释:第1辑 基本权利总论》,法律出版社2012年版,第71-72页。
② 参见赵宏:《犯人通信案》,载张翔:《德国宪法案例选释:第1辑 基本权利总论》,法律出版社2012年版,第86-87页。
③ 卢映洁:《受刑人的人权地位及其权利救济之发展——以德国近况为说明》,载《中正大学法学集刊》2009年第26期,第96页。
④ 依德国《监狱行刑法》第109条第1项及第2项,凡是在行刑范畴内,行刑机关针对个别情况所做的措施处分,或拒绝受刑人的要求,或应为措施处分而不作为,若该受刑人认为此侵犯其权利时,得向邦地方法院的刑事执行法庭提出诉讼进行救济。转引自卢映洁:《受刑人的人权地位及其权利救济之发展——以德国近况为说明》,载《中正大学法学集刊》2009年第26期,第131页。
⑤ 依德国《监狱行刑法》第114条第2项,受刑人在特别紧急的状况,认为某行刑措施的执行或是不为某行刑措施之处分会侵犯或危及其权利时,得提出暂时保护请求,以阻止行刑措施的执行,或者先为暂时的处分,以防止事实上的不利益或危险的发生。转引自卢映洁:《受刑人的人权地位及其权利救济之发展——以德国近况为说明》,载《中正大学法学集刊》2009年第26期,第133页。
⑥ 司绍寒:《德国刑事执行法研究》,中国长安出版社2010年版,第196页。

合《世界人权宣言》《囚犯待遇最低限度标准规则》等国际文件基本精神的[①]。

随着二战以来"特别权力关系"理论不断遭到批判、修正和摒弃,并随着我国法治建设进程的加快和依法治监的深入推进,对于服刑人员能否起诉监狱这一问题,我国也应在立法层面作出回应。笔者建议在《监狱法》中明确规定监狱执行刑罚行为具有可诉性,服刑人员享有对监狱提起行政诉讼的权利,从而使得此类行政诉讼案件成为《行政诉讼法》第十二条第二款规定的"法律、法规规定可以提起诉讼的其他行政案件"。因《监狱法》的效力等级高于《最高人民法院关于适用〈中华人民共和国行政诉讼法〉的解释》[②],所以,《监狱法》作出上述规定后,司法工作者可直接引用其关于监狱执行刑罚行为可诉性的新增条款,审理服刑人员提出的行政诉讼,不必再度纠结监狱执行刑罚的行为是否属于《刑事诉讼法》明确授权的行为。

(二)在相关司法解释中进一步明确起诉条件

除了在法律层面明确监狱执行刑罚行为的可诉性,还应当在相关司法解释中进一步明确和细化此类案件的起诉条件。根据《行政诉讼法》第四十九条的规定,提起此类行政诉讼需具备以下条件:

1. 适格的原告

根据《行政诉讼法》第二十五条的规定,针对监狱执行刑罚行为所提起的行政诉讼,在原告资格问题上,需要注意以下几点:

首先,服刑人员本人作为监狱执行刑罚行为的行政相对人,如认为其合法权益受到了行政行为的侵害,是可以作为原告提起诉讼的。在笔者收集的样本中,服刑人员本人提起的行政诉讼所占比例达到一半以上,这其中绝大多数诉讼是出狱之后发起的,也有个别案件是在服刑期间提起的。

其次,服刑人员近亲属能否成为此类案件的原告?近亲属,根据《最高人民法院关于适用〈中华人民共和国行政诉讼法〉的解释》,指的是配偶、父母、子女、兄弟姐妹、祖父母、外祖父母、孙子女、外孙子女和其他具有扶养、赡养关系的亲属。近亲属能否作为适格的原告,须具体问题具体分析:第一,在服刑人员已经死亡的情况下,近亲属如认为服刑人员生前的合法权益受到监狱的侵害,是可以提起诉讼的。当然,也有极少数情况是服刑人员释放之后因交接工作不到位致其下落不明、生死未卜,对此,近亲属也可就监狱的释放行为提起诉讼[③]。

[①] 《世界人权宣言》第8条:"任何人当宪法或法律所赋予他的基本权利遭受侵害时,有权由合格的国家法庭对这种侵害行为作有效的补救。"《囚犯待遇最低限度标准规则》中的规则41第4条:"囚犯应有机会寻求对自己所受的纪律惩罚进行司法审查。"

[②] 2018年《最高人民法院关于适用〈中华人民共和国行政诉讼法〉的解释》(法释〔2018〕1号)第一条第二款第(一)项:公安、国家安全等机关依照刑事诉讼法的明确授权实施的行为,不属于人民法院行政诉讼的受案范围。

[③] 例如,黄某全、黄某凤诉广东省乐昌监狱案,广东省韶关市中级人民法院(2014)韶中法行终字第23号行政裁定书。

第二，服刑人员正处于服刑期间，如认为监狱的行为侵犯了其合法权益，近亲属可依口头或书面委托以该服刑人员的名义提起诉讼①，但是近亲属本身不能作为原告，因为其并非监狱执行刑罚行为的行政相对人，与行政行为没有法律上的利害关系。第三，如服刑人员近亲属请求监狱依法履行行政职权、作出一定的行为，而监狱未履行职责，那么近亲属即成为监狱行政行为的相对人，可针对监狱的不作为提起行政诉讼。实践中典型的情形如服刑人员近亲属要求监狱公开特定信息，而监狱不予公开，侵犯了近亲属的知情权进而引发诉讼②。

再次，服刑人员委托的律师如认为监狱执行刑罚行为侵犯其合法权益，能否提起行政诉讼？司法实践中常见情形是律师要求会见在押服刑人员或公开特定信息等未果，从而以监狱执行刑罚的行为侵犯了律师会见权、知情权等为由，将监狱诉诸法院③。笔者认为这种情形下律师处于监狱行政行为的相对人地位，是具备原告资格的。

最后，其他与监狱执行刑罚行为有利害关系的人，有权针对监狱执行刑罚行为提起诉讼。但是这里的"有利害关系的人"要严格把握，它指的是行政行为的间接对象，其合法权益被行政行为侵犯，与行政行为有着利害关系④。在其某格等人诉黑龙江省大庆监狱一案中，被害人王某被孙某杀害，孙某系保外就医人员，王某的近亲属其某格等人认为监狱滥作为、违规为孙某办理保外就医致使其在监外实施了杀人行为，从而对监狱提起行政诉讼⑤。该案中，被害人的生命权事实上是被孙某而非监狱侵犯，与监狱的行政行为无利害关系，因而起诉人不具有原告资格。

2. 明确的被告

明确的被告包含两个要素：一是起诉人在起诉状中明确列出了被告的名称、地址，以及法定代表人的姓名、职务；二是所列被告为适格被告。关于第二点，实践中，服刑人员针对监狱执行刑罚行为提起的诉讼，绝大多数是以服刑监狱为被告的。此外，也有以各地的监狱管理机关、司法厅（局）为被告，甚至以上述多个主体为共同被告的情形。

根据《行政诉讼法》第二十六条的规定，在下列情形下，原告可以省、自治区、直辖市的监狱管理机关作为适格被告：一是原告不服其实施的与监狱执行刑罚事项有关的具体行政行为，针对该行政行为提起诉讼。该行政行为既包括积极的作为，也包括不作为，如未批准服刑人员暂予监外执行、未公开与刑罚执行有关的特定信息。二是原告就监狱执行刑罚行为向其申请行政复议，其作为复议机关在法定期限内未作出复议决定，或决定不予受理复议

---

① 法律依据参见2018年《最高人民法院关于适用〈中华人民共和国行政诉讼法〉的解释》第十四条第二款。
② 例如，杨某芬诉河南省第二监狱案，河南省高级人民法院（2019）豫行申400号行政裁定书。
③ 例如，常某平诉黑龙江省女子监狱案，黑龙江省哈尔滨市香坊区人民法院（2018）黑0110行初99号行政裁定书。
④ 姜明安：《行政诉讼法》（第三版），北京大学出版社2016年版，第224页。
⑤ 其某格等人诉黑龙江省大庆监狱案，黑龙江省大庆市龙凤区人民法院（2015）龙行立字第24号行政裁定书。

申请,或改变原行政行为的,原告可针对该复议行为提起诉讼。当然,这两种情况也适用于以司法厅(局)作被告的情形。

需要注意的是,根据《行政诉讼法》第二十六条的规定,经过复议的案件,复议机关决定维持原行政行为的,作出原行政行为的行政机关和复议机关是共同被告。所以,司法实践中,此类诉讼存在以监狱和监狱管理局,或者监狱管理局和司法厅(局),或者司法厅(局)和政府为共同被告的情形。

3. 有具体的诉讼请求和事实根据

首先,起诉状中必须提出具体的诉讼请求,如要求一定数额的行政赔偿,要求确认监狱的具体行政行为违法。如果诉讼请求不具体、含混不清,案件将难以进入实质审理程序[①]。

其次,起诉状应当提出支持其诉讼请求的事实根据和理由。在行政诉讼中,被告对作出的被诉行政行为负有举证责任,用以证明被诉行政行为具有合法性。但是,如果原告一方提出被告不作为、被诉行政行为违法,或被诉行政行为造成了一定的损害事实,则需要提供一定的证据。就笔者收集的案件来看,有14起案件获得了法院实质审理,但是其中13起因为事实不清、证据不足最终被法院判决驳回诉讼请求。由此可见,单纯地提出诉讼请求,而没有一定的事实根据做支撑,很难获得法院支持[②]。

4. 属于人民法院受案范围和受诉人民法院管辖

关于管辖法院,根据《行政诉讼法》的相关规定,由最初作出行政行为的行政机关所在地法院管辖。经过复议的案件,也可以由复议机关所在地人民法院管辖。因此,在针对监狱执行刑罚行为提起的诉讼中,原告可根据起诉书中所列被告、是否经过行政复议等具体情况,选择有管辖权的法院。

而是否属于人民法院受案范围则是需要重点厘清的问题。服刑人员提起行政诉讼,一定要确保所指控的行为是《行政诉讼法》第十二条或《最高人民法院关于适用〈中华人民共和国行政诉讼法〉的解释》第一条第一款所规定的作为行政诉讼受案范围的行为。据此,作为行政诉讼受案范围的被诉行为,首先必须是具体行政行为。现行法律和司法解释中并未明确界定何谓具体行政行为,但是《最高人民法院关于适用〈中华人民共和国行政诉讼法〉

[①] 参见沈某江等诉安徽省白湖监狱案,安徽省庐江县人民法院(2015)庐江行初字第00020号行政裁定书。在该案中,沈某江生前系白湖监狱服刑人员,于服刑期间死亡。其近亲属六人为原告,对白湖监狱提起诉讼,要求确认被告不履行法定职责的行政行为违法,并赔偿100万元。判决书中指出:"原告仅笼统起诉要求依法确认被告不履行法定职责的行政行为违法,对被告法定职责的界定较为模糊,本院据此难以确定其具体的诉讼请求。"最终本案被裁定驳回起诉。

[②] 参见刘某录、尹某仙、刘某航诉河北省太行监狱案,河北省保定市竞秀区人民法院(2016)冀0602行初1号行政判决书。在该案中,太行监狱的服刑人员刘某某在保外就医期间因肺结核并发症死亡,其近亲属对太行监狱提起行政诉讼,认为监狱管理不善致使刘某某在狱中感染肺结核传染病,要求监狱行政赔偿。法院经审理认为被告太行监狱整个处置流程不存在任何过错,并有相关证据加以证实。而原告未能提交有效证据支持其主张,对被告提交证据形成的证据链,不能形成有效抗辩,因此最终判决驳回诉讼请求。

的解释》第二条第二款对抽象行政行为进行了定义①。这实质上是从反面确定了具体行政行为的两条标准:作为行为对象的相对人的特定性和作为行为内容的处理事项的特定性②。由此,根据相关法律规范、规章制度针对服刑人员普遍适用的内部管理行为,如为服刑人员剃光头、穿囚服等,明显不符合"特定人""特定事"标准,不属于具体行政行为③。此外,服刑人员也不得就与监狱现有的服刑条件与服刑待遇如监狱提供的衣食住用等有关事项提起诉讼,这些同样不符合"特定人""特定事"标准,不属于具体行政行为。

关于行政诉讼受案范围,《行政诉讼法》第十三条和《最高人民法院关于适用〈中华人民共和国行政诉讼法〉的解释》第一条第二款还规定了排除作为行政诉讼受案范围的行为。根据规定,服刑人员针对下列行为提起的行政诉讼不属于法院的受案范围:一是抽象行政行为,即行政法规、规章或者行政机关制定、发布的具有普遍约束力的决定、命令;二是对狱内犯罪实施的侦查行为,因为其在性质上属于依照《刑事诉讼法》的明确授权实施的行为;三是驳回当事人对行政行为提起申诉的重复处理行为,从而维护诉讼时效的严肃性和法院裁判的权威性④;四是上级行政机关基于内部层级监督关系对下级行政机关作出的听取报告、执法检查、督促履责等行为,因为其在性质上属于行政机关内部管理行为⑤;五是行政机关针对信访事项作出的登记、受理、交办、转送、复查、复核意见等行为⑥;六是对服刑人员权

---

① 2018年2月6日《最高人民法院关于适用〈中华人民共和国行政诉讼法〉的解释》第二条第二款:行政诉讼法第十三条第二项规定的'具有普遍约束力的决定、命令',是指行政机关针对不特定对象发布的能反复适用的规范性文件。
② 姜明安:《行政诉讼法》(第三版),北京大学出版社2016年版,第149页。
③ 有服刑人员就服刑期间监狱给剃光头这一行为提起诉讼,但是该行为系监狱根据司法部的部门规章《监狱服刑人员行为规范》所实施的行为,具有普遍性,因此法院驳回起诉。参见熊某飞诉江西省洪都监狱案,南昌铁路运输中级法院(2017)赣71行终2号行政裁定书。
④ 参见李某兵诉湖北省沙洋县监狱管理局案,湖北省荆门市掇刀区人民法院(2019)鄂0804行初110号行政裁定书。在该案中,原告的弟弟在入监服刑的第二天死亡,原告向检察机关提出控告,要求追究有关人员刑事责任。检察机关对此进行了书面答复,认为控告理由不成立。其后,原告又向被告申诉,要求追究相关人员刑事责任,并赔偿经济损失。被告认为对于相同事项检察机关已经作出答复,因此对重复申请不予受理。原告将被告不履行法定职责的行为诉诸法院,法院经审理认为原告的诉请属于驳回当事人对行政行为提起申诉的重复处理行为,最终裁定驳回起诉。
⑤ 参见那某阳诉中华人民共和国司法部案,北京市第三中级人民法院(2016)京03行初149号行政裁定书。在该案中,原告的诉求之一是判定司法部批准监狱适用中政委(20140121)5号文件的行为违法。法院认为,司法部于2014年4月4日向各省、自治区、直辖市司法厅(局),新疆生产建设兵团司法局、监狱管理局发布《关于贯彻中政委〔2014〕5号文件精神严格规范减刑、假释、暂予监外执行工作的通知》,该通知系司法部的规范性文件,属于行政机关上下级管理的内部行政行为,不具有可诉性,因而裁定不予立案。
⑥ 参见2005年12月12日《最高人民法院关于不服县级以上人民政府信访行政管理部门、负责受理信访事项的行政管理机关以及镇(乡)人民政府作出的处理意见或者不再受理决定而提起的行政诉讼人民法院是否受理的批复》(〔2005〕行立他字第4号):信访工作机构是各级人民政府或政府工作部门授权负责信访工作的专门机构,其依据《信访条例》作出的登记、受理、交办、转送、承办、协调处理、监督检查、指导信访事项等行为,对信访人不具有强制力,对信访人的实体权利义务不产生实质影响。信访人对信访工作机构依据《信访条例》处理信访事项的行为或者不履行《信访条例》规定的职责不服提起行政诉讼的,人民法院不予受理。相关案例可参见陈某安诉内蒙古自治区锡林浩特监狱案,内蒙古自治区高级人民法院(2019)内行申344号行政裁定书。在该案中,原告就其服刑期间少减刑1年一事进行信访,监狱作出信访答复意见,原告以该答复意见认定事实错误为由提起行政诉讼,法院依据上述规定裁定驳回起诉。

利义务不产生实际影响的行为[①]。

除了上述条件之外,服刑人员针对监狱执行刑罚行为提起的诉讼,还应当符合《行政诉讼法》关于诉讼时效的规定,这里不再赘述。

四、结语

行政诉讼,对于服刑人员而言是一种司法救济手段,对于监狱而言则是一项司法审查制度。监狱以国家强制力为后盾代表国家对服刑人员执行刑罚,在相对封闭的空间里对服刑相关的各项事务实施组织和管理,与被剥夺和限制各项权利的服刑人员相比,显然处于较为强势的地位,完全存在权力滥用的可能和侵犯服刑人员合法权利的危险。只有承认监狱执行刑罚行为的可诉性,将其置于司法审查之下,才能监督监狱依法行使手中的权力,确保法律正确实施,为监狱服刑人员提供及时有效的救济,进而实现公共权力与个人权利的平衡。当然,在司法活动中落实监狱执行刑罚行为的可诉性是一项综合性工程,在学理层面予以肯定、在立法层面进行制度设计仅仅是解决问题的一小步,从监狱、法院、律师等方面入手,转变观念,对相关机制、程序、制度进行通盘设计与规划,才能真正实现对监狱执行刑罚行为的司法监督,充分尊重和保障服刑人员的基本权利。

---

① 例如,赵某峰诉河南省监狱管理局案,郑州铁路运输中级法院(2017)豫71行终275号行政裁定书。在该案中,原告诉称被告在收到原告向其邮寄的投诉控告事项后,超过法定期限没有依法履行法定职责,已经构成行政不作为,诉诸法院要求确认其不作为违法,并判令被告依法履行职责。法院认为该投诉控告系要求被告履行上下级监督管理职责,被告对该投诉控告如何处理,对原告的权利义务不产生实质影响,因此裁定不予立案。

刑事诉讼制度如何生成：法治共性与个性的对话[*]

宋灵珊[**]

摘　要：刑事诉讼法制在四十多年的发展变迁中，经历了从"有法可依"到"良法善治"，从"制度移植"到"本土资源"，从"摸着石头过河"到与"顶层设计"相结合的生长历程。党的十八届四中全会之后，刑事诉讼制度的改革方式转向整体规划与地方先行相结合的试点模式，在顶层设计指导下，地方自发式的试点逐渐由纯粹的政策性导向，走向整体规划的制度设计。在法治的共性与中国个性不断融合的前提下，地方经验作为一种本土资源必定是未来司法制度发展的侧重面向。在当下试点作为合法的改革方式之后，要在合理性问题上进一步优化试点改革的实践操作，切实发挥试点方法之于制度完善的重要效能。

关键词：刑事诉讼制度　本土资源　试点改革　顶层设计　地方经验

从1979年《中华人民共和国刑事诉讼法》（简称《刑事诉讼法》）的问世至今，刑事诉讼制度走过了从有法可依到良法善治的四十余年光景，不仅刑事诉讼的理念发生了更迭——从单一惩罚犯罪转向惩罚犯罪与保障人权相结合，支撑制度变迁的改革理念也逐步从对域外制度的效仿转向对本土资源的吸收。并且在"顶层设计"和"摸着石头过河"充分结合的全面深化改革中，刑事诉讼制度发展的路径逐步由传统的建构式立法迈向演进式的经验探索，最初零落分散的地方试点，也逐渐发展为由顶层设计指导且具备一定规模的试点项目。地方试验作为20世纪70年代末期改革开放的主要标志，为我们展现了地方经验之于中央决策的重要意义。21世纪以降，试点方法在刑事司法改革过程中的充分运用，实现了外来

---

[*] 基金项目：2022年度福建省习近平新时代中国特色社会主义思想研究中心年度项目"习近平法治思想中的改革方法论研究"（项目号：FJ2022XZB007）。

[**] 作者简介：宋灵珊，福建社会科学院助理研究员。

先进与本土经验、理论设计与实践探索、顶层指导与地方经验的结合,完善了司法改革与立法的有效衔接。基于对刑事诉讼制度发展及其改革路径的梳理,可以洞见,试点作为一种制度改革方式,显然已对刑事诉讼制度的发展产生重要影响。但现有的研究著述多数还是纯粹在实证研究层面,对试点这一全新的改革尝试提供理论研判[①],对于试点这一独具特色的"中国现象"还缺少改革方法论层面的关注。本文以此为契机,基于对四十多年刑事诉讼制度发展变迁的历史梳理,在法治的共性与中国个性不断融合的前提下,考察刑事诉讼制度改革的路径转型,进而观察试点作为汲取本土资源的重要方式,在刑事诉讼制度的发展过程中发挥的重要效用,并以试点为方法论指导在未来刑事诉讼的国际环境中找到属于中国的话语体系。

一、1979—1996 年:法律移植的路径选择

(一)从无到有的制度构建

事实上早在 1957 年,我们就已经在借鉴苏联立法经验的基础上形成了《中华人民共和国刑事诉讼法(草案)》,后来因为种种原因,刑事诉讼的立法工作始终在艰难前行[②],经广泛征求意见于 1963 年形成《中华人民共和国刑事诉讼法草案(初稿)》,而后直到 1979 年成立了全国人大常委会法制委员会,才在之前刑事诉讼法草案的基础上,进一步总结经验制定出中国第一部刑事诉讼法典[③]。虽然该法大幅度借鉴了苏联的立法经验,但总体上还是在"承继固有、借鉴外来"的思路主导下完成[④]。在借鉴苏联的法制体系中融合了本土经验,吸收了新中国成立以来主要是"文革"前各中高级人民法院的审判经验,并总结了"文革"时期"无法司法"的惨痛教训[⑤]。例如,当时刑事诉讼法中的审判程序就吸收了最高人民法院在 1955 年对全国十四个大城市中高级人民法院审理刑事案件所运用的程序之经验,并将其延续到

[①] 20 世纪 90 年代末期,关于刑事诉讼制度改革的试点曾一度大量涌现,当时许多刑事诉讼法学者都纷纷通过实证研究的方式("田野调查")加入地方试点改革活动中并贡献智识力量。他们在试点过程中通过调研、设计方案、参与观察的方式获得试点资料之后形成的研究成果,对于试点改革初期地方自发性试点的样貌还原贡献颇大,但形成的著述中多数还是纯粹在实证研究方法层面为制度的完善提供理论研判,对于中国刑事司法领域这一独具特色的"试点"现象还缺少足够的关注。相关资料可详见刘辉:《刑事司法改革试点研究》,中国检察出版社 2013 年版,第 33-41 页;何挺:《刑事司法改革中的实验研究》,法律出版社 2020 年版,第 93 页。

[②] 据有限的文献考察,1958 年到 1965 年间,我国立法工作逐步退步趋于停滞,每年全国人大及其常委会、国务院及其所属部门发布的规范性文件数量分别是:147 件、143 件、50 件、20 件、24 件、36 件、38 件、14 件。在之前的立法余波下,1958 年、1959 年这两年的立法数量还未明显下降,1960 年后的六年间立法总数还不及新中国成立初期一年的立法数。参见蔡定剑:《历史与变革——新中国法制建设的历程》,中国政法大学出版社 1999 年版,第 94-95 页。

[③] 参见陈卫东:《刑事诉讼法治四十年:回顾与展望》,载《政法论坛》2019 年第 6 期。

[④] 参见郭松:《试点改革与刑事诉讼制度发展》,法律出版社 2018 年版,第 23 页。

[⑤] 参见左卫民:《当代中国刑事诉讼法律移植:经验与思考》,载《中外法学》2012 年第 6 期。

1996年刑事诉讼法的第一次修改工作中①。1979年《刑事诉讼法》的出台虽然很大程度上并非依据我们的现实国情和司法环境创设,但在当时"无法可依"的境况下,它开启了我国刑事诉讼"有法可依"的时代,基本架构起了我国刑事诉讼制度的基本框架与模式特征。

1979年《刑事诉讼法》颁布后,随即出台了一系列关于保障《刑事诉讼法》实施的文件②,可见,在制度刚刚形成之际,当务之急是如何落实制度的执行问题,至于制度移植的立法模式能否适应我国的制度环境暂时无暇顾及,更何况制度是否行之有效也需要通过制度的现实运作来验证。事实上,这种主要移植"外来制度"的立法模式在之后历次的刑事诉讼法修改中亦有出现,只不过从"整体性借鉴"走向了"碎片化学习"③。本文对刑事诉讼制度变迁的模式研究,并不旨在否定任何一种变法模式,而是在制度发展的不同时期探讨一种更能回应社会发展需求的变革方式。先不论法律移植的立法方式是否合理,必须承认的是法律移植是我国近现代法发展的重要方式。我国作为法制建设的后发国家,法律移植是制度建设初期的重要捷径,倘若没有对域外制度的学习效仿,中国的现代法律体系如何能在新中国成立之后就初具模型并迅速与国际接轨④?但在制度运行过程中,"南橘北枳"的移植问题也逐步迫使我们不得不转变制度变迁的进路,尝试通过本土资源的演化创造实现制度的发展变迁。

(二)第一次修法的制度背景

1. 国内现代法制建设的需要

回溯历史,可以看到从新中国成立至改革开放前,国家主义在社会意识形态中处于不容置疑的地位,在资源与权力高度集中于国家的一体化模式下,国家拥有了极强的动员与组织能力,表现在刑事司法实践中就是对程序的漠视,对犯罪与刑罚问题往往采取大运动解决的方式,刑事诉讼模式也陷入了意识形态的怪圈⑤。党的十一届三中全会确定恢复与健全社会主义民主与法制方针之后,法制建设与经济建设同步推进⑥,1979年《中华人民共和国刑法》(简称《刑法》)《刑事诉讼法》等七部法律的出台拉开了新时期法制建设的序幕。"八二

---

① 参见周道鸾:《董必武的刑事司法思想及其对刑事立法、司法的影响》,载孙琬钟、公丕祥:《董必武法学思想研究文集》(第五辑),人民法院出版社2006年版,第297页。
② 值得注意的是,在1979年7月7日《刑事诉讼法》正式颁布之后,随即1979年9月9日中共中央就出台了第64号文件《中共中央关于坚决保证刑法、刑事诉讼法切实实施的指示》,专门为刑事诉讼法的实施保驾护航。可见,此时的刑事诉讼法不再只是一种政治治理技术,更多是国家实行"社会主义法治"的重要标志。参见李雅云:《中国法治建设里程碑式的党的文件——纪念中共中央发布〈关于坚决保证刑法、刑事诉讼法切实实施的指示〉25周年》,载《法学》2004年第9期。
③ 参见左卫民:《当代中国刑事诉讼法律移植:经验与思考》,载《中外法学》2012年第6期。
④ 参见何勤华:《法的移植与法的本土化》,载《中国法学》2002年第3期。
⑤ 参见梁欣:《当代中国刑事诉讼模式的变迁》,载《政法论坛》2012年第4期。
⑥ 参见陈卫东:《改革30年中国司法之回顾与前瞻》,载《人民司法》2009年第1期。

宪法"中确立的社会主义法制原则奠定了法制新时代的基石[①]。20世纪90年代前后,在以对外开放为先导的市场经济体制下,人们以市场经济和民主政治的运作规律进行社会活动,公民、法人和其他组织的权利保障和多元利益冲突问题更加突出。为助力经济建设的平稳推进,不仅要完善民事、经济法律制度,而且由于刑事诉讼直接关涉司法机关行使职权以及惩罚犯罪与保障人权,维护社会安全稳定等重大问题,此时的司法改革主要集中在刑事诉讼制度上,尤其是刑事审判方式的改革[②]。为回应市场经济体制的社会治理以及社会主义民主法制建设的需求,作为上层建筑的法律制度在经济基础的导向下,对域外制度的借鉴也从效仿苏联制度转向了对英美制度的学习,特别是尝试从英美制度中引进当事人主义模式,淡化刑事诉讼中法院的职权主义色彩。1996年《刑事诉讼法》修改所涉及的强制措施的完善、诉讼参与人权利保障的加强、庭审方式的改革[③]等内容,无一不体现了刑事诉讼制度朝着民主化和法制化方向迈进。

2. 与国际接轨后的外部压力

进入20世纪80年代以后,经济的高速发展和宽松的社会管理引发了部分刑事犯罪的频发,特别是经济类犯罪和危害社会治安类犯罪大量发生,当时立法机关通过出台20多个单行刑法,增加100多个罪名来应对新形势,而在刑事诉讼程序上也更加强调从简从快地对犯罪行为定罪量刑。1983年和1996年开展的两次"严打行动"更是带有明显的行政化色彩和运动型特征,强调以"严刑厉法"的刑事理念维护社会的安全稳定[④]。但在《公民权利和政治权利国际公约》《联合国刑事司法准则》等国际公约的影响下,一些西方国家以所谓"人权外交"干预我国内政,在国际人权斗争中,我们一方面要极力抗争国外势力对我国内政的干涉,另一方面也要反思我国在人权保障问题上存在的不足[⑤]。同时在域外国家法治理念的逐步渗透下,程序正义、人权保障等法治意识渐入人心,既有的刑事诉讼制度已无法满足市民社会的治理需求,刑事诉讼的价值追求不再只是追求实体真相、维系社会稳定,诉讼价值逐步从一元化向多元化过渡。于是,一场在与国际接轨后外部压力下的"被动式修法"就此展开,最为突出的便是选择性引入了无罪推定原则以表明对犯罪嫌疑人、被告人的人权保

---

① 参见蔡定剑:《历史与变革——新中国法制建设的历程》,中国政法大学出版社1999年版,第143-145页。
② 1992年全国政法工作会议提出积极改革政法管理体制,1995年第17次全国法院工作会议明确了审判方式改革、法院体制改革等方面的任务,1996年第一次全国审判方式改革会议系统提出了审判方式改革的目标和要求,审判方式改革逐渐从民事经济领域转向刑事审判领域。参见陈卫东:《改革开放四十年中国司法改革的回顾与展望》,载《中外法学》2018年第6期。
③ 更多关于1996年《刑事诉讼法》修改的内容分析详见王敏远:《我国刑事诉讼法修改述评》,载《法学家》1996年第4期。
④ 1983年第一次"严打"行动期间,为了实现"从严从快"地打击犯罪行为,最高人民法院将死刑核准权下放给高级人民法院,虽然起到了"严刑厉法"的震慑作用,但也造成了许多冤假错案。
⑤ 参见陈光中:《坚持惩治犯罪与保障人权相结合 立足国情与借鉴外国相结合——参与刑事诉讼法修改的几点体会》,载《政法论坛》1996年第6期。

障,以及通过加入对抗式审判要素避免法庭审理流于形式。但必须承认的是,这些基于学习英美制度的改革,大体都是只学其表不究其里。其中关于无罪推定原则,仅规定未经法院依法判决前,不得将犯罪嫌疑人或被告人当作有罪的人,模糊了是否一概推定被告人无罪的问题;而对庭审方式的改革,也是在保有职权主义模式下模仿英美当事人主义的对抗式庭审,主要通过案卷移送制度改采"复印件主义"来表明对过去审前实质性审查的摒弃,避免法庭审理流于形式。

(三)第一次修法后的遗留问题

1997年是《刑事诉讼法》第一次修改后的开局之年,同年重新修订并实施的《刑法》也进一步促进了刑事司法的理念转型,摒弃了过去严打惩办的风气,更加注重人权保障与程序正义的理念,但聚焦到具体司法实践中,就会发现此次修法的理念与实践存在落差。虽然修改后的《刑事诉讼法》增加了针对个人权利保护的条款,但以查明实体真相、有效打击犯罪为宗旨的刑事诉讼理念并未发生根本性变化,话语层面的规定与实践运作的效果之间差距甚远。1996年《刑事诉讼法》的修改,不仅未有效解决刑事司法实践中的人权保障问题,更损害了法律的权威,修订后的刑事程序规则对司法机关的约束力不强。

1. 以卷宗移送制度改革为例

1996年卷宗移送制度的改革表明了刑事司法对当事人主义模式的向往,试图借鉴英美的"起诉状(书)一本主义",克服过去卷宗"全案移送"下庭审沦为对审前卷宗内容进行确认的程序之弊端。但这项改革在实践中非但无力实现庭审的实质化要求,转变过去法官对审前卷宗材料的依赖,更阻碍了法官在庭审过程中对诉讼进程的推进,以至于2012年《刑事诉讼法》的修改再次恢复了庭前案卷的"全案移送"。1996年改革的卷宗移送制度从原先全案卷宗移送改为仅移送证据目录、证人名单及主要证据复印件或照片,这一避免法官审前先入为主形成预断的做法,看似为对抗式庭审创造了先决条件,在现实运作中却连累辩护律师无法及时阅卷,案情和证据的知悉权和庭前阅卷权被变相剥夺,甚至影响到庭审的辩护效果;同时由于没有提前阅卷,加之庭审质量一时间又无显著提升,法官对案情的把握时常"拿捏不准",回头又得向检方"借卷看"[①]。事实上,"起诉状一本主义"与防止法官形成预断之间并不存在必然联系,美国的起诉状一本主义之所有可以有效阻断法官审前形成预判,是因为其拥有与之配套的起诉审查制、证据开示、预审法官制及陪审团等制度[②]。庭审实质化的实现除了取决于完备的庭前准备程序,同时还依赖法庭审判过程的调查、辩论、质证环节控辩双方的有效参与,即控辩双方能够围绕案件诉因、争点、证据等问题进行有效辩论,进而

---

① 参见林喜芬:《中国刑事程序的法治化转型》,上海交通大学出版社2011年版,第42-43页。
② 参见刘磊:《"起诉书一本主义"之省思》,载《环球法律评论》2007年第2期。

使法官查明案件事实与证据，形成内心确信。然而不可忽视的是，当时我国的司法环境显然无法提供一支能够实现庭审实质化的法律职业队伍，法官、检察官、律师的整体水平与精英化的法律职业队伍还有一定距离。在此境况下，模仿英美"起诉状一本主义"的卷宗制度改革最后只能落入无米之炊的窘境。

同时，可以明确的是我国1996年《刑事诉讼法》的修改虽然是在当事人主义模式影响下展开的，但实质上并未抛弃职权主义模式的诉讼构造。在职权主义传统的国家——不同于英美法系中诉讼活动更多是掌握在控辩双方手中——刑事法官对事实认定活动拥有最大的控制权。同时，在我国查明真相作为实质正义的核心内容始终是刑事诉讼活动的首要目标，因此法律赋予了刑事法官不受控辩双方所提供之证据材料的约束，可依职权主动调查和收集所有有助于揭示案件的事实和证据的权限。在此情况下，庭审活动难以真正走向控辩双方主导的平等对抗，形式上取消卷宗的全案移送并不能改变实践中刑事法官"卷宗裁判"的境况，反而引起对被告人辩护权的消极影响。卷宗制度的区别一直是区分职权主义与当事人主义的重要标签，但在缺乏对现实司法环境的必要观察和经验积累的情况下进行盲目移植，极易引起制度的形同虚设，反而破坏了法治的权威。刑事诉讼作为一国法治建设的程序保障之根本，涉及的制度变迁与本国的司法环境、政治体系、社会背景息息相关，只有足够尊重本国司法制度的运行状况并结合相关社会、政治体系，才能有效回应社会发展的现实需求。

2. 程序移植的可能问题

具体到刑事诉讼的程序移植问题，基于各国在法律程序发展上呈现出来的相互借鉴愈加密切的现象，不仅是同一法系之间，不同法系之间都已有相互融合的历史[1]。达玛什卡（Mirjan R. Damaska）提出，移植程序性条款并非完全不可能，但在移植过程中要保持高度的审慎，尤其是不同政体结构的国家之间的移植。申言之，在考虑移植某一域外程序规则前，应先着重考察在本国社会背景和司法环境中是否存在使用这项域外规则的先决条件[2]。达玛什卡进一步指出程序法尤其是刑事诉讼法的移植与其他法律的移植还存在本质上差异，刑事诉讼制度的运作具有对外部环境较强的依赖性，尤其取决于国家司法制度运行的背景[3]。而政府结构和政府功能又是这个外部环境的核心组成部分，法律程序的构建是一个从社会生活的政治层面汲取各方面信息的过程，程序制度的基本设计很大程度上受制于权力

---

[1] Adhémar Esmein. A History of Continental Criminal Procedure. Little, Brown and Company, 1913, p.446-453.
[2] 参见[美]米尔伊安·R.达玛什卡：《司法和国家权力的多种面孔——比较法视野中的法律程序》，郑戈译，中国政法大学出版社2004年版，第1-3页。
[3] Mirjan Damaska. Structures of Authority and Comparative Criminal Procedure. The Yale Law Journal, Vol. 84, 1975. pp. 480-544.

结构、政府功能。将不同政治传统的他国程序制度复制到本国法律体系中,极易出现与改革初衷相悖的结果。

以中国移植英美刑事诉讼理念为例,将具有协作式权力结构和回应型司法特征国家的刑事诉讼理念与制度,移植到科层式权力结构和能动型司法特征的国家,就可能格格不入①。因此,对于受到域外不同政治结构作用下的法治理念影响所引发的改革,需要更加谨慎。经常有人会将日本、意大利、中国台湾地区的制度发展作为不同法系之间相互借鉴的成功范例②,但日本著名法学家棚濑孝雄曾指出,日本社会的双重结构实际上导致了一种"没有现代的现代化"社会形态,即制度形式上的变化并未在实质上引起社会内核精神的变化,这也造成了日本的法律制度缺乏一个统一的核心价值。而北川善太郎也进一步强调了日本的法律只是在法学研究上可以作为全盘西方化的成功典型,在实际运作中也存在许多实践操作与制度设计的摩擦③。

1996年《刑事诉讼法》的修改虽然在话语层面加入了无罪推定原则、程序正义理念、当事人主义的庭审要素,完善了辩护制度等保障人权的措施,但正如陈瑞华所言,"某一法律条文的删除和修改,所改变的不过是一种制度的浅层结构,而通常不会影响这项制度背后存在的深层结构"④。1996年《刑事诉讼法》在实践中遭遇的程序失灵现象,大抵就是"行动中的法"不同于"书本上的法"的典型样本。我们亦可看到,面对转型时期不断凸显的社会矛盾,有限的司法资源与不断增长的案件数量之间的矛盾日益加剧,合理配置司法资源、完善刑事诉讼程序成为刑事诉讼制度改革汲汲追求的目标。于是,1996年《刑事诉讼法》在第一次修改之后便确立了简易程序,旨在提高刑事审判效率,但这一程序在司法实践中并未获得青睐。于是,司法机关又进一步探索了普通程序简化审,最高司法机关在2003年颁布施行《最高人民法院 最高人民检察院 司法部关于适用普通程序审理"被告人认罪案件"若干意见(试行)》,旨在分流案件、提高诉讼效益。2006年最高人民检察院通过《最高人民检察院关于依法快速办理轻微刑事案件的意见》,继续为普通程序简化审创造条件。2012年《刑事诉讼法》再次修改简易程序,但并未显著提高简易程序的适用率⑤。这一系列改革似乎都未有效解决刑事案件繁简分流的问题,面对制度的现实运作与立法目的之差距,我们不仅要反思制度设计的缺漏,更要进一步探索制度改革的路径转型。

---

① 参见[美]米尔伊安·R.达玛什卡:《司法和国家权力的多种面孔——比较法视野中的法律程序》,郑戈译,中国政法大学出版社2004年版,第2-3页。

② 参见左卫民:《当代中国刑事诉讼法律移植:经验与思考》,载《中外法学》2012年第6期。

③ 参见季卫东:《面向二十一世纪的法与社会——参加法社会学国际协会第31届学术大会之后的思考》,载《中国社会科学》1996年第3期。

④ 陈瑞华:《刑事诉讼的中国模式》,法律出版社2008年版,第9页。

⑤ 参见樊崇义、刘文化:《我国刑事案件速裁程序的运作》,载《人民司法》2015年第11期。

前已述及，程序性条款的移植更加依赖国家司法制度运行的状况，但值得关注的是，在诉讼模式变迁的进程中，传统大陆法系与英美法系在民事诉讼制度中的区别已逐渐模糊，这也是不同法系制度融合的一个例证，但在刑事诉讼中仍然区别明显①。这一现象说明了职权主义模式在刑事诉讼中的渗透较之民事诉讼程度更甚，我国刑事诉讼本质上仍然更加强调作为国家公权力的刑罚权在惩罚犯罪中的作用。在出现"程序失灵""制度空转"等程序性条款移植后的实践状况之后，在司法改革的现实需要和政治需求下，地方司法机关纷纷进行了自发式的改革探索，理论研究者也将目光投向了具有检验功能的"试点"之改革模式，思考是否能够通过科学实验、实践检验的方向去验证某个改革方案的可行性，进而为未来的刑事司法改革做好前期准备工作。

二、1997—2012年：刑事诉讼制度改革中的"试点"初探

有资料显示，早在20世纪70年末80年代初就有地方司法机关针对某项诉讼制度展开试点改革，但大规模的试点改革是在20世纪90年代末期兴起并延续到21世纪初期的②，此间主要还是以散乱无序的样态分布在全国各地③；其中，21世纪初期至十八届四中全会召开前，地方试点较之前相对有了一定的整体性，地方开展的试点更集中以顶层文件所部署的任务为基础；党的十八届四中全会之后，刑事诉讼制度的改革试点进入了整体规划的有序阶段，中央以明确授权的形式赋予试点之程序合法性④。可见，21世纪以来不仅中国刑事诉讼制度处于急剧变迁中，改革的范式转型也已悄然发生，除了立法修律的直接推动，由司法机关尤其是地方司法机关围绕刑事诉讼制度所进行的创新探索，更是令人瞩目。事实上，刑事司法改革过程中频繁出现的"试点"一词既非舶来品亦非司法领域首创，它是由20世纪40年代革命时期的领导人在毛泽东实践理论的基础上总结并确定的术语，具体以由点及面

---

① 参见[美]米尔吉安·R.达玛什卡：《比较法视野中的证据制度》，吴宏耀、魏晓娜等译，中国人民公安大学出版社2006年版，第232页。
② 参见郭松：《试点改革与刑事诉讼制度发展》，法律出版社2018年版，第57-58页。通常地方性政策试验只有通过文字形式的记载并经过宣传才能为人所知，因此我们对其历史的追溯也只能在有限的文献中实现。据有限文献检索，我国司法领域开展的试点可以追溯到1978年天津市河西区人民法院开展的审判公开制度试点，以及影响较大的1984年上海市长宁区人民法院进行的少年法庭试点。详见天津市河西区人民法院：《民事案件公开审判试点工作介绍》，载《人民司法》1978年第3期；陈冰：《少年法庭：走过二十四年——访最高人民法院研究室主任、少年法庭指导小组副组长邵文虹》，载《人民法院报》2008年12月6日第3版。
③ 有学者通过网络官方报道、文献检索以及自身参与的调研项目，统计了20世纪90年代到21世纪初期刑事司法改革中影响力较大的试点，共计15项，并将其分为实践型、研究型和混合型试点，显然在此期间刑事司法改革中所进行的试点远不止这些，但由于部分试点辐射范围和影响有限，多记录于单位内部文件，相关资料较难获得，故无法具体列出。详见刘辉：《刑事司法改革试点研究》，中国检察出版社2013年版，第18-20页。
④ 当然，不排除这一时期仍有个别地方司法机关自发探索的试点，但整体上此阶段的刑事司法改革试点主要是以整体规划的形式出现，以刑事速裁程序、认罪认罚从宽制度、人民陪审员制度、国家监察体制这四个大型试点为代表，都是由全国人大常委会以官方文件明确授权最高司法机关选取部分地区进行的改革项目。

的地方政策试验为主要内容，后多数运用在经济领域的改革中[①]，刑事司法领域试点方法的运用实属后发行为。此处笔者拟从现存制度的不足、司法改革的政治需求、制度变迁理念的转变三个角度，分析刑事司法领域中试点改革兴起之缘由。

（一）现存制度不甚完备

由于1996年《刑事诉讼法》修改后增加的一些创新做法是未经过先行试验的，加之当时又过于强调要从过去对苏联体制的效仿转向对英美制度的学习，许多从无到有的制度设计，导致司法机关一时间无法适应，同时许多话语层面的权利保障之规定在现实运作中起到的作用亦是相当有限[②]。加之随着社会的急剧转型，中国迈入多元化价值和多样化诉求的时代，立法的滞后性造成制度有效供给的不足，激发了以问题为导向的地方自发探索的制度试验[③]。2002年黑龙江省牡丹江铁路运输法院审理的孟广虎故意伤害一案，通过采用诉辩交易的办案模式，快速有效完成了案件审理，引起了理论界和社会各界的广泛关注和讨论。作为国内"诉辩交易"第一案，该案的审理方式不仅节约了诉讼成本，更有效缓解了社会矛盾，但由于当时该种办案模式并无法律依据，彼时我国也没有培育英美辩诉交易制度的土壤，于是"诉辩交易"在2002年实践之后便不了了之。该制度虽然没有进一步在我国刑事诉讼的制度改革进程中试验，但进一步探索符合我国国情和司法环境的认罪协商程序，成为我国刑事诉讼制度改革的目标。同时该案在法院的组织下，被告人和被害人就附带民事赔偿进行了庭前调解，被告人通过积极赔偿换取了被害人的谅解。该案的处理有效解决了因附带民事赔偿不到位而造成的反复申诉和上访的问题，于是在刑事被告人和被害人之间构建了一种私力合作模式[④]的刑事和解制度，这成为2012年《刑事诉讼法》修改的一大亮点。

在地方司法改革的试点中，我们可以看到大部分的试点改革是缺少明确的法律依据的，甚至与现行法律相冲突，但实际上只有在法律不甚完善的制度条件下，地方的改革试点才可能成为一种制度生成的机制。20世纪90年代末期，刑事诉讼制度改革试点遍布侦查、起诉和审判各个阶段，有论者称之为"刑事司法制度改革集群现象"[⑤]。2012年《刑事诉讼法》第二次修改中的刑事和解程序、附条件不起诉制度、侦查讯问程序、量刑程序、未成年人特别程

---

① Sebastian Heilmann. Policy Experimentation in China's Economic Rise. Studies in Comparative International Development, Vol.43, 2008, pp.1-26.

② 例如，虽然新法关于刑事强制措施的规定更加具体明确，但关于羁押期间的时间计算却可以基于种种例外情况而多次延长；另外，新法赋予侦查机关搜查、扣押、查封、冻结等广泛的强制侦查手段，这些侦查手段都由侦查人员自行决定与执行。反之，犯罪嫌疑人在侦查阶段虽有权委托律师帮助，但法律规定律师在侦查阶段不得进行调查等防御准备活动，在侦查人员讯问时不能在场，与在押嫌疑人的会面也受到很多限制。由此观之，1996年我国刑事诉讼制度改革在人权保护向度上虽然做出了一定的努力，但从具体的实践来看，改革的效果极其有限。详见左卫民：《权利话语/实践的艰难展开——1996年中国刑事诉讼法典修改的反思》，载《中外法学》2002年第4期。

③ 参见郭松：《试点改革与刑事诉讼制度发展》，法律出版社2018年版，第57-58页。

④ 参见陈瑞华：《刑事诉讼的私力合作模式——刑事和解在中国的兴起》，载《中国法学》2006年第5期。

⑤ 参见陈瑞华：《制度变革中的立法推动主义——以律师法实施问题为范例的分析》，载《政法论坛》2010年第1期。

序、非法证据排除程序等新制度的改革都是从地方试点探索中发展而来的。

改革开放初期,不甚完备的法律制度给地方政策试验提供了较大的可执行空间,抑或说更多"法律无禁止"的领域为地方的创新举措提供了"合法基础"。地方政府只要能够在国家政策中找到相关依据或者只要与顶层设计的精神相契合,再不济只要能寻求到上级领导正式或非正式的支持,相关的政策试验就可展开[①]。诚然,在法律体制日趋完善的情况下,特别是在言必谈"合法性"的司法领域,司法机关进行的地方政策试验与国家的现行法律制度之间难免存在冲突。而法律的滞后性通常又无法及时解决司法实践中的现实困境,面对21世纪以来经济社会快速发展,刑事犯罪控制与人权保障方面出现的新问题,倘若没有这一时期地方司法机关积极探索解决之道,时隔16年后《刑事诉讼法》的第二次修改如何能回应此前刑事诉讼程序运行中出现的现实难题呢?

(二)"推进司法改革"的政治需求

1997年党的十五大报告确立了依法治国的基本方略,首次提出"推进司法改革"的要求,充分赋予了司法改革的政治"正确性"。从1999年人民法院"第一个五年改革纲要"开始,2002年党的十六大进一步明确了"推进司法改革"的方向、目标和任务,司法领域正式进入了改革的蓬勃时期。2004年《中央司法体制改革领导小组关于司法体制和工作机制改革的初步意见》和2008年《中央政法委员会关于深化司法体制和工作机制改革若干问题的意见》,对加快建设社会主义法治国家作出重要部署,素有"小宪法"之称的《刑事诉讼法》作为程序正义的基本保障,其中存在的制度缺陷更是各地司法机关亟待改革的方向。试点改革具备的试验功能落实了"循序渐进"和"平行推进"的制度改革[②],不仅避免了创新制度的盲目铺开,更确保改革多方向的同时推进,故而司法机关纷纷采取试验性改革的方式推进刑事诉讼制度改革的进程。党的十五大提出到2010年要形成具有中国特色的社会主义法律体系,1999年依法治国的基本方略就写入了宪法,国家治理对完备法律体系的需求更加强烈,通过司法改革实现法制的不断完善,继而达到依法治国的目标成为司法系统的核心话语,社会各界也亟待看到司法机关为实现公平正义能有所为。虽然2014年以前刑事司法改革中未有正式"红头文件"对地方试点赋权,但事实上,地方司法机关所进行的创新性做法主要就是针对1996年《刑事诉讼法》修改后实践中的遗留问题探索的自我解决之道[③]。毕竟

[①] 参见吴昊、温天力:《中国地方政策试验式改革的优势与局限性》,载《社会科学战线》2012年第10期。

[②] 原本"循序渐进"和"平行推进"的改革理论主要是针对经济体制的转型而言。前者是指在体制转轨过程中需要确保一定的顺序性,不可盲目推行;后者是指改革过程中协调性较之顺序性更为重要,在整体的制度体系改革中,关键的问题不在于顺序,而在于协调。详见樊纲、胡永泰:《"循序渐进"还是"平行推进"?——论体制转轨最优路径的理论与政策》,载《经济研究》2005年第1期。本文此处对其概念的援用主要是采"循序渐进"的渐进之向度和"平行推进"的全面性之维度,以描述20世纪90年代末期和21世纪初期刑事司法领域中试点改革模式的渐进性以及地方试点的普遍性。

[③] 当然,此处提及的改革试点不包括那些鱼目混珠的"假试点",20世纪90年代末期刑事司法领域遍地开花的试点里,不乏有成功经验为2012年《刑事诉讼法》的修改提供了参考,当然也存在一些以改革之名行违法之实的无效试点。

法律不能朝令夕改，面对司法实践中的问题，法律的回应通常是滞后的，而地方探索的试点试验在广义上也是响应中央对"推进司法改革"的具体要求。

诚然，地方司法机关表现出的改革积极性不仅是对政治需求的回应，更是一种力争在"改革竞争"中脱颖而出创造"政绩"的迫切渴望，这种"出政绩"的行动逻辑极易导致一些效果有限甚至无效的改革试点。因此，地方的政策性试验需要中央层面对改革方向与质量的把控，更要避免以改革为名行违法之实的行为。政治需求作为司法改革的重要推动力，一方面可以有效调动地方改革的积极性，另一方面也诱发了不少无效甚至违法的改革现象。曾有研究通过统计十六大和十七大期间地方政府的创新举措之数量，发现通常在党代会召开后的第一年，地方政府的创新举措明显增加，而到了新一届党代会召开之年（上一届党代会召开后的第五年），地方政府的创新举措明显减少，故得出在政策导向明确的情况下，地方政府的创新数量就会增加，反之则减少的结论①。这种地方创新举措的数量与党中央的大政方针密切相关之结论，也进一步说明了地方政府所进行的创新举措大多是在中央精神的导向下完成的"政绩行为"。改革开放初期，各地涌现了一些以"地名＋模式""地名＋经验"命名的政策创新举措，有时候地方经验很大程度上可能是过度宣传包装的结果，其间充斥着部分决策者和利益团体为谋求自身利益而推出的"形式试点"②，类似现象同样存在于司法机关之间。

（三）制度变迁理念的转变

如果说1996年《刑事诉讼法》的修改主要是出于适应改革开放以来市场经济体制下的社会治理之需要，以及来自"国际接轨"的外部压力，那么2012年《刑事诉讼法》的修改更多则是为了解决转型时期国内的社会矛盾以及回应和谐社会的制度构建之需要。因此，2012年《刑事诉讼法》的修改在借鉴学习域外立法经验之余，更加注重自身具体国情和人民意志的需要，同时强调不盲目照搬外国的司法制度和诉讼制度，要循序渐进推进我国刑事诉讼制度之完善③。20世纪90年代末期，真正意义上的中国司法改革正式开启，面对制度移植暴露出来的问题，决策者不再追求用人类的有限理性攫取所有制度变革的信息，实现一场完美的制度变革；相反，更加关注司法实践所面临的具体问题，以微观的、积薪式的演进理性为基础，在经验性的试错中实现刑事诉讼的制度变迁。进入21世纪初期，司法改革的浪潮

---

① 参见汪保国：《党的十六大至十七大期间中国地方政府创新现象研究》，载《当代中国政治研究报告》2008年第1期。

② 21世纪初期，在琳琅满目的试点中也有不少试点的效益相当有限，例如江苏省扬州市邗江区人民检察院推行的"开庭证据材料不移送法院"、重庆市沙坪坝区人民法院试行的"暂缓判决制度"在很大程度上都是地方司法机关未进行严密论证而盲目跟风的形式试点。参见郭松：《试点改革与刑事诉讼制度发展》，法律出版社2018年版，第65-66页。

③ 2012年3月8日王兆国在作关于《刑事诉讼法修正案》的说明时指出，"适时修改刑事诉讼法，着力保障公共安全，着力化解社会矛盾，解决人民群众反映强烈、影响社会和谐稳定的突出问题"。详见《关于〈中华人民共和国刑事诉讼法修正案（草案）〉的说明——2012年3月8日在第十一届全国人民代表大会第五次会议上》，载《人民日报》2012年3月9日第3版。

推动了地方试点改革规模的进一步扩大,这一时期最高司法机关基于地方的经济发展水平、法治建设程度、司法环境以及地方改革的积极性等因素,在全国范围推行了许多重要的改革试点,包括人民监督员制度(2003年8月)、附条件逮捕(2005年5月)、量刑程序改革(2008年8月)、职务犯罪逮捕权"上提一级"(2009年9月)。制度改革理念的转变推动了20世纪90年代末到21世纪初期试点改革繁荣景象之形成,反之,这一时期的试点改革也为刑事诉讼制度的完善提供了许多成功经验。由是,较之第一次修法时对域外制度的学习,2012年《刑事诉讼法》的修改更多是立足本土资源,探寻法律之本土化生长路径,借此回应和谐社会治理的现实需求。

在强调充分结合本国国情和循序渐进推进制度改革理念的指引下,刑事诉讼制度改革走出了过去一味借鉴域外"先进制度"的变革模式,制度变迁模式开始逐步从建构主义的移植模式转向对演进主义的本土化理论形塑之重视。在转向对地方经验之本土资源的关注过程中,以地方先行、总结经验、全国推进为主要内容的试点改革成为刑事诉讼制度改革的崭新面向。

三、党的十八届四中全会以来:逐渐有序的试点格局

(一)从政策导向到顶层设计

2013年作为《刑事诉讼法》第二次修改后正式实施的第一年,作为新旧法律的更迭阶段,其间主要是处理新旧法的过渡事宜。2013年11月《中共中央关于全面深化改革若干重大问题的决定》的出台,进一步为刑事司法注入了改革动力。该决定强调"加强顶层设计和摸着石头过河相结合,整体推进和重点突破相促进,提高改革决策科学性"①。为走出改革深水区,推动中国特色社会主义制度的自我发展和完善,"摸着石头过河"和"顶层设计"相结合的改革模式成为全面深化改革的重要进路。具体到刑事司法领域,制度变革的方式也从过去的建构式立法转向演进式试验探索,并且初级阶段散乱无序的地方自发式改革试点,也从"自下而上"的改革进路转向"自上而下"与"自下而上"相结合的大规模改革试点。理论界曾对这种模式究竟是自上而下还是自下而上未有定论。有的观点认为这种改革方式的动力源于地方利益和地方权力的驱动,故而是自下而上的;有的观点则认为地方的改革动力离不开中央的支持,并且中央政府的主导作用仍在其中,因此应理解为自上而下与自下而上的双向推动②。本文以为,严格地去区别中国改革的过程究竟是自上而下还是自下而上并无实质意义,我们要在妥善处理顶层设计和摸着石头过河的关系下,充分保护地方改革的积极

---

① 《中共中央关于全面深化改革若干重大问题的决定》,http://www.gov.cn/jrzg/2013-11/15/content_2528179.htm,最后访问日期:2024年3月15日。

② 参见刘鹏:《三十年来海外学者视野下的当代中国国家性及其争论述评》,载《社会学研究》2009年第5期。

性,并发挥顶层设计的引导作用,让中央和地方的协同合作达到最佳效应。申言之,我们需要明确的是这种"摸着石头过河"的改革模式绝非无目标的探索,在强调创新社会治理方式的前提下,对于政策制定者和实施者而言,"过河"的总体政策目标是明确的,不明确的是应采取何种方式"过河",因而需要通过"摸着石头"(地方政策试验)的探索来积累经验,进而将之抽象为制度框架,再全面推广,这亦是探索制度创新的必由之路①。

2014年以前,地方探索的试点改革主要是以政策为导向,并非在顶层设计的统一筹划下展开。以刑事和解制度的试点为例,2012年《刑事诉讼法》修改之前,刑事司法中并未明确规定公诉案件的刑事和解制度,在构建和谐社会和贯彻宽严相济刑事政策的背景下,地方司法机关尝试运用和解的方法处理一些特定的公诉案件,并在取得良好效果后进一步推广试验②。然而该制度在地方司法机关的试验阶段,就招致许多违法评价。党的十八届四中全会之后,针对司法体制的改革有了具体框架设定③,具体到刑事司法领域,各地司法机关围绕着以审判为中心的刑事诉讼制度改革,进行了一系列的试点探索。值得肯定的是,2014年以后,各地方进行的试点改革不再仅仅是中央精神导向下地方自发进行的探索改革,而是一种顶层设计规划下的试点项目。这一阶段的试点在立法机关作出授权决定之后,便由被授权机关主导试点工作,其制定的试点实施办法通常会根据试点内容提出具体的针对性要求,作为开展试点工作的主要依据。此外,各试点地区还要结合当地实际,在顶层设计的试点实施办法之下,制定地方试点的实施细则。在试点实施过程中,相关部门和组织者还会对试点项目进行宣传报告、组织学习个别地区"先进做法",以便将试点内容推而广之并起到积极的宣传作用。作为一种司法改革的方法,官方推行的试点项目主要强调,在把握改革的全局方向之下,通过地方实践探索验证制度设计的总体成效和价值,为是否纳入法律体系做好前期的试验工作④。2018年《刑事诉讼法》的修改虽然更像是一种"应急式的调整",但也突出反映了将行之有效的试点经验及时上升为法律的改革要求,试点方法作为刑事司法制度改革的方式之一已得到正式认可。

过去的试点项目由于没有立法机关的授权,整体显得有些"畸形",立法机关正式授权特定试点项目后,意味着试点改革正式登堂入室,中央和地方共同推进的改革模式自此落成。以刑事速裁程序、认罪认罚从宽制度为代表,这一阶段的试点不仅在程序启动上是经立法机关授权后开展,而且试点的整体内容规划、方向都是建立在授权决定、试点方案、实施办

---

① 参见吴昊、温天力:《中国地方政策试验式改革的优势与局限性》,载《社会科学战线》2012年第10期。
② 参见宋灵珊、刘方权:《从经验到立法——刑事司法改革的试点模式》,载《北大法律评论》2016年第2辑。
③ 《中共中央关于全面推进依法治国若干重大问题的决定》,http://www.gov.cn/zhengce/2014-10/28/content_2771946.htm,最后访问日期:2024年3月15日。
④ 参见杨继文:《论刑事司法改革方法论体系》,载《东方法学》2016年第5期。

法等一系列规范性文件的基础上的①。可见,此时的试点已不再是过去各自为政、零散分布的格局,但也在一定程度上限制了地方司法机关的创新能力。就试点方法的试错价值而言,应该在不违背法律基本原则的基础上,给予地方试点足够的探索空间。概言之,在现阶段的试点过程中,应针对不同类型的试点内容给予不同程度的试验空间,同时要避免出现以试点形式对政策展开试行而非试验的情况。党的十八届三中全会提出的全面推进国家治理体系和治理能力现代化之要求,事实上就是要为治国理政提供一套有效运转的制度体系,以实现治理能力的制度化、法治化。通过试点改革提供可复制可推广的地方经验是试点改革的初衷,试点试验的立法模式应充分发挥其先行试验的试错功能。

(二)从问题导向到制度构建

党的十八届三中全会之后,逐渐有序的试点样态不再只是针对具体规则、程序的修补或是为了解决具体实践问题的权宜之策,而是更多地在宏观性、全局性和根本性的制度层面进行改革试点。过去面对案多人少的司法难题,我们曾通过普通-简易程序的二元模式构建,试图简化刑事审判程序,以实现司法资源的合理配置。但在一次次脱离实践建构法律之后,我们意识到,在现有司法资源不变的前提下,只有通过完善认罪认罚从宽制度,才有可能真正实现案件繁简分流,进而合理配置司法资源。况且制度的发生、形成和确立往往是历时性的,并非一蹴而就②。过去我们或许还不完全具备构建认罪认罚从宽制度的司法条件,但我国传统刑事政策中倡导的"坦白从宽",与认罪认罚从宽精神亦有共通之处;加之1996年《刑事诉讼法》修改后确立的刑事简易程序,以及2003年《最高人民法院 最高人民检察院 司法部关于适用普通程序审理"被告人认罪案件"若干意见(试行)》都贯彻了针对被告人自愿认罪的从轻处罚做法。由是可见,虽然过去我们并未正式确立认罪认罚从宽制度,但对于主动认罪的被告人,司法机关也是始终奉行着认罪从宽的做法。

在认罪认罚从宽制度的构建模式上,我们不再一味借鉴域外制度,亦不单纯依靠地方司法机关的自发式探索,而是以刑事速裁程序试点为先行探索,通过两年试点试验了控辩双方进行认罪协商的实践运作之可能,并在积累了相关实践经验的基础上,进一步扩大案件适用范围,最后为认罪认罚从宽制度的构建积累了丰富经验。2014年,通过《全国人民代表大会常务委员会关于授权最高人民法院、最高人民检察院在部分地区开展刑事案件速裁程序试点工作的决定》和《关于在部分地区开展刑事案件速裁程序试点工作的办法》,北京、天津、上海等18个城市率先在轻微刑事案件上试验认罪认罚从宽的快速裁判之效果。两年试点期届满后,立法机关在原来刑事速裁程序的试点基础上将认罪认罚从宽之举措扩大到试点

---

① 参见何挺:《司法改革试点再认识:与实验研究方法的比较启示》,载《中国法学》2018年第4期。
② 参见苏力:《制度是如何形成的》,北京大学出版社2007年版,第53页。

地区的全部刑事案件,除了特定的几类案件不适用[①],并适当放宽了速裁程序的适用案件范围。最后2018年《刑事诉讼法》的修改将认罪认罚从宽制度正式确立为刑事诉讼的基本原则而规定在总则部分,系统地完善了刑事诉讼中的认罪认罚从宽制度。值得一提的是,认罪认罚的从宽处理举措从最初限于刑事速裁程序,到后来扩大到简易程序,最后通过立法明确了先前试点过程中不适用速裁程序、简易程序的特殊犯罪主体和特殊情形的[②]案件,即使是通过普通程序审理也可适用认罪认罚从宽制度,体现了制度从地方试验到上升为正式法律,在不断试验过程中逐步完善了对认罪认罚的被告人之合法权益的平等保障。认罪认罚的从宽结果之保障从刑事速裁程序试点到认罪认罚从宽制度试点,最后通过立法正式确立,这是刑事司法领域"试验性立法"首次得以完整呈现[③]。

(三)立法机关授权试点的合理控制

从立法机关授权试点的实践状况可以看到,当前的试点改革在严格意义上不再是过去由点及面的推广形式,准确而言,应该是由面到全面的推广模式。随着试点规模的不断扩大,改革内容所关涉的全局性、根本性制度变革越来越多,授权地方改革试点应该更为谨慎,尽量减少与既有规则的正面冲突,同时发挥试点的试验功能。自从试点改革进入合法授权阶段之后,地方试点的合法性争议不再如过去那般激烈,试点的合理性问题则是授权机关在当下试点中需要着重考量的。而针对试点的合理性问题则需要从启动试点项目的必要性,以及试点方案的科学性两方面进行把控。

首先,任何的改革方式都必然存在一个成本与收益的问题,试点方法亦然。在特定地区进行某项新制度的试验,必然会形成试点地区与非试点地区的制度差异,影响国家的单一制属性;特别是在关乎人权保障和惩罚犯罪的刑事司法领域。试举之,在刑事速裁程序和认罪认罚从宽制度的试点过程中,非试点地区的犯罪嫌疑人如果想通过认罪认罚得到从宽处理,却碍于不属于试点地区故无法得到认罪认罚从宽的保障,这显然违背了宪法的平等原则,这也是试点改革中存在的最棘手问题——制度之间的不协调。在面对制度不协调产生的损益问题时,立法机关需要在可期待的收益、改革手段和暂时性产生的减损法益三者之间按照比例原则进行权衡。申言之,应在实施改革试点项目之前,对其所能预期的效益与可能造成的损害上,运用比例原则权衡是否有必要进行试点。比例原则作为指引价值权衡的方式,本质上对人权的具体内涵并未设置固定的排位,对比西方国家对公民个体权利的保护倾

---

① 详见《关于在部分地区开展刑事案件认罪认罚从宽制度试点工作的办法》第二条规定。
② 特殊犯罪主体是指犯罪嫌疑人是盲、聋、哑人,或者是尚未完全丧失辨认或者控制自己行为能力的精神病人;特殊情形是指未成年犯罪嫌疑人的法定代理人、辩护人对未成年人认罪认罚有异议的。
③ 需要指出的是,在形式上刑事速裁程序试点是立法机关正式授权的刑事司法改革首个试点,但在试点的实质内容上是作为认罪认罚从宽制度试点的先行探索,换言之,刑事速裁程序试点实质上是认罪认罚从宽制度试点的一部分,故本文在此从实质意义上将认罪认罚从宽制度的生成作为试验性立法的首次官方演练。

向，我国更加注重社会集体利益和民族整体性的发展。在出现以"牺牲"小部分人利益换取集体利益的情况时，援用比例原则就是要求在论证试点的必要性时站在保障公民权利的角度，保证任一制度的改革要对暂时性引起的权利相对人的损害降到最低，借此确保试点开展的必要性。

其次，在明确启动试点项目的必要性之后，要进一步衡量作为改革手段的试点方法是否具有科学性。为最大量地发挥试点作为改革手段带来的增益效果——有效发挥试点试错之功能，必须制定科学的评估标准对试点进行把控，警惕"试点必须试成"的改革期待。试点改革的本质在于通过小范围的先行试验，验证改革设想的正确与否，避免直接在司法系统进行有可能产生的不良效果。因此，对试点结果进行客观性评估亦是实现试点改革的试错目的，波普尔（Karl Popper）针对逻辑实证主义建立了猜想-反驳方法论（亦称为"试错法"）。他认为，科学就是理性不断作出的假说，而这假说不断遭到批判，即被证伪。"试错法"不是单纯的否定，而是要通过证伪去达到暂时的"确认"，是问题到问题的不断进步[①]。有学者认为在社会科学中以证伪作为对某一现象或某一制度的检验，实属一种形而上的空洞理论，以证伪作为"从经验中学习"的基本落脚点是很难付诸实践的[②]。本文以为，以试错作为试点方法运用过程中的独有价值，并非绝对化地强调以证伪作为制度试验的落脚点，而是相对于证成而言，证伪是试点方法的独特价值所在，旨在引导我们要善于发现制度试验中可能存在的问题，而非聚焦于"势必证成"的改革预期。我们的预期总是先于问题，但科学只能从问题开始，改革主体先入为主的成功预期是难以避免的，这种预期还会进一步形成"期望效应"[③]影响试点结果的客观性。正因如此，只有让试点结果通过严格科学的评估体系，才有可能相对客观地排除人为因素的干扰，获得客观真实的试点结果。由是之故，立法机关在授权地方试点的改革路径上必须完成基本的必要性论证和确保科学的试点方案，尽可能避免出现肆意性的试验，才能实现合法合理的改革。

四、中国经验：刑事诉讼制度改革的基本方向

（一）从"有法可依"到"良法善治"

1949年到1978年间我国零星颁布了一些涉及刑事诉讼规则的法律文件，但正式的《刑事诉讼法》始终没有问世，在强烈的阶级斗争意识形态下，这些规则在实践中并未得到实

---

① 参见[英]卡尔·波普尔：《猜想与反驳：科学知识的增长》，傅季重等译，上海译文出版社2001年版，第317-318页。
② 参见[英]Andrew Sayer：《社会科学的研究方法——批判实在论取径》，许甘霖、万毓泽、杨友仁译，巨流图书股份有限公司2016年版，第217-222页。
③ 通常在试行试点项目时，试点人员先入为主的预期心理会导致他们只看到他们想看到的现象而对真实现象视而不见，从而使实验结果发生偏差，这种现象被称为"期望效应"。参见葛琳：《从理念到技术：在司法领域中运用实验方法的局限性》，载《清华法学》2011年第6期。

施,呈现出立法上"无法可依"和司法中"有法也不依"的司法乱象①。十年"文革"使中国陷入了政治动乱、经济危机和法律虚无的局面。在 1978 年拨乱反正、正本清源的改革浪潮下,再次迎来了制定《刑事诉讼法》的契机。《刑事诉讼法》的出台奠定了刑事诉讼制度的基本框架,其中确立的基本制度和基本原则也成为后来刑事诉讼制度变迁的基本方向。《刑事诉讼法》制定后的四十多年间经历了三次修改,大致走过了从效仿苏联到学习英美,再回归"本土资源"的发展历程。诚然,1979 年的《刑事诉讼法》是一套移植苏联体制的产物,但这种移植并非照单全收,而是结合国内政治、经济、社会文化等多方面国情,进行了一番"本土化"的过程,甚至在某种程度上,还进化为后来中国的本土资源②。1996 年《刑事诉讼法》的第一次修改呈现出明显的倾英美现象,其中大部分修改的内容带有理想化色彩,未经过全面的实践考察。正因如此,在改革后的实践中遇到许多操作难题。2012 年《刑事诉讼法》的第二次修改主要基于国内政治、经济、社会生活水平的提高,人民法治意识的增强,我们在借鉴学习域外立法经验的基础上,更加注重自身具体国情和人民意志的需要③。较前两次修法的重大调整和历史意义,虽然 2018 年的修法幅度稍显逊色④,主要是为了在总结试点经验的基础上对法律作出修改,以及配合《中华人民共和国监察法》的出台进行条文修改和增减调整,但其呈现出法律及时将成功的试点经验上升为立法的做法,表明了试点方法已成为刑事诉讼制度发展的重要路径。1979 年至 2019 年间,刑事诉讼实现了从无到有、从粗疏到精细、从模糊到规范的制度建设,并在价值选择上取得了从"有法可依"到"良法善治"、从"打击犯罪"到"人权保障"的重要成就⑤,其中在制度变迁的路径选择上始终在调和域外"先进制度"和自我内生环境之间的张力,并尝试走出具有中国特色的司法改革道路。

(二)从"制度移植"到"本土资源"

如果说 1979 年《刑事诉讼法》的问世开启了刑事诉讼"有法可依"的新时代,那么 1996 年的第一次修法则为理论界放置了一个"如何更好地进行刑事司法改革"的思考。在刑事诉讼制度的基本架构确定之后,对于不满足于提供立法建议和司法解释的学者而言,尤其在 1996 年《刑事诉讼法》的实践效果与预期相差甚远的境况下,理论界开始反思从立法到司法的实践效果缘何不佳之后,将目光转向了中国司法实践中可能蕴藏的理论创新⑥。1996 年《法治及其本土资源》一书的问世为我们提出了"本土资源"这一概念,苏力在书中立场鲜

---

① 参见左卫民:《刑事诉讼的中国图景》,生活·读书·新知三联书店 2010 年版,第 201 页。
② 参见左卫民:《当代中国刑事诉讼法律移植:经验与思考》,载《中外法学》2012 年第 6 期。
③ 参见樊崇义:《走向正义——刑事司法改革与刑事诉讼法的修改》,中国政法大学出版社 2011 年版,第 2-3 页。
④ 参见左卫民、何胤霖:《1979—2019:当代中国刑事诉讼研究话语体系的兴起与转型》,载《法学评论》2020 年第 4 期。
⑤ 参见卞建东:《刑事诉讼法治四十年:回顾与展望》,载《政法论坛》2019 年第 6 期。
⑥ 参见艾佳慧:《刑事诉讼的制度变迁与理论发展——从〈刑事诉讼的中国模式〉切入》,载《法律科学(西北政法大学学报)》2011 年第 5 期。

明地指出,"我们不能再以自身的经验、体悟为主要是西方学者提供的理论、模式补充一些脚注,要关注中国的现实生活,发挥我们的比较优势,是当代学者有可能作出理论创新的必由之路"①。陈瑞华在《刑事诉讼的中国模式》一书中旗帜鲜明地提出,我们要开始从对"书本法律"的迷恋转向对"社会中的法律"的高度重视,将法律程序的实施问题外化为一种社会现象加以观察②。左卫民在《刑事诉讼的中国图景》一书中指出,过去刑事诉讼制度改革所遭遇的失败与理论研究的范式有关,以域外"先进制度"为参照的比较法学研究范式,以及纯粹在抽象的价值分析层面批判中国刑事诉讼制度之不足的新意识形态研究范式,都无法再为未来的刑事诉讼制度发展提供现实有效的理论支撑。要想进一步为刑事诉讼制度的有效变革提供足够的理论支持,就需要充分地立足实践。相关的域外研究也认为,这两种传统的研究范式均是以域外制度的发展状况作为中国刑事诉讼制度改革的标准,忽略了法外因素与资源差异等对制度运作的影响,特别是对中国具体的现实环境没有充分考量,它们所产生的研究成果客观上很难为中国的立法工作服务。即使是有相关成果为立法所采纳,按照法律移植的内在规律,也不能确保移植而来的制度能够持续性地按照域外国家的既有模式来发展③。因此,在打造本土化刑事诉讼理论体系的意图下,应采用实证研究的范式来观察与思考,才能为现代刑事诉讼制度改革寻求更为有效的思路与方案④。概言之,为了有效回应社会发展的基本需求,构建刑事诉讼制度的本土资源,刑事诉讼制度的改革模式应从传统理性建构主导的立法模式,转向以实践理性为指导的经验研究,而试点改革便是可取之径。

(三)从"摸着石头过河"到与"顶层设计"相结合

从党的十五大提出"依法治国"的治国方略到党的十八届三中全会强调"推进法治中国建设",意味着法治的共性与中国个性相结合的程度在不断加深。党的十八届三中全会通过的《中共中央关于全面深化改革若干重大问题的决定》,正式提出"推进国家治理体系和治理能力现代化"的科学命题,同时首次提出"社会治理"概念,强调理论创新、制度创新和实践创新的社会治理方式⑤;并在全面阐述全面深化改革的重大意义和指导思想时,强调"加强顶层设计和摸着石头过河相结合,整体推进和重点突破相促进,提高改革决策科学性"⑥。如果说以往的改革中央鼓励各地自行探索,那么今后的改革则是要回归中央统一规划和领

---

① 苏力:《法治及其本土资源》,中国政法大学出版社1996年版,自序页。
② 陈瑞华:《刑事诉讼的中国模式》,法律出版社2008年版,第2页。
③ 参见[美]安·塞德曼[美]罗伯特·塞德曼:《发展进程中的国家与法律:第三世界问题的解决和制度变革》,冯玉军、俞飞译,法律出版社2006年版,第51-52页。
④ 参见左卫民:《刑事诉讼的中国图景》,生活·读书·新知三联书店2010年版,第251-266页。
⑤ 参见张文显:《新时代中国社会治理的理论、制度和实践创新》,载《法商研究》2020年第2期。
⑥ 《中共中央关于全面深化改革若干重要问题的决定》,http://www.gov.cn/jrzg/2013-11/15/content_2528179.htm,最后访问日期:2024年3月15日。

导的模式,确保所有的改革于法有据①。具体到刑事司法领域,在"摸着石头过河"和"顶层设计"相结合的改革模式下,刑事诉讼制度变革的路径也从过去的建构式立法转向演进式经验探索,并且最初自发式的分散试点,也逐渐发展为整体规划且具备一定规模的试点项目。2015年《中华人民共和国立法法》修改后,新增的第十三条"暂时调整者或暂时停止适用法律的部分规定"之规定,为试点方法的运用提供了一定的试验空间,让"破旧立新"的试验性改革与现有制度之间的冲突关系得到了缓和,自此地方试点改革步入了法治的轨道。

任何一项改革的成功始终离不开中央的支持和地方的积极响应,我们可以看到中国的改革不论是经济领域还是司法领域,抑或其他方向的改革都是中央和地方共同推进的结果。从历史维度观之,最初始于革命时期的试点方法,强调"突破一点,取得经验,然后利用这种经验去指导其他单位"②;改革开放时期,试点这一独具特色的制度发展模式指导中国在经济转型中通过"渐进式改革"实现平稳过度。需要明确的是,中国的试点并非纯粹对实践逻辑的践行,更不是西方的分权模式,而是一种工具性的政策制定探索,最终服务于政策制定和制度建设。因此,试点的成功通常也是中央决策推动和地方积极响应共同作用的结果,有时地方的积极性还需要来自中央权威的鼓励,同时限制探索过程中可能出现的离心力。正如刑事司法领域的试点改革,从20世纪90年代末期兴起以来,经历了自发式的原生态试点到顶层设计指导的官方试点之发展路径,其间中央权威的指导和监管发挥了重要作用。

在明确将顶层设计和摸着石头过河相结合作为全面深化改革的重要路径之后,在司法领域推行试点改革必须妥善处理好顶层设计与摸着石头过河的关系。可以明确的是,这两者之间并非对立矛盾的关系,来自中央的顶层设计虽然有一定意义上的建构成分,但其主要目的往往是使改革有目标有组织有规模地推进,而"摸着石头过河"也绝非毫无目标的探索,而是要通过"摸着石头"来积累经验,进而将其抽象为制度框架,再全面推广。由是观之,顶层设计与摸着石头过河更像是一种互为依存的关系。当然,我们也要警惕顶层设计的理性建构限制地方改革的积极性,因此,在司法改革过程中,要特别注意保护过去"摸着石头过河"激发起来的地方改革热情和积极性,鼓励地方司法机关在顶层设计指导下积极探索改革创新,提炼可供推广的成功经验,进而在顶层设计指导下推进全面试点,使得从地方经验到立法确认的制度成长路径更具规范性。刑事和解制度作为地方政策性试验到法制化运作的典型试点样本,为我们呈现了刑事诉讼制度改革从法律移植迈向本土化路径之可能③,立法机关授权的刑事速裁程序和认罪认罚从宽制度试点,进一步贯彻了顶层设计对地方试点的指导。未来刑事司法改革的试点路径应充分回应社会发展的现实需求,立足本土资源,

---

① 参见葛洪义:《顶层设计与摸着石头过河:当前中国的司法改革》,载《法制与社会发展》2015年第2期。
② 参见毛泽东:《毛泽东选集》(第三卷),人民出版社1991年版,第897页。
③ 参见宋灵珊、刘方权:《从经验到立法——刑事司法改革的试点模式》,载《北大法律评论》2016年第2辑。

发挥试点方法的试错功能,加强立法决策的科学性。

五、结语

纵观刑事诉讼制度四十多年来的变迁方式,可以洞见,在不同时期的刑事理念指导下,刑事诉讼制度的发展逐步从效仿域外转向了对本土资源的关注。从移植程度上对比1979年《刑事诉讼法》对苏联体制的借鉴,1996年的修法结合本土改造的力度更大,而在2012年的修法中,以往"西上中下"的借鉴学习之思想开始转向"中上西下",至少是"中西对等"[①],先期地方试点改革所形成的制度经验大多被上升为法律,2018年《刑事诉讼法》修改的新增部分更是先前试点项目的成果转换。在法治的共性与中国个性不断融合的前提下,地方经验作为一种本土资源,必定是未来司法改革的侧重面向,中国的刑事诉讼制度必须在与中国独特的政治、经济、文化等社会因素结合的基础上,形塑刑事司法的本土话语体系,才能应对当下中国刑事诉讼发展的多样性、变动性与矛盾性的特点。换言之,在纷繁复杂的各种因素交织下,应将试错作为未来刑事诉讼制度建设的重要路径,遵循本土主义、现实主义、演进与建构主义等原则,以试点为方法论指导力争打造出一种"本土主义的现代型"刑事诉讼模式[②],才有可能在未来刑事诉讼的国际环境中找到属于中国的话语体系。

---

① 参见郭松:《试点改革与刑事诉讼制度发展》,法律出版社2018年版,第25页。
② 参见左卫民:《刑事诉讼的中国图景》,生活·读书·新知三联书店2010年版,第246-250页。

·青年法苑·

人格利益本位立场下姓名决定自由限度的厘定[*]

杨　柳[**]

摘　要：姓名决定自由的限度难以厘定，源于姓名的决定既是人格自由的表现，又不可避免地受到公法规范和身份伦理的约束。人格利益后置立场站在姓名决定的公法面向和身份面向外在地规制姓名，导致姓名决定自由后置于其他合法权益，难以被充分尊重与保护，姓名决定自由的限度难以确定和统一。而人格利益本位立场则在充分尊重姓名决定自由的前提下，从对姓名本身的规制转向对姓名权正当行使的引导，能够使人格利益的实现与其他合法权益在同一姓名之上最大化共存。姓名权正当行使的判断取决于姓名与主体人格形象间的对应关系是否契合姓名的社会性特质。由于姓名承载着特定社会关系的文化传统、风俗习惯、价值共识，还是社会管理秩序实现的重要媒介，"姓氏＋名字"文字组合的选取不能违背相关公众对姓名的一般认知，且姓名的含义不得损害其他合法权益，姓名的变更不能恣意破坏姓名与主体人格形象稳定的对应关系。超越正当性边界的姓名权行使行为应被限制且不发生预期的法律效果。

关键词：姓名决定　姓名权　姓名登记　权利行使

---

[*]　基金项目：国家社会科学基金重点项目"基于类型化的违约损害赔偿计算的公式化研究"（项目号：22AFX014）；教育部人文社会科学研究青年基金项目"二元格局下夫妻一方侵权之债认定和清偿规则的体系化重塑"（项目号：23C10183045）。

[**]　作者简介：杨柳，吉林大学哲学社会学院博士后，助理研究员。

一、问题的提出

姓名的决定和变更①既是自然人人格发展和自我决定的重要表现形式，又受到公法规范和身份伦理秩序的约束。而姓名所承载的制度资源是有限的，自然人决定姓名的自由无法与姓名所承载的社会公共管理秩序和身份伦理同时满足；自由与限制这两个相互矛盾的特性于姓名之上交织，姓名决定自由的限度难以厘定。姓名的决定无一例外地发生于每个自然人、每个家庭的日常生活中，而每个自然人在多大限度内能够自由决定姓名却无法被明确回答。

"北雁云依案""赵C案"等经典案例所引发的争议延宕至今，关于自然人是否能起第三姓、名字中是否能包含英文字母等特殊字符尚未形成定论。随着自然人权利意识不断觉醒和数字时代的悄然到来，姓名决定自由范围的厘定正在发生深刻变化：一方面，物质生活条件的极大改善使自然人主体性意识以及对自身发展的诉求不断增强，父母为子女取"伍拾忆"（谐音"五十亿"）、"王者荣耀"（与知名手游同名）、"万涂思瑞"（谐音 One、Two、Three）"陈皮话梅糖"等含义或者谐音很奇特而个性化的姓名②，极大增加了厘定姓名决定自由范围的难度；另一方面，姓名所传递的含义在网络和技术的推动下时刻发生着变化，深刻影响着姓名自由决定或变更的人格利益与其他合法权益的实现方式与程度。公众人物的姓名或别名，甚至是游戏ID，既有可能迅速成为全网皆知的具有特定含义的称呼，又有可能在一夜之间成为令人"避之不及"或"千夫所指"的负面标签，例如，名为"吴一凡"的自然人因其名字与劣迹艺人"吴亦凡"同音而申请变更姓名③。

可见，姓名决定自由限度的厘定这一问题看似"老生常谈"，却不仅拷问着理论上姓名所承载的人格利益、公共利益和身份利益得以平衡实现的基础，更考验着实践中姓名登记机关与司法机关应对因姓名决定所引发权益冲突的机制的有效性与合理性。本文将从梳理和归纳限定姓名决定自由的既有立场出发，在剖析和反思既有立场的基础上寻求限定姓名决定自由的视角转向和立场更新，从而构建一套完整的厘定姓名决定自由限度的框架和路径。

---

① 姓名的决定和变更是《中华人民共和国民法典》第一千零一十二条规定的姓名权的两种权能。广义上而言，决定姓名可以包含创设姓名和变更姓名，无论是姓名的决定还是变更，均由自然人或自然人的监护人依自由意志行使并依法向有关机关办理登记手续。二者均是姓名决定权行使的方式，不具有本质上的区别。因此如无特殊说明，本文以"姓名决定"统摄姓名的决定和变更，以"姓名决定权"统摄姓名权的决定和变更权能。参见黄薇：《中华人民共和国民法典释义（下）》，法律出版社2020年版，第1864页。
② 参见《90后父母取名，冲上热搜！》，https://m.thepaper.cn/baijiahao_20423562，最后访问日期：2023年8月11日。
③ 参见《安徽吴一凡改名成功！》，https://www.sohu.com/a/493495390_121123759，最后访问日期：2023年8月11日。

二、限定姓名决定自由的立场更新：从人格利益后置到本位

（一）人格利益后置：外在规制姓名的既有立场批判

以往对于姓名决定自由限度的讨论不约而同地站在公法规范和身份伦理的立场，为姓名设置满足公法目的和身份伦理的前提，体现出姓名决定自由后置于其他合法权益实现的立场。姓名被视为实现国家管理和身份定位功能的工具，首先要满足公法目的和身份伦理，其次才服务于人格自由的彰显，只有在国家管理秩序和身份伦理等外在条件所划定的区间里，自然人才可实现决定姓名自由。

针对姓名决定的公法面向，既有研究将姓名理解为公法规制的对象，虽存在具体观点上的分野，但均将自然人决定姓名的自由让位于国家和社会管理目的的实现。有研究认为公法应该尽可能减少对姓名决定自由的干涉，并受到法律保留原则、比例原则和行政程序正当原则的限制[1]，从而避免公权力的失范与滥用[2]。公法在一般情况下不能积极干预在父母姓氏以外选取第三姓、名字中有汉语拼音等特殊字符、基于个人喜好变更名字等情形，除非所取的名字对公序良俗、社会公共利益或他人权利产生较大影响[3]；也有研究认为公法应对姓名决定自由采取限制态度[4]，应从社会管理和文化发展角度对姓氏、名字的选取予以限制，原则上不允许取第三姓[5]，除非发生"社会变化甚巨""不可抗力"等例外情况[6]。

针对父母决定和变更子女姓名的身份面向，既有研究将姓名理解为父母基于身份关系行使亲权或监护权的对象，为姓名设置了实现身份伦理的前提条件，认为未成年人姓氏的决定和变更应"以父母意见相一致为前提"，单方不能在另一方未同意场合擅自变更子女姓氏。即使是在父母离婚后，基于对血缘关系所形成的社会伦理传统的尊重，未成年子女的姓氏原则上应保持不变[7]。虽然也有研究认为应充分考虑具有一定意思能力的未成年人的意愿，或者应选取对其成长和身心健康最有利的姓氏和名字[8]，但该观点同样依托于身份关

---

[1] 参见陈锦波：《公民姓名权的行政法双重保护》，载《行政法学研究》2020年第5期；参见刘远征：《论作为自己决定权的姓名权——以赵C姓名权案为切入点》，载《法学论坛》2011年第2期。

[2] 参见王春梅：《论自然人姓名权的行政克减》，载《学术交流》2020年第2期；参见孙海波：《姓名决定自由与公序良俗价值的冲突协调——兼评最高人民法院第89号指导性案例"北雁云依"案》，载《甘肃社会科学》2023年第1期。

[3] 参见刘练军：《姓名登记规范研究》，载《法商研究》2017年第3期。

[4] 参见王春梅：《论自然人姓名权的行政克减》，载《学术交流》2020年第2期。

[5] 参见张新宝、吴婷芳：《姓名的公法规制及制度完善》，载《法制与社会发展》2015年第6期；参见张红：《姓名变更规范研究》，载《法学研究》2013年第3期；参见李新天、郑鸣：《"第三姓"的立法解释透析与制度反思》，载《时代法学》2016年第3期；参见张学军：《婚生子女可随"第三姓"立场之反思》，载《浙江工商大学学报》2009年第4期。

[6] 参见张红：《姓名变更规范研究》，载《法学研究》2013年第3期。

[7] 参见杨洪逵：《单方变更未成年子女姓氏的行为无效——对一起变更子女姓名案的再思考》，载《人民司法》2000年第12期。

[8] 参见石冠彬：《民法典姓名权制度的解释论》，载《东方法学》2020年第6期；参见焦卫、杨晓霓：《对一起变更子女姓名案的法律思考》，载《法学》2001年第1期。

系，姓名决定自由的范围还是被限定在实现身份利益、维护家庭关系圆满、保证未成年人健康成长等身份伦理目的之中。

立基于姓名决定的公法面向和身份面向的既有研究看似从不同角度划定姓名决定自由的范围，实际上均以外在于姓名的视角规制姓名，不仅导致人格利益难以被充分尊重与保护，还会引发姓名决定自由限度的不确定、不统一和相互矛盾。

首先，人格利益后置立场预设了姓名应当优先符合公法规范、满足身份伦理要求的前提，姓名决定自由这一人格利益难以被充分尊重与保护。正因为姓名被理解为公法规制的对象，姓名登记机关对姓名的认识和态度直接决定了自然人能否在私法上对该姓名享有姓名权。诚然，公法具有规制姓名的正当性基础，姓名具有区分和表征个体的社会性功能，国家的户籍管理制度、身份管理制度和人事档案制度等管理制度的正常运行都离不开姓名[①]，但这一立场将姓名权最核心的"人"之主体自由意志后置，难免会不当压缩人格利益的范围。姓名登记成了自然人获取和保障姓名权的起点[②]，这不仅引发姓名权的合法享有以姓名登记机关的认可为前提的误识，还导致公法规范或者公权力机关不当干预或限制自然人自由决定姓名的风险。例如，实践中就出现山东菏泽200多名村民因姓氏特殊，姓名登记机关无法在电脑中录入该生僻字而被迫集体改变姓氏[③]，以及云南丽江的"nia"姓家族因为姓氏太罕见，不得不集体改姓"鸭"等怪异现象[④]。

其次，人格利益后置立场站在公法和身份面向外在地规制姓名，不可避免地导致姓名决定自由限度不统一、不确定，甚至可能相互矛盾。

其一，对法律规定的不同认识导致对姓名决定自由范围的不稳定塑造。《中华人民共和国民法典》（简称《民法典》）第一千零一十二条在《中华人民共和国民法通则》的基础上细化了对姓名决定自由的限制，主要表现为两处变化：一是由"依照规定"改为"依法"；二是增加了"不得违背公序良俗"。但即使有法律的明文规定，对"依法"和"不得违背公序良俗"的不同理解仍将导致姓名决定自由限度不统一、不确定的风险。一方面，对于何为"依法"，有观点认为人格权应由法律保护，不能由行政规章等其他规范性文件对姓名决定自由随意限缩，有关姓名登记的地方性法规均不具有限制姓名决定自由的基础[⑤]；也有观点认为，此

---

① Julia Shear Kushner. The Right to Control One's Name. UCLA Law Review, Vol.57, 2009, p. 313.
② 参见刘练军：《姓名登记规范研究》，载《法商研究》2017年第3期。
③ 参见黄体军、张继业：《山东两百村民因电脑不认生僻字被迫改姓》，https://www.chinacourt.org/article/detail/2010/08/id/423001.shtml，最后访问日期：2023年8月11日。
④ 参见荀超、汪灵：《因姓氏太罕见全村改姓鸭，村民：遗憾也没用，不改就没法外出》，https://www.thepaper.cn/newsDetail_forward_22806697，最后访问日期：2023年8月13日。
⑤ 参见最高人民法院民法典贯彻实施工作领导小组：《中华人民共和国民法典人格权编理解与适用》，人民法院出版社2020年版，第186页。

处"法"应是广义上的法,包括法律、行政规章、地方性法规和规章①,不同地域的姓名登记机关依据不同的地方性法规,必然会对姓名决定自由做出不同的限制。另一方面,囿于对姓名是否"违背公序良俗"缺乏一般性的理解②,法院或姓名登记机关甚至会对某一姓名是否违反公序良俗得出截然相反的结论。"北雁云依案"中法院将"公序良俗"理解为社会的善良风俗和一般道德要求,认为仅凭个人意愿喜好,随意选取姓氏甚至自创姓氏,会对文化传统和伦理观念造成冲击,违背公序良俗③;而若将"公序良俗"理解为公共秩序或社会中多数人所共享或持有的道德和风俗,则自创姓氏的行为仅仅是少数人的个人选择,不一定扰乱公共秩序,难以在道德上被评价为不正当④。对"依法"和"公序良俗"含义的不同理解极大增加了姓名决定自由范围的不确定和不统一,进而引发对人格利益不平等保护等负面影响。

其二,限定姓名决定自由的规范基础之间可能相互矛盾,削弱了自然人实现其人格利益之预期的稳定性。基于不同的立场、依据不同的规范,姓名登记机关和法院完全可能针对同一姓名做出截然相反的认定结果,为姓名决定自由划定不同的范围。例如,针对父母离婚后一方再婚而引起的子女姓名变更纠纷,姓名登记机关为方便社会管理秩序的实现,可能依据《公安部关于父母离婚后子女姓名变更有关问题的批复》和《公安部关于父母一方亡故另一方再婚后未成年子女姓名变更有关问题处理意见的通知》,要求未成年子女的父母(包括一方为继父/母)对子女的姓名变更达成一致意见;而法院为实现身份伦理秩序,则可能参照最高人民法院发布的《民法典颁布后人格权司法保护典型民事案例》中的"未成年人姓名变更维权案",采取"未成年人根据自己的意愿作出对自己成长和身心健康最有利的选择"的态度⑤。限制姓名决定自由的规范基础之间的矛盾造成姓名决定自由的范围在姓名登记机关与法院的不同处理方式之下不断摇摆。

(二)人格利益本位:聚焦姓名权行使的全新立场证立

外在规制姓名的做法已然证明,如果简单地诉诸在既定框架下提升划定权利边界的技术,恐怕难以彻底改变人格利益后置立场所引发的一系列问题,对姓名自由边界的厘定到了亟须反思和重构底层逻辑的时候。人格利益后置立场所引发的诸多问题源于其将姓名视为公法规范和身份伦理作用的对象,以外在视角"切割"自然人所享有的姓名决定自由,却恰恰忽视了公法利益、身份利益和人格利益均需通过姓名这一载体来实现,而姓名所承载的制

---

① 参见程啸:《人格权研究》,中国人民大学出版社2022年版,第240页。
② 参见蔡唱:《公序良俗在我国的司法适用研究》,载《中国法学》2016年第6期。
③ 参见山东省济南市历下区人民法院(2010)历行初字第4号行政判决书。
④ 参见孙海波:《姓名决定自由与公序良俗价值的冲突协调——兼评最高人民法院第89号指导性案例"北雁云依"案》,载《甘肃社会科学》2023年第1期。
⑤ 参见最高人民法院:《民法典颁布后人格权司法保护典型民事案例》,https://www.chinacourt.org/article/detail/2022/04/id/6625746.shtml,最后访问日期:2023年9月3日。

度资源却有限的事实。而基于内在于姓名的平面化视角,则会看到不同合法权益"摩肩接踵"般充斥于姓名之上,相互排除、相互限制、无法同时满足的事实,姓名决定自由的充分实现不可避免地会排斥其他合法权益,引发权益冲突。如欲化解人格利益、身份利益和公共利益之间的权益冲突,就有必要将姓名视为制度资源有限载体,厘清不同合法权益之间的内在关系,为同一姓名之上承载的不同合法权益的最大化共存提供统一的理论基础,进而寻找不同合法权益得以平衡实现的全新路径。

外在于姓名到内在于姓名的视角转向之下,姓名由被规制的对象转向人格利益、身份利益、公共利益等不同合法权益得以同时实现的载体,姓名决定自由的实现程度成为决定不同合法权益能否在同一姓名上最大化共存的枢纽,由此推动姓名决定自由的限定从人格利益后置到人格利益本位的立场更新。人格利益本位立场的独特性在于不对任何一种合法权益的优先性予以确认,而是寻求姓名权行使与其他合法权益的动态平衡。人格利益本位立场采取区分权利享有与权利行使的技术路线,在姓名权享有层面预设自然人合法且完整享有姓名决定自由,在姓名权行使层面通过合理限制姓名权的行使、控制人格利益的充分实现来使人格利益与其他合法权益在同一姓名之上最大化共存。

在权利享有层面,自然人有权自由决定能够代表自己人格形象的姓名、建立姓名与主体人格形象之间的对应关系,不以其他权益的满足为前提。姓名与人格尊严紧密相关,是人作为精神性存在和社会性存在的前提,姓名不是国家为实现社会管理秩序而赋予每个人的编号,也并非自然人基于身份关系而天然享有的生物标识。

一方面,姓名虽然需要由公权力机关登记,但姓名登记或者满足公法规范不是自然人享有姓名决定自由的前提条件,决定姓名的自由与其是否申请登记该姓名是两个独立而互不影响的过程。姓名登记的主要功能在于使自然人依其自由意志所决定的姓名获得国家的认可,从而产生一种公示力和证明力。被登记的姓名成为代表自然人从事社会公共活动的代号,通过户籍管理、身份证件、人事档案等进入社会管理体系中[①]。但并非所有的姓名都必须经过登记,私人关系层面,艺名、笔名、化名、乳名等未经登记的别名能在特定社会关系与登记姓名具有相同的代指功能。因此,姓名登记不是自然人享有姓名决定自由的先决条件,仅仅是自然人以此姓名参与社会公共活动并使该姓名获得公权力认可的必要程序。自然人享有决定姓名的自由与其是否申请登记该姓名互不影响。

另一方面,虽然"姓氏+名字"这一文字组合的选择可能受到特定身份关系的约束,但姓名决定自由的享有不以身份伦理的满足为前提。诚然,姓名权在历史上曾经以身份权的形态存在过,但是在不再依靠姓名区分身份的现代社会,姓名的决定和变更在绝大多数情况

---

① 参见王歌雅:《姓名权的价值内蕴与法律规制》,载《法学杂志》2009年第1期。

下都是自然人的监护人基于身份关系以行使亲权或监护权的方式实现的，在某些特定场合下姓名仍可发挥区分个体和身份的作用①。而事实上，姓名虽由父母或其他监护人决定，却是未成年人参与各种社会活动的人格标识，与未成年人的人格形象紧密绑定，深度关系着其人格尊严以及其未来人生的发展。父母为未成年子女决定或变更姓名固然是父母行使身份权的体现，但同时也是父母代理未成年子女行使姓名权从而实现子女人格利益的过程。因此，姓名不应被优先理解为监护人一致同意并决定的对象，而是姓名权人人格利益的彰显。未成年人虽无法行使姓名决定权，但姓名决定自由是其基于主体地位而应然享有的，不以其他合法权益的满足为前提。

而在权利行使层面，为实现姓名决定自由与其他合法权益在同一姓名之上共存，姓名权的行使要受到一定合理限制。姓名权的行使所讨论的是实然状态下姓名权内容实现的过程，而非合法享有姓名权的必然结果，尤其在制度资源有限的姓名载体之上，合法享有权利不等于权利内容必然能够实现②。为了既保护姓名决定自由不被公法规范和身份伦理过度限制，又防止姓名恣意决定损害姓名所承载的公共利益和身份利益，就有必要在应然层面尊重自然人享有姓名决定的自由，而在实然层面将姓名决定自由的实现控制在一定合理范围内，从而促进不同合法权益在同一姓名之上动态平衡、实现最大化共存。"法的命令是成为一个人，并尊敬他人为人。"③一个人的行为不仅给其个人带来收益与成本，还可能给其他人带来负外部性，使得个人最优不等于社会最优④。要想同时满足个人收益最大化和社会最优，实现权益配置的"帕累托最优"，就必然需要合理规范和调整个人的决策和行为，矫正负外部性、激励正外部性。对姓名权的行使施加一定义务、为姓名权人行使权利划定合理边界，实际上是将外部性内部化，将姓名权无法充分行使的现实转化为行使权利所必须受到的限制或者支付的成本，以此激励姓名权人在行使权利实现自身利益之时尽可能减少负外部性，与其他合法权益的实现并行不悖，增加不同合法权益共存的空间⑤。

总之，基于人格利益本位的立场，在姓名所承载的制度资源相对有限的情况下，姓名决定自由范围的厘定由外在地被动确定转变为自然人应如何行使姓名权才能与其他合法权益在同一姓名之上平衡实现。由此，人的自由意志被作为核心的考量因素，在充分尊重自然人享有姓名决定自由的前提下限制姓名决定自由的恣意实现，引导姓名权积极行使与其他合法权益的动态平衡，才能使人格利益最大限度地与社会公共利益、他人合法权益、身份利益

---

① 参见李永军：《论姓名权的性质与法律保护》，载《比较法研究》2012年第1期。
② 参见蔡立东：《从"权能分离"到"权利行使"》，载《中国社会科学》2021年第4期。
③ ［德］黑格尔：《法哲学原理》，范扬、张企泰译，商务印书馆2022年版，第53页。
④ 参见宋亚辉：《社会性规制的路径选择：行政规制、司法控制抑或合作规制》，法律出版社2017年版，第33页。
⑤ 参见袁庆明：《新制度经济学》（第二版），复旦大学出版社2019年版，第106页。

在同一姓名载体之上共存,实现人之主体性与人之社会性的兼容,达致成本最小化、收益最大化的"帕累托最优"。

三、人格利益本位立场下限定姓名决定自由的基本框架

基于对人格利益本位的立场强调,姓名决定自由限度的厘定不再是为满足社会公共管理和身份伦理秩序目的外在地限制"姓氏 + 名字"文字组合的选取,而是站在姓名权人的立场,讨论其应该如何行使姓名权才能与其他合法权益在同一姓名之上平衡实现。因此,寻找限制姓名权行使的基础、合理划定姓名权行使的边界、为姓名权行使是否超越边界提供具体的判断标准则成为人格利益本位立场下厘定姓名决定自由范围的基本框架。

(一)限定姓名决定自由的核心:姓名权的正当行使

人格利益本位立场下厘定姓名决定自由范围的核心在于向姓名权人配置正当行使姓名权的义务,通过"增加权利人的道德责任感"和"促使个人在社会的整体福利中寻求个人利益"的方式,更好地彰显姓名权所内含的价值,实现其承载的社会任务[1],从而实现与其他合法权益的协调。

之所以将姓名权正当行使作为厘定姓名决定自由范围的核心,是因为正当行使权利是社会普遍的价值共识,是不同权益冲突中双方能够共同接受的"最大公约数"。权利是正当利益的法律表现,是现实生活中被人们评价为正义性或者进行正当性价值判断的一种外在固定方式,蕴藏着特定社会中人们所共同接受的价值取向[2]。该价值标准或共识构成权利的正当性内核,是权利人行使权利的内在要求,为行使权利行为是否正当的判断提供"基准线"。行使权利的行为既是对法律所保护的正当利益的追求,也是对法律之客观目的与精神任务的实现,与权利本旨和公共福祉相契合[3]。面对姓名之上承载多重合法权益且无法同时实现的客观现实,就需要为姓名权人课以正当行使权利的义务,引导姓名权人在追求自身利益的同时,不违背相关公众共同接受的价值共识,兼顾其他合法权益。由此,姓名权的正当行使就成为姓名决定自由与其他合法权益得以同时彰显的平衡点,若姓名权行使行为超越这一平衡点,则权利人所追求的利益与法律所保护的正当利益不符,该行为应受到道德和法律上的否定性评价[4]。而对于未超越正当性边界的姓名权行使行为,则姓名权所保护的利益

---

[1] 参见[法]雅克·盖斯旦、[法]吉勒·古博、[法]缪黑埃·法布赫-马南:《法国民法总论》,陈鹏等译,法律出版社2004年版,第724页。

[2] 参见彭诚信:《主体性与私权制度研究——以财产、契约的历史考察为基础》,中国人民大学出版社2005年版,第211-212页。

[3] 参见[法]路易·若斯兰:《权利相对论》,王伯琦译,中国法制出版社2006年版,第258页。

[4] 参见[葡]曼努埃尔·德·安德拉德:《法律关系总论》(第一卷),吴奇琦译,法律出版社2015年版,第10页;参见林诚二:《民法总则》(下册),法律出版社2008年版,第583页。

可依姓名权人的主观意愿、在不损害其他合法权益的前提下充分实现。

（二）姓名权正当行使的判断标准：姓名的社会性特质

判断某一姓名权行使行为是否正当，应对标姓名权所保护的正当利益。姓名权的决定、变更权能旨在保护姓名权人选取代表自己人格形象的姓名、建立该姓名与其人格形象对应关系的自由。该对应关系无法在"真空"的环境下恣意建立，而是必须契合姓名的社会性特质。

姓名的决定并非"姓氏 + 名字"文字组合的简单选取，而是建立姓名与主体人格形象间观念性对应关系的起点。作为人类创设的特殊符号，姓名是姓名权人将自己符号化并融入符号世界的重要标志，姓名权人能够在"姓氏 + 名字"的既定结构之下创设一种专属于自己的符号，并以此符号作为自己在他人心中人格形象的宿主。姓名权人在使用姓名代指自己从事各种社会活动的过程中，不断向外界传递着自己的个人信息、基本情况、性格特点与所作所为，长此以往便形成凝结在姓名上的整体人格形象。只要提起某一姓名，相关公众就会联想到特定姓名权人的人格形象，该姓名权人大致的基本情况、性格、样貌等总体印象就会在他人脑海中展现出来，从而在相关公众心中形成姓名与姓名权人所塑造人格形象之间的观念性对应关系[①]。

然而，姓名与主体人格形象间对应关系的建立并非在任何场合都能充分实现，而是要受到姓名社会性特质的约束。姓名不是人们凭空创设的符号，而是从特定社会关系的土壤中生长出来的社会化产物，特定社会关系中历史、文化、政治制度相互交融下所形成的社会记忆和价值共识共同形塑了姓名的社会性特质。正因为姓名社会性特质在特定范围内的共通性，相关公众才能通过姓名来认识、了解彼此，也可以通过不同结构和特征的姓名来区分彼此，姓名权人才能将自己符号化并融入社会关系，并在相关公众心中建立姓名与人格形象间的对应关系。这决定了姓名决定、变更权的行使不能离开特定的社会风俗、文化背景，必须依据人们所共同接受的命名规则，姓名才能发挥其作为符号所应具有的传递意义的功能，姓名与人格形象之间的对应关系才能以正当方式在相关公众心中建立。罔顾姓名的社会性特质，恣意地创造姓名或改变姓名的表现形式，不仅导致相关公众无法通过该姓名接收到有效信息，该姓名传递人格形象的功能大打折扣，还可能对他人合法权益、社会公共利益等造成不利影响。

（三）姓名社会性特质的理论内涵：文化伦理与秩序价值

确定姓名权行使的正当性边界应以姓名社会性特质理论内涵的解构与具体化为前提性步骤。作为特定社会关系内人们创设的用于标识自己、让他人识别自己、与他人建立社会联

---

① 参见刘文杰：《民法上的姓名权》，载《法学研究》2010年第6期。

系的标志,姓名的社会性特质一方面体现在孕育姓名的社会"土壤"所赋予姓名的文化和伦理属性,另一方面则来自姓名与主体人格形象之间对应关系所蕴含的秩序价值。

首先,姓名与其所产生的社会"土壤"息息相关,具有浓厚的文化和伦理属性。其一,姓名凝结着特定社会的文化传统、风俗习惯和价值观念。姓名是一个国家或民族在特定历史时期内文化传统和风俗习惯的缩影。例如,清代以前,选取姓名应兼顾其标识等级高低、身份尊卑的功能。而随着清末等级制度的崩溃,姓名之上人身属性的枷锁被逐步打破[1],姓名不再与身份地位存在直接联系。再例如,某些少数民族采取将亲名与子名组合在一起的"父子连名制"[2],这种独特的姓名文字组合方式是该民族记录族谱、区分族内个体、识别分支亲属关系的民族文化与共同记忆[3]。与此同时,姓名承载并引导着其所在社会关系内的价值观念基础。"姓氏+名字"的文字组合体现着一个国家或民族对于家庭与个体关系的特定价值观念。西方国家的姓名结构是名字在前、姓在后,与中国的姓名结构截然相反[4],其背后体现的是我国与西方对于个人与家庭、家族关系的不同理解。此外,姓氏可能承担着特定的价值引导功能。例如,我国的夫妻称姓制度经历了从妻子冠夫姓到有权保持原本姓氏的过程,与其他国家和地区的夫妻称姓制度存在根本区别[5]。新中国成立前后颁布的婚姻家庭法明确规定夫妻有各自使用自己姓名的权利,女性成为真正自由平等的个体[6],具有浓厚封建色彩、女性依附于男性的冠姓制度在我国已然不具有生长的土壤,夫妻别姓制度在一定程度上引导男女平等的社会价值观念形成。可见,穿透"姓氏+名字"文字组合的外在表现形式,姓名实际上承载的是一定社会关系中人们在特定历史、文化、制度共同作用下所形成的精神文化内核。其二,姓名包含着家族血缘、身份伦理的意蕴。姓氏表征家庭血缘关系,在中国传统文化中具有特定的亲缘价值[7]。在现代社会,姓氏在我国古代等级社会中"明尊卑"、标志血统、区分社会等级与门第的功能已然被消解,但姓氏维系血缘关系、体现宗族感情的作用仍然存在,姓氏依旧是身份伦理的重要体现,是隐藏在家文化、家伦理中的认同基因[8]。因

---

[1] 参见何晓明:《姓名与中国文化》,人民出版社2001年版,第11-12页;参见袁雪石:《姓名权本质变革论》,载《法律科学(西北政法学院学报)》2005年第2期。
[2] 参见何晓明:《姓名与中国文化》,人民出版社2001年版,第20页。
[3] 参见纳日碧力戈、左振廷、毛原辉:《姓名的人类学研究》,载《民俗研究》2014年第4期。值得说明的是,尽管连名制经过文化演变发展为我们如今的命名制,但是每个个体首先应受到其所在社会关系中最基本的文化传统制约,并随着时代与制度的发展而慢慢演变。
[4] 参见何晓明:《姓名与中国文化》,人民出版社2001年版,第21页。
[5] 日本采取夫妻同姓原则,夫妻依结婚时之约定,称夫或妻之姓。德国采取家庭共同姓原则,夫妻在缔结婚姻时,约定以夫或妻之姓为共同姓。在无约定时,以夫姓为婚姓。我国台湾地区所谓的"民法"则规定,夫妻各保有其本姓,但得书面约定以本姓冠以配偶之姓,并向户政机关登记。
[6] 参见伊卫风:《通过法律对女性的社会动员——中国共产党与1949年之前婚姻家庭法律在农村的实践》,载《法学家》2021年第5期。
[7] 参见石冠彬:《民法典姓名权制度的解释论》,载《东方法学》2020年第6期。
[8] 参见赵瑞民:《姓名与中国文化》,中央编译出版社2017年版,第002页。

此,在父姓和母姓中选取姓氏是文化传统、伦理观念的延续。同姓的归属情感扎根于民族心理,"一百年前是一家"的俗语恰恰体现出人们隐含的同姓心理认同,其背后是基于宗法和血缘而形成的强大凝聚力和向心力[①]。名字的含义寄托着父母和家族基于身份伦理对子女的情感期许与祝福寄托,相关公众往往能通过某一姓名体会到其背后的引申意义,这正是身份关系和血缘关系通过姓名的社会化表达。

其次,姓名之上承载着极为重要的秩序价值,姓名与主体人格形象相对应是自然人与国家互动的重要媒介,是社会管理秩序实现的必要条件。一方面,姓名与主体人格形象之间的对应关系决定了登记姓名具有社会定位的功能,是每个自然人入学、参加考试、工作、纳税等社会活动的必要信息,甚至可以说,登记姓名是自然人嵌入社会关系进而参与各种社会活动的联结点。另一方面,姓名与主体人格形象相对应是国家进行社会治理的手段,也是支撑国家机器有效运转、实现社会管理秩序的前提。登记姓名与国家登记管理人口,分配教育、医疗、社会保障等福利权益之目的与功能息息相关[②],通过以姓名为纽结整合自然人身份证号、性别等其他个人信息,国家治理能力能够渗透到超大规模国家的毛细血管与神经末梢[③],为社会治理、公共服务供给和公民信息保障等提供人口学的依据和信息基础。只有在姓名与人格形象稳定对应的基础上,公权力机关才能维持自然人参与社会公共活动的正常秩序。如果公民频繁或恣意变更姓名,则姓名与主体人格形象的对应关系被破坏,社会管理秩序所依赖的姓名媒介性基础就会被瓦解。

四、人格利益本位立场下姓名决定自由限度的具体展开

人格利益本位立场下,对姓名决定自由的限制并不来源于公法的规范或身份伦理,而是源于姓名作为社会化产物的内在逻辑以及在特定社会关系中人们对姓名所形成的共识。以姓名的社会性特质作为判断姓名权行使是否正当的标准改变了外在规制姓名的传统模式,转而从统一和整体的角度构建一整套划定姓名权正当行使边界的规范框架。立足于人格利益本位的姓名权正当行使框架不仅能够与既有限制姓名决定自由的规范有效衔接,摆脱法律规范内涵的模糊与不确定所带来的标准不统一,而且能够为某一姓名权行使行为是否正当提供针对特定地域的动态判准,从而为姓名登记机关和法院应对因姓名决定所引发的权益冲突提供统一的认定标准,引导姓名决定、变更权正当行使的良性社会秩序的形成。

---

① 参见赵瑞民:《姓名与中国文化》,中央编译出版社2017年版,第32、42页。
② 参见王春梅:《论自然人姓名权的行政克减》,载《学术交流》2020年第2期。James Q. Whitman. The Two Western Cultures of Privacy: Dignity Versus Liberty. Yale Law Journal, Vol.113, 2004, p.1160.
③ 参见孟融:《国家治理到个人保护:社会信用体系的信息利用逻辑传递——以〈个人信息保护法〉出台为背景》载《北京行政学院学报》2021年第5期;参见尤陈俊:《当代中国国家治理能力提升与基础性国家能力建设》,载《法制与社会发展》2015年第5期。

（一）姓名的文化伦理属性：选取姓名的文字与内容限度

姓名承载着其所在社会关系内独特的文化传统、社会价值基础和身份伦理意蕴，处于同一社会关系中的人们共享对姓名的认识。这一特质既为"姓氏＋名字"文字组合的选取划定了正当性边界，又对该文字组合所传递的含义予以限制。

1."姓氏＋名字"文字组合的选取应符合社会公众的一般认知

姓名浓厚的文化伦理属性决定了"姓氏＋名字"文字组合的选取应符合特定社会关系中一般理性人对姓名的客观认识，也即选取姓名不得与其所在地域的文化传统、风俗习惯、伦理观念、集体认同之间存在冲突。罔顾姓名所产生的环境、超出相关公众对姓名的一般认知而被凭空创造的姓名难以发挥其作为符号应有的传递人格形象的功能，或可能因该姓名与其所在社会关系格格不入而出现"杂质"与"噪声"，导致他人无法通过该姓名接收到有效信息，甚至可能对他人权利、正当利益或社会公共利益造成不利影响。超越社会公众一般认知的姓名选取行为具体包括以下几种情形：

其一，没有正当理由而在父姓母姓之外选取第三姓，甚至自创姓氏的行为。正如"北雁云依案"中，审理法院认为"姓氏主要来源于客观上的承袭，系先祖所传，承载了对先祖的敬重、对家庭的热爱，体现着血缘传承、伦理秩序和文化传统"[①]。在家族的共同意志下自创姓氏虽不至于违反公序良俗、给社会公共利益造成不利影响，却与姓名本身所承载的历史文化和人类符号化思维相违背。仅凭个人喜好自创姓氏意味着对文化传统和家庭伦理观念的违背，背离了姓名权人所处社会关系范围内相关公众对姓名的一般认知。如果任由自创姓氏的情况发展，势必会撬动家庭关系、血缘关系、文化认同等一系列社会赖以存在的价值基础。

其二，姓名的字数特殊，即汉族姓名字数超过四个字的情形，例如前文提到，有父母给子女取名"陈皮话梅糖"。对于汉族名字是否有字数限制，既有法律法规没有明确的规定。从相关公众对姓名的一般认知来看，名字的字数不能过长，应符合自然人交际和记忆的客观需求。姓名受到语言经济原则的制约，即姓名称谓需要好记、好念，字数要少，用起来要简单，以达到姓名区分和标识的作用[②]。姓名字数过多虽不至于对社会管理秩序造成严重妨害，但是不符合姓名本身所要求的语言经济原则，与姓名的本质和内核背道而驰。

其三，名字用字特殊，即名字中包含英文字母、阿拉伯数字、汉语拼音等特殊字符的情形，例如，父母为子女取名为"赵C""陈u优"[③]。在我国登记的姓名中含有汉字以外的其他字符虽不至于达到与社会善良风俗和一般道德要求相背离的程度，但如果放任此种选取姓

[①] 参见山东省济南市历下区人民法院(2010)历行初字第4号行政判决书。
[②] 参见纳日碧力戈：《姓名论》，社会科学文献出版社2015年版，第144页。
[③] 参见《"赵C"胜诉 "陈u优"父母欲效仿争回姓名权》，https://news.sohu.com/20080612/n257447688.shtml，最后访问日期：2023年8月23日。

名的行为,则更多生僻、古怪的名字将接连出现并不断冲击相关公众对姓名的理解与认知,与姓名权人所处社会关系的文化传统与习惯格格不入,违背姓名所内含的社会性特质。

2. "姓氏+名字"文字组合所传递的含义不能有损其他合法权益

作为人为创设的社会性符号,姓名除了能够向相关公众传递自然人的人格形象以外,还可能作为一个单词或词组,具有一定含义或引申含义。因此,姓名所承载的文化伦理属性不仅要求形式上"姓氏+名字"的文字组合符合相关公众的一般认知,还要求实质上姓名所传递的含义不得有损姓名权人或其他合法权益,更不能违背社会的善良风俗。

其一,父母为子女选取姓名不能损害子女的利益。姓名的选取应有利于未成年人身心健康成长,使其免受荒谬、不恰当的名字的负面影响,从而最大限度地保障子女的道德完整和发展[①]。若父母为未成年子女起名为"恶魔""周扒皮""黄色狼",则该姓名很容易让人联想到其他负面含义,有损子女的正当利益、不利于其健康成长[②]。还有一些姓名的谐音或者本身的含义容易让相关公众联想到生活中具有约定俗成含义的其他词汇。例如前文提到的,父母为子女选取"张总""伍拾忆""王者荣耀""万涂思瑞"等含义或者谐音奇怪的名字。此类名字虽然与相关公众对姓名的一般认知不完全一致,却也不一定有损其他合法权益,姓名登记机关须结合该姓名是否利于姓名权人、父母是否具有特殊意愿或价值观念等因素综合考量该姓名决定行为是否正当。

其二,不能通过选取谐音或者含义特殊的姓名损害他人利益和社会善良风俗。一方面,姓名的决定应以实现正当利益为目的,不能选取有损他人人格尊严或社会善良风俗的名字。例如,张某某将自己的名字改为"张大爷""张爷爷"[③];行为人因与他人发生纠纷或者产生权益冲突,故意将自己姓名变更成与自己有"仇"之人的父亲的名字[④]。此类姓名决定行为明显是为了贬低他人名誉、损害他人人格利益。另一方面,不能选取与他人相同的姓名,造成相关公众产生误认和混淆,进而损害他人的人格尊严或其他合法权益。例如,湖南省的王跃文系国家一级作家,创作过代表作小说《国画》。而河北王立山改名为王跃文,在其创作的小说《国风》中署名王跃文,并标注"王跃文最新长篇小说""《国风》之后看《国画》"等内容[⑤]。虽然河北王跃文享有姓名变更权,但其故意变更姓名造成他人联想到其他姓名权人,妨碍了他人利益的实现。现实中还可能出现选取的姓名与公众人物、历史人物相同或相似的情况。

---

① 参见[德]迪特尔·施瓦布:《德国家庭法》,王葆莳译,法律出版社2010年版,第321页。
② 参见张红:《姓名变更规范研究》,载《法学研究》2013年第3期;参见王利明:《人格权法研究》(第三版),中国人民大学出版社2018年版,第375页。
③ 参见程啸:《人格权研究》,中国人民大学出版社2022年版,第248页。
④ 参见王利明、程啸:《中国民法典释评·人格权编》,中国人民大学出版社2020年版,第242页。
⑤ 参见湖南王跃文诉河北王跃文等侵犯著作权、不正当竞争纠纷案,载《中华人民共和国最高人民法院公报》2005年第10期。

"岳飞""秦桧""鲁迅""乔丹"等姓名所代表的公众人物、历史人物形象均深入人心，在社会共同记忆的作用下，此类姓名已经不仅仅代指特定的姓名权人，还成为特定形象的代名词或者成为一种精神和文化的象征。若选取此类姓名，则相关公众将联想到该姓名所传递的其他引申含义，不仅导致相关公众产生混淆和误解，还极有可能松动中国共同的价值根基和文化底座。

（二）姓名承载的秩序价值：变更姓名的理由和频次限度

姓名所承载的秩序价值为自然人向姓名登记机关申请姓名变更划定正当性边界，姓名的变更应以保证姓名与主体人格形象对应关系的稳定为准则。姓名变更权的行使应旨在实现姓名权所保护的正当利益，例如：姓名权人的姓氏本身具有侮辱性、姓名的读音或者谐音被他人误会或取笑，影响姓名权人的人格尊严[1]；姓名权人的父或母存在虐待、性侵、犯罪等行为，如果继续称原姓将给姓名权人造成精神上压力和困扰；姓名权人认为其姓名会使相关公众联想到其他人格形象，给其生活造成负面影响等[2]。而若出于不正当目的行使姓名变更权，违背姓名所承载的秩序价值、破坏姓名符号与主体人格形象对应关系的稳定，将妨碍国家社会管理秩序，给社会公共利益造成负面影响。具体包括以下几种情形：

一是基于改变自身犯罪、违法等不良记录的非法目的而行使姓名变更权，例如正在服刑、个人信用有不良记录的某些特定人员为改变自己在他人心中的人格形象而变更姓名。与其他自然人相比，这类特殊人员的姓名与主体人格形象间的对应关系与社会管理秩序之间的关联更为紧密，国家通过限制此种对应关系来达到维护国家安全、保障社会管理的目的。一旦这类特殊人员变更姓名，则其违法、犯罪等不良记录将随之改变，容易损害他人的利益，还可能给社会管理秩序和社会公共利益带来风险[3]。因此，这类特殊人员只能在不妨碍社会管理秩序的情况下为了实现正当目的而变更姓名。二是为了实现其他目的而行使姓名变更权。例如，为了达到重婚、偷税等非法目的而申请变更姓名；再例如，我国台湾地区一家寿司店推出促销活动，只要名字中有"鲑鱼"两字即可享受优惠。很多人为此变更自己的姓名，甚至有人将自己的姓名改成由各种美食组成的词组，更改后的姓名长达36个字[4]。

---

[1] 例如，名为"小妹"的姓名权人认为别人称呼其为"小妹"对其生活造成困扰；名为"蓓蕾"的姓名权人认为该姓名用于成年人寓意不妥。参见上海市第一中级人民法院（2010）沪一中行终字第8号行政判决书；参见杨克元、陆莉萍：《成人"蓓蕾"请求更名被驳回》，https://www.chinacourt.org/article/detail/2004/07/id/125048.shtml，最后访问日期：2023年9月3日。

[2] 例如，名为"吴一凡"的姓名权人认为其姓名与劣迹艺人同音可能造成相关公众混淆，从而对其人格形象带来不利的影响。

[3] 例如，英国一位囚犯改变了原来的姓氏，但公权力机关不允许其将新的姓名用于官方用途，且仅能用于日常通信。Aeyal M. Gross. Rights and Normalization: A Critical Study of European Human Rights Case Law on the Choice and Change of Names. Harvard Human Rights Journal, Vol.9, 1996, p.278.

[4] 参见陈甄：《为免费吃寿司，台湾有人改名36个字还得叫"鲑鱼"》，https://www.chinanews.com.cn/tw/2021/03-18/9435301.shtml，最后访问日期：2023年9月3日。

此类行为中,姓名权人为了达到个人目的而弃公共利益于不顾,破坏姓名符号与主体人格形象对应关系的稳定性,姓名的登记程序成为其实现非法或不当目的的工具,构成对社会管理秩序的妨碍。三是以扰乱社会管理秩序为目的,多次或频繁没有正当理由地申请变更姓名。上述行使姓名变更权的行为破坏了姓名与主体人格形象之间的稳定对应关系,妨害了社会管理秩序,超越了姓名决定自由的限度。

（三）姓名权行使背离姓名社会性特质的法律后果

以正当方式行使姓名权是姓名之上不同合法权益平衡的枢纽,背离姓名社会性特质的姓名权行使行为将打破人格利益、公共利益和身份利益的平衡,对其他合法权益造成不利影响,应予以法律上的否定性评价,并使不正当的姓名权行使行为回归正当的轨道。

首先,违背姓名社会性特质的姓名权行使行为构成姓名权的不正当行使,姓名登记机关应对此类行为予以限制,对相应的姓名不予登记。姓名权行使如果违背姓名的社会性特质可能对社会的文化传统、伦理观念产生冲击,甚至对社会管理秩序造成妨害,姓名登记机关应依据《中华人民共和国户口登记条例》,不予准许其申请姓名登记的行为。若姓名权人以姓名登记机关为被告提起行政诉讼,则法院应驳回原告的诉讼请求。此时,不正当行使姓名权的行为将受到限制,不发生预期的法律效力,该姓名与主体人格形象的对应关系无法得到公法的认可。但对姓名权行使行为的限制并不影响自然人再次以正当方式行使姓名权。

其次,若违背姓名社会性特质的姓名权行使行为同时损害了他人权利或其他合法权益,则构成了姓名权的滥用,除了姓名登记机关不予登记的法律后果外,自然人还应承担相应法律责任。依据《民法典》第一百三十二条与《最高人民法院关于适用〈中华人民共和国民法典〉总则编若干问题的解释》（以下简称《总则编解释》）第三条第二款,行为人以损害国家利益、社会公共利益、他人合法权益为主要目的行使民事权利,则构成权利滥用。并且,由于构成滥用姓名权的行为以损害他人利益为目的或者造成损失与收益不成比例的后果,姓名权人的行为除了不发生预期的法律效果以外,还有责任将其所产生的不当结果去除[①],例如,姓名权人需要承担停止侵害、排除妨碍、恢复原状,以及给予受害人一定金钱赔偿等民事法律责任。若姓名权行使行为同时对其他合法权益造成损害,符合侵权行为的构成要件,则出于对受害人充分救济以及对损害的完全填补目的,可依据《总则编解释》第三条第三款,由姓名权人承担侵权损害赔偿责任。若姓名权行使行为给社会管理秩序、社会公共利益造成较大负面影响,例如对于没有任何正当理由多次变更姓名的行为、通过变更姓名而逃避债务或公权力惩罚和制裁的行为以及通过变更姓名哗众取宠扰乱社会管理秩序的行为,公安机关可依据《中华人民共和国治安管理处罚法》的相关规定,视情节对姓名权人予以行政处

---

① 参见林诚二:《民法总则》（下册）,法律出版社2008年版,第583页。

罚。

五、结语

我国《民法典》采取独特的人格权正面确权立法模式,既要求充分尊重每个人积极地行使姓名权、保护姓名权人对姓名完整的支配性利益不被侵害,又要实现姓名权积极行使与其他合法权益的平衡。如何同时兼顾"个人权利充分行使"与"人民福祉的普遍增进",成为《民法典》背景下我国姓名权乃至人格权的自主知识体系构建面临的全新议题。姓名决定发生于每个自然人的生活中,既是人格利益的体现,又影响着社会公共利益、身份利益和他人合法权益,可以说,姓名决定自由的限度厘定是这一议题之下最为鲜活的样本。面对姓名决定自由与姓名所承载的其他合法权益无法同时充分实现的难题,本文尝试从人格利益后置转向人格利益本位立场,借助权利享有与权利行使相区分的理论,在充分尊重每个人决定姓名自由的前提下,通过划定姓名权行使的正当性边界、限制姓名权的不正当行使,实现人格利益与其他合法权益在同一姓名载体之上的最大化共存。随着权利交叉重叠现象的日益频繁、人民权利意识的不断觉醒以及数字时代给社会发展带来的结构性变革,人格权积极行使可能引发更多新型权益冲突。理论研究仍需立足于我国人格权的独特立法背景,进一步释放"权利行使"所蕴含的理论潜力、合理确定人格权与其他合法权益相平衡的标尺,从而探索"人民福祉维护与民事权利保护相平衡"的有效路径。

宪法解释技术规则的类型、功能与应用

刘振华*

摘　要：宪法解释技术规则是指释宪者据以甄别、选择、判断法规文件合宪性的技术性规范。从渊源上看，这类规范来源于宪法既定规范和宪法判例等，具体包括方法性规则、权衡性规则和功能性规则。方法性规则包含文本解释、目的解释、体系解释、历史解释等解释方法之下的具体性规则，在合宪性解释中发挥方法进路、整全性考量等释宪功能。权衡性规则是指在法律冲突协调、法律漏洞填补等方面具有衡平功能的一类规则，具体包括"三个优先原则"、类型化衡量、比例原则等之下的具体性规则。功能性规则是职能分工原则的具体性规则，如立法优位、功能适当、部门核心职能不可侵犯、宪法判断回避等，具有防堵越权、滥权施政以及稳定宪制秩序等功能。上述规则的应用，可以发挥限制释宪权恣意行使的规范效力。

关键词：宪法解释技术规则　方法性规则　权衡性规则　功能性规则　释宪权限制

引言

合宪性解释是合宪性审查的核心环节，合宪性解释研究的不断深入对我国合宪性审查工作的有效展开与合宪性审查制度的不断完善，具有重要推动作用[①]。宪法解释技术规则是释宪者的具体操作规则或方法。我国宪法学者对解释规则的研究呈现以下特点：首先，

---

* 作者简介：刘振华，东南大学法学院博士研究生。
① 参见莫纪宏：《宪法解释是推进合宪性审查工作重要的制度抓手》，载《法学论坛》2020年第6期；刘练军：《何谓合宪性解释：性质、正当性、限制及运用》，载《西南政法大学学报》2010年第4期。

聚焦传统法律解释方法在宪法解释中的简单应用,精确化、体系化研究不足[①]。对传统解释方法在释宪过程中的操作规则缺乏提炼,亦未注重对解释规则的体系化建构。其次,注重介绍西方宪法解释理论,但工具主义思维盛行。认为合宪性解释即运用各种解释方法阐释宪法法律文本的含义,缺乏就宪法规范特质、规制领域对解释规则影响的关照[②]。最后,未突出宪法解释技术规则的个案应用特质,且缺乏本土化研究。

脱离宪法判断的个案场景,对传统解释方法的抽象演绎是导致上述问题的重要原因。德国学者菲肯切尔认为,"法官凭以涵摄个案的规范大多不是法定规则本身,毋宁是由法官依据法定规则,考量受裁判个案情况,而形成的个案规范"[③]。因此,宪法个案规范必须经由释宪者考量个案立法事实,以此具体化、特殊化宪法既定规范的价值标准或评价观点。即个案合宪性基准,潜藏于宪法规范与案件事实之中,是一个有待论证、发现、甄别、选择甚至续造的具体规则[④]。对于这一复杂的规范发现过程,一套完备的操作规则便十分必要。但由于任何一种传统的解释方法均包含不同的解释要素与适用目标,每一种的解释方法根据语境可以发展出不同的具体解释规则;且相同语境下,即便采用相同的解释方法,不同具体规则的运用也会导致不同的解释结果[⑤]。即抽象运用传统解释方法,会因脱离应用情境而难以完成以个案需求为导向的宪法规范具体化任务。尤其,当面对宪法规范的抽象性与不完整性等特征时,上述解释规则研究将更加捉襟见肘。

在实务层面,宪法解释技术规则的服务对象是合宪性审查实务工作人员,解释规则的清晰易懂、便于施行是实务工作的基本要求。从这个角度而言,宪法解释技术规则追求的是为宪法审查服务的能力,寻求的是宪法解释理论的实践智慧。但由于我国个案层面的释宪实践积累不足,以宪治较为成熟的国家或地区宪法审查实践中的宪法解释规则为参考,便十分有必要[⑥]。总之,以对宪法解释技术规则的研究提升传统宪法解释方法的实用品格,注重合宪性审查的规范过程,逐步摆脱解释规则的工具主义倾向,并建构本土的宪法解释技术规则及其理论体系,以此引领我国宪法解释与合宪性审查实践的进一步展开,将是本研究的理论追求。

---

① 参见范进学:《认真对待宪法解释》,山东人民出版社2007年版,第255页。
② 参见谢立斌:《德国宪法解释方法与比较解释的可能性》,载郑永流:《法哲学与法社会学论丛》(第14期),北京大学出版社2009年版,第175页;王云清:《宪法解释理论的困境与出路:以美国为中心》,清华大学出版社2017年版,第295页。
③ 参见[德]卡尔·拉伦茨:《法学方法论》,陈爱娥译,商务印书馆2003年版,第22页。
④ 参见汪进元:《宪法个案解释基准的证成逻辑及其法律控制》,载《中国法学》2016年第6期。
⑤ 参见杨铜铜:《论法律解释规则》,载《法律科学(西北政法大学学报)》2019年第3期。
⑥ 参见李忠:《合宪性审查七十年》,载《法学论坛》2019年第6期。

一、宪法解释技术规则的渊源与属性

法律解释方法是为一定价值目标而采某种方法阐析判断标准（制定法）的理论，而法解释规则是法解释方法意义上的一般规律[①]。宪法解释技术规则是宪法解释方法意义上的一般规律，是对宪法法律解释方法及其运用进行提炼而成的解释指南，是传统解释方法的具体化。宪法解释技术规则拘束解释者在个案审查中选择和续造个案规范，具有导向性、方法性意义，是解释宪法规范并将其适用于个案事实的关键。总体而言，各国的释宪实践和传统对宪法解释技术规则的发展起到了重要作用，同时宪法解释技术规则也获得了各国在规范层面的确认与支持。

（一）宪法解释技术规则源于宪法法律的规定

由于宪法规制领域的广泛性以及规制对象的特殊性，宪法解释技术规则的运用直接联结于国家机关的权力界限，关乎国家权力体制的建构与运行，并对公民基本权利的保障产生直接而深刻的影响。对此，有学者直言解释规则问题是典型的宪法问题，且宪法的更迭可成为法学家研究法学方法的依据与动力[②]。

一方面，宪法法律中关于规范适用原则的规定，对宪法解释技术规则的发展具有关键性的指导意义。例如《德意志联邦共和国基本法》第三条之"法律之前人人平等"，《中华人民共和国宪法》第三十三条第二款之"中华人民共和国公民在法律面前一律平等"，《中华人民共和国刑法》第四条之"对任何人犯罪，在适用法律上一律平等。不允许任何人有超越法律的特权"等平等保护条款。从解释方法视角观察，审查者对宪法的解释与适用受到平等保护原则的拘束，需要对相同的情形做相同的处理，对不同的情形做不同的处理。平等适用法律便是宪法解释技术规则具体选择和适用的出发点。另一方面，宪法法律关于解释规则的明确规定，对宪法解释技术规则的发展有着直接的推动作用。《欧洲联盟基本权利宪章》第7章的章名为"宪章之解释与适用通则"，其中第51条至第54条明白规定宪章解释的原则与规则；而宪章第6条则直接要求对宪章所提及的权利、自由与原则等事项的解释，必须符合第7章之解释原则与规则的规定。新西兰自1924年就有法律解释法，明白规定各种规范解释方法[③]。同时，《中华人民共和国立法法》（以下简称《立法法》）第五章规定了宪法法律等的效力位阶，在此基础之上，就可能发生的规范冲突规定了"特别规定优于一般规定""新的规定优于旧的规定"以及"法不溯及既往"等解决法律冲突的宪法解释技术规则。

不同国家和地区宪法法律中的上述规定，从不同层面为宪法解释技术规则及其在个案

[①] 参见孙笑侠：《法解释理论体系重述》，载《中外法学》1995年第1期。
[②] 参见［德］伯恩·魏德士：《法理学》，丁晓春、吴越译，法律出版社2013年版，第282页。
[③] 现行法为1999年8月3日发布的《解释法》。

规范发现中的功能提供了规范依据。至于不成文的宪法解释原则或规则,有的可能来自判例或习惯,有的则可能来自学说或一般法律原则。例如查士丁尼民法典留下的不少解释原则基本上都可以适用于宪法解释[①]。

(二)宪法解释技术规则源于释宪实践的积累

宪法解释技术规则直接源于各国的释宪实践,由解释者将传统规范解释方法应用于个案论证的经验积累而得。在德国,联邦宪法法院的判决具有正式的法律渊源地位;"法官造法"在基本法的适用范围内是一种普遍事实。随判例积累生成的不仅有普通法意义上的一般性规则,还有将既定规范应用于个案事实的宪法解释技术规则。同时,下级法院与普通法院将判例规则协调一致,并适用于所有相类似的案件中,宪法解释技术规则也由此获得了普遍性的应用与推广[②]。在美国,宪法问题常发于普通法院的日常审判,其判例法传统孕育出了更为复杂的宪法解释技术规则体系。安修认为机械地谈论和适用"解释的规则"并不足以完成充实宪法规范的任务,就宪法规范的文本解释规则与目的解释规则,他从美国释宪实践中总结出67条之多的具体解释规则,称之为合宪性的"解释指南"[③]。可见,释宪实践对宪法解释技术规则的产生与发展也具有根本性影响。

申言之,宪法解释技术规则是法律论证理性化的必要工具。美国现实主义法学家卢埃林认为适用于具体案件的实际规则是法官在个案中通过对书面规则的重构而得,即法律是法官解决纠纷的行为。而为了在此过程中追求法律制度中"法律的""确定性"的东西,卢埃林主张基于操作技艺来获取,这些"操作技艺"由法官通过长期处理法律材料练就内化,是司法工作所能成就的最真实之确定性的来源[④]。德国学者阿列克西也从法律论证的理性化角度,将解释规则(他称之为"解释规准")比作法律论证之"语法"[⑤]。这些"语法"规则并没有说明遵从该规则的法律语言讲了些什么,却指出了应当如何引申或推导出那些个案规范证立所必需但又可能被遗漏的规范性前提,以达到符合理性的结果。

宪法解释技术规则结合既定规范与案件事实,加工而得个案规范,致力于解决规范冲突、价值冲突、法律漏洞填补等个案法律适用问题。哈特认为,与向公民直接设定权利义务的初级规则不同,次级规则规定了初级规则被确定、引进与变动等的方式,以及违规事实被决定性确认的方式,是关于规则本身的规则[⑥]。哈特针对规范的不确定性引入了"承认规则"

---

① 参见林更盛:《论法律解释的目标》,载《高大法学论丛》2012年第2期。
② 参见高尚:《德国判例使用方法研究》,法律出版社2019年版,第50页。
③ 参见[美]詹姆斯·安修:《美国宪法解释与判例》,黎建飞译,中国政法大学出版社1999年版,第111页。
④ 参见[美]卡尔·N.卢埃林:《普通法传统》,陈绪纲等译,中国政法大学出版社2002年版,第69页。
⑤ 参见[德]罗伯特·阿列克西:《法律论证理论:作为法律证立理论的理性论辩理论》,舒国滢译,中国法制出版社2002年版,第304页。
⑥ 参见[英]哈特:《法律的概念》,许家馨、李冠宜译,法律出版社2011年版,第85页。

的补救方式,通过承认规则安排法规范适用的优先顺序,以解决法律规则冲突,从而使杂多无序的规则被妥善安排成为确定的、和谐有序的法律体系。针对宪法规范具有抽象性、开放性等特征,宪法解释技术规则在承认规则面向上与哈特的次级规则相一致,发挥对初级规则解释与适用的论证功能。

（三）宪法解释技术规则的属性

在笔者看来,宪法解释在本质上具有立法乃至立宪的性质。各国的立法机关必须接受宪法的授权与制约,如我国《立法法》专门对立法权及其行使设定了一系列的实体与程序规则,而且法律及其适用也须接受合法性以及合宪性的审查;同时,各国宪法规定了严格的宪法修正程序,甚至规定了不得修改的宪法内容。既然如此,宪法解释权是否应受到限制？德沃金在《法律帝国》开篇即指出"一位法官的点头对人们带来的得失往往要比国会的任何一般性法案带来的得失更大"[1],这点出了释宪者的巨大权力。因此,前述问题的答案也就不言而喻了。宪法解释技术规则在宪法个案规范发现过程中是否以及在多大程度上发挥对释宪权的规制,这是宪法解释技术规则的规范属性问题。

关于规范解释规则的属性,学界存在指引说与规范说的对立[2]。基于解释行为之"决定论"属性的观点,解释规则之指引说论者认为法律解释规则不是制度性规则而是职业法律人的思维规则,是一种对法律解释的参考、建议与指引,所有解释规则都是法律人选择的结果,不具有规范效力[3]。这种见解似乎是我国法律解释方法研究者的主流观点。他们认为,对解释行为的决定论者而言,规则的含义取决于其具体使用的情境,由于解释行为本身是一种创造行为,因此解释者当然可以自由地选择具体解释规则[4];对认识论者而言,尽管解释者仅需要找出行为之前即已存在的规范意义,但解释规则不过是辅助解释行为的工具,可任意选用,拘束解释者的仅是规范文本。同时,指引说论者也超越上述对解释行为属性的争议,认为如果解释规则本身具有规范效力,即解释规则也是一种法规范的话,则其本身也需要被解释。由此,解释者似乎永远拥有解释的自由裁量空间,解释规则也因此只能是一种参考或建议而已。

---

[1] 参见[美]德沃金:《法律帝国》,李长青译,中国大百科全书出版社1996年版,第1页。

[2] 本文的研究对象是宪法解释技术规则,但有必要对学界关于"解释行为"之属性的争论作必要交代。关于解释行为究竟是"指出"还是"确定"规范文字的意义,"认识论"者认为宪法、法律在条文陈述中已经蕴含一定的意思,解释行为就是发掘、发现条文中已经蕴含之规范意义的认识活动;而"意思论"或"决定论"者认为经有权机关具体适用之前,任何法律条文都不具有任何意义,解释行为就是由解释者确定或决定被解释法规范之意义的意思行为。

[3] 参见陈金钊:《法律解释规则及其运用研究(上)——法律解释规则的含义与问题意识》,载《政法论丛》2013年第3期;杨铜铜:《论法律解释规则》,载《法律科学(西北政法大学学报)》2019年第3期。

[4] 规则怀疑论者在该问题上的立场与此相似,通过否认规范的固有意义,否定解释规则的规范效力。参见[奥]恩斯特·A.克莱默:《法律方法论》,周万里译,法律出版社2019年版,第278页。

与此相对,规范说论者认为宪法解释技术规则对解释者具有规范效力[①]。如果认为宪法解释技术规则对解释者而言仅仅是一种参考或者建议,虽然给解释者留有较大的自由空间,却可能造成多种解释结论间的分歧,各说各话之余,解释结论也就丧失了真伪、对错之别。对法律解释而言,解释方法选择性应用产生的多种解释结论可能引发不同审级法院之间的对话,加深对法律解释与适用的认知。但由于审级救济最终由终审法院统一意见,将不同解释结论之间的争议化解;同时,法律解释也须接受合法性与合宪性的审查,从而确保法律解释与适用的合理性与统一性。而宪法解释则与之殊异,对于释宪规则选择性适用导致的多种解释结论,一国规范体系内并不存在更高位阶的审查标准,由此导致结论的真伪或者合理性仅取决于释宪者之权威的荒谬现象。为避免上述情形,宪法解释结论的真伪判断只能求诸解释活动及其规则本身的理性化。具有规范效力的宪法解释技术规则指导并制约释宪者的解释活动,通过提高解释过程的可预测性,提升解释结论的科学可验证性。

笔者支持宪法解释技术规则具有规范属性,还基于以下具体理由。第一,宪治主义基本精神在于对公权力的限制,所有权力均应在宪法规制下运行,释宪权也不应例外。虽然宪法文本通常并未直接规定宪法解释的原则与规则,但我们仍可从一国整体宪法规范中抽象出宪法解释应遵守的核心价值,而且各国的宪法审查实践是宪法解释技术规则的重要来源,宪法解释技术规则天生就应蕴含宪治主义的基本精神。第二,宪法是以"文字"为中介的规范性文件。一方面,解释者必须受到宪法文本之用字、语法、结构以及章节逻辑的限制,释宪者的自由是一种被文本限制的有限自由,其首先应遵守文本自身的框限;另一方面,宪法规范都蕴含特定的规范性内容,追求一定的规范目标与规范效果。任何解释结论均应以使宪法发挥最大的规范效力为目标,因而宪法解释技术规则应以促进宪法的有效适用为出发点。另外,就域外释宪经验而言,英美判例法国家的释宪规则直接源自判例实践,宪法解释技术规则本身就是现行有效的法律。而一般大陆法系国家的宪法诉讼法或者宪法法院组织法通常仅对法院管辖权、案件审理程序、审查结论形式与效力等问题进行规定,较少涉及宪法解释基准和规则问题。我国学者肯认在大陆法系国家推进宪法解释技术规则法律化的必要性,建议我国制定专门的宪法解释基准法,并在宪法解释基准法中增加解释规则的内容,以此发挥宪法解释技术规则的规范效力[②]。笔者深以为然,我国作为宪治后发国家,应发挥后发先至优势,上述提议引领我国合宪性审查理论研究与制度建设走向纵深。在推动合宪性审查

---

① 宪法解释技术规则的规范效力是其对释宪者具有法律层面的强制力或拘束力,但这里应注意其并不必然可以确保任何释宪者均受其拘束,即具有实效力。因为任何在法体系内合法有效的法规范,在实际适用层面都存在不被遵守的可能。同时,释宪者在一国法律体制中通常处于权威性地位,即使违背解释规则也不存在对其制裁的机制,因此释宪者在制度上最终仅能自律。但本文主张规范说主要基于对释宪权的限制立场,并且提倡将宪法解释技术规则与宪法规范、释宪案例等紧密相连,时机成熟时可以逐步推动宪法解释技术规则的规范化、法律化。

② 参见汪进元:《宪法个案解释基准的证成逻辑及其法律控制》,载《中国法学》2016年第6期。

规范、有效展开的同时,本土化的宪法解释技术规则研究将有助于加快形成具有中国特色的宪法审查制度,提升依宪治国水平。

综上,宪法解释技术规则源于释宪实践,是宪法解释方法的具体化。其蕴含宪治主义基本精神,以促进宪法规范效力之发挥并规制宪法解释权为目的。其存在就是要节制释宪权的运行,使得宪法解释成为一项可以被预测且能够被检验的国家权力。因应整个宪法解释学的科学化发展趋势,宪法解释结论应该可以被客观地检验与评价,因此宪法解释技术规则必须具有规范属性,拥有拘束力。

二、宪法解释技术规则的类型化分析

宪法解释技术规则具备天然的实践属性,对宪法解释技术规则的类型化分析需要考虑审查实践所涉的多种因素。传统的法律解释方法、当国家以公益之名限制公民基本权利时的利益衡量、权力冲突时的职能分工等是对宪法解释技术规则进行分类的基本考虑。针对不同的审查领域,宪法解释技术规则有着不同的作用方式,本文据此将宪法解释技术规则分为方法性规则、权衡性规则和功能性规则。

（一）方法性规则

正如斯托里大法官所言,解释所有法律文件的首要和基本规则,是根据其条款的含义和当事方的意图进行解释[①]。整体而言,方法性规则主要围绕宪法规范的文本与立法目的展开,体系解释规则以整体文本为观察对象,而历史解释规则则以制宪者、立法者的目的为出发点。

1. 文本解释规则

文本解释是对宪法文本字面含义的具体化阐释,它是宪法解释中最基础的也是最常用的解释规则。在文本可能存在的文义空间内,文本亦被视为"范围性因素"[②],文本解释的结论发挥划定宪法解释之最大范围的功能。即对宪法规范的文本解释既是其他解释方法的起点,也是其他解释方法的终点。文本解释规则之下具体宪法解释技术规则体系的建构,还需考虑法律语词的使用逻辑和习惯等因素,试图对其进行全面总结性的言说,必将面临力所不逮的困境。对此,安修根据美国释宪实践虽总结了近50条文本解释具体规则,但仍难言全部[③]。在此,我们仅对发挥基础性功能的若干规则进行必要展示与分析。

具体而言,宪法规范的立法语词通常基于一般性生活经验事实,而这些语词在通常情况下是多义的。对此,英美释宪实践有"平义规则"的具体解释规则。即"对具有本来的、规范

---

① 参见[美]约瑟夫·斯托里:《美国宪法评注》,毛国权译,上海三联书店2006年版,第149页。
② 参见黄茂荣:《法学方法与现代民法》,中国台湾大学法学丛书编辑委员会2020年版,第609页。
③ 参见[美]詹姆斯·安修:《美国宪法解释与判例》,黎建飞译,中国政法大学出版社1999年版,第7页。

的、常见的、一般的、公认的、普遍的和通用的含义的宪法文字显然应作一般的理解,而不作专业的解释,且解释结论应合乎情理而避免荒谬的结论"[①]。同时,宪法用词既涉及普通生活领域,又包括特定职业或科学领域。在立法者明确使用专业语词的情况下,解释者如果偏离这种专业含义进行解释就是对立法者意图的背叛。面对二者之间的可能冲突,我们应遵循专业术语优先于普通用语的规则。首先,对宪法规范应依据法学含义进行解释。因为立法者用法学术语可以精确地表达自己的想法并省交流成本[②]。其次,对宪法规范应该依据专业含义进行解释。当立法者使用语词的专业含义时,即表明他对通常含义的排斥态度,此时应首先依据专业含义解释。不过,对上述规则的应用并不绝对。当出现立法者明确表示不采用专业含义的情况时,就应依据通常含义进行解释。因此,语词的特殊专业含义相对于通常含义仅仅具有效力上的初步优先性,除非提出理由说明立法者有意于此适用通常含义。

2. 目的解释规则

与文本解释规则属于形式宪法解释技术规则不同,目的解释规则由于常扮演价值补充角色,属于实质的宪法解释技术规则。总体而言,目的解释规则主要包括主观目的解释和客观目的解释两个层面。

制宪本意优先规则集中于对制宪者原意的发掘。但对制宪者目的的探寻并没有解除释宪者必须遵循宪法法律文本的义务,该规则以目的解释与文本解释、体系解释等方法的关系为主要内容。从表面来看,立法目的优先解释规则是想通过还原立法过程,以探求立法者在立法之时的真正意图;但实际上这种对目的的探求只是手段,其根本目的还在于文本含义的确定。该规则具体包括三点要求:第一,尊重制宪者的权威地位;第二,秉持独断与客观的诠释学立场;第三,回到历史情境之中,当文义不能满足个案要求时,通过制宪资料探求制宪者意图的解释就具有优先性。基于此,主观目的解释是在对文本不能作出有效解释时才采用的方法,且并非绝对地根据某个立法者的意思来确定,而应根据客观资料所表现出来的立法者整体意思来确定。

客观目的解释规则的目标是发现宪法、法律的含义,强调根据文本所处的当下语境来确定其合理目的,即文本目的优先规则,此时立法者的目的已无关紧要。对于如何确定宪法、法律的合理目的,卡多佐曾经有一段透彻的说明。他指出,"事实是,之所以出现解释的困难,是在立法机关对之完全没有概念的时候——当时的立法机关从未想到今天会对该制定法提出这个问题;这时,法官必须做的并不是确定当年立法机关心中对某个问题究竟是如何想的,而是要猜测对这个立法机关当年不曾想到的要点——如果曾经想到的话——立法

[①] 参见[美]詹姆斯·安修:《美国宪法解释与判例》,黎建飞译,中国政法大学出版社1999年版,第12页。
[②] 参见[德]卡尔·拉伦茨:《法学方法论》,陈爱娥译,商务印书馆2003年版,第201页。

机关可能会有什么样的意图"①。即客观目的解释规则中的"客观"强调的是一种状态而非事实,是当下的解释者不拘泥于对立法之时法条原意的探寻,而是假定自己就是立法者,从而揣摩法律条文的时下含义。

3. 体系解释规则

法律体系是由具有内在逻辑联系的法律规范、部门和制度构成的。法律解释学上的体系解释并不是要解释法律的整个体系,而是要通过整体来解释特定法律条文的含义。体系解释是文本解释出现复数结论情况下而采用的一种解释方法,处于仅次于文本解释的优先位阶。体系解释规则具体包括同类解释规则、明示其一排斥其他规则、法律不作无意义的次序排列规则等等,我们难以全面列举,在此仅对具有基础性地位且常用的解释规则加以分析。

体系解释规则首先蕴含对法律制度体系化的推定规则,要求解释者推定法律制度已经经过了体系化过程,是一个完整的、具有内在一致性的体系。而同类解释规则是对体系解释的基本应用,即如果宪法法律上列举了具体的人或物,并将其列为"一般性类别",那么这个一般性类别就应当与具体列举的人或物属于同一类型。同类解释规则既要求通过考虑法律条文的具体位置,也要根据法律对事项位置安排所指示的事物特征,确定其适用范围。需要注意的是,同类解释规则要求将同一概念术语置于特定的语境中进行同一表述,如果同一术语在不同语境中可解释出不同的含义,则通常应优先考虑与整个体系含义相协调的解释结论。

明示其一,排斥其他规则是指文本明确提及特定种类的一种或者多种事项,可以视为以默示方法排除了该种类以外的其他事项。运用该规则应注意以下几点:首先,必须明确列举是否为完全列举。在封闭式列举情况下才有本规则适用的可能,而开放式列举情况下本规则不能适用。其次,只有在法律未提及的事项是立法者有意排斥的事项时,才能将其他情况排斥在外。因此,该规则的适用应与其他规则相结合,特别是应与目的解释相结合,识别事项的排除是否为立法者的原意②。最后,对于立法者"明示"的列举不得进行"类推"。因此,在明确立法者之封闭式列举本意的前提下,该规则适用的关键是对封闭式列举的坚守,对列举事项与排除事项均不可恣意扩大适用范围。

4. 历史解释规则

历史解释规则是从规范的历史背景来解释其内涵,解释者对其他解释方法所得结论难以抉择之时,应尽可能体现出对立法者原意的尊重。在进行历史解释时,主要参考立法过程

---

① 参见[美]本杰明·卡多佐:《司法过程的性质》,苏力译,商务印书馆1998年版,第5页。
② 参见孔祥俊:《法律方法论》(第2卷),人民法院出版社2006年版,第1020页。

中的记录、文件、立法理由书等因素,所有立法资料的运用是为了确定立法者于法律颁布之时的立法目的和价值判断①。显然,历史解释并非作为独立的解释方法发挥功能的。如前文所述,历史解释对立法者历史上之立法目的的探寻,必须经由对文本的阐释具体展开。因此,我们对历史解释之具体解释规则的探寻,着重于对立法者原意的寻求。

尊重历史上立法者的意思规则,其首要任务乃确定立法者制定法律时的真实意思。因为历史上立法者的意思更为准确地反映了立法意旨,从制宪者的原意来阐明规定之内涵及目的,或者从立法之时的历史社会环境来探求规定于当时应有的立法目的及内涵,即从规定的前身了解规定的内涵。但由于宪法制定过程中历经起草、公布、通过等多个环节,每一环节对宪法内容及其效力产生不同的影响,对此,我们应坚持根据批准者而非起草者的意图确定制宪者的意图。美国制宪会议和国会只提出宪法草案和修正案,而后由各州来批准通过②。由此获取制宪者意图的法外途径有多种,例如制宪会议中代表的发言、提出修正案之国会代表的发言、导致宪法修正或通过的特定事件等等。通过上述途径获取的材料对于释宪者探寻制宪者意图均有参考价值,但由于制宪者意图的权威来源乃是使其生效的机关,因此确定制宪者意图的宪法解释技术规则应始终围绕宪法批准、通过机关的真意探寻展开。

（二）权衡性规则

公民权利义务关系的实质乃利益关系,法律对可以满足人们需要之利益作出了有什么价值以及价值大小的决定。立法者的价值立场及其衡量是宪法审查的主要对象之一。作为宪法解释技术规则的价值权衡指的是释宪者在宪法解释过程中对相互冲突的利益、价值进行比较,作出评价并加以抉择的方法。价值权衡已成为宪制发达国家宪法审查实践的重要工作,进入20世纪中期之后,美国宪法已经进入了"衡量的时代"③。德国联邦宪法法院在宪法审查实务中的价值权衡与比例原则有着密切联系。我们在此对上述国家释宪实践中的价值权衡进行介绍与总结,为我国合宪性解释之权衡性规则的建构提供借镜。

1. 美国宪法解释中的价值权衡

美国释宪实践中的价值权衡具有鲜明的个案性特征,法院通过对个案中具有冲突、竞争关系之价值的衡量来决定何方当事人胜出。这种在法律价值间的个案衡量因极富灵活性而有利于促进个案正义,但也会导致法官裁判的武断。为克服"个案衡量"的可预见性不足缺陷,经由"《纽约时报》诉沙利文案"等一系列释宪判例的发展,美国最高法院逐渐采取了被

---

① 参见[德]伯恩·魏德士:《法理学》,丁晓春、吴越译,法律出版社2013年版,第332页。
② 参见[美]詹姆斯·安修:《美国宪法解释与判例》,黎建飞译,中国政法大学出版社1999年版,第69页。
③ 参见余净植:《宪法审查的方法:以法益衡量为核心》,法律出版社2010年版,第159页。

学者称为"定义式衡量"的权衡规则①。为了在相冲突的言论类型与政府管制利益间取得平衡,释宪者通过确定符合宪法第一修正案目的之言论的基本类型,给予该类型范围内的言论以尽可能充分和一以贯之的优先性保障。定义式衡量致力于建构抽象的宪法类型,因而也被称为"类型式衡量"。即法院并未强调某种价值的优先性,而是主张衡量是在宪法中寻找、发现规则,衡量的结果多是形成一个明确的、无须进一步衡量的类型标准。

但由于对宪法所保护之权利类型的界定仍存在宽泛或狭窄的多重可能,因此批评者认为权利类型范围的界定仍是"权衡"的结果,这将导致定义式衡量与个案式衡量之间区别的模糊化。即释宪者的价值立场仍是影响类型划定与衡量结论的重要因素。但定义式衡量将宪法作为一个竞争利益的战场,通过解释与适用宪法,把有争议的利益同宪法规范联系在一起,呈现为加诸并确认价值于竞争性利益的过程。在此过程中,单纯依据审查者价值立场的个案衡量经由宪法规范与宪法原理的加工,其权衡的恣意性得到限制,增强了权衡的规范性。同时,从诠释学的角度观察,抽象利益的排序或者某种类型化标准的确立,对未来相似案件也仅具有初步设证的功能,个案具体衡量的结论仍须个案背景下进一步的论证。

《纽约时报》诉沙利文案中,如果最高法院采用个案衡量的规则,它将会考察具体情境下被告刊登特定广告利益的重要性是否胜过对原告所造成名誉损害的严重程度。但由于法院关注的问题是言论自由的价值是否能够证立,法院对于涉及公众人物的陈述排除诽谤法的适用是正当的。因此,它根据宪法第一修正案的价值,通过确立"实际恶意"的标准对宪法保护之言论自由类型进行划定,是在更抽象意义上展开的衡量。这种既基于个案具体情形又通过宪法解释的权衡,是类型式衡量规则的基本应用。

2. 德国宪法解释中的价值权衡

在德国,联邦宪法法院所进行的价值权衡往往以比例原则为理论工具。比例原则下的"均衡原则"明确指向公益与私益,或者说是法律目的与某一基本权的重要性之间的比较权衡。将均衡原则及其运用作为利益衡量的代名词是联邦宪法法院的一贯见解。

具体而言,宪法比例原则包含以下四个层次的子原则。首先,立法对公民基本权利的限制必须符合宪法目的。通常认为唯有维护公共利益才构成限制公民权利的正当理由,且以此为据对基本权利的限制不得违背基本权利作为客观价值秩序对立法机关的要求。其次,适合性原则。立法对公民权利的限制措施必须能够达到立法目的,对目的之实现毫无助益的措施不符合适合性要求。但宪法审查机关基于职能分工原则,通常在目的适合性阶段仅对立法提出最低限度的适合性要求,只要立法措施部分地得到实现,或对目的之实现能够起

---

① Melville B. Nimmer. The Right to Speak Times to Time: First Amendment Theory Applied to Libel and Misapplied to Privacy. California Law Review, Vol.56, 1968, p.939.

到帮助作用,此时就应基本肯定立法措施的目的合宪性。只有在措施明显不具有促进功能的极少数情况下,审查机关才会基于适合性原则而否定其合宪性。再次,必要性原则。在所有能够达成目的的措施中,国家必须选择对权利侵害最小的方法。必要性原则具体提出了"相同有效性"与"侵害最小性"两项要求。具有较小有效性的措施即使符合侵害最小性的要求,由于其欠缺足够的有效性也不符合必要性的整体要求。而就"相同有效性"的具体认定,联邦宪法法院认为"损害性较小的措施对目的的达成与立法措施在事理上具有相同的价值时,方得肯定其具有相同的有效性"[①]。最后,狭义比例原则。该原则被概括为手段与目的之间必须保持"适当"或"均衡"。这一子原则要求衡量立法目的与措施对权利造成之损害间必须具有平衡性关系,手段的侵害总和必须小于立法所致力于增进的法益。总体而言,在审查公权力限制公民基本权利之合宪性的情形下,狭义比例原则最直接地体现了公共利益保护目的与公民权利间的价值权衡。

而在公民基本权利相冲突的情形下,比例原则依然可以发挥为价值权衡提供分析框架的规范介质功能。德国联邦宪法法院在雷巴赫案中指出,对犯罪即刻报道情况下,电视台的新闻自由具有优先性;但对重大犯罪以电视纪录片形式的重复报道,不仅不具有即刻资讯利益,还会对行为人的再社会化造成阻碍,此时人格权的保障将优先于报道自由[②]。可见,释宪者在判断一方权益的行使对另一方权益的影响是否已逾越必要和适当的边界时,所依循的思路依然是在目的与手段关系中,进行法益重要性之衡量。随着基本权利第三人效力等理论影响力的扩大,单纯权利间之权衡规则的运用将会更加广泛。在"基本权和谐原则"之下,德国宪法解释中的价值权衡分为:第一,依据基本权价值位序衡量;第二,依据目的取向的衡量;第三,手段的衡量,而手段衡量又可归纳为手段适当性的衡量与合比例性的衡量。

(三)功能性规则

由于宪法解释具有影响整个法秩序的地位及功能,因此释宪机关一方面必须遵守其宪制上的功能界限,不能通过释宪扩大其职权范围,另一方面,为了防止其他国家机关对释宪者的马首是瞻,释宪机关必须尊重宪法确定的"功能秩序",即宪法对国家权力在横向及纵向上的划分以及对各种权力相互关系的安排[③]。即释宪者必须对既有宪制权力分工予以尊重,避免通过释宪干预其他机关功能的实现。因此,释宪机关应贯彻对政治问题的判断回避,对法律的解释应尊重部门法基本原则;对权限争议问题的处理应尊重机关的职能分工。

1. 职能分工解释规则

释宪者对权力配置规范的解释应注重对职能分工的尊重。美国1793年"禁止咨询意

---

① 参见林来梵:《宪法审查的原理与技术》,法律出版社2009年版,第237页。
② 参见张翔:《德国宪法案例选释:第2辑 言论自由》,法律出版社2016年版,第50页。
③ 参见张翔:《宪法释义学:原理·技术·实践》,法律出版社2013年版,第63页。

见"原则划定了司法权与立法权的功能空间。该原则被德国学者进一步阐释为"功能适当原则",要求掌握释宪权的机关必须恪守其功能界限,不能通过释宪扩大自我的职权范围,更不能改变宪法对国家权力的配置[①]。然而,随着行政权扩张等对上述观点的冲击,德国联邦宪法法院认为应由具有最优前提条件的机关按照它们的组织、功能和程序作出尽可能正确的决策[②]。此时,国家机关职能的最优化成为权力配置的核心考量。据此,职能分工的宪法解释技术规则可以具体化为基于职能最适理念的立法判断优先、政府核心职能不可侵犯以及多元协商解释等具体规则。

立法机关行使职权时必然隐含地形成宪法上的判断,这是宪法解释的核心要素[③]。虽然立法具有宪法解释属性,但立法并不能取代宪法解释。对于二者间的优先性问题,黑塞认为由于宪法审查机关不具有对于其他机关的强制手段,宪法自身保障其得以实施的关键在于宪法审查机关对于其他机关合宪性功能的尊重[④]。立法具有直接的民主正当性,审查机关必须尊重立法机关于法律颁布时对法律措施有效性的预测,仅能在事后进行有限的审查,即坚持立法判断优先原则。同时,政府机关的设置乃基于宪制分工进而决定其组织结构、人员构成、职能范围,以最有利于机关功能的发挥为基本价值追求。对政府机关职能设定可能存有的争议,释宪机关应基于功能适当原则,以维护机关核心职能为出发点,避免因释宪而引发新的界限争议,即避免对机关核心职能造成侵犯。

另外,由于宪法规制领域的广泛性,审查者对专业领域的认知不可避免地存在局限,在释宪程序中引入多元主体,不仅可以提升宪法解释的科学性,也可以通过多元协商提升释宪的民主性。具体而言,多元协商的释宪程序通常应符合以下特征。首先,协商参与者受到平等原则与对称原则的约束,所有人都有同等的发言、质疑、询问并展开辩论的机会;其次,所有人都有设置议题的权利;再次,所有人有权对法程序的规则及其运作方式展开反思性论证,不存在不证自明的规则限制议程或者对话,也不能对参与者的身份进行限定,只要受到决策影响的相关个人或者团体能提供正当的证明就不能被排除在外[⑤]。据此,多元协商的宪法解释技术规则应注重多元主体的参与机制、协商交涉机制、协商反馈机制以及对宪法解释意见的包容机制等多重机制的建构。

---

① 参见[德]康拉德·黑塞:《西德联邦宪法的解释》,王泽鉴译,载荆知仁:《宪法变迁与宪政成长》,正中书局1981年版,第471页。
② 参见张翔:《国家权力配置的功能适当原则:以德国法为中心》,载《比较法研究》2018年第3期。
③ 参见陈鹏、林来梵:《立法机关的宪法解释功能比较研究》,载许崇德、韩大元:《中国宪法学年刊》(第9卷),法律出版社2014年版,第271页。
④ 参见[德]康德拉·黑塞:《联邦德国宪法纲要》,李辉译,商务印书馆2007年版,第436页。
⑤ 参见汪进元:《中国特色协商民主的宪制研究》,中国政法大学出版社2015年版,第301页。

2. 部门法解释规则

立法机关是宪法的首要解释者，部门立法是宪法精神在各规范领域的具体化。由于各部门法从不同视角、以不同方式对公民基本权利进行保障，释宪者必须结合不同领域法律关系的特征，宪法解释技术规则体系的建构应尊重部门法的基本原则。

坚持禁止类推解释刑法规则。国家刑罚权通过将侵害法益的行为入罪，并科以刑事制裁加以保护。现代国家的刑事制裁体系通常包括自由刑、生命刑、财产刑、资格刑等多种类型，均以对公民基本权利的限制或者剥夺为手段。由于定罪是科刑的前提，因此通过对刑法定罪条款的解释划定犯罪界限，是确定权利限制边界的关键[①]。以德国基本法第103条为例，大陆法系多国宪法明文规定了罪刑法定原则，这也是实质意义的法律保留原则的直接体现。其中"法律规定"直接对公民的行为发挥指引功能，对法律规定界限的稳定预期是公民意志与一般行为自由的前提。而对刑法规定的类推解释是超出刑法文义的不当扩张解释，因不符合罪刑法定原则而应被严格禁止[②]。第一，类推解释将刑法未规定的权利行使行为入罪，是对公民基本权利的直接侵害。第二，类推超越文义，突破了公民的可预测范围，造成公民"意志与行为萎缩"的结果，是对公民意志自由与行为自由的不当限制。第三，对刑法规范的类推解释将原本属于民事违法、行政制裁等领域的行为归罪，打破了统一法秩序的宪制安排，刑法适用的过度扩张造成行政、民事法制萎缩，最终损及法治体系的建构。禁止类推解释刑法规则是对文本解释的下位规则，是宪法人权保障原则在个案规范解释规则领域的具体化要求，更是实现对刑法适用合宪性控制的重要一环。

坚持对行政规范解释应尊重职能部门的解释规则。权限争议体现为对行政法律法规等规范的解释争议，虽然行政机关与其他解释者参考着同样的解释资源，但行政部门就相关规范的制定、发展历史以及权限争议相关条款的实施现状有着更充分也更为专业的见解[③]。因此，当既定行政规范难以对实践解释需求给出清晰的指向，释宪者就应根据行政机构的见解而展开对法规的解释，除非听从行政机构会造成明显荒谬的结论。另外，释宪者应坚持尊重民法意思自治的解释规则。意思自治系公民得依其个人意志形成私法上的权利义务关系，是公民人格自由发展的体现，其中以契约自由为代表。而法律仅能出于维持社会秩序、增进公共利益并维护契约正义的理由，方得对契约自由进行限制[④]。以维护公共利益为由对契约自由的限制，必须充分考虑意思自治对于契约签订、履行乃至于整个民事契约制度的重大意

---

① 参见刘艳红：《实质出罪论》，中国人民大学出版社2020年版，第15页。
② 参见刘振华、汪进元：《非法吸收公众存款罪适用的合宪性调控：以P2P网贷案件切入》，载《宁夏社会科学》2019年第5期。
③ William N. Eskridge, Jr, Philip P. Frickley, Elizabeth Garrett. Legislation and Statutory Interpretation. Foundation Press, 2006, p.327.
④ 参见王泽鉴：《民法总则》，新学林出版股份有限公司2014年版，第271页。

义。

3. 宪法判断回避解释规则

由于部分宪法案件的政治敏感性,一旦作出宪法判断将或多或少地影响政治制度的运作。为了使审查机关避免沦为政治较量的工具,也为了避免一味回避作出宪法判断而使宪法陷入虚无,我们需要特定的宪法解释技术规则使宪法判断在"回避"与"审查"之间取得平衡。其中,宪法审查机关对政治问题、立法决定等的处理尤须慎重。

首先,政治问题回避审查规则。即审查者不能审查本质上不适宜由法官裁判的政治问题。关于何为政治问题,布伦南大法官认为"宪法已明确将该问题的处理交给与法院平行的某个政治部门"或者"如果法院独立解决,势必会造成对其他平行的政府部门的不尊重",如果案件符合上述两种标准之一,则符合权力分立原则所要求的违宪审查之政治问题回避原则①。在德国,关于联邦宪法法院在何种程度上被允许介入(政治)权力的中心领域,其对此基本上采取与美国相类似的慎重态度。依据基本法第93条,联邦宪法法院在机构争议中并非对机构之间的争议作出裁判,而是基于争议仅对相关"基本法的解释"作出裁判。即联邦宪法法院关于宪法针对该事项是如何规定的作出有拘束力的抽象性解释,但以此推论出政治上的后果则还是政治机关的事情,法院并不以其裁判直接课予政治主体一定的作为或者不作为义务。

其次,合宪性推定原则。即当判断某一项法律或行为是否违宪时,如没有十分确实、有效的依据认定其违宪,则应尽可能推定其合宪,避免违宪判决②。宪法判断的实质是对通过法律所体现的国民意志的重新判断,而议会在这方面有较强的事实确定能力,审查者应基于尊重民意的前提下慎重做出判断,否则将削弱立法权的积极功能,也使违宪审查权介入不属于自身特殊专业性的立法领域,影响违宪审查权的独立性、中立性和公正性。即使是包含违宪性因素的法律或条款,在它还没有被宣布为违宪以前也应推定其合宪有效,以维护法律关系的稳定性。

最后,法律解释优先规则。在国会制定的法律之效力存有争议时,即使该法律的合宪性存有重大疑问,法院也必须首先确定是否可以适用回避宪法问题的法律解释③。即法院通常推定立法机关会兼顾宪法价值,而不会通过违宪的法律,以这种方式表达了法院对立法的尊重。在欧洲,德国联邦宪法法院在早期的判例中发展出了合宪解释的概念,即如果对法规范的解释存有合宪与违宪等多种可能的情形,则必须优先选择符合宪法的解释结论。我们可以认为,法律解释优位包括通过法律解释回避宪法判断与回避违宪判断两个具体规则。二

---

① 参见[美]詹姆斯·安修:《美国宪法解释与判例》,黎建飞译,中国政法大学出版社1999年版,第56页。
② 参见韩大元:《论宪法解释程序中的合宪性推定原则》,载《政法论坛》2003年第2期。
③ 参见[美]詹姆斯·安修:《美国宪法解释与判例》,黎建飞译,中国政法大学出版社1999年版,第69页。

者都是通过嵌入例外规则的方式回避相关宪法判断①。前者通过嵌入不属于宪法判断范围的例外规则,从而不涉宪法上的争议,因此无须作出宪法判断,此时法律规范是否合宪仍不确定,只是作出是否违宪的判断;后者通过嵌入违宪解释的例外规则,肯定法律规范的合宪性,是一种附条件通过。作为宪法解释技术规则的法律解释优先,并非致力于确定法律规范本身的意义,其具体意义的确定仍属一般法律解释与适用的范畴;法律解释优先的目的在于为作为审查对象的法律规范嵌入一个例外规则,从而回避宪法判断或者违宪判断。

三、宪法解释技术规则的功能

宪法解释技术规则是宪法通过合宪性审查等制度运作而发挥规范效力的关键,我们对宪法解释技术规则功能的研究以促进宪法规范效力的发挥为目标。总体而言,宪法解释技术规则在规制释宪权的同时,发挥个案规范的证成作用;而宪法解释技术规则是合宪性解释及其制度功能得以施展的操作方法,合宪性解释之规范控制、职能分工等功能对本文的研究具有启发意义②。基于宪法规范的特质以及宪法规制对象的特殊性,宪法解释技术规则在机关权限争议处理、法律法规解释争端解决等方面发挥多重功能。但不同种类的解释规则,每一个只以其某个特别重要的功能而见长③。

第一,宪法解释技术规则发挥指明个案规范求证路径与方法的功能。由于既定规范仅预设了个案规范求证的方向与边界,个案规范必须在既定规范的基础上根据个案事实通过解释规则发现或者创制。当既定规范已经对未来行为进行了相对充分的指引、预测与评价,即法律规定不存在关于个案事实的漏洞时,释宪者根据宪法原则或者精神的指引,通过方法性或者权衡性解释规则消除法律歧义、弥合法律冲突或者在相冲突之法律价值间进行优选,由此实现具体个案规范的发现功能。但当既定法律规范存在规制漏洞,尤其当出现新的利益冲突类型时,这就需要法官"造法"。英美法系国家基于判例法传统,法官造法的合理性更为充分,而大陆法系国家的法官基于立宪者或者立法者的制定法,在个案背景下的法律续造通常面临较大的正当性疑问。对此,拉伦茨认为法官造法须遵循宪法的上位法指引,并且必须为统一法秩序的基本原则所涵盖④。上述解释规则发挥了指明个案规范求证之实体路径或程序路径的功能。

第二,严守职能分工的功能。释宪机关对宪法权力配置规范的解释必须符合宪法对权力配置的分工以及功能主义原则。一方面,功能主义下的职能分工原则要求释宪机关必须

---

① 参见林来梵:《宪法审查的原理与技术》,法律出版社2009年版,第358页。
② 参见李海平:《合宪性解释的功能(西北政法大学学报)》,载《法律科学》2021年第2期。
③ 参见[德]罗伯特·阿列克西:《法律论证理论》,舒国滢译,中国法制出版社2002年版,第305页。
④ 参见[德]卡尔·拉伦茨:《法学方法论》,陈爱娥译,商务印书馆2003年版,第246页。

尊重宪法的权力配置格局,释宪机关不得以释宪之名行扩张自身权力之实。宪法判断回避、合宪性推定、穷尽其他救济途径等解释规则均致力于宪法判断的消极主义[①]。释宪机关必须尊重立法机关在法律中的立法决定,必须尊重行政机关对行政规范的行政解释,行政机关核心职能不可侵犯,上述规则致力于排除宪法审查机关对其他机关职权的侵蚀。另一方面,功能主义下的职能分工以机构行使职能的最优化为价值追求,以此理清审查机关之外不同机关间的权力界限。对于争议权限纠纷的处理,释宪机关应根据机关的宪制地位、机构的组织架构、人员构成等认定机关的核心职能,在此基础之上处理不同机关边缘职能可能出现的模糊与交叉。即宪法权力配置领域的宪法解释技术规则指引宪法解释对机关核心职能的支持,严守不同机关的职能分工。

第三,保证释宪程序民主性的功能。宪法解释的多元主体协商致力于促进释宪机构与多元智识主体的交涉与互动,这在我国要求审查、建议审查等多种宪法审查启动机制的制度背景下颇具意义。多元主体协商的宪法解释程序规则不仅包含多元主体的参与程序,更注重宪法审查主体与其他主体,尤其是公民之间交涉、沟通的有效性。在确保能够参与释宪协商并得到有效沟通的前提下,通过要求、建议等的反馈机制"倒逼"释宪机关对其他释宪建议的尊重。多元主体在释宪程序中的积极参与,为审查主体吸取多方社会主体意见开辟了通道,在提升释宪结论科学性的同时,增加了释宪程序参与主体的广泛性,提升了释宪程序的民主性与释宪结论的可接受性。

第四,阻止刑法和行政强制法扩张适用的功能。刑法以刑罚为手段致力于实现报应与预防犯罪之目的,现代刑罚措施直接以对公民生命权、自由权、财产权等基本权利的限制与剥夺为手段,其本身即构成对基本权利的严重侵犯;而行政强制措施与之相似,仅在发动主体、程序以及基本权利限制程度等方面有异。对刑法规则与行政强制规则的解释常常面临适用客体与对象的不明确性难题,尤其近年来预防性刑法观在立法、司法层面逐渐势强,刑罚的扩张适用趋势明显,对基本权利构成重大威胁[②]。而防止刑法与行政强制法的扩张适用,保障公民基本权利是释宪者的基本目标。针对上述规范的边界模糊问题,对其进行的合宪性解释必须应用罪行法定与行政强制法定的解释规则,严禁刑法与强制措施的类推适用。

第五,防堵超宪立法功能。立法是宪法规范的具体化,立法者是直接的释宪主体。法律的制定权限、制定程序、生效要件等源自宪法的直接规定,法律的规范内容必须符合宪法的基本精神。立法者必须在宪法的规定范围内活动,不得超宪立法。存在疑问的是所谓法官"造法"问题。立法的滞后性决定了个案规范发挥着对既定规范的漏洞填补与规范续造

---

① 参见刘练军:《消极主义:宪法审查的一种哲学立场》,法律出版社2010年版,第35页。
② 参见刘艳红、冀洋:《实质解释何以出罪:以一起挪用"公款"案件为视角的探讨》,载《法学论坛》2016年第6期。

功能。英美法系法官的个案造法活动虽有其基于判例法制的正当性,但仍必须接受释宪机关的审查。关于大陆法系法官的造法活动,拉伦茨根据事理结构与法伦理认为,法官就"法律之内的法续造"其边界限于法律可能的字义与立法者的立法目的,而就"超越法律的法续造"应仅限于法秩序的基本原则范围内①。一方面,立法目的与字面含义的探寻本身即是解释规则的直接应用;另一方面,整体法秩序的基本原则很大程度上可以理解为宪法精神与价值的具体化,至少应以宪法精神为指引。所以,宪法解释技术规则的应用进一步发挥了对法官"造法"的边界控制功能。

总之,由于宪法规制的对象是整部国家机器的运作,即所有国家公权力的行使,更精确而言,乃所有掌握和行使公权力的人②。但这些人不仅是宪法规制的对象,通常还是宪法的直接适用者与解释者。为了避免公权力行使者仅仅朝有利于自己的方向解释宪法,也即为了确保宪法发挥充分的规范效力,对解释者具有拘束力之解释规则的上述功能便不可或缺,这也凸显了建构宪法解释技术规则对于宪法审查有效展开的重大意义。但也应认识到,宪法涉及限制公权力以及保障公民权等广泛领域,宪法解释技术规则针对宪法规制的不同领域可以进行不同类型与程度的具体化;宪法解释技术规则源于释宪实践,在指引宪法解释活动的同时,可以实现规则体系自身的不断健全发展。因此,本文不可能实现对宪法解释技术规则及其功能的完全列举式研究。

四、宪法解释技术规则的应用

宪法解释技术规则源于对释宪实践的概括、总结,层出不穷的释宪实践是解释规则应用和发展的基本场域。笔者在此通过对国内外释宪案例的展示与分析,试图发掘宪法解释技术规则的应用逻辑与规范效果,为我国宪法审查的规范展开及制度建设提供方法规则层面的智识支持。

（一）域外宪法审查的解释技术规则应用

在"继续执行精神病院安置处分"③判决中,德国联邦宪法法院认为关于是否已达到刑法规定的停止保安处分条件,必须在对人身自由的损害与公众免遭可预期重大法益伤害之安全需求间进行符合比例原则的整体性权衡。且被安置于精神病院的时间越长,自由被剥夺能够符合比例性的条件就应更为严格。法院认定关于行为人具有危险性的事实,必须足以判断受安置人是否极有可能做出何种类型的违法行为、危害的程度有多严重(频率及再

---

① 参见[德]卡尔·拉伦茨:《法学方法论》,陈爱娥译,商务印书馆2003年版,第246页。
② 参见翟国强:《中国宪法实施的理论逻辑与实践发展》,载《法学论坛》2018年第5期。
③ 参见中国台湾地区"司法院大法官书记处":《德国联邦宪法法院 裁判选辑(16)》,中国台湾地区"司法院"2018年版,第5页。

犯率)、受威胁的法益具有如何的重要性。因此,目的正当性的判断必须具备具体而充分的事实基础。同时,安置措施的执行长短必须符合它对保安处分目的而言的必要性,即若借由对受安置人负担较少的措施将无法达成该目的,有必要将停止保安处分而假释情况下的法定监督措施之预期效果纳入考量。该案中地方法院并未充分考虑行为人后期精神状态的变化,机械性地将行为人行为之时的精神事实运用于后续的合比例性审查。

而在鲍舍诉西纳尔(Bowsher v. Synar)案①中,美国联邦法院运用职能分工、功能最适等解释规则对立法权侵犯行政权情形进行了具体判断。一方面,系争立法规定国会参、众两院可以在主计长出现无效率、渎职、严重犯罪以及严重不道德时以联合决议的方式使其去职。然而,宪法则仅规定在行政官员有"叛国、贿赂或者其他罪行"时得由国会弹劾。另一方面,法院认为主计长对预算情况所进行的独立评估与判断,是其适用系争立法时所必须进行的事实判断权力,进而解释并适用系争立法以决定预算结果。然而,解释国会立法并将事实与法律进行结合而得出判断结论,此乃执行立法之行政官员的决定权力。因此,国会通过将执行立法的权力赋予仅能由国会解职的官员,实质上已经保留了对于执行立法行为的控制权。这是对行政权核心职能的侵夺,属违宪。

(二)人民法院依宪说理的宪法解释技术规则应用

在"杨志平诉内蒙古自治区人民政府信息公开"②案中,人民法院依宪说理,处理临河区人民政府是否是土地征收之组织实施的适格主体问题。首先,运用文本解释规则,指明问题核心。对《中华人民共和国宪法》(简称《宪法》)第三十条以及《中华人民共和国土地管理法》(简称《土地管理法》)第四十六条中关于"县""县级"的相关规定,根据专业术语优于普通用语规则进行解释,发现作为法律专业名词的"县""市辖区"是两种类型的行政区划,二者之间不存在交叉或重合,"市辖区"是否属于"县级"行政单位在宪法法律中确实未明确规定。其次,运用体系解释规则。一方面,以我国宪法行政区划条款的基本精神阐释《土地管理法》中"县级"的含义,首先根据法律制度的体系化推定规则,认为《土地管理法》是依据宪法制定并符合宪法的。另一方面,《宪法》第三十条第一款概述我国的行政区划,在全国之下主要分为省、县、乡等多级;第二款第一句则直接指出县和区共同构成直辖市、较大的市,即设区的市之下市辖区与县同级,是设区的市的基本组成单位。因此,根据上述整体的意义脉络,在第一款的基本行政区划中,"县"既包括县、县级市、自治县,也包括与县同级的市辖区。

---

① 参见中国台湾地区"司法院大法官书记处":《美国联邦最高法院 宪法判决选译(第六辑)》,中国台湾地区"司法院"2008年版,第210页。
② 参见内蒙古自治区高级人民法院(2013)内行终字第64号行政判决书。

而在"吉林科龙有限公司与杨家岗村委会合同纠纷案"[①]中，就涉案合同究竟属于征地合同抑或土地流转合同的问题，人民法院通过主观目的解释、体系解释等方式解析了征收、征用等制度的指涉及特征。人民法院援引全国人大相关负责人在宪法修订时的发言，对《宪法》第十条之"土地征收""土地征用"概念进行主观目的解释，实际是运用"尊重历史上立法者之意向"的宪法解释技术规则。而对于作为征收、征用之正当理由的"公共利益"，人民法院则援引《国有土地上房屋征收与补偿条例》中关于公共利益的规定。由于二者均属于国家公权力对私人财产权限制之正当理由，含义之间具有共通性，故运用类推适用的方法认定此处所涉"公共利益"的基本范畴。据此认定，该案中由于合同已经经由村民大会获得了村民的同意，因此不存在"无需经土地权利人同意"的条件，且合同前后不存在改变土地原有用途的情况。因此，涉案协议不属于土地管理法律关系之征用，而属于双方当事人自愿签署的土地经营权流转协议。

整体而言，人民法院的释宪实践基本停留在对传统法律解释规则的简单运用，阐析法律概念含义的层面，且多见于民事案件之中。宪法相关规范在权力配置、基本权利之刑法保障等领域，尤其当因个案出现规范冲突而或价值冲突引发法律适用困难时，以宪法解释技术规则的释宪说理仍有较大作用空间。由于我国的释宪体制机制仍处于有待进一步完善的建设过程中，人民法院在释宪程序中的制度地位仍有可商榷之处，但这不是本文的论述重点。

结语

宪法解释关乎民主巩固与法治发展，对一国的宪制运作影响巨大。由于宪法的位阶地位与抽象性特征，宪法解释比一般法律解释更需要解释框架与规则的规制。宪法解释学究竟是主观还是客观的，理论界素有争论。但宪法文本、宪法文本所形成的制度、宪法制度运作的背景事实与规范脉络、制度运作的过程及结果等必定是客观存在的。上述事实既可以成为宪法解释学的研究对象，也可以成为或至少据此发展出制约解释者意志自由的客观框架或规则。一旦宪法解释的操作规则越来越清晰与细密，释宪者的恣意创造空间就相对减缩；反之，解释者的自由意志便在解释结论的形成过程中拥有更大的恣意空间。宪法解释技术规则致力于使释宪权免于因解释结论无法被客观检验而成为一种不可节制的权力。否则，宪法解释可能沦为政治的附庸，亦可能如脱缰野马一般恣意侵犯公民基本权利。

[①] 参见吉林省九台市人民法院(2014)九民初字第3154号民事判决书。